Veröffentlichungen der Kommission für Zeitgeschichte

VERÖFFENTLICHUNGEN
DER KOMMISSION FÜR ZEITGESCHICHTE
In Verbindung mit Dieter Albrecht · Andreas Kraus · Konrad Repgen
Herausgegeben von Rudolf Morsey

Reihe B: Forschungen · Band 24

# DIE RECHTSPRECHUNG STAATLICHER GERICHTE IN KIRCHENSACHEN 1933–1945

MATTHIAS-GRÜNEWALD-VERLAG · MAINZ

# DIE RECHTSPRECHUNG STAATLICHER GERICHTE IN KIRCHENSACHEN

## 1933-1945

Von

KLAUS J. VOLKMANN

MATTHIAS-GRÜNEWALD-VERLAG · MAINZ

Dieser Band wurde seitens der Kommission für Zeitgeschichte
betreut von Konrad Repgen

CIP-Kurztitelaufnahme der Deutschen Bibliothek

*Volkmann, Klaus J.*
Die Rechtsprechung staatlicher Gerichte in Kirchensachen:
1933–1945. – 1. Aufl.,
Mainz: Matthias-Grünewald-Verlag, 1978

(Veröffentlichungen der Kommission für Zeitgeschichte:
Reihe B, Forschungen; Bd. 24)
ISBN 3-7867-0685-9


Reihengestaltung: Roland P. Litzenburger
Gesamtherstellung: Kösel, Kempten

FÜR KRISTA

INHALT

# GELEITWORT

Für die Anregung und die geduldige Förderung vorliegender Arbeit, die im Jahre 1976 von der rechtswissenschaftlichen Fakultät der Albert-Ludwigs-Universität Freiburg im Breisgau als Dissertation angenommen wurde, danke ich vor allem Herrn Professor Dr. Alexander Hollerbach, Freiburg, und Herrn Bundesverfassungsrichter Professor Dr. Konrad Hesse, Karlsruhe/Freiburg. Der Kommission für Zeitgeschichte habe ich für die Aufnahme der Arbeit in diese anerkannte Veröffentlichungsreihe zu danken. Für freundliche und geduldige Unterstützung und Beratung bei der Vorbereitung der Drucklegung danke ich besonders Herrn Professor Dr. Konrad Repgen, Bonn. Das Manuskript, das für die Drucklegung leicht überarbeitet worden ist, wurde im Frühjahr 1975 abgeschlossen.

Freiburg im Breisgau, im Mai 1977 Klaus J. Volkmann

# LITERATURVERZEICHNIS


ADAM, Uwe Dietrich, Judenpolitik im Dritten Reich. Düsseldorf 1972.

ADAMI, Friedrich Wilhelm, Das Programm der NSDAP und die Rechtsprechung. In: DR 1939 S. 486–491.

ALBRECHT, Dieter (Hrsg.), Katholische Kirche im Dritten Reich. (Topos-Taschenbücher Band 45). Mainz 1976 (zitiert: D. ALBRECHT, Kirche).

ALBRECHT, Dieter, Zum Begriff des Totalitarismus. In: Geschichte in Wissenschaft und Unterricht. 26. Jahrgang (Stuttgart 1975) S. 135–141 (zitiert: D. ALBRECHT, Totalitarismus).

ALBRECHT, Dieter, Die politische Klausel des Reichskonkordats in den deutsch-vatikanischen Beziehungen 1936–1943. In: ALBRECHT, Dieter (Hrsg.), Katholische Kirche im Dritten Reich. Mainz 1976. S. 128–170 (zitiert: D. ALBRECHT, Klausel).

ANSCHÜTZ, Gerhard, Die Verfassung des Deutschen Reichs. 14. Auflage. Berlin 1932.

ANSCHÜTZ, Gerhard – THOMA, Richard, Handbuch des deutschen Staatsrechts. 2 Bände. Tübingen 1930, 1932.

ARCHIV FÜR EVANGELISCHES KIRCHENRECHT. Berlin (zitiert: AeKR).

ARCHIV FÜR KATHOLISCHES KIRCHENRECHT. Mainz (zitiert: AkKR).

ARCHIV FÜR DIE ZIVILISTISCHE PRAXIS. Heidelberg (zitiert: AcP).

ARCHIV DES ÖFFENTLICHEN RECHTS. Tübingen (zitiert: AöR).

ARENDT, Hannah, Elemente und Ursprünge totaler Herrschaft. Frankfurt a. M. 1955.

ARMBRUSTER, Zwangsvollstreckung in Kirchenvermögen. In: DJZ 1934 S. 397 bis 398.

ARNDT, Adolf, Gesetzesrecht und Richterrecht. In: NJW 1963 S. 1273–1284.

ARNOLD, Hans-Joachim, Grundfragen aus dem neuen evangelischen Kirchenrecht. In: RuPrVerwBl 1934 S. 199–202.

BACH, Die Rechtsprechung des Preußischen Oberverwaltungsgerichts im Lichte der nationalsozialistischen Weltanschauung und Rechtsauffassung. In: DV 1938 S. 199–205.

BADURA, Peter, Verfassung und Verfassungsgesetz. In: FESTSCHRIFT FÜR ULRICH SCHEUNER zum 70. Geburtstag. Hrsg. von Horst Ehmke u. a. Berlin 1973. S. 19–39.

BARTH, Karl, Parergon. Karl Barth über sich selbst. In: Evangelische Theologie 8 (1948/49) S. 268–288.

BARTHOLOMEYCZIK, Horst, Nachprüfung politischer Führungsmaßnahmen und die Gerichte. In: DJZ 1935 S. 183–185.

BASLER NACHRICHTEN. Basel.

BAUMANN, Günter, Die israelitischen Synagogengemeinden vor und nach dem Gesetz über die Rechtsverhältnisse der jüdischen Kultusvereinigung vom 28. 3. 1938. In: RVerwBl 1938 S. 659–664.

BAYERISCHE VERWALTUNGSBLÄTTER. München (zitiert: BayVerwBlätter).

BECKER, Enno – RIEWALD, Alfred, Reichsabgabenordnung und Steueranpassungsgesetz. Teil I. 8. Auflage. Berlin 1941.

BELING, Ernst von, Deutsches Reichsstrafprozeßrecht. Berlin und Leipzig 1928.

BENDER, Richard, Zur Besteuerung der gewerblichen Betriebe und der Körperschaften mit ausschließlich kirchlichen, gemeinnützigen oder mildtätigen Zwecken sowie sonstige wichtige Gegenwartsfragen des Körperschaftsteuerrechts. In: StW 1937. Teil 1. Sp. 1–39.

BERNER, D., Die Staatsleistungen an die Religionsgesellschaften. In: RuPrVerwBl 1930 S. 83–89.

BETTERMANN, Fritz, Die Weimarer Verfassung gilt nicht mehr. In: Jugend und Recht 1934 S. 68–70.

BETTERMANN, Karl August – NIPPERDEY, Hans Carl – SCHEUNER, Ulrich, Die Grundrechte. Bd. IV. 1. Halbband. Berlin 1960.

BOBERACH, Heinz (Hrsg.), Richterbriefe. Dokumente zur Beeinflussung der deutschen Rechtsprechung 1942–1944. Boppard 1975.

BOEHR, Nochmals die Schutzhaft gemäß der Verordnung vom 28. 2. 1933. In: JW 1933 S. 2499–2500.

BOETHKE, W. – BERGSCHMITT, A., Grunderwerbsteuergesetz nebst den Ausführungsbestimmungen. 3. Auflage. Berlin 1929.

BORGMANN, K., Artikel Caritas. In: LEXIKON FÜR THEOLOGIE UND KIRCHE. Bd. II. 2. Auflage. Freiburg 1958. Sp. 941–947.

BORUTTAU, Ernst Paul – KLEIN, Otto, Das Grunderwerbsteuergesetz vom 29. März 1940. 2. Auflage. Eberswalde–Berlin–Leipzig 1942.

BRACHER, Karl Dietrich, Die Auflösung der Weimarer Republik. 5. Auflage. Villingen 1971 (zitiert: K. D. BRACHER, Auflösung).

BRACHER, Karl Dietrich, Deutschland zwischen Demokratie und Diktatur. Bern–München 1964 (zitiert: K. D. BRACHER, Deutschland).

BRACHER, Karl Dietrich, Die deutsche Diktatur. Entstehung, Struktur, Folgen des Nationalsozialismus. Köln–Berlin 1969 (zitiert: K. D. BRACHER, Diktatur).

BRACHER, Karl Dietrich, Nationalsozialistische Machtergreifung und Reichskonkordat. Wiesbaden 1956 (zitiert: K. D. BRACHER, Machtergreifung).

BRACHER, Karl Dietrich, Parteienstaat, Präsidialsystem, Notstand. In: JASPER, Gotthard, Von Weimar zu Hitler 1930–1933. Köln–Berlin 1968. S. 58–71. (zitiert: K. D. BRACHER, Parteienstaat).

BRACHER, Karl Dietrich, Zeitgeschichtliche Kontroversen um Faschismus, Totalitarismus, Demokratie. München 1976 (zitiert: K. D. BRACHER, Kontroversen).

BRACHER, Karl Dietrich, Stufen der Machtergreifung. In: BRACHER, Karl Dietrich – SAUER, Wolfgang – SCHULZ, Gerhard, Die nationalsozialistische Machtergreifung. Köln und Opladen 1960. S. 31–370. (zitiert: K. D. BRACHER, Stufen).

BRACHER, Karl Dietrich – SAUER, Wolfgang – SCHULZ, Gerhard. Die nationalsozialistische Machtergreifung. Köln und Opladen 1960.

BRAND, Rechte und Pflichten der Beamten. In: NIPPERDEY, Hans Carl, Die Grundrechte und Grundpflichten der Reichsverfassung. Bd. II. Berlin 1930. S. 210–289.

BRAUNS, Hans Jochen, Staatsleistungen an die Kirchen und ihre Ablösung. Berlin 1970.

BREITFELD, Arthur, Die vermögensrechtliche Auseinandersetzung zwischen Kirche und Staat in Preußen auf Grundlage der Reichsverfassung. Breslau 1929.

BRODERSEN, Uwe – MÜNCH, Ingo von, Gesetze des NS-Staates. Bad Homburg v. d. H.–Berlin–Zürich o. J.

BROSZAT, Martin, Der Staat Hitlers. Grundlegung und Entwicklung seiner inneren Verfassung. 3. Auflage. München 1973 (zitiert: M. BROSZAT, Staat).

BROSZAT, Martin, Zur Perversion der Strafjustiz im Dritten Reich. In: Vjh.f. ZGesch. 6 (1958) S. 390–443 (zitiert: M. BROSZAT, Perversion).

BRUNS, Georg Viktor, Die Religionsvergehen im künftigen Deutschen Strafrecht (= Strafrechtliche Abhandlungen Heft 301). Breslau 1932.

BRUNOTTE, Heinz, Die Entwicklung der staatlichen Finanzaufsicht über die Deutsche Evangelische Kirche von 1935–1945. In: ZeKR 3 (1953/54) S. 29–55.

BUCHHEIM, Hans, Ein NS-Funktionär zum Niemöller-Prozeß. In: Vjh.f.ZGesch. 4 (1956) S. 307–315 (zitiert: H. BUCHHEIM).

BUCHHEIM, Hans, Glaubenskrise im Dritten Reich. Stuttgart 1953 (zitiert: H. BUCHHEIM, Glaubenskrise).

BUCHHEIM, Hans – BROSZAT, Martin – JACOBSEN, Hans Adolf – KRAUSNICK, Helmut, Anatomie des SS-Staates. 2 Bände. München 1967.

BUCHHEIT, Gerd, Richter in roter Robe. München 1968.

BÜHLER, Ottmar, Lehrbuch des Steuerrechts. 1. Band. Allgemeines Steuerrecht. Berlin 1927. 2. Band. Einzelsteuerrecht. Berlin 1938.

BÜRCK VAN, Die Heranziehung Andersgläubiger zur Kirchensteuer. In: ZAkDR 1938 S. 58–59.

BUCKOW, Die Grundlagen der kommenden Verfassung. In: RuPrVerwBl. 1933 S. 961–963.

BUTTMANN, Rudolf, Das Konkordat des Deutschen Reiches mit der römisch-katholischen Kirche. In: FRANK, Hans, Nationalsozialistisches Handbuch für Recht und Gesetzgebung. 1. Auflage. München 1935. S. 453–470.

CERUTTI, K. E., Gemeinnützige, mildtätige und kirchliche Zwecke im Steuerrecht. In: BLÄTTER FÜR STEUERRECHT, SOZIALVERSICHERUNG UND ARBEITSRECHT. Berlin 1947. Heft 1 S. 6–8.

CÖLLE, Georg, Bemerkungen zur Auslegung und Ergänzung des Gesetzes über das Beschlußverfahren in Rechtsangelegenheiten der Evangelischen Kirche. In: RVerwBl. 1937 S. 1013–1018 (zitiert: G. CÖLLE, Bemerkungen).

CÖLLE, Georg, Einige Rechtsfragen aus dem Gesetz über die Vermögensverwaltung in den Evangelischen Landeskirchen vom 11. März 1935. In: RVerwBl. 1935 S. 877–879 (zitiert: G. CÖLLE, Vermögensverwaltung).

CÖLLE, Georg, Rechtsfragen aus dem Gebiet der 13. DVO des Gesetzes zur Sicherung der Deutschen Evangelischen Kirche. In: RVerwBl. 1937 S. 669–672 (zitiert: G. CÖLLE, Rechtsfragen).

CÖLLE, Georg, Die Stellung der Finanzabteilungen und ihr Aufgabenbereich nach der 15. DVO des Gesetzes zur Sicherung der Deutschen Evangelischen Kirche. In: RVerwBl. 1937 S. 937–940 (zitiert: G. CÖLLE, Stellung).

CONRAD, W., Der Öffentlichkeitsauftrag der Kirche. Göttingen 1964.

CONWAY, John S., Die nationalsozialistische Kirchenpolitik 1933–1945. München 1969.

CONZE, Werner, Die Krise des Parteienstaats in Deutschland 1929/1930. In: JASPER, Gotthard, Von Weimar zu Hitler 1930–1933. Köln–Berlin 1968. S. 27–57.

CREMER, Wann kann die Verwaltungsbehörde gegen die Eintragung von Vereinen Einspruch erheben? In: JW 1933 S. 2257.

CROHNE, Die Verbote der Internationalen Bibelforschervereinigung sind rechtsgültig. In: DJ 1935 S. 1144–1145.

DACKWEILER, Edgar Werner, Reichskonkordat und katholische Schule. In: JW 1933 S. 2487–2490.

DANKWARTS, Justus, Die Verwaltungsgerichtsbarkeit im nationalsozialistischen Staate. In: FRANK, Hans, Deutsches Verwaltungsrecht. München 1937. S. 99–120.

DAS RECHT. Hannover.

DELIUS, Hans, Das öffentliche Vereins- und Versammlungsrecht. 5. Auflage. Berlin 1912.

DELLINGSHAUSEN, Ewert Frhr. von, Der Erwerb der Kirchenangehörigkeit im Deutschen Reich. Würzburg 1933.

DENKSCHRIFT DES PREUSSISCHEN BRUDERRATS zu den Problemen des Strafrechts im kirchlichen Raum. 1940. In: W. NIEMÖLLER, Die Evangelische Kirche im Dritten Reich. Bielefeld 1956. S. 256.

DENKSCHRIFT ÜBER DEN UMFANG DER STAATSLEISTUNGEN DER DEUTSCHEN LÄNDER AN DIE EVANGELISCHEN KIRCHEN BIS ZUR ABLÖSUNG. Ausgearbeitet im Deutschen Evangelischen Kirchenbundesamt. Als Handschrift gedruckt. Berlin-Charlottenburg 1928.

DEUERLEIN, Ernst, Das Reichskonkordat. Beiträge zu Vorgeschichte, Abschluß und Vollzug des Konkordats zwischen dem Heiligen Stuhl und dem Deutschen Reich vom 20. Juli 1933. Düsseldorf 1956.

DEUTSCHE JURISTENZEITUNG. München (zitiert: DJZ).

DEUTSCHE JUSTIZ. Berlin (zitiert: DJ).

DEUTSCHES RECHT. Berlin (zitiert: DR).

DEUTSCHE RICHTERZEITUNG. Köln (zitiert: DRiZ).

DEUTSCHE STEUERZEITUNG. Berlin (zitiert: DStZ).

DEUTSCHES STRAFRECHT. Berlin (zitiert: DtStrR).

DEUTSCHE VERWALTUNG. Berlin (zitiert: DV).

DEUTSCHE VERWALTUNGSBLÄTTER. München (zitiert: DVerwBlätter).

D'HAM, Ernst, Die Verfassungsgesetzgebung des Dritten Reiches. München 1936.

DIEHN, Otto, Bibliographie zur Geschichte des Kirchenkampfes 1933–1945. Göttingen 1958.

DIETZE, Hans Helmut, Naturrecht in der Gegenwart. Bonn 1936 (zitiert: H. H. DIETZE, Naturrecht).

DIETZE, Hans Helmut, Der Gesetzesvorspruch im geltenden Deutschen Reichsrecht. Berlin 1939 (zitiert: H. H. DIETZE, Gesetzesvorspruch).

DILLER, Albert, Die Legalität der nationalsozialistischen Revolution. Erlangen 1935.

DIRKSEN, M., Die Gedankengänge der bei Auseinandersetzungen über Küsterschulvermögen gefällten Gerichtsurteile. Berlin 1933.

DREHER, Urteilsanmerkung zu LG Dresden 18. März 1935. In: JW 1935 S. 1949–1950.

DREWS, Bill, Preußisches Polizeirecht. 1. Band. Allgemeiner Teil. 3. Auflage. Berlin 1931.

DRYANDER, Versteinerungen des Rechtslebens. In: RVerwBl. 1935 S. 513–514.

DUSKE, Johannes, Die Dotationspflicht des preußischen Staates für die allgemeine Verwaltung der Evangelischen Kirche der altpreußischen Union. Berlin 1929.

DZIEGALOWSKI, Ernst – THÜMEN, Georg, Das Reichsbewertungsgesetz. 4. Auflage. Berlin 1935.

EBERMAYER, Ludwig – LOBE, Adolf – ROSENBERG, Werner, Das Reichsstrafgesetzbuch. 4. Auflage. Berlin und Leipzig 1929.

EBERS, Godehard Josef, Religionsgesellschaften. In: NIPPERDEY, Hans Carl, Die Grundrechte und Grundpflichten der Reichsverfassung. Bd. II. Berlin 1930. S. 361–427 (zitiert: G. J. EBERS, Religionsgesellschaften).

EBERS, Godehard Josef, Staat und Kirche im neuen Deutschland. München 1930 (zitiert: G. J. EBERS, Staat).

ECHTERHÖLTER, Rudolf, Das öffentliche Recht im nationalsozialistischen Staat. Stuttgart 1970.

EHLERS, Hermann, Der Weg der Kirche im Staat. In: JK 1936 S. 152–157.

EHMKE, Horst, Ermessen und unbestimmter Rechtsbegriff im Verwaltungsrecht. Tübingen 1966.

EICHNER, Sammlungsgesetz. In: PFUNDTNER-NEUBERT, Das neue deutsche Reichsrecht. Berlin 1940 ff. Band 1. Abschnitt 1/6/19 S. 1.

EMIG, Kurt, Rezension von August JÄGER, Kirche im Volk. In: DVerwBl. 1937 S. 454–455.

ENGELHARD, H., Die staats- und kirchenrechtliche Bedeutung des Reichsgesetzes zur Sicherung der Deutschen Evangelischen Kirche vom 24. September 1935. In: DV 1935 S. 344–345.

ENGELHARDT, Hanns, Die Kirchensteuer in der Bundesrepublik Deutschland. Bad Homburg v. d. H.–Berlin–Zürich 1968.

ENTSCHEIDUNGEN DES BUNDESFINANZHOFS. Sammlung der Entscheidungen und Gutachten des Bundesfinanzhofs. Herausgegeben vom Bundesfinanzhof. Bonn (zitiert: BFHE).

ENTSCHEIDUNGEN DES BUNDESGERICHTSHOFS IN STRAFSACHEN. Köln–Berlin (zitiert: BGHSt).

ENTSCHEIDUNGEN DES BUNDESGERICHTSHOFS IN ZIVILSACHEN. Köln–Berlin. (zitiert: BGHZ).

ENTSCHEIDUNGEN DES BUNDESVERFASSUNGSGERICHTS. Herausgegeben von den Mitgliedern des Bundesverfassungsgerichts. Tübingen (zitiert: BVerfGE).

ENTSCHEIDUNGEN DES OBERSTEN GERICHTSHOFS FÜR DIE BRITISCHE ZONE IN STRAFSACHEN. Berlin und Hamburg (zitiert: OGHSt).

ENTSCHEIDUNGEN DES PREUSSISCHEN OBERVERWALTUNGSGERICHTS. In amtlichem Auftrage herausgegeben von Mitgliedern des Gerichtshofs. Berlin (zitiert: PrOVGE).

ENTSCHEIDUNGEN DES REICHSDIENSTSTRAFHOFS (zitiert: RDStrHE).

ENTSCHEIDUNGEN DES REICHSFINANZHOFS. Sammlung der Entscheidungen und Gutachten des Reichsfinanzhofs. Herausgegeben vom Reichsfinanzhof. München (zitiert: RFHE).

Entscheidungen des Reichsgerichts in Strafsachen. Berlin und Leipzig. (zitiert: RGSt).

Entscheidungen des Reichsgerichts in Zivilsachen. Berlin und Leipzig (zitiert: RGZ).

Entscheidungen des Reichsverwaltungsgerichts. Herausgegeben von Mitgliedern des Gerichtshofs. Berlin (zitiert: RVGE).

Erdmann, Karl Dietrich, Die Zeit der Weltkriege. In: Gebhardt, Handbuch der deutschen Geschichte. 9. Auflage. Bd. IV/1. Stuttgart 1973. Bd. IV/2. Stuttgart 1976.

Erler, Adalbert, Kirchenrecht. 3. Auflage. München und Berlin 1965.

Evers, Robert, Kommentar zum Körperschaftsteuergesetz vom 10. August 1925. 2. Auflage. Berlin 1927. Ergänzungsband Berlin 1930.

Fabisch, Ernst – Krekeler, Otto, Kommentar zum Reichsbewertungsgesetz i. d. F. vom 22. Mai 1931. 2. Auflage. Berlin 1931.

Feder, Gottfried, Das Programm der NSDAP und seine weltanschaulichen Grundgedanken. München 1932.

Fijalkowski, Jürgen, Die Wendung zum Führerstaat. Ideologische Komponenten in der politischen Philosophie Carl Schmitts. Köln und Opladen 1958.

Fischers Zeitschrift für Verwaltungsrecht. Leipzig (zitiert: Fischer's Z).

Fittges, Rudolf, Die Dotationsverpflichtung des preußischen Staates gegen die katholische Kirche und ihre Ablösung. Kölner Jur. Diss. Düren/Rhdl. 1932.

Flor, Der Kirchenstreit vom Rechtspunkt aus beurteilt. In: JK 1933 S. 226–239 (zitiert: Flor, Kirchenstreit).

Flor, Sind die von der Nationalsynode am 9. August 1934 beschlossenen Gesetze rechtsgültig? In: JK 1934 S. 687–691 (zitiert: Flor, Nationalsynode).

Flor, Rechtsgutachten zur Frage der Rechtsgültigkeit des Gesetzes über die Bestellung der Mitglieder der Nationalsynode. In: JK 1934 S. 670 (zitiert: Flor, Rechtsgutachten).

Flor, Rechtsgutachten zur Frage der Rechtsgültigkeit der Verordnung vom 26. Januar 1934. In: JK 1934 S. 150–153 (zitiert: Flor, Rechtsgültigkeit).

Fraenkel, Ernst, Zur Soziologie der Klassenjustiz und Aufsätze zur Verfassungskrise 1931–1932. Darmstadt 1968.

Frank, Hans, Der Führer und das Recht. In: ZAkDR 1937 S. 289–291.

Frank, Hans (Hrsg.), Nationalsozialistisches Handbuch für Recht und Gesetzgebung. München 1935 (zitiert: H. Frank, Handbuch).

Frank, Hans, Recht und Verwaltung. München 1939 (zitiert: H. Frank, Recht).

Frank, Hans, Nr. 4 der Leitsätze des Reichsrechtsführers. In: Deutsche Rechtspflege 1936 S. 10 (zitiert: H. Frank, Leitsätze).

Frank, Hans, Deutsches Verwaltungsrecht. München 1937 (zitiert: H. Frank, Verwaltungsrecht).

Frank, Reinhard, Das Strafgesetzbuch für das Deutsche Reich. 18. Auflage. Tübingen 1931 (zitiert: R. Frank, Strafgesetzbuch).

Frank, Reinhard, Die Strafgesetzgebung der Jahre 1931–1935. Nachtrag zu: Das Strafgesetzbuch für das Deutsche Reich. Tübingen 1936 (zitiert: R. Frank, Strafgesetzgebung).

Frankfurter Zeitung. Frankfurt am Main.
Franzen, Wilhelm, Lehrkommentar zum Preußischen Polizeiverwaltungsgesetz. Band 1. Greifswald 1932.
Frege, Ludwig, Der Status des Preußischen Oberverwaltungsgerichts und die Standhaftigkeit seiner Rechtsprechung auf politischem Gebiet. In: Band 1 der Jubiläumsschrift Staatsbürger und Staatsgewalt. Hrsg. von H. R. Külz und R. Naumann. Karlsruhe 1963.
Freisler, Roland, Justiz und Politik. In: 200 Jahre Dienst am Recht. Gedenkschrift aus Anlaß des 200jährigen Gründungstages des Preußischen Justizministeriums. Hrsg. von Franz Gürtner. Berlin 1938. S. 191–234 (zitiert: R. Freisler, Justiz).
Freisler, Roland, Der Rechtsstaat. In: DJ 1937 S. 151–155 (zitiert: R. Freisler, Rechtsstaat).
Freisler, Roland, Reich, Richter und Recht. In: DR 1942 S. 145–150 (zitiert: R. Freisler, Reich).
Freisler, Roland, Reichsverwaltungsgericht und Reichsuniversität Posen. In: DJ 1941 S. 537–539 (zitiert: R. Freisler, Reichsverwaltungsgericht).
Freisler, Roland, Richter, Recht und Gesetz. In: DJ 1934 S. 1333–1335 (zitiert: R. Freisler, Richter).
Freisler, Roland, Totaler Staat? – Nationalsozialistischer Staat. In: DJ 1934 S. 43–44 (zitiert: R. Freisler, Staat).
Frick, Wilhelm, Probleme des neuen Verwaltungsrechts. In: DV 1936 S. 329–339.
Frick, R., Artikel Liebestätigkeit. In: Evangelisches Kirchenlexikon. Band 2. Göttingen 1958. Sp. 1101–1119.
Friedeberg, Edmund – Polligkeit, Wilhelm, Das Reichsgesetz für Jugendwohlfahrt. Berlin 1930.
Friedrich, Werner, Die rechtliche Bedeutung der Ministerialerlasse im Steuerrecht. In: ZAkDR 1939 S. 636–640.
Friesenhahn, Ernst – Scheuner, Ulrich – Listl, Josef (Hrsg.), Handbuch des Staatskirchenrechts der Bundesrepublik Deutschland. Bd. 1. Berlin 1974.
Freudling, Fritz, Das bayerische Kirchensteuergesetz vom 20. Mai 1935. München 1935.
Freund, Ismar, Die Rechtsstellung der Synagogengemeinden in Preußen und die Reichsverfassung. Berlin 1925.
Gefaeller, H., Evangelisches Kollektenrecht. In: RVerwBl. 1937 S. 752–755 (zitiert: H. Gefaeller, Kollektenrecht).
Gefaeller, H., Die Kirchensteuer im Saarland. In: RVerwBl. 1936 S. 352–355 (zitiert: H. Gefaeller, Kirchensteuer).
Gefaeller, H., Realsteuerreform und Kirche. In: AeKR 1 (1937) S. 233–249 (zitiert: H. Gefaeller, Realsteuerreform).
Generaldirektion der staatlichen Archive Bayerns: Widerstand und Verfolgung in Bayern 1933–1945. Hilfsmittel: Archivinventar 3 Teil 1–5. Sondergericht München 1933–1945. München 1976.
Gerber, Hans, Staatsrechtliche Grundlinien des neuen Reiches. Tübingen 1933.
Giese, Friedrich, Deutsches Kirchensteuerrecht (Stuttgart 1910). Nachdruck Amsterdam 1965 (zitiert: F. Giese, Kirchensteuerrecht).

GIESE, Friedrich, Staat und Kirche im neuen Deutschland. Systematische Übersicht über die quellengeschichtliche Entwicklung des Verhältnisses zwischen Staat und Kirche in Reich und Ländern seit dem Umsturz im November 1918. In: JöR 13 (1925) S. 249–357 und JöR 20 (1932) S. 116–167 (zitiert: F. GIESE, Staat).

GIESE, Friedrich, Die hessischen Staatsleistungen zugunsten der evangelischen Landeskirche. In: VerwArch 39 (1934) S. 189–227 (zitiert: F. GIESE, Staatsleistungen).

GIESE, Friedrich, Die Verfassung des Deutschen Reiches. 8. Auflage. Berlin 1931 (zitiert: F. GIESE, Verfassung).

GLADE, Hans, Die verfassungsrechtliche Grundlage für die Staatsleistungen an die Religionsgesellschaften. Göttinger Jur.Diss. Urach/Württ. 1932.

GLUNZ, Josef, Die Stellung der Sondergerichte in der Strafrechtspflege. Jur.Diss. Bonn 1940.

GOEBBELS, Joseph, Wesen und Gestalt des Nationalsozialismus. Berlin 1934.

GÖRING, Hermann, Die Rechtssicherheit als Grundlage der Volksgemeinschaft. In: DJ 1934 S. 1427–1432.

GOLLERT, Friedrich, Dibelius vor Gericht. München 1959.

GOTTHOLD, Das Recht des Kirchenaustritts. In: RVerwBl. 1935 S. 630–634.

GOTTO, Klaus, Artikel: Katholische Kirche und Nationalsozialismus. In: STAATSLEXIKON. Herausgegeben von der Görres-Gesellschaft. 6. Auflage Band 10.2. Ergänzungsband. Freiburg i. Brsg. 1976. Sp. 487–492.

GRAU, Richard, Die Diktaur des Reichspräsidenten. In: ANSCHÜTZ, Gerhard – THOMA, Richard, Handbuch des Deutschen Staatsrechts. Band 2. Tübingen 1932. S. 274–295.

GRENDEL, Wilhelm, Die Eingriffe der aufgrund der Verordnung vom 25. Juni 1937 gebildeten Finanzabteilungen in die kirchliche Verwaltung im Spiegel der Rechtsprechung. In: ZeKR 2 (1952/53) S. 186–193.

GRITSCHNEDER, Otto, Pater Rupert Mayer vor dem Sondergericht. München und Salzburg o. J.

GRÜNTHAL, Günther, Reichsschulgesetz und Zentrumspartei in der Weimarer Republik. (= Beiträge zur Geschichte des Parlamentarismus und der politischen Parteien 39). Düsseldorf 1968.

GRUNDMANN, Siegfried, Die Rechtsprechung des Bundesverfassungsgerichts in Kirchensteuersachen und das Staatskirchenrecht. In: JZ 1967 S. 193–198.

GRUSSENDORF, Neue Rechtsgedanken in der Rechtsprechung. In: Das Recht 1934 S. 649–652.

GÜRTLER, Paul, Nationalsozialismus und evangelische Kirchen im Warthegau. Göttingen 1958.

GÜRTNER, Franz (Hrsg.), Das kommende deutsche Strafrecht. Bericht über die Arbeit der amtlichen Strafrechtskommission. Allgemeiner Teil. Berlin 1934. Besonderer Teil. Berlin 1935.

GÜRTNER, Franz – FREISLER, Robert, Das neue Strafrecht. Grundsätzliche Gedanken zum Geleit. Berlin 1936.

GUMBEL, Emil Julius, Zwei Jahre Mord. Berlin 1921 (zitiert: E. J. GUMBEL, Zwei Jahre).

GUMBEL, Emil Julius, Vier Jahre politischer Mord. Berlin 1922 (zitiert: E. J. GUMBEL, Vier Jahre).

GUMBEL, Emil Julius, Denkschrift des Reichsjustizministers zu Vier Jahre politischer Mord. Berlin 1924 (zitiert: E. J. GUMBEL, Denkschrift).

GUMBEL, Emil Julius, Verräter verfallen der Feme. Berlin 1929 (zitiert: E. J. GUMBEL, Verräter).

GUMBEL, Emil Julius, Laßt Köpfe rollen. Berlin 1932 (zitiert: E. J. GUMBEL, Köpfe).

HÄNTZSCHEL, Kurt, Reichspressegesetz vom 7. Mai 1874 und die übrigen presserechtlichen Vorschriften des Reiches und der Länder. Berlin 1927.

HALLER, Peter, Der Rechtskampf der bekennenden Kirche und ihre Juristen. Jur. Diss. Freiburg 1963.

HAMEL, Walter, Glaubens- und Gewissensfreiheit. In: BETTERMANN, Karl August – NIPPERDEY, Hans Carl – SCHEUNER, Ulrich, Die Grundrechte. Band IV/1. Berlin 1960. S. 37–110 (zitiert: W. HAMEL, Glaubensfreiheit).

HAMEL, Walter, Die Polizei im nationalsozialistischen Staat. In: DJZ 1935 S. 326–332 (zitiert: W. HAMEL, Polizei).

HANNOVER, H. und E., Politische Justiz 1918–1933. Frankfurt/Main 1966.

HATTENHAUER, Hans – BERNERT, Günther, Allgemeines Landrecht für die preußischen Staaten von 1794. Textausgabe Frankfurt/Main–Berlin 1970.

HAUGG, Werner, Austritt aus der jüdischen Kultusvereinigung. In: DR 1941 S. 2167–2168 (zitiert: W. HAUGG, Austritt).

HAUGG, Werner, Das Reichsministerium für die kirchlichen Angelegenheiten. Berlin 1940 (zitiert: W. HAUGG, Reichsministerium).

HAUGG, Werner, Urteilsanmerkung zu RFH 25. Oktober 1938. In: ZAkDR 1939 S. 26 (zitiert: W. HAUGG, Urteilsanmerkung).

HECKEL, Johannes, Die Führerrede und das sogenannte Ermächtigungsgesetz vom 30. Januar 1937. In: DVerwBl. 1937 S. 49–64.

HELM, Erich, Was ist beim Ausschluß von Rechtsgeschäften mit einer katholischen Kirchengemeinde zu beachten? In: JW 1937 S. 2178–2180, 2817.

HEMPFER, Walter, Die nationalsozialistische Staatsauffassung in der Rechtsprechung des Preußischen Oberverwaltungsgerichts. Berlin 1974.

HENKEL, Heinrich, Strafrecht und Religionsschutz. In: ZStW 51 (1931) S. 916–957.

HENKELMANN, Franz, Die Umgestaltung der Steuerverwaltung durch den Nationalsozialismus. Jur. Diss. Köln 1947.

HENNING, Anmerkung zu RG 22. September 1938. In: DJ 1938 S. 1726–1727.

HERMELINK, Heinrich, Kirche im Kampf. Dokumente des Widerstands und des Aufbaus der evangelischen Kirche. Tübingen 1950.

HERRFAHRDT, Heinrich, Die Verfassungsgesetze des nationalsozialistischen Staates, dem Text der Weimarer Verfassung gegenübergestellt. Marburg 1935.

HERRMANNS, Karl August, Geschichtliche Entwicklung und Rechtsgrundlagen der Staatsleistungen an die evangelische Kirche unter besonderer Berücksichtigung der niederrheinischen Gebiete. Jur. Diss. Köln 1954.

HESSE, Konrad, Grundzüge des Verfassungsrechts der Bundesrepublik Deutschland. 9. Auflage. Karlsruhe 1976 (zitiert: K. HESSE, Grundzüge).

HESSE, Konrad, Artikel: Kirche und Staat. In: EVANGELISCHES STAATSLEXIKON. 2. Auflage. Stuttgart 1975. Sp. 1140–1165 (zitiert: K. HESSE, Kirche und Staat).

HESSE, Konrad, Die normative Kraft der Verfassung. Tübingen 1959 (zitiert: K. HESSE, Kraft).

HESSE, Konrad, Der Rechtschutz durch staatliche Gerichte im kirchlichen Bereich. Göttingen 1956 (zitiert: K. HESSE, Rechtschutz).

HINKELMANN, Erwin, Die Reform der Grundsteuer und der Gewerbesteuer durch die Verordnungen des Reichspräsidenten aus den Jahren 1930–1932. Berlin 1933.

HITLER, Adolf, Mein Kampf. 815–819. Auflage. München 1943.

HIPPEL, Fritz von, Die Perversion von Rechtsordnungen. Tübingen 1955.

HOCHE, Die Schutzhaft nach der Verordnung vom 28. Februar 1933. In: DJZ 1933 Sp 1490–1491 (zitiert: HOCHE, Schutzhaft).

HOCHE, Die Verordnung zum Schutze von Volk und Staat und gegen Verrat am deutschen Volke. In: DJZ 1933 Sp. 394–401 (zitiert: HOCHE, Verordnung).

HOCKERTS, Hans Günter, Die Sittlichkeitsprozesse gegen katholische Ordensangehörige und Priester 1936/1937. (= Veröffentlichung der Kommission für Zeitgeschichte bei der Katholischen Akademie in Bayern. Reihe B: Forschungen, Band 6) Mainz 1961.

HÖCHSTRICHTERLICHE RECHTSPRECHUNG. Berlin (zitiert: HRR).

HÖHN, Reinhard, Volk, Staat und Recht. In: HÖHN, Reinhard – MAUNZ, Theodor – SWOBODA, Ernst, Grundfragen der Rechtsauffassung. München 1938. S. 1–27.

HOFER, Walter, Der Nationalsozialismus. Dokumente 1933–1945. 4. Auflage. Frankfurt/Main 1959.

HOFFMANN, A., Totaler Staat und Gewaltenteilung. Jur. Diss. Gießen 1935.

HOFFMANN, H., Aufsicht über rechtsfähige Vereine. In: RVerwBl. 1936 S. 740–741.

HOLLERBACH, Alexander, Anmerkung zu dem Beschluß des Bundesverfassungsgerichts vom 28. April 1965. In: JZ 1965 S. 612–615 (zitiert: A. HOLLERBACH, Anmerkung).

HOLLERBACH, Alexander, Ideologie und Verfassung. In: Werner MAIHOFER (Hrsg.). Ideologie und Recht. Frankfurt/Main 1969. S. 37–61 (zitiert: A. HOLLERBACH, Ideologie).

HOLLERBACH, Alexander, Das Staatskirchenrecht in der Rechtsprechung des Bundesverfassungsgerichts. In: AöR 92 (1967) S. 99–127 (zitiert: A. HOLLERBACH, Staatskirchenrecht).

HOLLERBACH, Alexander, Verträge zwischen Staat und Kirche in der Bundesrepublik Deutschland. Frankfurt/Main 1965 (zitiert: A. HOLLERBACH, Verträge).

HOLLERBACH, Alexander, Die Kirchen unter dem Grundgesetz. In: VVdStRl 26 (1968) S. 57–106 (zitiert: A. HOLLERBACH, Kirchen).

HOLSTEIN, Horst, Das Kirchengesetz zur Befriedung der kirchlichen Lage vom 13. April 1934. In: JK 1934 S. 422–425.

HOLSTEIN, Günther, Die beamtenrechtlichen Normen der Reichsverfassung und die Stellung der Geistlichen und Kirchenbeamten. In: AöR 52. NF 13 (1927) S. 153–208.

HORNEFFER, Reinhold, Das Problem der Rechtsgeltung und der Restbestand der Weimarer Verfassung. In: Zeitschrift für die gesamte Staatswissenschaft 99 (1939) S. 148–178.

HUBER, Ernst Rudolf, Anmerkung zu Sondergericht Darmstadt 26. März 1934. In: JW 1934 S. 1745–1747 (zitiert: E. R. HUBER, Anmerkung).
HUBER, Ernst Rudolf, Die Garantie der kirchlichen Vermögensrechte in der Weimarer Verfassung. Tübingen 1927 (zitiert: E. R. HUBER, Garantie).
HUBER, Ernst Rudolf, Justiz und Verwaltung. In: DR 1935 S. 401–406 (zitiert: E. R. HUBER, Justiz).
HUBER, Ernst Rudolf, Das richterliche Prüfungsrecht und seine künftige Gestaltung. In: ZAkDR 1940 S. 261–264 (zitiert: E. R. HUBER, Prüfungsrecht).
HUBER, Ernst Rudolf, Rezension von: Arthur BREITFELD. Die Vermögensrechtliche Auseinandersetzung von Kirche und Staat. In: AöR 57. NF 18 (1930) S. 147–151 (zitiert: E. R. HUBER, Rezension I).
HUBER, Ernst Rudolf, Rezension von: Gerhard LEIBHOLZ. Die Auflösung der Demokratie in Deutschland und das autoritäre Staatsbild. München 1933. In: AöR 63. NF 24 (1934) S. 246–240 (zitiert: E. R. HUBER, Rezension II).
HUBER, Ernst Rudolf, Der Schutz der Verfassung. In: ZAkDR 1938 S. 78–81 (zitiert: E. R. HUBER, Schutz).
HUBER, Ernst Rudolf, Vom Sinn der Verfassung. Hamburg 1935 (zitiert: E. R. HUBER, Sinn).
HUBER, Ernst Rudolf, Verfassungsrecht des Großdeutschen Reiches. 2. Auflage. Hamburg 1942 (zitiert: E. R. HUBER, Verfassungsrecht).
HUBER, Ernst Rudolf, Verträge zwischen Staat und Kirche im Deutschen Reich. Breslau 1930 (zitiert: E. R. HUBER, Verträge).
HUBER, Ernst Rudolf, Wesen und Inhalt der politischen Verfassung. Hamburg 1935 (zitiert: E. R. HUBER, Wesen).
JÄGER, August, Kirche im Volk. Ein Beitrag zur Geschichte der nationalsozialistischen Rechtsentwicklung. 2. Auflage. Berlin o. J. (1937).
JAHRBUCH DES ÖFFENTLICHEN RECHTS. Tübingen (zitiert: JöR).
JELLINEK, Georg, Allgemeine Staatslehre. 1. Auflage. Berlin 1900.
JELLINEK, Walter, Die Nationalversammlung und ihr Werk. In: ANSCHÜTZ, Gerhard – THOMA, Richard, Handbuch des deutschen Staatsrechts. Band 1. Tübingen 1930. S. 119–127.
JOHE, Werner, Die gleichgeschaltete Justiz. Frankfurt/Main 1967.
JULIUS, F., Der Schweriner Prozeß. In: JK 1934 S. 542–555.
JUNGE KIRCHE. Göttingen (zitiert: JK).
JURISTISCHE RUNDSCHAU. Berlin (zitiert: JR).
JURISTISCHE WOCHENSCHRIFT. Berlin (zitiert: JW).
JURISTENZEITUNG. Tübingen (zitiert: JZ).
KAEMMEL, Steuerrundschau für das 4. Vierteljahr 1935. In: JW 1936 S. 485–487.
KAHL, Wilhelm, Lehrsystem des Kirchenrechts und der Kirchenpolitik. Freiburg und Leipzig 1894 (zitiert: W. KAHL, Lehrsystem).
KAHL, Wilhelm, Strafrechtsreform und Religionsschutz. In: Beiträge zur Strafrechtswissenschaft. FESTGABE FÜR REINHARD FRANK zum 70. Geburtstag 16. August 1930. 2 Bände. Tübingen 1930. Band 2. S. 287–314 (zitiert: W. KAHL, Strafrechtsreform).
KAHN-FREUND, Otto, Das soziale Ideal des Reichsarbeitsgerichtes. (= Abhandlungen zum Arbeitsrecht Heft 7). Mannheim 1931.

KAISER, Joseph H., Die politische Klausel der Konkordate. Berlin/München 1949.

KARPFHAMMER, Hans, Die staatlichen Leistungen an die Religionsgesellschaften in Bayern. Würzburger Jur. Diss. Murnau 1928.

KATER, Michael H., Die ernsten Bibelforscher im Dritten Reich. In: Vjh.f.ZGesch. 17 (1969) S. 181–218.

KAUFMANN, Erich, Zum Recht der freien Meinungsäußerung. Diskussionsbeitrag. In: VVDStRL 4 S. 81.

KEITH, F., Werdegang und Ende des österreichischen Konkordats. In: ZAkDR 1939 S. 478–483.

KEMPNER, Benedicta Maria, Priester vor Hitlers Tribunalen. München o. J.

KESSLER, Burghard, Kapitalverkehrsteuergesetz vom 8. April 1922. 2. Auflage. Mannheim–Berlin–Leipzig 1927.

KIESEWETTER, Hubert, Von Hegel zu Hitler. Hamburg 1974.

KIHN, Karl, Mitgliedschaft bei Religionsgemeinschaften. In: BayVerwBl. 1927 S. 113–116, S. 132–136.

KIPP, Theodor, Kommentar zum Erbschaftsteuergesetz in der Fassung vom 22. August 1925. Berlin 1927.

KIRCHHEIMER, Otto, Politische Justiz. Neuwied und Berlin 1965.

KIRN, Michael, Verfassungsumsturz oder Rechtskontinuität. Die Stellung der Jurisprudenz nach 1945 zum Dritten Reich, insbesondere die Konflikte über die Kontinuität der Beamtenrechte und Art. 131 Grundgesetz. Berlin 1972.

KIRSCHENMANN, Dietrich, Gesetz im Staatsrecht und in der Staatsrechtslehre des NS (= Schriften zum öffentlichen Recht Band 135) 2. Auflage. Hamburg 1970.

KITZINGER, Friedrich, Das Reichsgesetz über die Presse vom 7. Mai 1874. Tübingen 1920.

KLEE, K., Soll der Gotteslästerungsparagraph fallen? In: Deutsches Strafrecht 1938 S. 378–380 (zitiert: K. KLEE, Gotteslästerung).

KLEE, K., Religion und Strafrecht. In: Deutsches Strafrecht 1938 S. 145–160 (zitiert: K. KLEE, Religion).

KLEMM, Urteilsanmerkung zu RG 17. Februar 1938. In: DJ 1938 S. 830.

KLÖCKNER, Adolf, Das Grundrecht der Religionsfreiheit im nationalsozialistischen Staat. Jur. Diss. Hamburg 1937.

KLUCKHOHN, Wilhelm, Das Kapitalverkehrsteuergesetz vom 16. Oktober 1934. Berlin 1935.

KLUGE, Rudolf – KRÜGER, Heinrich, Verfassung und Verwaltung im Großdeutschen Reich. Berlin 1939.

KNAUTH, Zur Lage des Vereinsrechts. In: ZAkDR 1943 S. 56–58 (zitiert: KNAUTH, Vereinsrecht).

KNAUTH, Die heutige Lage der Verwaltungsgerichtsbarkeit. In: DJZ 1934 S. 1119–1123 (zitiert: KNAUTH, Verwaltungsgerichtsbarkeit).

KNAUTH, Die Aufgaben der Polizei im nationalsozialistischen Staat. In: DJZ 1936 S. 1205–1211 (zitiert: KNAUTH, Aufgaben).

KNIEVEL, Karl-Heinz, Das Verhältnis von Kirche und Staat auf dem Gebiete des Sammlungswesens. Jur. Diss. Münster 1967.

KNUBBEN, R., Der nationalsozialistische Führerstaat in seiner Stellung zu den Weimarer Grundrechten und den individualistischen Menschenrechten. In: RuPr-VerwBl. 1934 S. 772–775 (zitiert: R. KNUBBEN, Führerstaat).

KNUBBEN, R., Die nationalsozilistische Revolution und ihre Legalität. In: RuPr-VerwBl. 1934 S. 522–524 (zitiert: R. KNUBBEN, Revolution).

KÖHLER, Heinz-Dieter, Dingliche Kirchensteuern für Andersgläubige? In: DR 1936 S. 204–205.

KÖLBLE, J., Behördenfeindliche Verwaltungsjustiz. Berlin 1937.

KOELLREUTTER, Otto, Der deutsche Führerstaat. Tübingen 1934 (zitiert: O. KOELLREUTTER, Führerstaat).

KOELLREUTTER, Otto, Zur Frage der Gesetzesauslegung und Gesetzesanwendung in der Verwaltung. In: RVerwBl. 1935 S. 445–448 (zitiert: O. KOELLREUTTER, Frage).

KOELLREUTTER, Otto, Der nationalsozialistische Rechtsstaat. (= Die Verwaltungsakademie. Herausgegeben H. H. Lammers u. A. Band 1). Berlin 1934 (zitiert: O. KOELLREUTTER, Rechtsstaat).

KOELLREUTTER, Otto, Vom Sinn und Wesen der nationalen Revolution. Tübingen 1933 (zitiert: O. KOELLREUTTER, Sinn).

KOELLREUTTER, Otto, Deutsches Verfassungsrecht. Berlin 1935 (zitiert: O. KOELLREUTTER, Verfassungsrecht).

KOELLREUTTER, Otto, Deutsches Verwaltungsrecht. 2. Auflage. Berlin 1938 (zitiert: O. KOELLREUTTER, Verwaltungsrecht).

KÖTTGEN, Arnold, Zum Kampf um den Reichsbischof. In: RuPrVerwBl. 1933 S. 521–525 (zitiert: A. KÖTTGEN, Kampf).

KÖTTGEN, Arnold, Die deutsche evangelische Kirche. In: RuPrVerwBl. 1933 S. 661–665 (zitiert: A. KÖTTGEN, Kirche).

KÖTTGEN, Arnold, Staat und Kirche. In: RVerwBl. 1935 S. 829–833 (zitiert: A. KÖTTGEN, Staat).

KÖTTGEN, Arnold, Deutsche Verwaltung, Mannheim 1936 (zitiert: A. KÖTTGEN, Verwaltung).

KOLBE, Dieter, Reichspräsident Dr. Erwin Bumke. Studien zum Niedergang des Reichsgerichts und der deutschen Rechtspflege. Karlsruhe 1975.

KOGON, Eugen, Der SS-Staat. Das System der deutschen Konzentrationslager. München 1974.

KRATZ, Steuerliche Beurteilung der freiwilligen Zuwendungen bei geistlichen Orden und Kongregationen. In: DStZ 1941 S. 105–112 (zitiert: KRATZ, Beurteilung).

KRATZ, Können geistliche Genossenschaften, insbesondere katholische Orden und Kongregationen, steuerlich als Körperschaften des öffentlichen Rechts behandelt werden? In: DStZ 1939 S. 713–723 (zitiert: KRATZ, Genossenschaften).

KRATZ, Grundsätzliches zur Besteuerung geistlicher Orden und Kongregationen, In: DStZ 1940 S. 217–222 (zitiert: KRATZ, Besteuerung).

KRATZ, Zweifelsfragen aus der Besteuerung geistlicher Orden und Kongregationen, In: DStZ 1943 S. 226–234 (zitiert: KRATZ, Zweifelsfragen).

KRETSCHMER, Georg – NICOLAISEN, Carsten, Dokumente zur Kirchenpolitik des Dritten Reiches, München 1971.

KRIMINALSTATISTIK. Bearbeitet im Reichsjustizministerium und im Statistischen Reichsamt. Berlin.

KRITISCHE JUSTIZ. Stuttgart (zitiert: KritJ).

KRÜGER, Heinrich, Die Verfassung der nationalsozialistischen Revolution. 2. Auflage. Dresden 1933.

KRÜGER, Heinrich – NEESSE, Gottfried, Die Verfassung der nationalsozialistischen Revolution. Dresden 1934.

KRUG, Wochenschau. In: DJ 1934 S. 53–55, 116–118, 316–318, 505–507, 931–933 und in: DJ 1935 S. 435–437.

KÜBLER, Friedrich Karl, Der deutsche Richter und das demokratische Gesetz. In: AcP 162. NF 42 (1963) S. 104–128.

KÜHN, Rudolf, Strafrechtliche Zweifelsfragen zum Sammlungsgesetz vom 5. November 1934. In: DJ 1939 Sp. 1734–1742.

KUMMER, Wirtschaftliche Geschäftsbetriebe gemeinnütziger und mildtätiger Körperschaften. In: DStZ 1940 S. 301–305.

KUPPER, Alfons, Staatliche Akten über die Reichskonkordatsverhandlungen 1933 (= Veröffentlichungen der Kommission für Zeitgeschichte bei der Katholischen Akademie in Bayern, Reihe A: Quellen, Band 2). Mainz 1969.

LABAND, Paul, Das Staatsrecht des Deutschen Reiches. 7. Auflage. Tübingen 1911.

LANDÉ, Walter, Bildung und Schule. In: NIPPERDEY, Hans Carl, Die Grundrechte und Grundpflichten der Reichsverfassung. Band 3. Berlin 1930. S. 1–98 (zitiert: W. LANDÉ, Bildung).

LANDÉ, Walter, Die staatsrechtlichen Grundlagen des deutschen Unterrichtswesens. In: ANSCHÜTZ, Gerhard – THOMA, Richard, Handbuch des deutschen Staatsrechts. Band 2. Tübingen 1932. S. 690–724 (zitiert: W. LANDÉ, Grundlagen).

LAMMERS, Heinrich, Die Staatsführung im Dritten Reich. In: DJ 1934 S. 1296–1300.

LAMMERS, Heinrich – SIMONS, Walter (Hrsg.), Die Rechtsprechung des Staatsgerichtshof für das Deutsche Reich und des Reichsgerichts. Bände 1–6. Berlin 1920–1933.

LANG, Theophil, Welche Leistungen des Badischen Staates an die Vereinigte Evangelisch-protestantische Landeskirche Badens genießen den Schutz der Art. 138, 173 der Reichsverfassung? Lahr i. B. 1931.

LANGE, Heinrich, Vom Gesetzesstaat zum Rechtsstaat. Tübingen 1934.

LARENZ, Karl (Hrsg.), Grundfragen der neuen Rechtswissenschaft. Berlin 1935 (zitiert: K. LARENZ, Grundfragen).

LARENZ, Karl, Rechts- und Staatsphilosophie der Gegenwart. Berlin 1935 (zitiert: K. LARENZ, Rechtsphilosophie).

LEIBHOLZ, Gerhard, Die Gleichheit vor dem Gesetz (Berlin 1925). 2. Auflage. München 1959 (zitiert: G. LEIBHOLZ, Gleichheit).

LEIBHOLZ, Gerhard, Zu den Problemen des faschistischen Verfassungsrechts. Berlin 1928 (zitiert: G. LEIBHOLZ, Probleme).

LEIBHOLZ, G. – RINCK, H. J., Grundgesetz für die Bundesrepublik Deutschland, 3. Auflage, Köln 1968.

LEWY, Guenter, Die katholische Kirche und das Dritte Reich. München o. J.

LIERMANN, Hans, Deutsches Evangelisches Kirchenrecht. Stuttgart 1933.
LIFSCHÜTZ, A., Die Strafrechtliche Bekämpfung geistlicher Übergriffe in weltliches Gebiet (= Strafrechtliche Abhandlungen. Heft 177) Breslau 1913.
LILIENTHAL, A., Die Staatsaufsicht über die Religionsgesellschaften. 1925.
LISTL, Joseph, Das Grundrecht der Religionsfreiheit in der Rechtssprechung der Gerichte der Bundesrepublik Deutschland. Berlin 1971.
LOBE, Adolf, Das richterliche Prüfungsrecht und die Entwicklung der gesetzgebenden Gewalt im neuen Reich. In: AöR 67. NF 28 (1937) S. 194–220.
LÖHR, Walter, Die Bedeutung der Kirchensteuerurteile des Bundesverfassungsgerichts vom 14. Dezember 1965 für das Kirchensteuerrecht. In: Verhandlungen der Landessynode der Evangelischen Landeskirche in Baden. Ordentliche Tagung vom April 1966. Anlage 3. Karlsruhe 1966.
LÜDTKE, Die Schutzhaft gemäß der Verordnung vom 28. Februar 1933. In: JW 1933 S. 2241–2242.
MACK, Eugen, Die kirchliche Steuerfreiheit in Deutschland seit der Dekretalengesetzgebung (Stuttgart 1916). Neudruck Amsterdam 1965.
MAHNKE, Gemeinnützigkeit als Grund für die Befreiung von der Vergnügungssteuer. In: RVerwBl. 1936 S. 564–568.
MANNHEIM, H., Presserecht. Berlin 1927.
MANNZEN, Die Schutzhaft nach der Verordnung vom 28. Februar 1933. In: DJZ 1933 S. 1426–1427.
MASSFELLER, Anmerkung zu KG 11. Dezember 1936. In: DJ 1937 S. 628–629.
MATTHIAS, W., Artikel: Karl Barth. In: EVANGELISCHES KIRCHENLEXIKON. Band I. Göttingen 1956 Sp. 317–322.
MAUNZ, Theodor, Verwaltung. Hamburg 1937 (zitiert: TH. MAUNZ, Verwaltung).
MAUNZ, Theodor, Die Zukunft der Verwaltungsgerichtsbarkeit. In: DR 1935 S. 478–481 (zitiert: TH. MAUNZ, Zukunft).
MECKLENBURGISCHE ZEITSCHRIFT FÜR RECHTSPFLEGE UND RECHTSWISSENSCHAFT. Rostock (zitiert: MECKLZ).
MEIER, Kurt, Die Deutschen Christen. Göttingen 1964.
MEIER-BENNECKENSTEIN, Paul (Hrsg.), Dokumente der deutschen Politik. Band 1: Die nationalsozialistische Revolution 1933. Berlin 1935.
MENSING, Karl, Die Bekennende Kirche und die Gerichte in den Jahren 1933–1945. In: Reformierte Kirchenzeitung 1952 Sp. 148, 181, 202, 224, 239.
MESS, Friedrich, Wer gehört der Kirche an? In: AöR 49. NF 10 (1926) S. 1–123 (zitiert: F. MESS, Kirche).
MESS, Friedrich, Unfreiwillige Kirchenmitglieder. In: VerwArch 32 (1927) S. 417–430 (zitiert: F. MESS, Kirchenmitglieder).
MESSERSCHMITT, Herrmann, Das Reich im nationalsozialistischen Weltbild. 5. Auflage. Leipzig 1940.
MESSINA, Salvatore, Natur und Merkmale der faschistischen Kodifikation. In: ZAkDR 1941 S. 285–286.
MEUKEL, Leonhard, Die Verordnungen zum Schutze des deutschen Volkes und zum Schutze von Volk und Staat vom 4. und 28. Februar 1933 und ihre Durchführungsverordnungen. In: FRANK, Hans, Nationalsozialistisches Handbuch für Recht und Gesetzgebung. 1. Auflage. München 1935. S. 425–431.

MICHAELIS, Karl, Wandlungen des deutschen Rechtsdenkens seit dem Eindringen des fremden Rechts. In: LARENZ, Karl, Grundfragen der neuen Rechtswissenschaft. Berlin 1935. S. 9–61.

MIKAT, Paul, Kirchen und Religionsgesellschaften. In: BETTERMANN, Karl August – NIPPERDEY, Hans Carl – SCHEUNER, Ulrich, Die Grundrechte. Band IV/1. S. 111 –244.

MINISTERIALBLATT DES REICHS- UND PREUSSISCHEN MINISTERIUMS DES INNERN. Berlin (zitiert: RMBliV und MBliV).

MIRBT, Herrmann, Glaubens- und Gewissensfreiheit. In: NIPPERDEY, Hans Carl, Die Grundrechte und Grundpflichten der Reichsverfassung. Band 2, Berlin 1930. S. 319–360.

MIROW, Zur Enteignung und Entwidmung von Friedhöfen. In: RVerwBl. S. 468–472 (zitiert: MIROW, Enteignung).

MIROW, Die Vermögensauseinandersetzung infolge der Trennung dauernd vereinigter Schul- und Kirchenämter in Preußen. In: RVerwBl. 1938 S. 1041–1044 (zitiert: MIROW, Vermögensauseinandersetzung).

MÜLLER, Steuerfreiheit bei Stiftungen. In: RVerwBl. 1943 S. 33–35.

MÜLLEREISERT, Franz Arthur, Die Dynamik des revolutionären Staatsrechts, des Völkerrechts und des Gewohnheitsrechts. München 1933.

MÜLLER, Ernst – SCHMIDT, Georg, Das Vereinsgesetz vom 19. April 1908. München 1908.

MOMMSEN, Hans, Beamtentum im Dritten Reich. Stuttgart 1966.

NADLER, Einheit der Justizverwaltung. In: DJ 1935 S. 85–86.

NATIONALSOZIALISTISCHES STRAFRECHT. Denkschrift des Preußischen Justizministers. Berlin 1933.

NAUMANN, Bernd, Auschwitz. Bericht über die Strafsache gegen Mulka u. A. vor dem Schwurgericht Frankfurt. Frankfurt a. M./Bonn 1965.

NECKER, Versteinerungen des Rechtslebens. In: RVerwBl. 1935 S. 353–357.

NEESSE, Gottfried, Führergewalt. Die Entwicklung und Gestalt der hoheitlichen Gewalt im Dritten Reich. Tübingen 1940 (zitiert: NEESSE, Führergewalt).

NEESSE, Gottfried, Das Gesetz zur Sicherung der Einheit von Partei und Staat. Dresden 1934 (zitiert: NEESSE, Gesetz).

NEESSE, Gottfried, Partei und Staat. Hamburg 1936 (zitiert: NEESSE, Partei).

NEUBERT, Reinhard, Die Schranken richterlichen Prüfungsrechts bei staatspolitischen Handlungen der Verwaltung. In: JW 1933 S. 2426–2427.

NEUE JURISTISCHE WOCHENSCHRIFT. München (zitiert: NJW).

NEWMAN, Karl J., Zerstörung und Selbstzerstörung der Demokratie. Köln–Berlin 1965.

NICOLAI, Helmut, Grundlagen der kommenden Verfassung. Berlin 1933 (zitiert: H. NICOLAI, Grundlagen).

NICOLAI, Helmut, Der Neuaufbau des Reichs nach dem Reichsreformgesetz vom 30. Januar 1934. Berlin 1934 (zitiert: H. NICOLAI, Neuaufbau).

NICOLAI, Helmut, Der Staat im nationalsozialistischen Weltbild. Leipzig 1934 (zitiert: H. NICOLAI, Staat).

NIEDNER, Johannes, Die Ausgaben des preußischen Staates für die evangelische Landeskirche der älteren Provinzen. Stuttgart 1904.

NIEMÖLLER, Wilhelm, Die evangelische Kirche im Dritten Reich. Bielefeld 1956 (zitiert: W. NIEMÖLLER, Kirche).

NIEMÖLLER, Wilhelm, Die evangelische Kirche vor dem Richter. In: Bekennende Kirche auf dem Weg 1953 Nr. 3/4 (zitiert: W. NIEMÖLLER, Richter).

NIEMÖLLER, Wilhelm, Kampf und Zeugnis der Bekennenden Kirche. Bielefeld 1948 (zitiert: W. NIEMÖLLER, Kampf).

NIEMÖLLER, Wilhelm, Macht geht vor Recht. Der Prozeß Martin Niemöllers. München 1952 (zitiert: W. NIEMÖLLER, Macht).

NIPPERDEY, Hans Carl, Die Grundrechte und Grundpflichten der Reichsverfassung, 3 Bände, Berlin 1929, 1930.

OESCHEY, Rudolf, Der Erwerb der Kirchenmitgliedschaft nach dem Staatskirchenrecht des Deutschen Reiches. In: AöR 55. NF 16 (1929) S. 1–80.

OLSHAUSEN, J. von, Kommentar zum Strafgesetzbuch für das Deutsche Reich. 11. Auflage. Berlin 1927.

OTT, Zu den allgemeinen steuerrechtlichen Vorschriften des Steueranpassungsgesetzes. In: StW 1935, Sp. 701–738, 860–883, 965–990, 1134–1167.

PAUL, Willy, Das Führerprinzip im privaten Vereinsrecht. In: JW 1934 S. 8–11.

PFUNDTNER, Hans, Die Quellen der geltenden Verfassung. In FRANK, Hans, Nationalsozialistisches Handbuch für Recht und Gesetzgebung. 1. Auflage. München 1935. S. 331–342.

PFUNDTNER – NEUBERT, Das neue deutsche Reichsrecht. Berlin 1940 ff.

PEILECKE, Anmerkung zu KG. 11. Dezember 1936. In: DJ 1937 S. 628–629.

PLÜCKEBAUM, Konrad, Das Umsatzsteuergesetz vom 16. Oktober 1934. Berlin 1938.

PICKER, Henry, Hitlers Tischgespräche im Führerhauptquartier. 3. Auflage. Stuttgart 1976.

POPITZ, Johannes – KLOSS, Richard – GRABOWER, Rolf, Kommentar zum Umsatzsteuergesetz in der Fassung vom 8. Mai 1926. 3. Auflage. Berlin 1928. Ergänzungsband Berlin 1930.

POPPITZ, Johannes, Die Grundfrage des Staatskirchenrechts. Der Anspruch des Staates und das geistliche Wesen der Kirche. Leipzig 1938.

PREUSSISCHES VERWALTUNGSBLATT. Berlin (zitiert: PrVerwBl).

PROSS, Harry, Die Zerstörung der deutschen Politik. Dokumente 1871–1933. Frankfurt/Main (1959).

RADBRUCH, Gustav, Die Erneuerung des Rechts. In: MAIHOFER, Werner (Hrsg.), Naturrecht oder Rechtspositivismus. Darmstadt 1966. S. 1–10.

REESE, Hans-Jörg, Bekenntnis und Bekennen. Vom 19. Jahrhundert zum Kirchenkampf der nationalsozialistischen Zeit. Göttingen 1974.

REGER, Anton, Entscheidungen der Gerichte und Verwaltungsbehörden aus dem Rechtsgebiet der inneren Verwaltung (zitiert: RegerE).

REICHSBESOLDUNGSBLATT. Berlin (zitiert: RBesBl.).

REICHSGESETZBLATT. Berlin (zitiert: RGBl.).

REICHSMINISTERIALBLATT. Berlin (zitiert: RMinBl.).

REICHSSTEUERBLATT. Berlin (zitiert: RStBl.).

REICHS- UND PREUSSISCHER STAATSANZEIGER. Berlin (zitiert: RuPrStAnz.).

Reichs- und Preussisches Verwaltungsblatt. Berlin (zitiert: RuPrVerwBl.).

Reichsverwaltungsblatt. Berlin (zitiert: RVerwBl.).

Reicke, S., Artikel: Staat und Kirche. In: Evangelisches Kirchenlexikon. Band 3. Göttingen 1959. Sp. 1113–1123.

Reinhardt, Fritz, Der erste Abschnitt der nationalsozialistischen Steuerreform (Grundzüge der nationalsozialistischen Steuerpolitik). In: RStBl. 1934 S. 1229–1236 (zitiert: F. Reinhardt, Abschnitt).

Reinhardt, Fritz, Beurteilung von Tatbeständen nach nationalsozialistischer Weltanschauung. In: RStBl. 1936 S. 1041–1056 (zitiert: F. Reinhardt, Beurteilung).

Reinhardt, Fritz, Rede vom 13. April 1933 bei der Amtseinführung des Präsidenten des Reichsfinanzhofs. In: RStBl. 1935 S. 641–648 (zitiert: F. Reinhardt, Rede).

Reinhardt, Fritz, Das nationalsozialistische Steuerprogramm. In: ZAkDR 1934 S. 104–119 (zitiert: F. Reinhardt, Steuerprogramm).

Reitter, Ekkehard, Franz Gürtner. Politische Biographie eines deutschen Juristen. 1881–1941. Berlin 1976.

Reuss, Rezension von G. A. Walz, Das Ende der Zwischenverfassung. In: JW 1933 S. 2945–2946 (zitiert: Reuss, Rezension).

Reuss, Die Verwaltungsgerichtsbarkeit im neuen Reich. In: JW 1935 S. 2025–2028 (zitiert: Reuss, Verwaltungsgerichtsbarkeit).

Ridder, Helmut, Zur Verfassungsdoktrin des NS-Staates. In: Kritische Justiz 1969 S. 221–243.

Ringelmann, Richard – Freudling, Fritz, Gewerbesteuergesetz. München und Berlin 1937.

Rosenbaum, Wolf, Naturrecht und positives Recht. Neuwied und Darmstadt 1972.

Rosenberg, Alfred, Der Mythus des 20. Jahrhunderts. 183.–186. Auflage. München 1942 (zitiert: A. Rosenberg, Mythus).

Rosenberg, Alfred, Die nationalsozialistische Weltanschauung und das Recht. In: DJ 1938 S. 357–363 (zitiert: A. Rosenberg, Weltanschauung).

Rüfner, Wolfgang, Rechtschutz gegen kirchliche Rechtshandlungen und Nachprüfung kirchlicher Entscheidungen durch staatliche Gerichte. In: Friesenhahn, Ernst – Scheuner, Ulrich – Listl, Josef (Hrsg.), Handbuch des Staatskirchenrechts der Bundesrepublik Deutschland. Band 1. Berlin 1974. S. 759–790.

Rüthers, Bernd, Die unbegrenzte Auslegung. Zum Wandel der Privatrechtsordnung im Nationalsozialismus. Tübingen 1968.

Sartorius, Carl, Die staatliche Verwaltungsgerichtsbarkeit auf dem Gebiet des Kirchenrechts. München 1891.

Sauer, Wilhelm, Rechtsprechung und Regierung. Zur Frage der Unabhängigkeit des Richters. In: DJ 1935 S. 181–183.

Schack, Friedrich, Die richterliche Prüfung von Gesetz und Verordnung. In: RVerwBl. 1938 S. 68–75 (zitiert: F. Schack, Prüfung).

Schack, Friedrich, Die richterliche Kontrolle von Staatsakten im neuen Staat. In: RuPrVerwBl. 1934 S. 592–595 (zitiert: F. Schack, Kontrolle).

Schack, Friedrich, Richterliches Prüfungsrecht und neue Staatsauffassung. In: RVerwBl. 1933 S. 1047–1049 (zitiert: F. Schack, Prüfungsrecht).

SCHÄFER, Gerhard, Die evangelische Landeskirche in Württemberg und der Nationalsozialismus. Eine Dokumentation zum Kirchenkampf. 3 Bände. Stuttgart 1971, 1974.

SCHARNAGL, A., Artikel: Kirche und Staat. Grundsätzliches, in: STAATSLEXIKON. 5. Auflage. Freiburg 1929. Band 3. Sp. 165–170.

SCHEFFLER, Gerhard, Staat und Kirche. 2. Auflage. Hamburg 1973.

SCHEFOLD, Karl, Erläuterungen zur Rechtsprechung. In: StW 1941. Teil 2 Sp. 278–282.

SCHELLENBERGER, Barbara, Katholische Jugend und Drittes Reich (= Veröffentlichungen der Kommission für Zeitgeschichte. Reihe B: Forschungen, Band 17) Mainz 1975.

SCHEUNER, Ulrich, Zur Frage der Grenzen der Nachprüfung des Ermessens durch die Gerichte. In: VerwArch. 33 (1928) S. 68–98 (zitiert: U. SCHEUNER, Frage).

SCHEUNER, Ulrich, Die Gerichte und die Prüfung politischer Staatshandlungen. In: RVerwBl. 1936 S. 437–443 (zitiert: U. SCHEUNER, Gerichte).

SCHEUNER, Ulrich, Die Nachprüfung kirchlicher Rechtshandlungen durch staatliche Gerichte. In: ZeKR 3 (1953/54) S. 352–359 (zitiert: U. SCHEUNER, Nachprüfung).

SCHEUNER, Ulrich, Die nationale Revolution. In: AöR 63. NF 24 (1934) S. 166–220, S. 261–344 (zitiert: U. SCHEUNER, Revolution).

SCHEUNER, Ulrich, Die Neugestaltung des Vereins- und Verbandsrechts. In: DJZ 1935 S. 665–670 (zitiert: U. SCHEUNER, Neugestaltung).

SCHEUNER, Ulrich, Paßpolizei und Verwaltungsgerichte. In: RVerwBl. 1937 S. 129–132 (zitiert: U. SCHEUNER, Paßpolizei).

SCHEUNER, Ulrich, Die Rechtsstellung der Persönlichkeit in der Gemeinschaft. In: FRANK, Hans (Hrsg.), Deutsches Verwaltungsrecht. München 1937. S. 82–97. (zitiert: U. SCHEUNER, Rechtsstellung).

SCHIEDER, Theodor, Artikel: Weimarer Republik. In: STAATSLEXIKON. 6. Band. 6. Auflage. Freiburg 1963. Sp. 503–517.

SCHMELZEISEN, G. K., Das Recht im nationalsozialistischen Weltbild. 3. Auflage. Leipzig 1936.

SCHMIDT, Arthur Benno, Der Austritt aus der Kirche. Leipzig 1893.

SCHMIDT, Kurt Dietrich, Dokumente des Kirchenkampfes II. Die Zeit des Reichskirchenausschusses 1935–1937. 2 Bände. Göttingen 1964, 1965.

SCHMIDT, W., Anmerkung zu KG 11. Januar 1937. In: DJ 1937 S. 1618–1620.

SCHMIDT-KLEVENOW, Kurt, Die Bindung des Richters an das Gesetz. In: DR 1939 S. 337–341.

SCHMITT, Carl, Über die drei Arten rechtswissenschaftlichen Denkens. Hamburg 1934 (zitiert: C. SCHMIDT, Arten).

SCHMITT, Carl, Der Hüter der Verfassung. Tübingen 1931 (zitiert: C. SCHMITT, Hüter).

SCHMITT, Carl, Inhalt und Bedeutung des Zweiten Hauptteils der Reichsverfassung. In: ANSCHÜTZ, Gerhard – THOMA, Richard, Handbuch des deutschen Staatsrechts. Band 2. Tübingen 1932. S. 572–606 (zitiert: C. SCHMITT, Inhalt).

SCHMITT, Carl, Ein Jahr nationalsozialistischer Verfassungsstaat. In: DR 1934 S. 27–30 (zitiert: C. SCHMITT, Jahr).

SCHMITT, Carl Kodifikation oder Novelle? In: DJZ 1935 S. 919–925 (zitiert: C. SCHMITT, Kodifikation).

SCHMITT, Carl, Legalität und Legitimität. München und Leipzig 1932 (zitiert: C. SCHMITT, Legalität).

SCHMITT, Carl, Staat, Bewegung, Volk. 3. Auflage. Hamburg o. J. (zitiert: C. SCHMITT, Staat).

SCHMITT, Carl, Verfassungslehre (München und Leipzig 1928). Unveränderter Neudruck Berlin 1954 (zitiert: C. SCHMITT, Verfassungslehre).

SCHMITT, Carl, Der Weg des deutschen Juristen. In: DJZ 1934 S. 691–698 (zitiert: C. SCHMITT, Weg).

SCHMITT, Carl – JACOBI, E., Die Diktatur des Reichspräsidenten nach Art. 48 der Reichsverfassung. In: VVDStRL 1 (1924) S. 63–104, S. 105–136.

SCHMITT, Josef, Die Ablösung der Staatsleistungen an die Religionsgesellschaften. Freiburg 1921 (zitiert: J. SCHMITT, Ablösung).

SCHMITT, Josef, Staat und Kirche. Bürgerlich-rechtliche Beziehungen infolge von Säkularisationen. Freiburg 1919 (zitiert: J. SCHMITT, Staat).

SCHNAPP, Friedrich E., Gebührenfreiheit der Kirchen im verwaltungsgerichtlichen Verfahren in den ehemals preußischen Ländern. In: ZeKR 14 (1968/69) S. 361–364.

SCHNEIDER, Hans, Das Ermächtigungsgesetz vom 24. März 1933. 2. Auflage. Bonn 1961.

SCHOEN, Paul, Kirchenmitgliedschaft und Kirchengemeindemitgliedschaft nach den neuen evangelischen Kirchenverfassungen. In: VerwArch. 30 (1925) S. 113–160.

SCHOLDER, Klaus, Die evangelische Kirche in der Sicht der nationalsozialistischen Führung bis zum Kriegsausbruch. In: Vjh.f.ZGesch. 16 (1968) S. 15–35 (zitiert: K. SCHOLDER, Kirche).

SCHOLDER, Klaus, Artikel: Kirchenkampf. In: EVANGELISCHES STAATSLEXIKON. 2. Auflage. Stuttgart 1975. Sp. 1177–1200 (zitiert: K. SCHOLDER, Kirchenkampf).

SCHOLZ, Franz, Dingliche Kirchensteuern für Andersgläubige? In: RVerwBl. 1936 S. 909–913 (zitiert: F. SCHOLZ, Kirchensteuer).

SCHOLZ, Franz, Kommentar zum Grundsteuergesetz. Köln 1941 (zitiert: F. SCHOLZ, Grundsteuergesetz).

SCHOLZ, Franz, Die Verwaltungsgerichtsbarkeit im Dritten Reich. Köln 1936 (zitiert: F. SCHOLZ, Verwaltungsgerichtsbarkeit).

SCHORN, Hubert, Die Gesetzgebung des Nationalsozialismus als Mittel der Machtpolitik. Frankfurt a. M. 1963 (zitiert: H. SCHORN, Gesetzgebung).

SCHORN, Hubert, Der Richter im Dritten Reich. Frankfurt a. M. 1959 (zitiert: H. SCHORN, Richter).

SCHRÖTER, Hellmut, Gemeinnützige, mildtätige und kirchliche Zwecke in der Rechtsprechung. Berlin, Wien 1941.

SCHUCHT, Das Beschlußverfahren in Rechtsangelegenheiten der evangelischen Kirche. In: RVerwBl. 1935 S. 788–792.

SCHULTE, Die Schulartikel des Reichskonkordats. In: RuPrVerwBl. 1933 S. 821–824.

SCHUMANN, Zur Aufhebung der Patronatsrechte und der Patronatsbaulast. In: RVerwBl. 1935 S. 514–517.

SCHWARZE, Oskar von, Kommentar zum Strafgesetzbuch für das Deutsche Reich. 5. Auflage. Leipzig 1884 (zitiert: O. v. SCHWARZE, Strafgesetzbuch).

SCHWARZE, Oskar von, Das Reichs-Pressgesetz vom 7. Mai 1874. 4. Auflage. Erlangen 1903 (zitiert: O. v. SCHWARZE, Pressegesetz).

DAS SCHWARZE KORPS. Berlin.

SELTMANN, Holm G., Probleme bei der Zusammenveranlagung von Ehegatten zu Kirchensteuern. In: NJW 1966 S. 2156–2157.

SMEND, Rudolf, Das Recht der freien Meinungsäußerung. In: VVDStRL 4 S. 44–74 (zitiert: R. SMEND, Recht).

SMEND, Rudolf, Noch einmal das Problem der Reichskirche. In: AöR 63. NF 24 (1934) S. 94–97 (zitiert: R. SMEND, Problem).

SONTHEIMER, Kurt, Antidemokratisches Denken in der Weimarer Republik. München 1962.

STAFF, Ilse (Hrsg.), Justiz im Dritten Reich. Eine Dokumentation. Frankfurt a. M. 1964.

STAHN, Julius, Die Arbeit der Beschlußstelle in Rechtsangelegenheiten der evangelischen Kirche. In: ZAkDR 1937 S. 709–712.

STAHN, Julius, Anmerkung zu KG 9. September 1937. In: ZAkDR 1938 S. 25–26.

STARKE, Die Auseinandersetzung über das sächsische Kirchenschullehen und über das preußische Küsterschulvermögen. In: RuPrVerwBl. 1933 S. 1006–1012.

STASIEWSKI, Bernhard, Die Kirchenpolitik des Nationalsozialismus im Warthegau 1939–1945. In: Vjh.f.ZGesch. 7 (1959) S. 46–74 (zitiert: B. STASIEWSKI, Kirchenpolitik).

STASIEWSKI, Bernhard, Akten deutscher Bischöfe über die Lage der Kirche 1933 bis 1945. Band I: 1933–1945 (= Veröffentlichungen der Kommission für Zeitgeschichte bei der Katholischen Akademie in Bayern. Reihe A: Quellen, Band 5) Mainz 1968. Band II: 1934–1935. (Reihe A: Quellen, Band 20) Mainz 1976 (zitiert: B. STASIEWSKI, Akten).

STAUDINGER, J. von, Kommentar zum Bürgerlichen Gesetzbuch und dem Einführungsgesetz. 1. Band. Allgemeiner Teil. 10. Auflage. München, Berlin und Leipzig 1936.

STEIMLE, Theodor, Das Verhältnis von Verwaltung und Führung als verwaltungswissenschaftliches Grundproblem. In: ZAkDR 1942 S. 231–235.

STEUER UND WIRTSCHAFT. Stuttgart (zitiert: StW).

STÖDTER, Rolf, Verfassungsproblematik und Rechtspraxis. Die Rechtsprechung zum Bibelforscherverbot. In: AöR 66. NF 27 (1936) S. 166–226.

STOLLEIS, Michael, Gemeinwohlformeln im nationalsozialistischen Recht. Berlin 1974.

STRITZKE, Otto, Vom Werden des neuen Vereinsrechts. In: JW 1933 S. 2094–2096.

STRUTZ, Georg, Handausgabe der Vermögensteuergesetze 1922. Berlin 1922.

STUCKART, Wilhelm, Nationalsozialistischer Staat und Verwaltungsgerichtsbarkeit. In: DV 1935 S. 161–164.

STUCKART, Wilhelm – GLOBKE, Hans, Kommentare zur deutschen Rassegesetzgebung. Band 1. München 1936.

TATARIN-TARNHEYDEN, Edgar, Werdendes Staatsrecht. Berlin 1934.
THIEL, Fr., Das Reichs-Sammlungsgesetz. In: RVerwBl. 1935 S. 112–114.
THOMA, Richard, Die juristische Bedeutung der Grundrechtssätze der deutschen Reichsverfassung im allgemeinen. In: NIPPERDEY, Hans Carl, Die Grundrechte und Grundpflichten der Reichsverfassung. 1. Band. Berlin 1929. S. 1–53 (zitiert: R. THOMA, Bedeutung).
THOMA, Richard, Grundbegriffe und Grundsätze. In: ANSCHÜTZ, Gerhard – THOMA, Richard, Handbuch des deutschen Staatsrechts. Band 2. Tübingen 1932. S. 108–159 (zitiert: R. THOMA, Grundbegriffe).
THOMA, Richard, Das Reich der Demokratie. In: ANSCHÜTZ, Gerhard – THOMA, Richard, Handbuch des deutschen Staatsrechts. Band 1. Tübingen 1930. S. 186–200 (zitiert: R. THOMA, Reich).
THÜMEN, Georg, Das Vermögenssteuergesetz 1934. Berlin 1936.
THÜMMEL, Aufhebung der Stolgebühren. In: RVerwBl. 1936 S. 987.
TIGGES, Siegfried, Die Ablösung der Staatsleistungen an die Religionsgesellschaften im Lande Nordrhein-Westfalen. Jur. Diss. Köln 1957.
UFFELMANN, Gerd, Die Rechtsprechung des Reichsfinanzhofs unter nationalsozialistischem Einfluß in den Jahren 1933–1945. Jur. Diss. Köln 1948.
ULE, Carl Hermann, Die kirchliche Besteuerung Andersgläubiger in Schleswig-Holstein. In: VerwArch. 42 (1937) S. 225–290 (zitiert: C. H. ULE, Besteuerung).
ULE, Carl Hermann, Dingliche Kirchensteuern, für Andersgläubige? In: RVerwBl. 1936 S. 241–246 (zitiert: C. H. ULE, Kirchensteuern).
ULE, Carl Hermann, Rezension von: Otto KOELLREUTTER, Der nationale Rechtsstaat. In: RuPrVerwBl. 1933 S. 919 (zitiert: C. H. ULE, Rezension).
ULLRICHS, Kirchen und Orden im Körperschaftssteuerrecht. In: StW 1936 I Sp. 1465–1492, 1609–1643.
VERHANDLUNGEN DES REICHSTAGS. Stenographische Berichte und Anlagen. Berlin (zitiert: VERHANDLUNGEN).
VERÖFFENTLICHUNGEN DER VEREINIGUNG DEUTSCHER STAATSRECHTSLEHRER. Berlin (zitiert: VVDStRL).
VERWALTUNGSARCHIV. Köln, Berlin (zitiert: VerwArch).
VIERTELJAHRESHEFTE FÜR ZEITGESCHICHTE. Stuttgart (zitiert: Vjh.f.ZGesch.).
VOLK, Ludwig, Das Reichskonkordat vom 20. Juli 1933 (= Veröffentlichungen der Kommission für Zeitgeschichte bei der Katholischen Akademie in Bayern, Reihe B: Forschungen: Band 5) Mainz 1972.
VOOS, Karl, Reichssammlungsrecht. In: RVerwBl. 1938 S. 129–134, S. 157–162.
WACH, Georg, Die Besteuerung Andersgläubiger durch die Religionsgesellschaften. Jur. Diss. Erlangen 1934.
WACKE, Gerhard, Die Beurteilung von Tatbeständen. In: StW 1936 Sp. 833–872 (zitiert: G. WACKE, Beurteilung).
WACKE, Gerhard, Steuerrecht und Rechtsneubau. Berlin 1936 (zitiert: G. WACKE, Steuerrecht).
WACKE, Gerhard, Urteilsanmerkung zu RFH 29. November 1938. In: ZAkDR 1939 S. 171 (zitiert: G. WACKE, Urteilsanmerkung).
WAGNER, Albrecht, Die Umgestaltung der Gerichtsverfassung und des Verfahrens-

und Richterrechts im nationalsozialistischen Staat. In: Quellen und Darstellungen zur Zeitgeschichte Band 16/1: »Die Deutsche Justiz und der Nationalsozialismus«. Stuttgart 1968. S. 191–366.

WAGNER, Walter, Der Volksgerichtshof. Stuttgart 1974.

WALZ, Gustav Adolf, Der Begriff der Verfassung. Berlin 1942 (zitiert: G. A. WALZ, Begriff).

WALZ, Gustav Adolf, Das Ende der Zwischenverfassung. Stuttgart 1933 (zitiert: G. A. WALZ, Ende).

WALZ, Gustav Adolf, Autoritärer Staat, nationaler Rechtsstaat oder völkischer Führerstaat? In: DJZ 1933 S. 1334–1339 (zitiert: G. A. WALZ, Staat).

WEBER, Werner, Die Ablösung der Staatsleistungen an die Religionsgesellschaften Stuttgart 1948 (zitiert: W. WEBER, Ablösung).

WEBER, Werner, Das Beschlußverfahren in Rechtsangelegenheiten der Evangelischen Kirche. In: DJZ 1935 S. 1075–1082 (zitiert: W. WEBER, Beschlußverfahren).

WEBER, Werner, Die staatskirchenrechtliche und kirchenrechtliche Entwicklung seit 1933. Vortrag von 1941, veröffentlicht unter dem Titel: Die staatskirchenrechtliche Entwicklung des nationalsozialistischen Regimes in zeitgenössischer Betrachtung. In: Rechtsprobleme in Staat und Kirche, FESTSCHRIFT FÜR RUDOLF SMEND zum 70. Geburtstag 15. Januar 1952. Göttingen 1952. S. 365–386 (zitiert: W. WEBER, Entwicklung).

WEBER, Werner, Die Entwicklung des neuen evangelischen Staatskirchenrechts. In: DJZ 1936 Sp. 88–94 (zitiert: W. WEBER, Neue Entwicklung).

WEBER, Werner, Die politische Klausel in den Konkordaten (Hamburg 1939). Neudruck Aalen 1966 (zitiert: W. WEBER, Klausel).

WEBER, Werner, Die Körperschaften, Stiftungen und Anstalten des öffentlichen Rechts. 2. Auflage. München 1943 (zitiert: W. WEBER, Körperschaften).

WEBER, Werner, Das Nihil obstat. Beiträge zum Verhältnis von Staat und Kirche. In: Z.f.d.ges.Staatswiss. 99 (1939) S. 193–244 (zitiert: W. WEBER, Beiträge).

WEBER, Werner, Das Reichskonkordat in der deutschen Rechtsentwicklung. In: ZAkDR 1938 S. 532–536 (zitiert: W. WEBER, Reichskonkordat).

WEBER, Werner, Die kleinen Religionsgemeinschaften im Staatskirchenrecht des nationalsozialistischen Regimes, in: Forschungen und Berichte aus dem öffentlichen Recht. Band 6: GEDÄCHTNISSCHRIFT FÜR WALTER JELLINEK. München 1955. S. 101–112 (zitiert: W. WEBER, Religionsgemeinschaften).

WEBER, Werner, Staatskirchenrecht. München und Berlin 1936 (zitiert: W. WEBER, Staatskirchenrecht).

WEBER, Werner, Neues Staatskirchenrecht. München und Berlin 1938 (zitiert: W. WEBER, Neues Staatskirchenrecht).

WEBER, Werner, Neues Staatskirchenrecht in der Ostmark und im Sudetenland. In: ZAkDR 1939 S. 450 (zitiert: W. WEBER, Ostmark).

WEBER, Werner, Das kirchenpolitische System der Weimarer Reichsverfassung im Rückblick. Urteilsanmerkung zu RG 7. November 1949. In: ZAkDR 1941 S. 69 (zitiert: W. WEBER, System).

WEBER, Werner, Anmerkung zu RG 7. November 1940. In: ZAkDR 1941 S. 69.

WEHDEKING, Thomas Pieter, Die Kirchengutsgarantien und die Bestimmungen über Leistungen der öffentlichen Hand an die Religionsgesellschaften im Verfassungsrecht des Bundes und der Länder. München 1971.

WEINKAUFF, Herrmann, Die deutsche Justiz und der Nationalsozialismus. Ein Überblick. In: Quellen und Darstellungen zur Zeitgeschichte. Band 16/1: »Die Deutsche Justiz und der Nationalsozialismus«. Stuttgart 1968. S. 19–188.

WIEACKER, Franz, Privatrechtsgeschichte der Neuzeit. 2. Auflage. Göttingen 1967.

WOLF, Erik, Anwendbarkeit und Auslegung des Kanzelparagraphen in der Gegenwart. In: AeKR 3 (1939) S. 81–98 (zitiert: E. WOLF, Anwendbarkeit).

WOLF, Erik, Die Neuordnung der Religionsvergehen im kommenden deutschen Strafrecht. In: AeKR 1 (1937) S. 13–39 (zitiert: E. WOLF, Neuordnung).

WOLFF, Hans Julius, Die neue Regierungsform des deutschen Reiches. Tübingen 1933.

ZEITSCHRIFT DER AKADEMIE FÜR DEUTSCHES RECHT. München (zitiert: ZAkDR).

ZEITSCHRIFT FÜR EVANGELISCHES KIRCHENRECHT. Tübingen (zitiert: ZeKR).

ZEITSCHRIFT FÜR DIE GESAMTE STAATSWISSENSCHAFT. Tübingen (zitiert: Z.f.d.ges. Staatswiss.).

ZEITSCHRIFT FÜR DIE GESAMTE STRAFRECHTSWISSENSCHAFT. Berlin (zitiert: ZStW).

ZIPFEL, Friedrich, Kirchenkampf in Deutschland 1933–1945. Berlin 1965.

ZIEGLER, Heinz O., Autoritärer oder totaler Staat. Tübingen 1932.

ZORN, Wolfgang, Die öffentlichen Finanzen, Weimarer Republik und Drittes Reich 1919–1945. In: AUBIN, Herrmann – ZORN, Wolfgang, Handbuch der deutschen Wirtschafts- und Sozialgeschichte. Band 2. Das 19. und 20. Jahrhundert. Stuttgart 1976. S. 187–191.

ZÜLOW, Das neue Körperschaftssteuergesetz. In: DJZ 1934 S. 1370–1374.

ZÜNDORF, Volker, Die Ablösung der Staatsleistungen an die Religionsgesellschaften unter dem Grundgesetz. Jur. Diss. Münster 1967.

# ABKÜRZUNGEN

| | |
|---|---|
| a. A. | anderer Ansicht |
| a. a. O. | am angegebenen Ort |
| Abs. | Absatz |
| AcP | Archiv für die zivilistische Praxis |
| AeKR | Archiv für evangelisches Kirchenrecht |
| a. F. | alter Fassung |
| AG | Amtsgericht |
| AkKR | Archiv für katholisches Kirchenrecht |
| ALR | Allgemeines Landrecht für die Preußischen Staaten |
| Anm. | Anmerkung |
| AöR | Archiv des öffentlichen Rechts |
| ArbG | Arbeitsgericht |
| Art. | Artikel |
| Aufl. | Auflage |
| BadVGH | Badischer Verwaltungsgerichtshof |
| bad.VerwZ | Badische Verwaltungszeitschrift |
| BayObLG | Bayerisches Oberstes Landesgericht |
| Bd. | Band |
| BezVerwG | Bezirksverwaltungsgericht |
| BFH | Bundesfinanzhof |
| BGH | Bundesgerichtshof |
| BGHSt | Entscheidungssammlung des Bundesgerichtshofs in Strafsachen |
| BGHZ | Entscheidungssammlung des Bundesgerichtshofs Zivilsachen |
| BremOVG | Oberverwaltungsgericht Bremen |
| BVerfG | Bundesverfassungsgericht |
| DB | Durchführungsbestimmungen |
| DBG | Deutsches Beamtengesetz |
| DEK | Deutsche Evangelische Kirche |
| Ders., ders. | Derselbe |
| DJ | Deutsche Justiz |
| DJZ | Deutsche Juristenzeitung |
| Dok. | Dokument |
| DR | Deutsches Recht |
| DRiZ | Deutsche Richterzeitung |
| DStZ | Deutsche Steuerzeitung |
| DtStrR | Das Deutsche Strafrecht |
| DV | Deutsche Verwaltung |
| DVerwBlätter | Deutsche Verwaltungsblätter |
| DVO | Durchführungsverordnung |
| E | Entscheidungssammlung (des jeweils genannten Gerichts) |
| EG, EinfG | Einführungsgesetz |

| | |
|---|---|
| ErbGOG | Erbgesundheitsobergericht |
| ErbStG | Erbschaftsteuergesetz |
| EStG | Einkommensteuergesetz |
| ff. | folgende |
| FG | Finanzgericht |
| Fischer's Z. | Fischer's Zeitschrift für Verwaltungsrecht |
| Fn. | Fußnote |
| G | Gesetz |
| GBl. | Gesetzblatt |
| GBlDEK | Gesetzblatt der Deutschen Evangelischen Kirche |
| GESTAPO | Geheime Staatspolizei |
| GewO | Gewerbeordnung |
| GewStG | Gewerbesteuergesetz |
| GewStRG | Gewerbesteuerrahmengesetz |
| GG | Grundgesetz |
| GrdEStG | Grunderwerbsteuergesetz |
| GO | Gemeindeordnung |
| GrdStG | Grundsteuergesetz |
| GS | Gesetzessammlung für die Preußischen Staaten |
| GVBl. | Gesetz- und Verordnungsblatt |
| HambOVG | Oberverwaltungsgericht Hamburg |
| HRR | Höchstrichterliche Rechtsprechung |
| i. d. F. | in der Fassung |
| JK | Junge Kirche |
| JöR | Jahrbuch des öffentlichen Rechts |
| JR | Juristische Rundschau |
| JW | Juristische Wochenschrift |
| JWG | Jugendwohlfahrtsgesetz |
| JZ | Juristenzeitung |
| KiGVOBl. | Kirchliches Gesetz- und Verordnungsblatt |
| KG | Kammergericht |
| Krit.J. | Kritische Justiz |
| KStG | Körperschaftssteuergesetz |
| KVStG | Kapitalverkehrsteuergesetz |
| LAG | Landesarbeitsgericht |
| LG | Landgericht |
| LErbhG | Landeserbhofgericht |
| LSt | Lohnsteuer |
| MBliV | Ministerialblatt des Reichs- u. Preuß. Ministeriums des Innern |
| MecklZ | Mecklenburgische Zeitschrift für Rechtsflege und Rechtswissenschaften |
| m. w. N. | mit weiteren Nachweisen |
| NJW | Neue Juristische Wochenschrift |
| NS, ns. | Nationalsozialismus, nationalsozialistisch |
| NSDAP | Nationalsozialistische Deutsche Arbeiterpartei |

| | |
|---|---|
| OFinPräs. | Oberfinanzpräsident |
| OGHSt | Entscheidungen des Obersten Gerichtshofs für die Britische Zone in Strafsachen |
| OLG | Oberlandesgericht |
| OVG | Oberverwaltungsgericht |
| P. | Punkt |
| PolStrGB | Polizeistrafgesetzbuch |
| PrVBl | Preußisches Verwaltungsblatt |
| PrOVG | Preußisches Oberverwaltungsgericht |
| PP | Parteiprogramm |
| PVG | Polizeiverwaltungsgesetz |
| RAG | Reichsarbeitsgericht |
| RAO | Reichsabgabenordnung |
| RBesBl | Reichsbesoldungsblatt |
| RBewG | Reichsbewertungsgesetz |
| RdErl. | Runderlaß |
| Rdn. | Randnote |
| RDStrH | Reichsdienststrafhof |
| RegBl. | Regierungsblatt |
| RegerE. | Reger, Entscheidungen der Gerichte und Verwaltungsbehörden usw. |
| RFH | Reichsfinanzhof |
| RFinMin. | Reichsfinanzminister (-ministerium) |
| RG | Reichsgericht |
| RGBl. | Reichsgesetzblatt |
| RGSt | Entscheidungssammlung des Reichsgerichts in Strafsachen |
| RGZ | Entscheidungssammlung des Reichsgerichts in Zivilsachen |
| RJWG | Reichsjugendwohlfahrtsgesetz |
| RK | Reichskonkordat |
| RMBliV | siehe MBliV |
| RMinBl. | Reichsministerialblatt |
| RStBl. | Reichssteuerblatt |
| RuPrMin. | Reichs- und Preußischer Minister (Ministerium) |
| RuPrStAnz. | Reichs- und Preußischer Staatsanzeiger |
| RuPrVerwBl. | Reichs- und Preußisches Verwaltungsblatt |
| RV | Reichsverfassung |
| RVerwBl. | Reichsverwaltungsblatt |
| RVG | Reichsverwaltungsgericht |
| s. | siehe |
| S. | Seite |
| SächsOVG | Sächsisches Oberverwaltungsgericht |
| s. o. | siehe oben |
| SoG | Sondergericht |
| Sp. | Spalte |
| StAnpG | Steueranpassungsgesetz |

| | |
|---|---|
| StGB | Strafgesetzbuch |
| StW | Steuer und Wirtschaft |
| s. u. | siehe unten |
| TestG. | Testamentsgesetz |
| ThürOVG | Thüringisches Oberverwaltungsgericht |
| UStDB | Umsatzsteuerdurchführungsbestimmungen |
| UStG | Umsatzsteuergesetz |
| Verf. | Verfassung |
| vgl. | vergleiche |
| VerwArch. | Verwaltungsarchiv |
| VerwBl. | Verwaltungsblatt |
| VG | Verwaltungsgericht |
| VGH | Verwaltungsgerichtshof |
| Vjh.f.ZGesch. | Vierteljahreshefte für Zeitgeschichte |
| VO | Verordnung |
| VOBl. | Verordnungsblatt |
| Vorb. | Vorbemerkung |
| VStG | Vermögensteuergesetz |
| VVDStRL | Veröffentlichungen der Vereinigung Deutscher Staatsrechtslehrer |
| WürttVGH | Württembergischer Verwaltungsgerichtshof |
| ZAkDR | Zeitschrift der Akademie für Deutsches Recht |
| ZeKR | Zeitschrift für evangelisches Kirchenrecht |
| Z.f.d.ges.Staatswiss. | Zeitschrift für die gesamte Staatswissenschaft |
| ZStW | Zeitschrift für die gesamte Strafrechtswissenschaft |

# VORWORT

## I.

Ziel der vorliegenden Untersuchung ist die Überprüfung der Rechtsprechung staatlicher Gerichte in Kirchensachen im Hinblick auf die Frage, ob, in welcher Weise und in welchem Ausmaß ein Einfluß nationalsozialistischer Weltanschauung auf die Rechtsprechung in kirchlichen Angelegenheiten festgestellt werden kann.
Der Begriff Kirchensachen ist hier im weitesten Sinne zu verstehen. Er umfaßt sowohl den Bereich des inneren Kirchenrechts (ius ecclesiasticum) als – hauptsächlich – den des Staatskirchenrechts in weitestem Sinne, welches hier aufzufassen ist als die Gesamtheit der Normen und Entscheidungen, die das Verhältnis von Staat und Kirche unmittelbar oder mittelbar regeln. Insofern war ausreichend, daß kirchliche Gemeinschaften oder Einrichtungen, ihre Organe, Behörden, Stellen, Beamten oder Bedienstete usw. erkennbar Beteiligte eines gerichtlichen Verfahrens waren; zum Teil wird der erforderliche kirchliche Bezug bereits dadurch hergestellt, daß ein Verfahrensbeteiligter Mitglied einer Religionsgemeinschaft war. Einschränkend war in den zuletzt genannten Fällen indessen zu fordern, daß die Kirchenmitgliedschaft erkennbare Bedeutung für Verfahren und Entscheidung hatte. Als Kirchensachen gelten schließlich die Angelegenheiten aller Religionsgemeinschaften und ihrer Mitglieder, mögen jene christlich oder nicht-christlich, Körperschaften des öffentlichen Rechts oder nicht, Religionsgesellschaften oder bloße religiöse Vereinigungen gewesen sein.
Die Behandlung der Juden in der Rechtsprechung des Nationalsozialismus mußte weitgehend unerörtert bleiben, weil es sich hier ganz überwiegend nicht um Rechtsprechung zu kirchlichen oder religiösen Problemen handelt. Wo indessen trotz der weiterhin vorwiegend »rassepolitischen« Motivation der religiöse oder kirchliche Bezug unabweisbar hervortritt, wie bei der steuerlichen Behandlung der israelitischen Kultusgemeinden, durfte die Rechtsprechung nicht unberücksichtigt bleiben.
Auf eine Definition des Phänomens »Nationalsozialismus« ist bewußt verzichtet worden, weil eine allgemeine, in der Forschung bekanntlich höchst umstrittene[1] Begriffsbestimmung für die Zwecke dieser Darstellung entbehrlich war. Soweit es auf die Feststellung nationalsozialistischen Gedankenguts in einzelnen Rechts- und Lebensbereichen ankam, war sie jeweils am gegebenen Ort vorzunehmen.
Der Untersuchung liegt zugrunde eine systematische Überprüfung der wichtigsten juristischen und kirchenrechtlichen Zeitschriften im Hinblick auf die Veröffentlichung relevanter Entscheidungen. Ausgewertet wurden ferner die amtlichen Ent-

[1] Zum vieldiskutierten Problem Nationalsozialismus–Faschismus–Totalitarismus vgl. jetzt die Übersicht bei K. D. Erdmann, IV/2, S. 360–370; D. Albrecht, Totalitarismus, S. 135–141; K. D. Bracher, Kontroversen.

scheidungssammlungen der oberen Gerichte. Unveröffentlichte Entscheidungen[2] konnten im Rahmen dieser Arbeit nur ausnahmsweise berücksichtigt werden.[3]
Bei dieser Methode der Quellenauswahl stellt sich natürlich die Frage, wofür die Anzahl der hier erfaßten Entscheidungen repräsentativ ist und welche Schlußfolgerungen daraus gezogen werden können. Es ist nicht auszuschließen, daß eine Anzahl eigentlich einschlägiger Entscheidungen nur deshalb unberücksichtigt geblieben ist, weil die Veröffentlichung den tatsächlich vorhandenen Bezug auf Kirchensachen nicht erkennen läßt. Fest steht ferner, daß es eine größere Anzahl unveröffentlichter Entscheidungen zu kirchlichen Angelegenheiten gibt. Es darf aber angenommen werden, daß bei diesen Entscheidungen die Veröffentlichung zum großen Teil gerade deshalb unterblieb, weil sie von der nationalsozialistischen Weltanschauung unbeeinflußt geblieben waren. Wir müssen also mit einer Dunkelziffer rechnen, die sich kaum quantifizieren läßt. Aber die in dieser Untersuchung herangezogenen Entscheidungen sind insgesamt so zahlreich, daß kein begründeter Anlaß besteht anzunehmen, daß wegen der Dunkelziffer wesentliche nationalsozialistische Einflüsse auf die Rechtsprechung in Kirchensachen unbeachtet geblieben sein könnten. Insofern erlauben die hier berücksichtigten Entscheidungen in ihrer Gesamtheit Ergebnisse und Feststellungen allgemeiner Art.
Die induktive Methode der Darstellung bewirkt, daß eine Vielzahl von Entscheidungen zu den verschiedensten Rechtsproblemen erfaßt und dargestellt werden mußte. Mit Rücksicht auf die Vielfältigkeit der einzelnen Rechtsgebiete einerseits, die fundamentale Bedeutung der Grundrechte und der verfassungsrechtlichen Grundentscheidungen für alle jene unterschiedlichen Rechtsgebiete andererseits erschien es angezeigt, dem verfassungsrechtlichen Aspekt den Vorrang einzuräumen und das umfangreiche Material nach den verfassungsrechtlichen Problemkreisen der Kirchenartikel der Weimarer Reichsverfassung zu ordnen.
Eine Untersuchung der Rechtsprechung in kirchlichen Angelegenheiten im Hinblick auf nationalsozialistisches Gedankengut wurde bisher nicht vorgelegt. Dieser Aspekt wird in den verschiedenen Veröffentlichungen zum Verhältnis von Justiz und Nationalsozialismus teilweise mitbehandelt[4]. Daneben liegen Veröffentlichungen vor, die sich mit einzelnen Ausschnitten des hier untersuchten Gebietes eingehender befassen wie etwa mit der strafrechtlichen Verfolgung von Priestern und Ordensangehörigen im Dritten Reich[5] oder mit der Darstellung spektakulärer Prozesse[6]. Hinzuweisen ist schließlich auf die umfangreiche Literatur zum Kirchenkampf.[7]

[2] Vgl. insbesondere die im sog. »Bielefelder Archiv« (Landeskirchenarchiv der evangelischen Kirche von Westfalen) gesammelten Entscheidungen und die Veröffentlichung der Generaldirektion der Staatlichen Archive Bayerns: Widerstand und Verfolgung in Bayern 1933–1945, Hilfsmittel: Archivinventar Band 3, Teil 1–5: SoG München 1933–1945.

[3] Eine Anzahl der im Bielefelder Archiv gesammelten Entscheidungen ist aufgearbeitet worden, vgl. R. Echterhölter und H. Schorn, Richter. Diese Entscheidungen wurden grundsätzlich berücksichtigt.

[4] R. Echterhölter; H. Schorn, Richter; G. Uffelmann; L. Frege; W. Hempfer.

[5] Vgl. H. G. Hockerts; B. M. Kempner.

[6] Vgl. W. Niemöller, Macht; F. Gollert; O. Gritschneder.

[7] Vgl. unten Einleitung II Anm. 7.

## II.

Die Würdigung des Materials kann nicht ohne weiteres anhand der Maßstäbe des demokratischen Rechtsstaats heutigen Verständnisses erfolgen, der aus den Schwächen des Weimarer Systems gelernt hat. Vergleich und Würdigung haben vielmehr auszugehen vom status quo ante, also von der Grundlage des Weimarer Staatsverständnisses.

Dies bedeutet nicht, auf eine Kritik des status quo ante zu verzichten und erst recht nicht, das Scheitern der Weimarer Republik als unüberwindliche Strukturkrise und die Machtergreifung des Nationalsozialismus als unausweichliche Konsequenz dieser Krise hinzunehmen[8]. Die Frage muß gestellt werden, ob und inwieweit jene Ursachen, die am Untergang der Weimarer Republik und an der Machtergreifung des Nationalsozialismus mitgewirkt haben, sogenannte objektive Bedingungen sind oder aber gerade Ausdruck des Fehlens jener Kooperations- und Kompromißbereitschaft, die für das Funktionieren des demokratisch-parlamentarischen Systems unerläßlich ist.

Um dies zu erläutern: Die Krise des Parteienstaats, die zu überwinden die Weimarer Republik nicht imstande war, trat mit dem Scheitern der großen Koalition am 27. März 1930 offen zutage: Die Koalition zerbrach an der Streitfrage, ob die Beiträge zur Arbeitslosenversicherung um ein halbes Prozent erhöht werden sollten – ein Umstand, der mit Recht als mangelnde Bereitschaft zur Herbeiführung des erforderlichen gesellschaftlichen und politischen Kompromisses gedeutet worden ist[9]. Sicherlich ist es richtig, daß die Selbstausschaltung der Parteien und des Parlaments durch die Konstruktion der Weimarer Verfassung, insbesondere durch die Diktaturgewalt des Reichspräsidenten in Verbindung mit dem Recht zu Entlassung und Ernennung des Reichskanzlers und der Befugnis zur Auflösung des Reichstages, begünstigt wurde[10] – doch beantwortet dies keineswegs die Frage, weshalb die verantwortlichen Parteien parlamentarische Lösungen nicht mehr gefunden haben. Richtig ist sicherlich auch, daß die Weimarer Republik mit der Hypothek des Versailler Vertrages belastet war und daß militärische Niederlage, Revolution, Inflation und Weltwirtschaftskrise große soziale und ökonomische Umwälzungen bewirkt hatten und daß das geistige und politische Leben in verschiedene, offenbar unüberbrückbare antagonistische Lager gespalten war. Doch ist die Frage auch hier, ob wir es mit gleichsam unüberwindlichen Hindernissen zu tun haben oder aber gerade mit der mangelnden Bereitschaft, den notwendigen gesellschaftlichen und politischen Ausgleich herbeizuführen, also letztlich mit einem Defizit demokratischen Bewußtseins.

Der Weimarer Justiz ist von einer Anzahl von Autoren eine Mitverantwortung nicht nur am Scheitern der Republik, sondern auch an ihrer Überwindung durch

[8] Dagegen insbesondere K. D. Bracher, Diktatur S. 187; ders., Parteienstaat S. 61 ff.

[9] D. Erdmann, IV/1 S. 307, 329; Th. Schieder Sp. 515; K. D. Bracher, a. a. O. 185; ders., a. a. O. S. 60.

[10] W. Conze S. 46; K. D. Bracher, Parteienstaat S. 61; Th. Schieder; A. Rosenberg S. 208.

autoritäre und totalitäre Bewegungen nachgesagt worden[11], wobei diese Autoren bereits an eine zum Teil recht heftige zeitgenössische Kritik anknüpfen konnten[12]. Andererseits fehlt es bisher durchaus an einer zureichenden, monographischen Aufarbeitung dieses Themas. Wie das Urteil über die Weimarer Justiz auch immer ausfallen mag[13] – unbestreitbar und unbestritten dürfte sein, daß – vorbehaltlich der erforderlichen Differenzierungen im Einzelnen – »die Justiz« für die Machtergreifung des Nationalsozialismus und die damit verbundene Rechtlosigkeit insgesamt keinen nennenswerten Widerstand bedeutet hat.

Die – wohlwollende – Kritik an der Weimarer Justiz hat sich auch im wesentlichen darauf beschränkt, den Rechtspositivismus der Weimarer Epoche als nahezu unüberwindliche Hauptursache für diesen Befund hervorzuheben[14]. Es mag zutreffen, daß die formale »Legalität« des nationalsozialistischen Regimes und seiner Gesetze ihre Anerkennung begünstigte und daß sich hier möglicherweise eine Parallele zur ausschließlich formal bestimmten Rechtsauffassung des Positivismus auftut[15] – voreilig ist es jedoch, rechtstheoretisch den Rechtspositivismus als Sündenbock zu bezeichnen, der eine angeblich ausschließlich gesetzespositivistisch-begriffsjuristisch fixierte Richterschaft außer Stand gesetzt hätte, eine dem Recht innewohnende Moral über den Buchstaben des Gesetzes hinaus zu erkennen[16]. Diese wiederholt kritisierte Meinung[17] scheint im wesentlichen auf der Annahme zu beruhen, daß die Richterschaft damals einem blinden Gesetzesgehorsam gehuldigt hätte. Diese Annahme ist unzutreffend; jedenfalls hat sich derartiges weder für die Weimarer Epoche[18] noch für die Zeit des Nationalsozialismus[19] feststellen lassen.

[11] H. u. E. Hannover S. 300; K. D. Bracher, a. a. O. S. 13; K. J. Newman S. 145; zur Kritik an der Weimarer Justiz vgl. ferner O. Kirchheimer S. 289, 314; H. Pross S. 139; F. K. Kübler S. 115; K. D. Bracher, Diktatur S. 189; ders., Auflösung S. 191.

[12] E. Fraenkel; ders. S. 43 ff.; E. J. Gumbel, Zwei Jahre; ders., Vier Jahre; ders., Verräter; ders., Köpfe; vgl. auch die Zeitschrift »Die Justiz« (Zeitschrift für Erneuerung des Deutschen Rechtswesens, zugleich Organ des Republikanischen Richterbundes, 7 Bände, Berlin-Grunewald 1925–1932), ferner O. Kahn-Freund.

[13] Vgl. neuestens D. Kolbe und E. Reitter.

[14] In diesem Sinne insbesondere H. Weinkauff S. 29: »Der extreme Rechtspositivismus, wie er in der Weimarer Zeit herrschte, war ein Kind relativistischer und skeptischer Erschöpfung und deswegen fast unüberwindlich ... Wenn dort, wie es geschehen war, der extreme Rechtspositivismus das unangezweifelte Dogma fast aller Juristen geworden war, so machte das den Rechtsstand und vor allem die Gerichte rechtlich wehrlos gegen das Eindringen staatlichen Unrechts in den Raum des Rechts. Darauf geht im letzten Grunde die Schwäche der deutschen Jurisprudenz gegenüber dem Nationalsozialismus zurück.« Ebenso wohl A. Arndt S. 1273 und S. Radbruch S. 2; mit Einschränkungen und Hinweisen auf die dem Rechtspositivismus entgegengesetzten Strömungen H. Schorn, Richter S. 26.

[15] Vgl. insbesondere B. Rüthers S. 121 ff., 270 ff.; D. Kirschenmann S. 29 ff., 53 ff.

[16] In diesem Sinne H. Weinkauff S. 20, 35 ff.

[17] E. Fraenkel S. 18; O. Kirchheimer S. 316; B. Rüthers S. 98; F. K. Kübler S. 104 ff.; W. Rosenbaum S. 143 ff.

[18] Zur Anerkennung des rechtspositivistischen Grundgedankens durch das RG vgl. insbesondere RGZ 100, 25 (27) und RGZ 118, 325 (327). Mit dem positivistischen Grundsatz der strengen Gesetzesbindung unvereinbar aber das berühmte Aufwertungsurteil des RG vom 28. November 1923, RGZ 107, 78 (87), dazu ausführlich B. Rüthers S. 64 ff.; in diesem Sinne schon früher OLG Darmstadt 29. März 1923, JW 1923, 459 und 18. Mai 1923, JW 1923, 522. Hinzuweisen ist ferner auf das von den Gerichten erstmals in der Weimarer Zeit in Anspruch genommene Prüfungs- und Verwerfungsrecht verfassungswidriger Gesetze, vgl. RGZ 111, 32; RFH 5, 333;

Die Würdigung des Materials erfordert vor allem auch die Berücksichtigung der entscheidenden Veränderungen von Staat und Recht durch den Nationalsozialismus, die mit der Außerkraftsetzung der Grundrechte im Sinne einer Ermächtigung der Exekutive zu gesetzlosem Handeln[20] durch die »Verordnung des Reichspräsidenten zum Schutz von Volk und Staat« vom 28. Februar 1933[21] und mit der Aufhebung des Prinzips der Gewaltenteilung durch das sogenannte »Ermächtigungsgesetz«[22] entscheidend vorbereitet und durch Parteienverbot[23], Gleichschaltung der Länder[24], Vereinigung der obersten Staatsämter[25] und die stufenweise Abschaffung rechtsstaatlicher Prinzipien konsequent fortgesetzt wurden bis hin zur Auflösung der Rechtsordnung in rechtlich ungebundene Willkür[26].
Der tatsächliche Entscheidungsspielraum der Gerichte wurde ferner wesentlich beschränkt durch die ständig wachsende politische Beeinflussung der staatlichen Organe einschließlich der Gerichte[27] wie überhaupt des gesamten öffentlichen und privaten Lebens. Mindestens in den späteren Jahren wurde es nicht nur eine Frage des persönlichen Muts, sondern auch gefährlich, eine abweichende Meinung zu bekunden. Dies kann indessen nicht darüber hinwegtäuschen, daß nach unserem heutigen Urteil die damalige Justiz den immerhin noch verbliebenen Spielraum weder anfangs noch später in rechtsstaatlichem Sinne ausgeschöpft hat.

BayObLG DJZ 1931, 902; HambOVG JW 1927, 1288. Zum Kampf um das richterliche Prüfungsrecht in der Weimarer Rechtslehre vgl. K. Sontheimer S. 75 ff.; vgl. auch F. Wieacker S. 514.

19 B. Rüthers S. 99, 122. Der Rekurs auf außergesetzliche Rechtsquellen wie »Gesundes Volksempfinden« und andere führte sogar zur vollständigen Auflösung des überkommenen Gesetzesbegriffs im materiellen wie im formellen Sinne, vgl. etwa E. R. Huber, Verfassungsrecht S. 235. Zum Gesetzesbegriff im Nationalsozialismus ausführlich D. Kirschenmann S. 21 ff., insbesondere S. 53 ff.

20 Zur Auslegung der VO in diesem Sinne G. Anschütz, Art. 48 Anm. 15; R. Grau S. 274, 284.

21 RGBl. I, S. 45.

22 Gesetz zur Behebung der Not von Volk und Reich vom 24. März 1933, RGBl. I, S. 141; zur Vorgeschichte des Gesetzes K. D. Bracher S. 152 ff.

23 Gesetz gegen die Neubildung von Parteien vom 14. Juli 1933, RGBl. I, S. 479.

24 Gesetze vom 31. März 1933, RGBl. I, S. 153, vom 7. April 1933, RGBl. I, 173, 736, vom 30. Januar 1934, RGBl. I, S. 75.

25 Gesetz über das Staatsoberhaupt des deutschen Reichs vom 1. August 1934, RGBl. I, S. 747.

26 Vgl. A. Wagner; H. Schorn, Gesetzgebung; M. Broszat, Perversion S. 390; H. Weinkauff; W. Wagner; G. Buchheit; J. Glunz; W. Johe; W. Hofer; H. Buchheim–M. Broszat–H. A. Jacobsen–H. Krausnick; B. Naumann; U. D. Adam; I. Staff.

27 Von einer konsequenten Lenkung der Rechtsprechung kann – sieht man von einzelnen Versuchen ab – für die ersten Jahre der nationalsozialistischen Herrschaft nicht gesprochen werden; diese setzte erst bei Kriegsausbruch ein und verstärkte sich nochmals seit 1942: I. Staff S. 111 ff.; M. Broszat S. 419 ff.; H. Weinkauff S. 96 ff.; neuestens H. Boberach.

# EINLEITUNG

## I. Nationalsozialistisches Staatskirchenrecht

### 1. Das Problem der Fortgeltung der Weimarer Kirchenartikel

Die Frage nach einer Fortgeltung speziell nur der Art 135 ff. RV wurde in der Literatur der nationalsozialistischen Zeit so gut wie nicht erörtert. Sie erfuhr jedoch zumindest inzident Behandlung in einem umfassenderen Zusammenhang: bei der Frage nach dem Fortbestand der Weimarer Reichsverfassung überhaupt, wobei man weiter Weimarer Reichsverfassung stellvertretend für nichtnationalsozialistisches, vorrevolutionäres Recht überhaupt setzen darf[1].
Daß die Weimarer Reichsverfassung die nationalsozialistische Machtergreifung vollständig und unversehrt überstanden habe, wurde, soweit ersichtlich, nirgends behauptet. Die Rechtsgültigkeit verfassungssuspendierender oder verfassungsändernder Rechtsakte wie der Verordnung zum Schutz von Volk und Staat vom 28. Februar 1933 oder des sog. Ermächtigungsgesetzes vom 24. März 1933 wurde vielmehr ganz allgemein unterstellt, auch von Autoren, die nicht als nationalsozialistische Parteigänger gelten können[2]. Notwendige Konsequenz dieser Unterstellung mußte mindestens die Annahme sein, daß die Weimarer Reichsverfassung seit der nationalsozialistischen Machtergreifung mehrere ausdrückliche oder auch stillschweigende Änderungen erfahren hatte.
Teilweise – wenn auch nur vereinzelt – wurde denn auch die Ansicht vertreten, die Reichsverfassung von 1919 sei, *soweit* sie nicht ausdrücklich oder stillschweigend außer Kraft gesetzt oder geändert worden sei, die zur Zeit geltende Verfassung[3].
Zur Begründung dieser Auffassung wurde angeführt, daß der Führer die legale, gesetzliche, verfassungsrechtlich gültige Verwirklichung des Parteiprogramms beabsichtigt habe[4] und auch durchführe, wie dies schon daraus zu entnehmen sei, daß die verschiedenen nationalsozialistischen Verfassungsänderungen und anderweitigen Gesetze durch wörtliche Bezugnahme auf die Weimarer Reichsverfassung ihre Rechtsgrundlage und Rechtswirksamkeit ausdrücklich aus der – mithin noch geltenden – Verfassung hergeleitet hätten[5].
Nach dieser Mindermeinung, die die nationalsozialistischen Legalitätsbeteuerun-

[1] Entsprechende Probleme, die in vergleichbarer Weise gelöst werden sollten, entstanden nach dem Ende der nationalsozialistischen Herrschaft, vgl. Art. 123 Abs. 1 GG: »Recht aus der Zeit vor dem Zusammentritt des Bundestages gilt fort, soweit es dem Grundgesetz nicht widerspricht«. Vgl. auch M. Kirn.

[2] Vgl. etwa Flor, Kirchenstreit S. 226 ff. (227). Zur – fehlenden – Legalität des Ermächtigungsgesetzes (mit Hinweisen auf die höchstrichterliche Rechtsprechung der Bundesrepublik) vgl. H. Schneider S. 37 ff.

[3] Flor S. 226; A. Lobe S. 194 ff.

[4] Vgl. etwa Hitlers bekannten Eid auf die Legalität der beabsichtigten Machtübernahme im Ulmer Hochverratsprozeß 1930. Das Urteil vom 4. Oktober 1930 ist abgedruckt in: Die Justiz Band IV (1930/31) S. 187 ff. (213).

[5] Vgl. etwa A. Lobe S. 199.

gen[6] offenbar für bare Münze nahm, war das geltende Verfassungsrecht also zum einen Teil aus dem unberührten Restbestand der Weimarer Verfassungsurkunde, zum anderen Teil aus den verfassungsändernden nationalsozialistischen Gesetzen herzuleiten. Einzelne Bestimmungen aus dem Weimarer Restbestand sollten sogar mit neuen nationalsozialistischen Bestimmungen konkurrieren können: Solange beispielsweise der Reichstag nicht funktionell-kompetenzmäßig umgestaltet worden sei, konkurriere sein fortbestehendes Gesetzgebungsrecht mit dem der Regierung. Mehr Einsicht in die Realitäten ließ allerdings die weitere Feststellung erkennen, daß dies aus politischen Gründen kaum ernsthaft in Frage komme[7].

Teilweise wurde angenommen, daß die Weimarer Verfassung *formell*, d.h. dem Buchstaben nach, noch in Kraft sei[8], während ihr wesentlichster *Inhalt*, die Grundentscheidungen des Verfassungsgesetzes, keine weitere Geltung mehr beanspruchen könnten. Denn jedes positive Recht enthalte zwei Elemente, nämlich den Gesetzesbuchstaben und den hinter ihm stehenden Rechtsgeist, von dem aus das Gesetz auszulegen sei. Der Rechtsgeist der Weimarer Verfassung sei nun mit der Überwindung der liberal-demokratischen Gedankenwelt ganz entfallen: »Man muß also scharf unterscheiden zwischen dem Buchstaben der Reichsverfassung, der weiterbesteht, solange er nicht ausdrücklich aufgehoben ist und mit dem folglich auch gesetzgeberisch und juristisch gerechnet werden muß, und dem veränderten Rechtsgeist, der eine der nationalsozialistischen Weltanschauung entsprechende Auslegung der übernommenen gesetzlichen Vorschriften erheischt«[9]. Diese Auffassung berief sich gleichfalls auf den Willen des Nationalsozialismus zu legaler Machtergreifung, zu »legaler Revolution«: Deshalb stehe das gesamte öffentliche Recht des Staates ohne formellen Rechtsbruch auf der Grundlage der Weimarer Reichsverfassung.

Bemerkenswert an dieser Theorie war allenfalls, daß ihre Vertreter die Legalitätsbeteuerungen nur noch als bloße Farce hinnahmen[10], aber offenbar glaubten, daß aus der Propagandathese von der formalen Legalität der nationalsozialistischen Machtergreifung konsequenterweise die formal-legale Fortgeltung der Weimarer Reichsverfassung hergeleitet werden müsse, und deshalb, weil der inhaltliche Bestand keinesfalls weitergelten durfte, notwendig ins Dilemma geraten mußten. Die Konstruktion formaler Fortgeltung einer Norm unter Wegfall ihres Inhalts war offensichtlich verfehlt. Denn Inhalt und Form eines Wortes, eines Satzes, eines Gesetzes wie eines Verfassungswerks können nicht getrennt werden, ohne daß mehr übrig bliebe als eine willkürliche, sinnlose Anhäufung von Buchstaben. »Es gibt«, bemerkte treffend Carl Schmitt, »keinen irgendwie beachtlichen Buchstaben ohne Geist«[11].

[6] Vgl. dazu H. Ridder S. 221 ff. (235).

[7] G. A. Walz, Ende S. 48.

[8] H. Nicolai, Neuaufbau S. 32.

[9] H. Nicolai, a. a. O. S. 34.

[10] Die »Legalität« der Machtergreifung diente ihnen nur – wie sie selbst einräumten – dazu, das reibungslose Weiterarbeiten des staatlichen Behörden- und Beamtenapparates zu ermöglichen und um gleichzeitig den Anhängern der Demokratie den Vorwurf des Eidbruchs und des undemokratischen Vorgehens aus der Hand zu schlagen, vgl. H. Nicolai, a. a. O. S. 32; R. Horneffer S. 148 ff. (154); in eben diesem Sinne C. Schmitt, Staat S. 8.

[11] C. Schmitt, Weg S. 691. Die Theorie war auch nicht schlüssig, weil die Einhaltung des vorge-

Für die selbstbewußtere Gruppe führender Staatsrechtler im nationalsozialistischen Staat hatte die Weimarer Reichsverfassung ihre Geltung als *Verfassung* schlechthin verloren: »Die Verfassung von Weimar ist tot«[12]. In Anknüpfung an den bereits früher von Carl Schmitt vertretenen Verfassungsbegriff, dem die Unterscheidung von wirklicher Verfassung und normativer Verfassung zugrundelag[13], verstand sie unter Verfassung nur die in der Wirklichkeit des politischen Lebens tatsächlich geltenden politischen Fundamentalentscheidungen: »Wer aus der Legalität der nationalsozialistischen Revolution schließt, die Weimarer Verfassung gelte noch, bewegt sich in den Bahnen eines verfehlten verfassungsrechtlichen Positivismus und Normativismus. Er nimmt die äußere Form für die Wirklichkeit, er klammert sich an geschriebene Normen, über die das Leben längst hinweggeschritten ist. Die Aufgabe der Juristen ist es jedoch, das Wesen der Dinge, die wirkliche Verfassungslage eines Volkes und Staates zu erfassen«[14].

Daß die politische Wirklichkeit sich grundlegend verändert hatte und über die Weimarer Reichsverfassung »hinweggeschritten« war, war allerdings nicht zu übersehen. Es ist interessant, in diesem Zusammenhang einen Blick auf die Kritik der Weimarer Staatsrechtslehre an Carl Schmitts Verfassungsbegriff zu werfen. Ihm wurde seinerzeit entgegengehalten[15], daß durch das fait accompli eines möglicherweise Republik und Demokratie vernichtenden Staatsstreichs eine neue Verfassung geschaffen werde, ohne Rücksicht darauf, ob diese Verfassungsänderung legitim oder illegitim sei. Eben diese Konsequenz wurde nun, nachdem der Staatsstreich wirklich erfolgt war, bewußt gezogen.

Diese Auffassung lehnte jede formelle oder materielle Kontinuität entschieden ab. Zwischen der Weimarer Verfassung und der nationalsozialistischen Ordnung bestand nach ihr vielmehr schärfste Diskontinuität. Der nationalsozialistische Staat bedurfte keiner Legitimierung durch die Weimarer Verfassung; er wurde allein und hinreichend legitimiert durch den erfolgreichen[16] revolutionären Akt[17], der den Prozeß der Rechtsvernichtung und originären Rechtsschöpfung verursacht

schriebenen Verfahrens nicht notwendig Fortgeltung dieser Normen implizierte, vgl. etwa Art. 76 RV und die Auffassung der Weimarer Staatsrechtslehre hierzu, vgl. u. S. 42 Anm. 25.

[12] H. Gerber S. 32; ebenso: C. Schmitt, Staat S. 5; ders., Weg S. 691; E. R. Huber, Verfassungsrecht S. 46 ff.; U. Scheuner, Revolution S. 166 ff., 261 ff., 310 ff.; J. Heckel S. 49 ff. (50).

[13] C. Schmitt, Verfassungslehre S. 20 ff., 163 ff., vgl. dazu auch S. 42 Anm. 25, S. 12 Anm. 34.

[14] E. R. Huber, Verfassungsrecht S. 49.

[15] Vgl. etwa R. Thoma, Bedeutung S. 40.

[16] Die Lehre von der rechtserzeugenden Kraft erfolgreicher Revolutionen war nicht neu. Sich bereits auf ältere Vorläufer, wie insbesondere auf Georg Jellinek (vgl. G. Jellinek S. 307 ff.) berufend, hatte schon die Weimarer Staatsrechtslehre unter bewußter Absage an »Legitimismus« und zugleich unter ausdrücklicher Anerkennung der »normativen Kraft des Faktischen« den Rechtsgeltungsanspruch der Verfassung von 1919 allein mit der erfolgreichen Revolution vom November 1918 begründet, vgl. etwa G. Anschütz, Einl. 1 (S. 1 ff.) mit weiteren Nachweisen; sie hat hierbei die Unterstützung der Rechtsprechung gefunden: »Der durch die Umwälzung geschaffenen neuen Staatsgewalt kann die staatsrechtliche Anerkennung nicht versagt werden. Die Rechtswidrigkeit ihrer Begründung steht dem nicht entgegen, weil die Rechtmäßigkeit der Begründung kein wesentliches Merkmal der Staatsgewalt ist ...«, RGZ 100, 27 ff., vgl. auch RGZ 99, 287; 102, 423; RGSt 53, 66; 54, 157, 264; 56, 259; PrOVG 77, 497 mit weiteren Nachweisen.

[17] E. R. Huber, Verfassungsrecht S. 49; H. Gerber S. 32; C. Schmitt, Staat S. 6, 8; U. Scheuner, Revolution S. 261 ff. (292 ff.).

hatte[18]: »Die Legalität der deutschen Revolution bedeutet nur eine von der früheren Weimarer Verfassung, also einem überwundenen System her bestimmte Eigenschaft. Es wäre juristisch falsch und politisch ein Sabotageakt, aus dieser Art Legalität eine Weitergeltung überwundener Rechtsgedanken ... abzuleiten. Das gute Recht der deutschen Revolution beruht nicht darauf, daß sich einige Dutzend Abgeordnete bereit fanden, durch ihre Zustimmung die 15 % Differenz von einfacher und Zweidrittelmehrheit auszugleichen ... Die neue Welt des nationalsozialistischen Rechts ist mit den Begriffen und Formen des Weimarer Systems in keiner Weise auch nur zu begreifen, viel weniger zu rechtfertigen oder zu begründen. Jeder Versuch, die heutige Rechtslage von der Weimarer Verfassung aus zu rechtfertigen oder zu widerlegen ist daher, vom nationalsozialistischen Standpunkt aus gesehen, entweder ein sinnloses Spiel, oder aber ein Ausdruck des politischen Strebens, das heute geltende öffentliche Recht und die dem heutigen Staat zukommende auctoritas rei constitutae in die Gedankengänge des früheren Rechts zurückzuführen und dadurch entweder zu paralysieren oder wenigstens zu relativieren.«[19]

Das Recht zur nationalsozialistischen Revolution[20] bestand, weil die nationalsozialistische Weltanschauung für objektiv richtig, wertvoll und stark, das Weimarer System hingegen für objektiv falsch, wertfrei (wertlos) und schwach galt[21]. Dem liberal-demokratischen System von Weimar wurde jeder materiell-qualitative Wert, jeder substantielle Kern bestritten. Es sollte sich in bloßem Verfahren erschöpfen, lediglich formelles, ideenloses Ordnungsprinzip sein, das als verfehlt erkannt und überwunden worden sei[22]. Die Weimarer Verfassung sei deshalb mit Recht durch den nationalsozialistischen Gedanken, durch ein materielles, positives Gestaltungsprinzip, durch die wahre Staatsidee, die neue konkrete Rechtsidee des deutschen Volkes[23], abgelöst worden.

Nach dieser Auffassung, die wohl als die herrschende gelten durfte, war die Weimarer Reichsverfassung als Verfassung, d. h. als Inbegriff und rechtlicher Niederschlag der politischen Grundprinzipien für die Lebensordnung des Reiches, außer Geltung. An ihre Stelle war die »nationalsozialistische Verfassung« getreten.

Dies bedeutete nicht, daß das Weimarer Verfassungsgesetz in allen Einzelbestimmungen des schriftlichen Textes spurlos ausgelöscht worden war. Einzelne Be-

[18] Auffällig ist, daß an der These von der Legalität der Revolution auch hier festgehalten wird. Widersprüchlich ist dies jedoch nicht, weil die behauptete Legalität der Revolution zu ihrer Legitimierung nicht herangezogen wird; ihr kommt keinerlei juristische, sondern nur noch propagandistische Bedeutung zu.
Widersprüchlich und paradox ist allerdings der Begriff der »legalen Revolution«, denn Merkmal der Revolution ist gerade ihre Illegalität, der »Bruch der Rechtskontinuität« (Kelsen). Die Vertreter der Lehre von der legalen Revolution hielten demgegenüber den Durchbruch einer neuen Grundidee für entscheidend, der auch legal erfolgen könne: Art. 76 RV enthalte die umfassende Revisionsklausel, die Möglichkeit verfassungsmäßiger Revolution, vgl. etwa A. Diller S. 7 ff.; R. Knubben, Revolution S. 522.

[19] C. Schmitt, Staat S. 8; vgl. auch ders., Weg S. 691.

[20] Vgl. dazu U. Scheuner, Revolution S. 166 ff. (173).

[21] F. A. Müllereisert S. 62.

[22] A. Diller S. 30; R. Horneffer S. 148 ff. (168).

[23] R. Horneffer S. 171; vgl. auch D. Kirschenmann S. 62.

stimmungen galten weiterhin als rechtlich wirksam, dies jedoch nicht mit verfassungsrechtlichem Rang, sondern als einfache, gewöhnliche Gesetzesvorschriften[24], wie auch an der grundsätzlichen Geltung der gesamten überkommenen Rechtsordnung aus naheliegenden Gründen nicht gezweifelt wurde: Denn auch ein Regime, das sich als revolutionär verstand, konnte nicht durch einen einzigen revolutionären Akt die gesamte Rechtsordnung aufheben, weil dies rechtliches Vakuum, regelloses Chaos und Anarchie herbeigeführt hätte. Es mußte vielmehr, um zunächst überhaupt regieren zu können – nicht zuletzt also aus Gründen der eigenen Existenzsicherung –, die überkommenen Strukturen erhalten, um diese nach und nach in seinem Sinne abzuändern.

In der rechtswissenschaftlichen Literatur schmolz der mit dem revolutionären Akt notwendig verbundene Zustand der rechtlichen Leere und Strukturlosigkeit auf eine »Juristische Sekunde« zusammen: Kaum war die Rechtsordnung der Weimarer Verfassung durch die nationalsozialistische Revolution ausgelöscht, wurde sie bereits insoweit, als sie mit dem neuen revolutionären Geist vereinbar war, wieder in Kraft gesetzt: »Es handelt sich bei einer solchen Geltung alter Verfassungssätze aber nicht um einfaches ›Fortgelten‹, sondern diese Bestimmungen haben durch die nationalsozialistische Verfassung *neue* Geltung erhalten. Sie sind – weil sie ihrem Wortlaut oder ihrer technischen Funktion nach auch im Rahmen der neuen Ordnung brauchbar sind – in die neue politische Ordnung eingefügt worden. Eine solche Übernahme kann ausdrücklich oder stillschweigend geschehen sein ... Nicht der Tatbestand des ›Fortgeltens‹ liegt vor, sondern die Übernahme, die ›Rezeption‹ alter Rechtssätze durch eine neue Ordnung.«[25]

Die Entscheidung darüber, welche Rechtsnormen im einzelnen mit welchem Inhalt rezipiert worden waren, war eine Frage, die nur von Fall zu Fall durch Auslegung zu beantworten war, denn »keine Norm hat isolierte Existenz, sondern besteht nur in einem konkreten Gesamtzusammenhang. Löst man einen Rechtssatz aus dieser Gesamtordnung und gliedert man ihn in eine neue Grundordnung ein, so muß er seinen Sinn und Inhalt völlig den Grundsätzen des neuen Systems entsprechend ändern. Das ist die selbstverständliche Erscheinung bei jeder Rezeption, daß der rezipierte Rechtssatz sich den politischen, gesellschaftlichen, kulturellen und wirtschaftlichen Verhältnissen anpaßt, in die er aufgenommen wird ... Vorschriften von gleichem Wortlaut haben einen völlig veränderten rechtlichen Sinn, je nachdem, ob sie in einem parlamentarischen Parteienstaat oder in einem völkischen Führerstaat gelten«[26].

Für Geltung und Auslegung überkommener Rechtsnormen kam es mit anderen Worten allein darauf an, ob und inwieweit die Norm im Sinne der nationalsozialistischen Weltanschauung ausgelegt werden konnte[27].

[24] Herrschende Meinung, vgl. etwa H. Pfundtner S. 335 ff.; A. Köttgen, Kampf S. 521.
[25] E. R. Huber, Verfassungsrecht S. 53.
[26] Ebenda.
[27] Zum Problem der Rechtsänderung durch Auslegung in nationalsozialistischer Zeit vgl. ausführlich B. Rüthers S. 136 ff.

## 2. Die verfassungsrechtliche Grundlage des nationalsozialistischen Staatskirchenrechts

Hatte die Weimarer Reichsverfassung Rang und Geltung als *Verfassung*, als »rechtliche Grundordnung des Gemeinwesens«[28] verloren, dann konnten die Weimarer Kirchenartikel nicht länger die verfassungsrechtliche Grundlage für das Verhältnis von Staat und Kirche abgeben, nicht länger verfassungsrechtliche Gewährleistungen von Religionsfreiheit darstellen.

Während Werner Weber in seiner Sammlung des geltenden Staatskirchenrechts[29] die Weimarer Reichsverfassung nicht einmal mehr erwähnt, ist nach E. R. Huber Punkt 24 des Parteiprogramms der NSDAP mit der Regierungserklärung vom 23. März 1933 und der Neutralitätsverfügung des Führerstellvertreters vom 10. Oktober 1933 »der für das neue Reichskirchenrecht oberste verpflichtende und bestimmende, unbedingt verbindliche Verfassungsgrundsatz«[30].

Diese Formulierung bedeutete allerdings nicht, daß der nationalsozialistische Staat ein vor- und überstaatliches Grundrecht der Religionsfreiheit zugestanden hätte, denn »es gibt keine persönliche, vorstaatliche und außerstaatliche Freiheit des Einzelnen, die vom Staat zu respektieren wäre«[31], noch, daß er Ursprünglichkeit und Unabhängigkeit der Kirchen vom Staat in verfassungsmäßiger Weise anerkannt hätte, denn »verfassungsmäßige« Anerkennung und vertragliche Sicherung der Kirchen waren unter den ausdrücklichen Vorbehalt gestellt, daß die staatliche Arbeit die positive, also offenbar zustimmende und unterstützende, Würdigung der Kirchen erfuhr[32]: »Nur soweit und solange sie der staatlichen Arbeit die ›gleiche Würdigung‹ zuteil werden lassen, die das Reich ihnen gewährt, können sie die Anerkennung, den Schutz und die Förderung des Reiches erhalten. Jeder offene oder geheime Widerstand der Kirchen gegen die staatliche Arbeit, jede Nichtachtung oder Mißachtung der staatlichen Lebensgrundsätze durch die Kirchen hebt die Voraussetzungen auf, die die Grundlage des positiven Verhältnisses von Reich und Kirchen sind«.

Das auffällige Junktim von kirchlichem Wohlverhalten und staatlicher Anerkennung wie das Fehlen materialer Gestaltungsprinzipien waren Ausdruck des grundsätzlichen Mangels staatlicher Verpflichtungsbereitschaft, der anzeigt, daß der angebliche Verfassungsgrundsatz in Wirklichkeit nur Programmsatz einer veränderbaren Kirchenpolitik, nicht aber Verfassungsrecht im Sinne rechtlicher Grundordnung des Staates für sein Verhältnis zu den Kirchen war[33]. So wenig der natio-

[28] K. Hesse, Grundzüge S. 11.
[29] W. Weber, Staatskirchenrecht; ders., Neues Staatskirchenrecht.
[30] E. R. Huber, Verfassungsrecht S. 495.
[31] Ebenda S. 361.
[32] E. R. Huber, Verfassungsrecht S. 496, 497.
[33] Wegen der mangelnden Festlegung und Selbstverpflichtung des Staates und wegen des Fehlens materialer Ordnungsprinzipien war mit Punkt 24 Parteiprogramm der NSDAP weder eine *rechtliche* noch *grundlegende* noch überhaupt eine *Ordnung* des Verhältnisses von Staat und Kirche, durch die die jeweiligen Freiheitsräume hätten grundsätzlich bestimmt werden müssen, gegeben. Insbesondere am nationalsozialistischen Verfassungsbegriff zeigt sich, daß der Nationalsozialismus überkommene staatsrechtliche Begriffe zwar übernahm, sie jedoch mit anderem Bedeutungsinhalt füllte, vgl. etwa die folgende Anmerkung.

nalsozialistische Staat auf einer Verfassung[34] im Sinne rechtlicher Grundordnung des Gemeinwesens überhaupt sich aufbaute[35], so wenig hat er sein Verhältnis zu

[34] Der Gegenstand der Untersuchung gestattet nicht, den nationalsozialistischen Verfassungsbegriff im Gegensatz zum Verfassungsbegriff Weimarer oder heutigen Verständnisses ausführlicher zu behandeln. Angemerkt sei lediglich, daß der Nationalsozialismus Verfassung verstand in bewußtem Gegensatz zu Verfassung als Inbegriff ausdrücklicher Bestimmungen, geschriebener Rechtssätze, fester Organisationen und Institutionen. Vielmehr war »der Kern der Verfassung ... die ungeschriebene lebendige Ordnung, in der die politische Gemeinschaft des deutschen Volkes ihre Einheit und Ganzheit findet ... Sie ist die eigentliche Verfassung des völkischen Staates, während die schriftlichen und äußerlichen Festlegungen nur Ausstrahlungen und Niederschläge des ungeschriebenen Verfassungskerns sind«, E. R. HUBER, Verfassungsrecht S. 55; vgl. auch O. KOELLREUTTER, Verfassungsrecht S. 17 ff. Damit wird, ausgehend von der Unterscheidung zwischen »wirklicher« und »normativer« Verfassung, das Merkmal der Normativität ganz fallen gelassen, ist wesentliches Begriffsmerkmal der wirklichen, lebendigen Verfassung des Nationalsozialismus, daß ihr als Inbegriff der wesentlichen politischen Fundamentalsätze tatsächliche Geltung zukommt, vgl. E. R. HUBER, Verfassungsrecht S. 44 ff. (49–51).
In Verbindung mit der Führerformel mündet der Verfassungsbegriff des Nationalsozialismus trotz gerade entgegengesetzter Intentionen etwa Carl Schmitts in einen inhaltsleeren Positivismus des Führerwillens. Verfassung als lebendige politische Ordnung beugt dem möglichen Widerspruch von Verfassungswirklichkeit und Verfassung vor, stellt von vornherein Identität her. Verfassung in diesem Sinne wandelt sich von selbst mit dem Wandel der politischen Wirklichkeit, ohne daß es förmlicher Verfahren bedarf. Statt verbindlicher Grundordnung: totale Dynamik, denn »der Vorzug einer solchen ungeschriebenen Verfassung besteht darin, daß die Grundordnung nicht erstarrt, sondern daß sie in ständiger lebendiger Bewegung bleibt«, E. R. HUBER, Verfassungsrecht S. 55. Statt Verfassung als »der grundlegende, auf bestimmte Sinnprinzipien ausgerichtete Strukturplan für die Rechtsgestalt eines Gemeinwesens« (A. HOLLERBACH, Ideologie S. 46): geplante Strukturlosigkeit.
Gleiche Feststellungen treffen auf den italienischen Faschismus zu: Fehlen eines unmittelbar anwendungs- und verwirklichungsfähigen Programms und damit Anpassungsfähigkeit an die Bedürfnisse des Augenblicks, Faschismus als dynamische Bewegung: »Dieser Voluntarismus und Aktivismus führt dazu, daß sich das faschistische Regime nach dem Mussolinischen Wort, daß »die Tat vor der Lehre da war«, primär in der faktischen und nicht in der normativen Sphäre bewegt. Das geschriebene Recht erschöpft sich fast ausschließlich in der Funktion, einen bereits tatsächlich geschaffenen Zustand nachträglich zu legalisieren. Gegenüber dieser legitimierenden tritt die schöpferisch-normative Funktion des gesetzten Rechts in den Hintergrund«, G. LEIBHOLZ, Probleme S. 7 ff. (10) Vgl. auch S. MESSINA S. 285 ff. Für die Rolle von Gesetzgebung und Wissenschaft im Nationalsozialismus bedeutete dies: »Die Wissenschaft hat nur das Recht, aus den bestehenden Zuständen eine neue Gesetzlichkeit herauszulesen, und darum ist der durch eine Transponierung unserer nationalsozialistischen revolutionären Gesetzlichkeit auf den Staat entstandene Zustand-Gesetz«, J. GOEBBELS S. 12, mit anderen Worten »die kümmerliche, einer Wissenschaft nicht würdige Funktion der Rechtfertigung bestehender Machtverhältnisse«, K. HESSE, Kraft S. 5. Grundsätzlich zum Verhältnis von »wirklicher« und »normativer« Verfassung K. HESSE a. a. O. mit weiteren Nachweisen zu den verschiedenen Positionen (a. a. O., S. 7 ff., insbesondere ebenda Anmerkungen 4, 5, 7); vgl. auch P. BADURA S. 19 ff.
Zum nationalsozialistischen Verfassungsbegriff vgl. E. R. HUBER, Verfassungsrecht S. 44 ff.; DERS., Sinn; DERS., Schutz S. 78; DERS., Wesen; O. KOELLREUTTER, Verfassungsrecht S. 17 ff.; R. KLUGE – H. KRÜGER S. 15; H. LAMMERS S. 1296; U. SCHEUNER, Revolution S. 261 ff. (297 ff.); H. NICOLAI, Grundlagen und dazu BUCKOW S. 961; O. KOELLREUTTER, Sinn; DERS., Führerstaat; H. GERBER; G. NEESSE, Partei; H. J. WOLFF; R. STÖDTER S. 166 ff. (191 ff.); E. TATARIN-TARNHEYDEN S. 26 ff. Zur Frage, welche Gesetze als Niederschläge der ungeschriebenen Verfassung gelten sollten, vgl. E. R. HUBER, Verfassungsrecht S. 55/66; O. KOELLREUTTER, Verfassungsrecht S. 19; C. SCHMITT, Staat S. 7; H. HERRFAHRDT; H. PFUNDTNER S. 335 ff.; H. KRÜGER; G. NEESSE, Gesetz; H. KRÜGER – G. NEESSE; H. NICOLAI, Neuaufbau; E. D'HAM.

[35] H. RIDDER S. 221 ff.

den Kirchen in verfassungsrechtlicher oder auch nur in rechtlicher[35a] Weise bestimmt.

Durchaus zutreffend hat Werner Weber Anfang des Jahres 1936 im Hinblick auf die widersprüchliche Politik gegenüber der evangelischen Kirche festgestellt, daß »sich die Entwicklung des Staatskirchenrechts bislang sprunghaft und mit Unterbrechungen vollzogen [hat], ohne zum Ausdruck einer echten Ordnung im Verhältnis zwischen Staat und evangelischer Kirche werden zu können«[36], und es trifft den Kern der Sache, wenn Weber im Frühjahr 1941 konstatiert, daß die Neugestaltung des Verhältnisses von Staat und Kirchen keine Fortschritte gemacht hatte: »Im Vordergrund der kirchenpolitischen Entwicklung herrschen mithin Planlosigkeit, Unentschiedenheit, Experimente und schließlich die unausbleibliche Resignation. Sie erfüllt gegenwärtig alles Fragen danach, wie sich denn der Staat zu den Kirchen stellen werde.«[37]

Grundsätze für die Ordnung des Verhältnisses von Staat und Kirche, die geeignet gewesen wären, die Wandlungen der nationalsozialistischen Kirchenpolitik zu

[35a] Dem Nationalsozialismus war eine theoretisch durchdachte, philosophisch begründete und praktisch konsequent angewendete Rechtstheorie von vornherein fremd. Seine Rechtsauffassung wurde im wesentlichen bestimmt durch die Ablehnung jeder überpositiven Rechts- oder Gerechtigkeitsidee ebenso wie durch die Nichtanerkennung auch des Geltungsanspruchs des formellen Gesetzes. Die Hervorhebung eines Dualismus von Recht und Gesetz durch nationalsozialistischen Rechtslehrer und Parteijuristen (vgl. etwa R. Höhn S. 15; H. Lange S. 20 ff.; H. H. Dietze; K. Larenz, Rechts- und Staatsphilosophie S. 150), die Berufung auf übergesetzliche Rechtsquellen wie Führer, Rasse, Volk, Blut, Erbe, Ehre, Gemeinschaft, Volksseele usw. bedeuteten keineswegs die Anerkennung einer überpositiven, auch den Gesetzgeber verpflichtenden Rechtsidee. Denn eine inhaltliche Bestimmung der angeblichen überpositiven Rechtsquellen wurde als ein Rückfall in den Rechtspositivismus ausdrücklich abgelehnt (vgl. etwa C. Schmitt, Staat S. 23; K. Michaelis S. 9, 59). Die Berufung auf überpositive Rechtsquellen erwies sich als Leerformel mit der einzigen Funktion, einen möglichen Konflikt zwischen neuer Rechtsidee und positivem Recht zu unterlaufen. Insbesondere am Begriff des Führertums (vgl. E. R. Huber, Verfassungsrecht S. 194; O. Koellreutter, Verfassungsrecht S. 130; ders., Führerstaat; H. J. Wolff S. 35; G. Neesse, Führergewalt; C. Schmitt, Staat S. 36; H. Frank S. 289; J. Heckel, S. 49) erweist sich, daß die Rechtsidee des Nationalsozialismus in einen inhaltsleeren Positivismus des Führerwillens mündete (D. Kirschenmann; zur nationalsozialistischen Rechtsvorstellung auch B. Rüthers). Indem der Nationalsozialismus jede Selbstbindung an Recht und Gesetz zurückwies und als überwundenen Normativismus diskreditierte, erwies sich seine Rechtsauffassung als Rechtsfeindlichkeit, nationalsozialistisches Recht als Willkür, als Un-Recht im umfassenden Sinne der Verneinung jeder normativen Bindung (B. Rüthers S. 10). Die Auflösung der normativen Bindungen der staatlichen Gewalt ist zutreffend als Perversion der Rechtsordnung bezeichnet worden (F. v. Hippel). In Anlehnung an den von Hannah Arendt geprägten Begriff der »geplanten Strukturlosigkeit« (H. Arendt S. 623, 639) läßt sich die Rechtsvorstellung des Nationalsozialismus definieren als die geplante Rechtlosigkeit.

[36] W. Weber, Neue Entwicklung S. 88 ff.; kritisch dazu H. Ehlers S. 152 ff. Auf den Übergangscharakter der staatskirchenrechtlichen Bestimmungen weisen hin neben W. Weber auch J. Poppitz S. 60–61; A. Köttgen S. 829; K. Emig S. 454 ff.

[37] W. Weber, Entwicklung S. 365–388 (368).
Hatte Weber 1936 in Finanzabteilungen, Beschlußstelle und Kirchenregiment durch Minister und Ausschüsse durchaus positive Ansätze einer Neugestaltung des Verhältnisses von Staat und Kirche erblickt und offenbar ohne Bedauern festgestellt, daß »für eine etwaige Rückkehr zu einer kirchlichen Scheinautonomie liberalistischer Herkunft und Art, wie sie im Weimarer Verfassungssystem zu einer späten Ausbildung gelangt war ... die Voraussetzungen im ganzen entfallen« waren (vgl. die vorstehende Anmerkung), ist die Bilanz des Jahres 1941 negativ, sind die Prognosen pessimistisch. Anlaß für den Wandel war möglicherweise die Entkonfessionalisierungspolitik, die »neuerdings in zunehmendem Maße dazu herhalten [muß], ausgesprochen kirchenfeindliche Maßnahmen zu bemänteln«, a. a. O., S. 373.

überdauern, sind deshalb auch nicht auszumachen. Wenn E. R. Huber seiner Darstellung des geltenden Reichskirchenrechts den Grundsatz voranstellt: »Der oberste Rechtsgrundsatz der neuen kirchenpolitischen Ordnung ist die Wahrung des völkischen Ethos und der staatlichen Autorität gegenüber religiösen Lehren und Handlungen. Jede Verletzung dieses obersten Rechtsgrundsatzes wird vom Reiche mit den entsprechenden gesetzlichen Mitteln des Straf- oder Polizeirechts geahndet. Sind religiöse Lehren oder Handlungen geeignet, direkt oder indirekt die Zersetzung des Volkes und die Auflösung des Staates zu fördern, so kann die Verordnung des Reichspräsidenten vom 28. Februar 1933 zur Anwendung gebracht werden«[38], dann handelt es sich um nichts anderes als die Formulierung des inhaltlich noch unbestimmten totalitären Anspruchs[39] der nationalsozialistischen Weltanschauung: »Im neuen Reich [besitzt] die Erhaltung des völkischen und staatlichen Bestandes den unbedingten Vorrang vor der Religionsfreiheit in jeder Form«[40].
Nichts anderes als die Geltendmachung dieses allgemeinen Totalitätsanspruchs nur unter Verwendung traditioneller Terminologie war auch die Inanspruchnahme staatlicher »Kirchenhoheit« im nationalsozialistischen Staat[41]. Das Selbstverwaltungsrecht der Kirchen sollte sich nämlich im Unterschied zu den eigenen nur auf die innerkirchlichen Angelegenheiten[42], das heißt ausschließlich solche des Bekenntnisses und Kultus, erstrecken, und neben der Geltendmachung des Vorbehalts aus Punkt 24 Parteiprogramm der NSDAP auch in bezug auf diese innersten Angelegenheiten[43] behielt sich der Staat eine Regelungsbefugnis überall dort vor, wo die Religionsgesellschaften über diese reinen Kultus- und Bekenntnisfragen hinausgreifen würden, wie etwa bei der gesamten kirchlichen Vermögensverwaltung, im kirchlichen Organisations- und Ämterwesen usw.[44].
Als rechtlich-verbindliche und dauerhafte Ordnung des Verhältnisses von Staat und katholischer Kirche konnte nicht einmal das Reichskonkordat vom 20. Juli 1933[45] gelten. Während sich der nationalsozialistische Staat in der Praxis bedenkenlos über die Vereinbarungen des Kirchenvertrags hinwegsetzte, ging man in der Theorie zwar noch grundsätzlich davon aus, daß die Rechtsstellung der katholischen Kirche sich nach dem Reichskonkordat bestimmte, ließ aber eine Anzahl von Konkordatsbestimmungen schon deshalb nicht mehr gelten, weil die politische Wirklichkeit des Deutschen Reichs über sie hinweggeschritten sei[46]. Der Schrumpfungsprozeß des Konkordats wurde von Werner Weber[47] mit der Änderung be-

[38] E. R. HUBER, Verfassungsrecht S. 497.
[39] Zum Totalitätsanspruch vgl. S. 21 Anm. 15.
[40] E. R. HUBER, Verfassungsrecht S. 498.
[41] Ebenda, S. 499 ff.
[42] E. R. HUBER, Verfassungsrecht S. 499 ff., der hier von seiner früheren Ansicht abweicht, vgl. E. R. HUBER, Verträge S. 37, 77; ebenso A. JÄGER S. 18 ff.; anderer Ansicht A. KLÖCKNER S. 94.
[43] Herrschende Meinung, vgl. oben Anm. 41.
[44] Vgl. Anm. 41.
[45] RGBl II, S. 679. Zum Historischen vgl. L. VOLK, Reichskonkordat.
[46] W. WEBER, Staatskirchenrecht S. 105; DERS., Entwicklung S. 372 ff.; anderer Ansicht A. KLÖCKNER S. 108 ff.
[47] W. WEBER, Reichskonkordat S. 532 ff. Einesteils handelt es sich hier offenbar um eine teils zulässige, teils recht forsche Anwendung der clausula rebus sic stantibus, im übrigen um beachtliche Auslegungskunststückchen. Zur – grundsätzlich zulässigen – Anwendung der clausula rebus sic stantibus vgl. E. R. HUBER, Verträge S. 127 ff.

stimmter verfassungsrechtlicher und rechtlicher Voraussetzungen im Staat begründet. Beispielsweise sei der ganze Aktionsbereich der Staatsjugend, der angeschlossenen Verbände der NSDAP und des berufsständischen Aufbaus für die Organisationen und Gliederungen des volksgemeinschaftlichen Lebens in Anspruch genommen; angesichts des Ausschließlichkeitsanspruchs jener Verbände müßten katholisch-konfessionelle Zusammenschlüsse nunmehr als in hohem Maße politisiert erscheinen mit der Folge, daß sie als »politische Verbände« den konkordatären Schutz nach Art. 31 Abs. 2 RK nicht länger genießen könnten[48].
Teilweise bemühte man sich nicht einmal um eine rechtliche Begründung für die einseitige Aufhebung der vertraglichen Vereinbarungen. Art. 14 Abs. 2 Ziffer 2 RK beispielsweise enthielt die »politische Klausel«, zu der im Schlußprotokoll ausdrücklich vermerkt war, daß ein »staatliches Vetorecht nicht begründet werden« sollte. Die Klausel war daher als unverbindliches Erinnerungsrecht, nicht aber als ein verbindliches Einspruchs-(Veto-)Recht des Staates zu verstehen[49]. Huber, der gleichwohl ein staatliches Vetorecht behauptete, setzte sich über den klaren Wortlaut des Protokolls hinweg mit der lapidaren Feststellung, daß »solche Feinheiten der kurialen Amtssprache« nicht darüber hinwegtäuschen könnten, daß die Ernennung eines Bischofs unzulässig sei und vom Staat nicht anerkannt zu werden brauche, wenn politische Bedenken erhoben würden[50].
Wenn der nationalsozialistische Staat die Weimarer Reichsverfassung und ihre Kirchenartikel nicht anerkannt, eine eigene, verfassungsrechtlich-verbindliche oder auch nur grundlegende Ordnung des Verhältnisses von Staat und Kirche zu schaffen bewußt abgelehnt und sich von seinen kirchenvertraglichen Verpflichtungen alsbald einseitig losgesagt hatte, so kann als übergreifender Grundsatz des nationalsozialistischen Staatskirchenrechts nur das gelten, was mit dem Vorbehalt des Punktes 24 Parteiprogramm der NSDAP wohl ausgesprochen werden sollte: Der absolute Vorrang vom Staatsschutzinteresse und Weltanschauung im totalitären Staat, und in der Tat ist der vom nationalsozialistischen Staat unter diesen beiden Gesichtspunkten geführte Kampf die einzige Konstante seiner sonst sprunghaft-widersprüchlichen Kirchenpolitik. Im übrigen herrschte Programmlosigkeit, erschöpfte sich die staatskirchenrechtliche Ordnung in den Niederschlägen der rechtlich ungebundenen jeweiligen Kirchenpolitik des Tages.

## II. Die nationalsozialistische Kirchenpolitik

Die nationalsozialistische Weltanschauung zeichnet sich aus durch das Fehlen eines einheitlichen und verbindlichen kirchenpolitischen Konzepts[1]. Dem entspricht

[48] W. Weber, a. a. O., S. 535.
[49] J. H. Kaiser S. 187 ff.; anderer Ansicht W. Weber, Klausel S. 97 ff.; D. Albrecht, Klausel S. 128–170.
[50] E. R. Huber Verfassungsrecht S. 505.
[1] Vgl. Punkt 24 des Parteiprogramms der NSDAP, vollständig zitiert bei W. Hofer S. 28. Statt Erläuterung nur Unklares bei G. Feder. Deutlich treten nur hervor die Bestrebungen nach Trennung von Staat und Kirche, vgl. G. Feder a. a. O. S. 17, 61. Die Trennungslinie wird auch

auch, daß es in den Jahren 1933 bis 1945 eine stets konsequent und gradlinig verfolgte Kirchenpolitik offenbar nicht gegeben hat[2].

Hitler, religiösen und kirchlichen Fragen gegenüber verständnislos und indifferent[3], später dann ausgesprochen kirchenfeindlich[4], hatte sich, so schien es wenigstens, mit der katholischen Kirche durch den Abschluß des Reichskonkordats vom 20. Juli 1933[5] zunächst arrangiert; hinsichtlich der evangelischen Kirche unterstützte er zunächst die Vereinheitlichung der Landeskirchen in einer deutschen evangelischen Reichskirche[6]. Bei diesen Bemühungen ging es im wesentlichen um einen Gleichschaltungsversuch in organisatorischer wie ideologischer Hinsicht, mit der Besonderheit, daß sich der nationalsozialistische Staat beim Versuch der innerkirchlichen Machtübernahme nicht unmittelbar engagierte: Er hat die Reichskirche und den Reichsbischof zwar solange wie irgend möglich gestützt, sich in ideologischer Hinsicht nach einem ganz kurzfristigen Engagement aber deutlich von den Deutschen Christen distanziert und wissen lassen, daß er den offenbar außer Kontrolle geratenen Kirchenkampf für eine höchst unerwünschte innerkirchliche Auseinandersetzung hielt.

Nachdem die Gründung der Reichskirche statt zur Einheit der evangelischen Kirche zum offenen Ausbruch des Kirchenkampfes[7] zwischen der Bekennenden Kirche und den Deutschen Christen führte, verfolgte Hitler nunmehr den Plan der evangelischen Staatskirche unter einem mit umfassender Vollmacht ausgestatteten

von G. Neesse, Partei S. 81, hervorgehoben, wie auch von Hitler selbst in einer Rede vom 1. Mai 1937, DJ 1937, 685.

[2] In diesem Sinn bereits W. Weber, Entwicklung S. 369 (365, 368); zur nationalsozialistischen Kirchenpolitik vgl. K. Scholder, Kirchenkampf Sp. 1177–1200; K. Gotto Sp. 487–492; K. D. Erdmann, IV/2 S. 434–446.

[3] Das Bekenntnis des Nationalsozialismus zu einem »positiven Christentum« in Punkt 24 des Parteiprogramms der NSDAP im Sinne eines dogmatischen Bekenntnisses (vgl. E. Wolf, Neuordnung S. 13 ff., 19, 21) oder der positiven Toleranz zu deuten scheint – zumindest im Rückblick – ein Mißverständnis gewesen zu sein. Die verschiedenen Äußerungen Hitlers sprechen allenfalls für negative Toleranz und Indifferenz (vgl. A. Hitler S. 124, 127, 379 sowie A. Hitlers Äußerungen vor dem Reichstag am 23. März 1933, Verhandlungen Band 457, S. 25, ferner Hitlers Aufruf der Reichsregierung an das deutsche Volk vom 1. Februar 1933, Druck: P. Meier-Benneckenstein Band 1, S. 4.) und zwar unter der ausdrücklichen Voraussetzung kirchlichen Wohlverhaltens. Das Prinzip der staatlichen Nichtintervention bei kirchlichem Wohlverhalten im totalitären Staat mußte allerdings zum unausweichlichen Konflikt führen. Ob dies anfänglich möglicherweise auch Hitler nicht klar gewesen ist, mag hier dahingestellt bleiben; vgl. dazu etwa K. Scholder, S. 15, andererseits den Bericht Böhlers vom Mai 1933, Druck: B. Stasiewski, Akten I S. 144–155. Richtig ist jedenfalls, daß Hitler anfänglich politische Gründe genug hatte, die grundsätzliche Auseinandersetzung mit den Kirchen noch zu vermeiden. Der Wert einer Religion bestimmte sich für Hitler allein nach ihrer tatsächlichen Bedeutung im Volk und für den Staat (A. Hitler S. 293, 294). Nützlich waren die christlichen Kirchen in den Augen Hitlers als Bundesgenossen im Kampf gegen den Sozialismus, vgl. A. Hitler, a. a. O.

[4] H. Picker S. 80, 105, 107, 114, 184, 210, 237, 285, 296, 355.

[5] Reichskonkordat mit Schlußprotokoll, RGBl. II, S. 679; Ausführungsgesetz vom 12. September 1933, RGBl. I, S. 625; L. Volk.

[6] Verfassung der DEK, RGBl. 1933, I, S. 472; Gesetz über die Verfassung der DEK vom 14. Juli 1933, RGBl. I, S. 471; dazu H. J. Arnold S. 199; A. Köttgen, Kirche S. 661.

[7] Der Kirchenkampf ist Gegenstand zahlreicher Untersuchungen, vgl. die ca. 5600 Titel umfassende Bibliographie von O. Diehn; weitere Literaturhinweise bei D. Albrecht, Kirche, S. 252 bis 263.

Reichskirchenministerium[8], was zunächst eine Absage an die in der Partei, insbesondere von Rosenberg und Bormann, vertretene kirchenfeindliche Linie der konsequenten Trennung von Staat und Kirche bedeutete. »Es gehört«, schreibt Werner Weber im Jahre 1941[9], »zu der ganzen Unentschiedenheit der neuen staatskirchenrechtlichen Entwicklung, daß es möglich war, für die staatstragende Partei eine vollkommene Trennung von den Kirchen zu verwirklichen, während gleichzeitig der ›Staat‹ sich gegenüber der evangelischen Kirche in die Bindungen eines extremen Staatskirchentums hineinbegab. Der Dualismus von Partei und Staat hat hier eine sehr merkwürdige Ausprägung erfahren, deren Schärfe nur dadurch gemildert wurde, daß die entgegengesetzten Tendenzen in Partei und Staat sich nach einem Kurs der mittleren Linie hin ausbalancierten.«

Nach dem Scheitern auch dieser Pläne – die vom Reichskirchenminister verfolgte Politik, die Parteien des Kirchenkampfes in einer evangelischen Staatskirche zu vereinen, war wegen der unüberbrückbaren Gegensätze wohl von Anfang an zum Scheitern verurteilt – hat sich Hitler um eine planmäßige Kirchenpolitik offenbar kaum noch gekümmert und die Kirchenfrage mehr den rivalisierenden Gruppen in Partei und Staat überlassen[10].

Auf der einen Seite bemühte sich nun das glücklose Reichskirchenministerium, seine staatskirchlichen Vorstellungen auch weiterhin zu verwirklichen, während auf der anderen Seite verschiedene Gruppen in der Partei[11] einen strikt antikirchlichen Kurs steuerten. Ziel der Bestrebungen noch konsequenter Trennung von Staat und Kirche war es, die Kirchen nach und nach systematisch aus dem öffentlichen und auch privaten Leben zu verdrängen, um sie als bedeutungslos gewordene Gruppen Privater endlich ganz ausschalten zu können. Diese Gegner der Kirchen waren von der Unvereinbarkeit der nationalsozialistischen Weltanschauung mit dem christlichen Bekenntnis überzeugt; sie hatten, offenbar früher als andere, den ideologischen Konflikt erkannt und führten einen planmäßigen Weltanschauungskampf gegen die Kirchen. Die Versuche Rosenbergs um die Begründung eines nordischen Neuheidentums, welches von Hitler zwar offiziell nicht als Partei- oder Staatsreligion anerkannt wurde, waren allerdings nicht besonders erfolgreich. Anders aber die systematische Entkonfessionalisierungspolitik Bormanns, die nicht die Stiftung einer Ersatz- und Pseudoreligion bezweckte, sondern – bei Anerkennung der ideologischen Fixierung – ganz konkrete machtpolitisch-pragmatische Motive hatte. Die auf Trennung von Staat und Kirche arbeitenden Kräfte gewannen mit ihrer Parole »Politik gehört nicht in die Kirche« und mit ihrer Forderung nach einer »Entkonfessionalisierung des öffentlichen Lebens« zu-

8 Erlaß Hitlers vom 16. Juli 1935, RGBl. I, S. 1029. Die staatskirchlichen Vorstellungen gingen zurück auf eine von Wilhelm Stuckart verfaßte Denkschrift, vgl. Näheres bei K. Scholder, Kirche S. 26 und J. S. Conway S. 137.

9 W. Weber, Entwicklung S. 369.

10 K. Scholder, Kirche S. 30.

11 Vertreter des antikirchlichen Kurses in der Partei waren insbesondere A. Rosenberg (Mythus S. 608; Mitteilungen zur weltanschaulichen Lage Nr. 20 vom 4. Juni 1937, zitiert bei F. Zipfel S. 389 ff.) und Martin Bormann (vgl. die »Neutralitätsanordnung« vom 7. Januar 1936, Druck: F. Zipfel S. 349 Fn. 39, und das Rundschreiben zum Verhältnis von Nationalsozialismus und Christentum vom 9. Juni 1941, Druck: F. Zipfel. S. 512 ff.)

nehmend an Einfluß und schließlich die Oberhand, nachdem Hitler ganz auf den kirchenfeindlichen Kurs eingeschwenkt war und zu erkennen gegeben hatte, daß die »Endlösung« der Kirchenfrage wegen der Kriegsereignisse nur aufgeschoben sei[12].

Ganz unabhängig von diesen Tendenzen hatten – und zwar bereits von allem Anfang an und bis zum Ende mit stets zunehmender Intensität – die Kirchen und die religiösen Vereinigungen einen gefährlichen Gegner in SS und Polizei, die den Kampf auf allen Gebieten kirchlicher Betätigung, insbesondere gegen das kirchliche Vereinsleben, gegen die konfessionelle Presse, gegen die kirchliche Erziehung, kurz, gegen alle kirchlichen Institutionen, führten. Dieser unter sicherheitspolizeilichem Aspekt geführte Kampf gegen die religiöse Betätigung war in erster Linie Ausdruck des Konflikts, in den der einen unbegrenzten Herrschaftsanspruch erhebende totalitäre Staat mit religiösen Bewegungen notwendigerweise geraten mußte. Je mehr die Sicherheitsorgane in den religiösen Gemeinschaften mehr als eine nur potentielle Gefahr, nämlich die Bildung einer als staatsfeindlich verstandenen Opposition, erblickten, desto mehr ging man von bloßer Beschränkung der kirchlichen Tätigkeit auf Teilgebieten über zum Existenzkampf gegen die Kirchen auf breiter Front.

Anders – nämlich von Anfang an konsequent – war die Haltung des nationalsozialistischen Staates gegenüber den Ernsten Bibelforschern (Zeugen Johova's) und den anderen kleinen Glaubensgemeinschaften und Sekten.

Die Internationale Bibelforscher-Vereinigung (Ernste Bibelforscher, Zeugen Jehova's) war bereits seit 1933 Objekt staatssicherheitspolizeilicher Verfolgung[13]. Als nur kleine Gruppe ohne besonderen Rückhalt in der Bevölkerung und ohne besondere Privilegien stellte sie für den nationalsozialistischen Staat ein Problem dar, das in seiner Bedeutung mit der Kirchenfrage nicht zu vergleichen und, soweit erforderlich, mit polizeilichen Mitteln zu lösen war. Die Bibelforscher galten dem nationalsozialistischen Staat als staatsfeindlich und staatsgefährlich; die ersten Verbote, gestützt auf die Verordnung zum Schutz von Volk und Staat vom 28. Februar 1933, wurden bereits im Frühsommer 1933 verhängt. Gründe für die Annahme, bei der Bibelforschervereinigung handele es sich um eine der gefährlichsten staatsfeindlichen Organisationen – eine Beurteilung, die die Bedeutung der Vereinigung sichtlich überschätzte[14] – waren ihre Internationalität, ihr hartnäckiger Fanatismus und ihre Opferbereitschaft bei der Verteidigung ihrer Glaubenssätze. Als Gesandte Gottes (»Zeugen Jehova's«) und seines Königtums lehnten sie die staatliche Autorität grundsätzlich ab (»man soll Gott mehr gehorchen als den Menschen«), verweigerten sie jede Betätigung für den Staat wie etwa die Teilnahme an Wahlen oder die Mitarbeit in der Partei und ihren Organisationen. Sie lehnten jede Eidesleistung, auch den Treueid auf den Führer, ab und verweigerten die

[12] Nach eben diesen Plänen ist mit Billigung Hitlers verfahren worden, soweit dies politisch eben möglich war, nämlich in den eroberten Ostgebieten. Vgl. dazu den Überblick bei J. S. Conway S. 326 ff., ausführlich P. Gürtler; B. Stasiewski, Kirchenpolitik S. 46 ff.

[13] Vgl. dazu F. Zipfel S. 174–203; M. H. Kater S. 181–218.

[14] Vgl. M. H. Kater S. 187: »Der tiefere Grund für die Todfeindschaft zwischen Nationalsozialismus und Bibelforschertum lag in der strukturellen Ähnlichkeit beider Ideologien«; ähnlich F. Zipfel S. 202/203.

Bezeigung des Deutschen Grußes. Die hartnäckige Wehrdienstverweigerung und das Missionsgebot der Glaubenslehre brachten sie in ständigen Konflikt mit den staatlichen Gesetzen. Auch begannen sie alsbald, die nationalsozialistische Ideologie und den Führer in ihr Glaubenssystem einzuordnen: Sie bezeichneten Hitler als den Antichrist, der mit dem römischen Papst, einem traditionellen Erzfeind der Sekte, im Bunde sei, und Hitlers Herrschaft als die des Teufels auf Erden, die Jehova als erstes zerstören werde[15]. Die systematische Verfolgung der Sekte wurde immer intensiver, die Strafen für Wehrdienstverweigerung und Wehrkraftzersetzung unter dem Kriegsstrafrecht immer drakonischer[16].

So hart wie die Bibelforscher – und, aus völlig anderen Gründen, die Juden – ist keine andere religiöse Gruppe in Deutschland bekämpft worden[17]. Andere Vereinigungen wie die Logen wurden gleichfalls schon in den Jahren 1933 bis 1935 verboten. Andere konnten durch strengste Beschränkung auf den rein gottesdienstlichen Raum die staatliche Duldung bis etwa 1941 erreichen[18].

[15] Vgl. M. H. Kater S. 189 und den Abdruck des »Goldenen Zeitalters« der IBV vom 1. Februar 1937 bei F. Zipfel S. 411 ff.

[16] Vgl. die Äußerungen Hitlers über die Erschießung von 130 Bibelforschern wegen Wehrdienstverweigerung bei H. Picker S. 360.

[17] F. Zipfel S. 203.

[18] Ebenda, S. 203 ff. und P. Conway S. 212 ff. Vgl. im übrigen W. Weber, Religionsgemeinschaften S. 101 ff.

# 1. TEIL

# DIE RECHTSPRECHUNG ZUR GLAUBENS- UND GEWISSENSFREIHEIT

## 1. Kapitel: Inhalt und Grenzen der Glaubens- und Gewissensfreiheit

### 1. Problemstellung

Bekenntnisfreiheit im nationalsozialistischen Staat war nicht identisch mit der früheren verfassungsrechtlichen Gewährleistung des Art. 135 RV[1]. Wichtigstes Element der »Bekenntnisfreiheit« war jetzt der »Vorbehalt der staatlichen Existenzsicherung und des völkischen Sittlichkeitsgefühls, die durch die im deutschen Reichsgebiet vertretenen Glaubenslehren nicht verletzt werden dürfen. Dieser Vorbehalt ist weit zu interpretieren; es fallen unter ihn alle Handlungen oder Bestrebungen, die die Weltanschauung, die politische Ordnung oder die Sittlichkeit des deutschen Volkes verletzen oder direkt oder indirekt gefährden. Eine religiöse Lehre, die z. B. jede staatliche Ordnung als »Teufelswerk« ablehnt und die den Kriegsdienst verwirft, kann für sich die Bekenntnisfreiheit nicht in Anspruch nehmen. Ebensowenig gilt die Bekenntnisfreiheit für eine religiöse Lehre, die die nationalsozialistischen Maßnahmen, die der Volksgesundung dienen, grundsätzlich ablehnt«[2].

Die Hervorhebung und Betonung des Vorbehalts war mehr als eine bloße Akzentverschiebung. Sie war Umkehrung der ursprünglichen Funktion des Grundrechts. Statt Anerkennung und Umgrenzung des Freiraums religiöser Überzeugung und Betätigung, statt Gewährleistung seines Bestands vor staatlichen Einwirkungen verkörperte die Bestimmung jetzt – umkehrt[3] – primär den Herrschaftsanspruch von Staat und Weltanschauung und seinen absoluten Vorrang vor jeder individuellen Freiheit. Der Religionsfreiheit kam danach nur die Bedeutung einer bloßen

[1] Vgl. oben Einleitung I.

[2] E. R. Huber, Verfassungsrecht S. 495, 496.

[3] Die Umkehrung der Grundrechtsfunktion ist zum Teil schon der Terminologie zu entnehmen: »Dieser nationale Rechtsstaat verneint mithin alle spezifischen Merkmale des bürgerlich-liberalen Rechtsstaats und ersetzt sie durch eine völlig *gegensätzliche* Grundorientierung des Rechts. Von dieser neuen Grundorientierung einer folgerichtig durchdachten Gemeinschaftsidee aus ist das individuelle Recht nur die *Kehrseite* einer prävalierenden, allumfassenden und dabei nicht näher spezialisierbaren Treue*pflicht* des Einzelnen gegenüber Volk und Staat«, Reuss, Rezension S. 2945 ff. (2946), (Hervorhebungen nicht im Original); ebenso R. Knubben, Führerstaat S. 772 ff. (773).
Der Umkehrung von individuellem Freiheitsrecht in staatlichen Herrschaftsanspruch entspricht die Umdeutung von Recht in Pflicht, wie diese mit der Ableitung der volksgenössischen Rechtsstellung aus dem Gemeinschaftsgedanken begründet wurde, vgl. dazu E. R. Huber, Verfassungsrecht S. 359; O. Koellreutter, Sinn S. 31 ff.; ders., Verfassungsrecht S. 83 ff.; R. Reuss a. a. O.; R. Knubben a. a. O. Die ideologische Grundlage ist enthalten in Punkt 24 Parteiprogramm der NSDAP: »Gemeinnutz geht vor Eigennutz«. Zur Ablösung des subjektiven öffentlichen Rechts durch die Gemeinwohlformel vgl. M. Stolleis S. 241 ff.

Differenz zu, die sich nach einer Bestimmung der staatlichen Einflußbereiche und Interessen noch ergeben mochte.

Die Umkehr der Prioritäten allein hätte der Garantie eines Restbestandes material bestimmter Religionsfreiheit im Sinne grundrechtlicher Gewährleistung noch nicht entgegengestanden, wenn dieser Restbestand wegen des Totalitätsanspruchs von Staat und Weltanschauung auch nur äußerst klein hätte ausfallen können. Einen material bestimmten und geschützten Bereich von Religionsfreiheit konnte es aber deshalb nicht geben, weil der Nationalsozialismus nicht bereit war, die staatlichen Interessen gegenüber oder auch vor religionsfreiheitlicher Betätigung verbindlich und dauerhaft zu bestimmen, sei es in verfassungsrechtlicher, rechtlicher oder auch nur in programmatischer Weise.

Einigkeit bestand in der Ablehnung eines Grundrechts liberal-rechtsstaatlicher Prägung[4], das als bloß »verlogene Redensart« und »Aufmarsch der Eigensucht des Einzelnen gegen den Staat«[5] im nationalsozialistischen Führerstaat »keinen schädlichen Einfluß mehr ausüben« könne[6]. Die vom Nationalsozialismus behauptete Bindung von Weltanschauung und Staat an Volk und völkische Idee[7] oder an das Rechtsgefühl des Volkes[8] war nur eine scheinbare[9]. Die eifrig betonte Gebundenheit an höhere Werte, die behauptete »ethische Ausrichtung«[10] des staatlichen Totalitätsanspruchs war bloße verschleiernde Leerformel wegen der beanspruchten Identität von Staat und Volk[11], von völkischer Idee und Rechtsgefühl des Volkes mit nationalsozialistischer Weltanschauung[12], von ausschließlicher Konkretion des völkischen Willens durch den Führerwillen[13].

Scheinbindung an völkische Werte in der Ideologie, gleichbedeutend mit Bindungslosigkeit des allmächtigen Staates in der Wirklichkeit – dieser Befund bestimmt die Auffassung von Religionsfreiheit im nationalsozialistischen Staat, wie des etwa anhand der Ausführungen Klöckners zum »Grundrecht der Religionsfreiheit im nationalsozialistischen Staat«[14] exemplarisch belegt werden kann.

Ausgangspunkt Klöckners war die Lehre vom »nationalsozialistischen Rechtsstaat«[15]. Merkmal dieser mit dem liberalen Rechtsstaatsgedanken nicht zu ver-

[4] Vgl. etwa E. R. Huber Verfassungsrecht, S. 361; O. Koellreutter, Verfassungsrecht S. 83 ff.; E. Tatatin-Tarnheyden S. 149 ff. (152); ferner die oben Anm. 3 und unten 5, 6 genannten Hinweise.

[5] H. Nicolai, Grundlagen, zitiert nach Bukow S. 961.

[6] A. Klöckner S. 2. Vgl. auch die Hitlerrede auf dem sog. »Parteitag der Freiheit« (1935), zitiert bei E. R. Huber, Verfassungsrecht S. 163.

[7] E. R. Huber, Die Totalität des völkischen Staates, in: Die Tat 26 (1934), S. 35, zitiert nach J. Poppitz S. 13.

[8] A. Klöckner S. 9, 10.

[9] Vgl. oben Einl. I Anm. 35, 35a.

[10] J. Poppitz S. 13.

[11] E. R. Huber, Verfassungsrecht S. 164.

[12] A. Klöckner.

[13] E. R. Huber, Verfassungsrecht S. 194, 195.

[14] A. Klöckner (Jur. Diss. 1937).

[15] Die Frage war, ob der nationalsozialistische Staat als Rechtsstaat oder als Totaler Staat zu gelten habe. Das Kriterium des von Klöckner abgelehnten Totalen Staates wird – nicht zu Unrecht – in der prinzipiellen Bindungslosigkeit des Staates erblickt, der Herr allen Rechtes sei und nach seinem Gutdünken zuteile: »Über oder neben dem Staat gibt es keinen Bereich, in den er nicht eingreifen könnte; dabei ist die Verletzung irgendeines höheren Rechts ausgeschlossen«,

wechselnden Rechtsstaatsidee ist, »daß vor und über dem Staat eine Rechtsidee bzw. eine sittliche Ordnung steht, die der Staat anerkennt und nach der er sein Recht bildet«[16]. Diese Rechtsidee findet ihren Ausdruck im Rechtsgefühl des Volkes: »Nach dieser Ansicht ist also die letzte Rechtsquelle das Rechtsgefühl des Volkes und die mit ihm *identifizierte* nationalsozialistische Weltanschauung. Aus dieser überstaatlichen Rechtsquelle muß demnach der neue Rechtsstaat mit der in seinem Rahmen dem Einzelnen zukommenden Rechtsstellung, die Rechte und Pflichten umschließt, gebildet werden«[17]. Wegen der Identifizierung von letzter, höchster, überstaatlicher Rechtsquelle mit der nationalsozialistischen Weltanschauung können gewisse Grund- oder Freiheitsrechte – »in abgewandeltem Sinne«[18] – nur insoweit anerkannt und geschützt werden, »soweit diese dem Volkswohl dienlich oder zum mindesten nicht abträglich sind«[19].

Die Anwendung dieser Auffassung von Religionsfreiheit[20] auf die Rechtspraxis des Nationalsozialismus mußte sich als ein ebenso untaugliches wie widersprüchliches Unterfangen erweisen. Es konnte nicht gelingen, überzeugend an der überstaatlichen Legitimierung des nationalsozialistischen Rechts festzuhalten, wenn

a. a. O., S. 4. Beim *Begriff* des Totalen Staates lehnt Klöckner »Konzessionen an die Rechtsstaatsidee«, wie diese etwa in einer freiwilligen Selbstbeschränkung staatlicher Tätigkeit (E. Tatarin-Tarnheyden) oder der Bindung an die völkische Idee (E. R. Huber) erblickt wurden, ab, a. a. O., S. 5. Der Streit ist ein lediglich terminologischer, denn über die *Sache,* die Grundsätze des nationalsozialistischen Führerstaats war man sich einig. Die mit merkwürdiger Intensität geführte Diskussion über die Begriffe Totaler Staat – Nationalsozialistischer Rechtsstaat scheint deshalb nur mit der Abneigung der nationalsozialistischen Rechtslehre zu erklären, sich offen zum bindungslosen Machtstaat, zur »Totalität der unmittelbaren Staatstätigkeit« (E. R. Huber) mit ihrer »groben, brutalen Mechanik« (E. Forsthoff) zu bekennen (vgl. dazu J. Poppitz S. 11 ff.) und mit dem Bestreben, den nationalsozialistischen Staat mit höheren Werten wie Volk, Gemeinschaft, Gerechtigkeit, seiner »ethischen Ausrichtung« (J. Poppitz) zu legitimieren und zu verabsolutieren.

Zum Streit um den Rechtsstaat vgl. W. Hempfer S. 36 ff. mit weiteren Nachweisen; J. Poppitz mit weiteren Nachweisen; ferner A. Hoffmann; H. O. Ziegler; E. Tatarin-Tarnheyden S. 16 ff. u. 144 ff.; R. Freisler, Rechtsstaat S. 151; ders., Staat S. 43; C. H. Ule, Rezension S. 919; E. R. Huber, Rezension II S. 246 ff.

Die Ablehnung des totalen Staates in diesem Sinne bedeutete jedoch keine Absage an den Totalitätsanspruch von Weltanschauung und nationalsozialistischem Staat. Der Totalitätsanspruch bedeutete danach »die Ausschließlichkeit der nationalsozialistischen Staatsauffassung und den Anspruch dieser Auffassung, alles deutsche Leben zu durchwirken« und einen entsprechenden Vorrang; es wurde »mit dieser Durchgängigkeit der Staatsidee die Aufhebung des privaten Charakters der Einzelexistenz verbunden, welche die totale Inpflichtnahme des Einzelnen für die Nation darstellt«, Poppitz S. 14.

16 A. Klöckner S. 8.

17 Ebenda S. 9, 10 (Hervorhebung nicht im Original).

18 Ebenda S. 2, 16.

19 Ebenda S. 16. Diesen Ausführungen wäre der eigene Beitrag Klöckners aus der Rechtsstaatsdebatte entgegenzuhalten: »Es geht nicht an, einen totalen Staat als Rechtsstaat zu bezeichnen, etwa weil seine Organe die Grenzen der von ihm erlassenen Gesetze und Verordnungen nicht überschreiten. Das ist die Mindestvoraussetzung eines Staates, der nicht reiner Willkürstaat sein will. Die Rechtsstaatsidee geht vielmehr davon aus, daß vor und über dem Staat eine Rechtsidee bzw. eine sittliche Ordnung steht, die der Staat anerkennnt, nach der er sein Recht bildet«, S. 8.

20 In diesem Sinne auch E. Tatarin-Tarnheyden S. 172 ff., der einerseits die staatliche Anerkennung der ursprünglichen Unabhängigkeit der Kirchen fordert, diese Freiheit aber nicht mehr zugestehen will, wo sie »dem nationalen Glaubensbekenntnis des neuen Staates und damit seiner staatsbürgerlichen Ethik zuwiderläuft«, S. 173.

zugleich jeder beliebige staatliche Eingriff gerechtfertigt werden mußte schon deshalb, weil er vom Staat ausging[21].

Das Ergebnis war dann auch, »daß die Bekenntnis- und Kulturfreiheit von zwei Seiten her Beschränkungen unterworfen ist, und zwar einmal wie bisher durch die allgemeinen staatlichen Gesetze und Rechtsverordnungen und darüberhinaus gemäß PP 24, wenn durch die Ausübung dieser Freiheiten das Wohl der Allgemeinheit nach Anschauung des zuständigen staatlichen Organs gefährdet oder das Sittlichkeitsgefühl der germanischen Rasse verletzt wird. Hier bewahrheitet sich also die Erkenntnis, daß Grundrechte gegen den Staat mit der national-sozialistischen Staatsauffassung unvereinbar sind«[22]. Mutmaßungen über die Vereinbarkeit staatlicher Maßnahmen mit der Religionsfreiheit waren nach Klöckner ohnehin müßig wegen der Unanfechtbarkeit staatspolizeilicher Akte[23]. Hieraus die Forderung nach genauer konkreter gesetzlicher Festlegung der staatlichen Eingriffsmöglichkeiten abzuleiten galt Klöckner als ein zu vermeidender Rückfall in den Positivismus[24].

## 2. Entscheidungen

Diesem nationalsozialistischen Verständnis von Religionsfreiheit, das primär ein totalitäres Staatsverständnis ist, sind die Gerichte grundsätzlich gefolgt.

Ausgangspunkt war in aller Regel der politisch-totalitäre Anspruch des Staates, der ohne Bedenken anerkannt und dem mit großer Selbstverständlichkeit der Vorrang vor Individualinteressen eingeräumt wurde. Seine vorrangige Anerkennung hatte häufig zur Folge, daß es zu einer Erörterung von Religionsfreiheit, die es ja allenfalls nach, nicht aber vor dem Staate geben konnte, nicht mehr kam. Dementsprechend finden »Religionsfreiheit« und »Artikel 135 RV« oft schon keine Erwähnung mehr.

Für die kleinen Glaubensgemeinschaften wie die »Ernsten Bibelforscher« etwa, um die es in den angeführten Entscheidungen des nächsten Kapitels vornehmlich geht, bedeutete Religionsfreiheit in der Rechtsprechung der Gerichte nur noch

[21] A. Klöckner S. 38, 42, 45, 48 insbesondere 68, 77, 90, 94, 96, 102, 104 ff. zur Anerkennung des allgemeinen staatlichen Vorbehalts. Bezeichnend ist bereits der Ansatz Klöckners, der – entgegen der wiederholten Anrufung einer vorstaatlichen Rechtsidee – den Anwendungsbereich der Bekenntnisfreiheit von vornherein bestimmt danach, »ob durch die Erfordernisse des neuen Staats ein Auslegungswandel bedingt wurde.« Darüber sollen die bisherige Praxis, Verordnungen und Erlasse von Staats- und Parteistellen Aufschluß erteilen, und erst in Ermangelung solcher die nationalsozialistische Weltanschauung herangezogen werden – notabene, da sie ja nur durch die genannten Stellen authentisch verkündet werden konnte. Zu verschiedenen polizeilichen Verboten des öffentlichen Vertriebs von konfessionellen Presseerzeugnissen im Jahre 1934 meint Klöckner (um nur ein Beispiel zu nennen), nachdem er zuvor die Propagandafreiheit als Essentiale der Bekenntnisfreiheit anerkannt hat, »daß der Druck gewisser Schriften mit Rücksicht auf die religiöse Äußerungsfreiheit nicht zu beanstanden ist, der Vertrieb aber unter Umständen als politische Demonstration unterbunden werden kann«, S. 40; Wiedergabe der Verordnungen ebenda, S. 36.

[22] A. a. O., S. 65. Diese Formulierung darf als herrschende nationalsozialistische Auffassung von Religionsfreiheit gelten; vgl. etwa E. R. Huber, Verfassungsrecht S. 494 ff.; auch R. Stödter S. 221, 222.

[23] A. Klöckner S. 40.

[24] ders. S. 66.

Freiheit des Glaubens und des Gewissens im Sinne von Freiheit der ohnehin kaum zu beschränkenden Freiheit der *inneren* Überzeugung. Teilweise erfolgten bereits Repressalien nur wegen der inneren Überzeugung. Ein Recht auf Betätigung im Sinne der religiösen Überzeugung haben die Gerichte nicht mehr zugebilligt.

Einen Eingriff in den privatesten Bereich religiöser Betätigung, nämlich in den engsten Familienkreis, enthält das Urteil des RG vom 17. Februar 1938[25]. Durch Verordnung der GESTAPO vom 29. April 1936 war die Sekte der »Siebenten-Tage-Adventisten, Reformbewegung« im Reichsgebiet aufgelöst und verboten worden. Das Verbot war auf die Verordnung zum Schutz von Volk und Staat vom 28. Februar 1933[26] gestützt worden mit der Folge, daß Übertretungen des Verbots nach der VO bestraft werden konnten.

Das RG hatte zu entscheiden, ob eine im Familienkreise abgehaltene Andacht, an der auch ein ständiger Hausgast teilgenommen hatte, als strafbare Zuwiderhandlung anzusehen sei. Es hob das ursprünglich freisprechende Urteil des LG auf und führte zu der Frage aus: »Verboten und strafbar sind aber solche Andachten auch dann, wenn die Mitglieder einer Familie durch Abhaltung der Andachten im Familienkreise über den Zweck der bloßen Andacht hinaus zugleich den zwischen den bisherigen Mitgliedern der Sekte bestandenen Zusammenhalt im Rahmen ihrer Familie als einer Keimzelle für die künftige Wiedereröffnung der Sekte dem Verbot zuwider aufrechterhalten wollten«[27].

Strafbarkeit hatte das RG auch angenommen in einer Entscheidung vom 16. März 1937[28] gegen ein Mitglied der »Menschenfreundlichen Versammlung«, auch »Engel Jehovas« genannt, der Familienmitglieder zur Teilnahme an im Ausland abgehaltenen, also an sich nicht wirksam verbotenen Versammlungen bewogen hatte.

Das verbotene Zeigen von Kirchenfahnen[29] am Fronleichnamstage 1938 war Gegenstand eines Urteils des OLG Marienwerder vom 3. November 1938[30]. Unter Hinweis darauf, daß bedingter Vorsatz für die Strafbarkeit genüge, wies das OLG die Sache zur weiteren Aufklärung an die Vorinstanz zurück.

Negative Religionsfreiheit machte ein Arbeitnehmer geltend, der sich mit seiner Klage gegen die unbezahlte Arbeitsruhe an Fronleichnam gewandt hatte. In dem wegen seiner Feststellungen zur kirchenpolitischen Lage der Jahre 1939/1940 interessanten Urteil vom 21. Mai 1940 meinte das RAG[31], ein Recht auf Beschäftigung an rein kirchlichen Feiertagen bestehe nicht, wo, wie hier, die Arbeitsruhe betriebsüblich sei. Wenn sich auch infolge der weltanschaulichen Wandlungen die Anschauungen über die Arbeitsruhe an kirchlichen Feiertagen in den letzten Jahren gewandelt hätten und auch in Gebieten mit überwiegend katholischer Bevöl-

[25] DJ 1938, 829 mit Anm. KLEMM S. 830.

[26] RGBl. I, S. 83.

[27] Dies sollte nach KLEMM, a. a. O. etwa bei erfolgreicher Werbung von Familienmitgliedern oder entsprechender Kindererziehung der Fall sein.

[28] DJ 1937, 1004.

[29] § 1 der 1. DVO vom 24. Oktober 1935, RGBl. I, S. 1253 in Verbindung mit § 2 Abs. 1 Ziff. 4 der 2. DVO vom 28. August 1937, RGBl. I, S. 917 zum Rechtsflaggengesetz vom 15. September 1935 (RGBl. I, S. 1145).

[30] HRR 1939, 991.

[31] DR 1940, 1789.

kerung in wachsendem Umfang von der Arbeitsruhe abgesehen werde, so sei diese Entwicklung im Jahre 1939 noch keineswegs soweit gediehen gewesen, daß die Arbeitsruhe am Fronleichnamstag als etwas Ungewöhnliches und Überlebtes hätte angesehen werden müssen.

In zwei Entscheidungen aus dem Jahre 1937 entschied das KG[32], daß die Erfüllung der allgemeinen Schulpflicht dem – hier grundsätzlich anerkannten – Recht auf ungestörte Religionsausübung vorgehe. Wahrscheinlich handelt es sich hier um Urteile gegen Mitglieder einer adventistischen Sekte. Denn um die Mitte des Jahres 1936 hatte der Reichserziehungsminister im Einvernehmen mit dem Reichskirchenminister bestimmt[33], daß die bisher bestehenden Anordnungen, nach denen Angehörige Adventistischer Sekten das Recht hatten, ihre Kinder an Samstagen ganz oder für die Stunden des Gottesdienstes vom Schulbesuch befreien zu lassen, aufgehoben wurden: Es müsse erwartet werden, daß auch die Adventisten sich staatlichen Notwendigkeiten fügten und in die Volksgemeinschaft einordneten.

Nach einem Urteil des KG vom 22. März 1938[34] konnte die allgemeine Schulpflicht nur durch den Besuch der Volksschule des Wohnsitzes erfüllt werden. Weil sie ihre Kinder in die Obhut der nicht zuständigen »Armen Schulschwestern« eines anderen Ortes gegeben hatten, zogen sich die Eltern deshalb Bestrafung zu.

Einwendungen aus religiösen Gründen konnten gegen die angeordnete Unfruchtbarmachung nicht mit Erfolg geltend gemacht werden. In diesem Sinne entschied das ErbGOG München am 22. Oktober 1935[35], wobei es zur Begründung auf Ausführungen Adolf Hitlers in Mein Kampf[36] Bezug nahm. Daß die Unfruchtbarmachung erbkranken Nachwuchses ein gesundheitspolitisches Ziel des Nationalsozialismus war, genügte dem Gericht, um religiöse Einwände der Betroffenen ohne weitere Begründung zurückzuweisen: »Die Forderung, daß erbkranken Menschen die Zeugung anderer ebenso kranker Nachkommen unmöglich gemacht wird, ist eine Forderung klarster Vernunft und bedeutet in ihrer planmäßigen Durchführung die humanste Tat der Menschheit.«

Das ErbGOG Hildesheim beschloß am 4. Oktober 1934[37] die Nichtanwendung des Gesetzes zur Verhütung erbkranken Nachwuchses, weil es vorhandene Gewähr für das Unterbleiben der Fortpflanzung darin erblickte, daß die an angeborenem Schwachsinn Leidende nach Auskunft des Pfarrers ein gesittetes, zurückgezogenes, vornehmlich auf dem Religiösen fundiertes Leben führte, das sich im wesentlichen zwischen Elternhaus und kirchlichen Vereinen bewegte.

Das ErbGOG Berlin bewilligte am 24. Februar 1937[38] die Aussetzung einer An-

[32] KG vom 25. Juni 1937, JW 1937, 2419 und vom 26. November 1937, JW 1938, 173.

[33] A. Klöckner S. 68; Frankfurter Zeitung vom 10. Juni 1936.

[34] RegerE 59, 355.

[35] JW 1936, 1980.

[36] A. Hitler S. 279.

[37] AKKR 115 (1935), 603.

[38] AKKR 117 (1937), 519. Vgl. auch die Strafsache gegen den juristischen Mitarbeiter eines Caritasverbandes, dem das Generalvikariat wiederholt Personen zur Vertretung vor den Erbgesundheitsgerichten zugewiesen hatte. Organe der katholischen Kirche und der ihr angeschlossenen Verbände bedürften, so führte das LG Hanau im Urteil vom 30. Juli 1937, JW 1937, 2915, aus, zum Auftreten vor den Erbgesundheitsgerichten einer ausdrücklichen Zulassung nach dem Rechtsberatungsgesetz vom 14. Dezember 1935. Die Befreiungsvorschrift für öffentliche-

ordnung auf Unfruchtbarmachung für die Dauer der Unterbringung im Kloster »Zum guten Hirten«, da das Kloster nach Auskunft des Polizeipräsidenten als geschlossene Anstalt gelten durfte und deshalb hinreichend Gewähr für das Unterbleiben der Fortpflanzung gegeben war.

Demgegenüber hielt das ErbGOG Köln am 26. September 1938[39] die Verwahrung einer Ordensschwester in ihrem Mutterhause für nicht genügend sicher, denn nach der »unbedenklich vertrauenswürdigen« Auskunft des Regierungspräsidenten genüge das Kloster nicht den Anforderungen, die an den Begriff der geschlossenen Anstalt gestellt werden müßten.

Nach § 5 des Gesetzes über die religiöse Kindererziehung vom 15. Juli 1921[40] stand dem Kind die Entscheidung darüber, zu welchem religiösen Bekenntnis es sich halten wollte, nach Vollendung des 14. Lebensjahres zu; nach Vollendung des 12. Lebensjahres konnte es nicht gegen seinen Willen in einem anderen Bekenntnis als bisher erzogen werden. Das Kammergericht hielt mit Beschluß vom 12. Mai 1933[41] einen Religionswechsel gegen den Willen des Kindes nach vollendetem 12. Lebensjahr auch dann für unzulässig, wenn die Erziehung in einem gesetzlich nicht vorgesehenen Bekenntnis erfolgt war, aber bereits zur Bildung einer festen religiösen Überzeugung geführt hatte.

Im Jahre 1937 wurde ein Postschaffner vom RDStrH[42] zu einer Geldstrafe verurteilt, weil er ein gegen den politischen Katholizismus gerichtetes Plakat der NSDAP von der Wand seines Hauses entfernt hatte. Wegen dieses Vorfalls waren im ordentlichen Strafverfahren bereits zwei Monate Gefängnis verhängt worden.

rechtliche Körperschaften gelte stets nur im Rahmen der hier überschrittenen Zuständigkeiten der betreffenden Körperschaften.

39 DR 1939, 1405.

40 RGBl. I, S. 939.

41 DRiZ 1933, 671.

42 Hinweis auf Disziplinar- und Strafverfahren bei R. Echterhölter S. 200/201.

## 2. Kapitel: Die Unabhängigkeit der staatsbürgerlichen und bürgerlichen Rechtsstellung vom religiösen Bekenntnis (Neutralität und Parität)[1]

### a) Religiöse Betätigung und Beamtenstatus

Wegen seiner theologischen Überzeugungen geriet der Bonner Professor Karl Barth bald in Konflikt mit dem nationalsozialistischen Staat[2]. Barth, der schon frühzeitig seine warnende Stimme erhoben hatte und eine führende Rolle in der Bekennenden Kirche spielte, lehnte es ab, seine Lehrveranstaltungen mit dem Hitlergruß einzuleiten und verweigerte die bedingungslose Abgabe des von den Beamten erwarteten Treueids auf den Führer. Am 20. Dezember 1934 wurde er deshalb aufgrund eines Dienststrafverfahrens entlassen. Das PrOVG hob die Entlassung am 14. Juni 1935[3] auf, erkannte aber auf Kürzung des Gehalts um $^1/_5$ für die Dauer eines Jahres. Im Juni 1935 verfügte der Minister für Wissenschaft dann die Versetzung Barth's in den Ruhestand aufgrund § 6 des Gesetzes zur Wiederherstellung des Berufsbeamtentums vom 7. April 1933. Barth wurde hierauf aus Deutschland ausgewiesen.

Das PrOVG bestätigte am 17. November 1936[4] die Entlassung eines Polizeibeamten, der den Glaubenslehren der Bibelforscher folgte. Die Entlassung, so betonte das Gericht, erfolge nicht etwa wegen der inneren religiösen Überzeugung des Beamten: »Die Gesinnung oder innere Einstellung eines Beamten, die nach außen nicht in Erscheinung tritt, stellt für sich allein, auch wenn sie in Gegensatz zu grundsätzlichen Anordnungen der Staatsführung steht, kein Dienstvergehen dar; auch dann nicht, wenn diese Gesinnung oder innere Einstellung auf dienstliches Befragen wahrheitsgemäß zugegeben wird.« Vorzuwerfen sei dem Beamten indessen, »daß er es entsprechend seiner inneren Einstellung vorsätzlich unterlassen hat, sich auch nur mit den wichtigsten Grundsätzen des nationalsozialistischen Staates und der NSDAP vertraut zu machen ... [Es] muß bei dem Angeschuldigten ein mit seiner Beamtenpflicht nicht vereinbarer, auf Verschulden beruhender Tiefstand an Kenntnissen festgestellt werden, der seinen Grund in der vorsätzlichen Abkehr des Angeschuldigten von der deutschen Volksgemeinschaft hat. Für das schuldhafte Verhalten des Angeklagten ist insbesondere kennzeichnend, daß er seit Jahren keine Zeitung hält, da er es nicht für nötig erachtet, sich mit den Dingen des Staates und der nationalsozialistischen Bewegung zu beschäftigen. Er hat daher auch nur davon gehört, daß die allgemeine Wehrpflicht eingeführt worden sei, wußte am 24. März 1936 nichts von der am folgenden Sonntag bevorstehenden Reichstagswahl und hatte keine Kenntnis von der Stellungnahme des nationalsozialistischen Staates zur Judenfrage ... Dem Angeschuldigten ist nicht seine religiöse Einstellung zum Vorwurf gemacht worden, sondern die Art ihrer Betätigung, die darin bestand, daß er sich außer dem Amte nur seinem religiösen Triebe hingab und vorsätzlich eine völlige Abkehr vom Staate, von der Volksge-

[1] Vgl. zunächst die Einführung des 1. Kapitels.

[2] Vgl. die Hinweise bei W. Niemöller, Kirche S. 246 Nr. 4 und JK 1935, 61, 627; ferner W. Matthias Sp. 317 ff.; K. Barth S. 268 ff. (273 ff.).

[3] Über die Gründe des nicht veröffentlichten Urteils konnten Einzelheiten nicht ermittel werden.

[4] DJ 1937, 245. Wie beiläufig vermerkt wird, befand sich der Beamte seit Dezember 1934, also nahezu zwei volle Jahre, in Schutzhaft.

meinschaft und der Berufspflicht vollzog. Der nationalsozialistische Staat läßt jedem Beamten seine religiöse Überzeugung, kann es aber nicht dulden, daß ein Beamter sich seiner religiösen Überzeugung folgend seiner Beamtenpflicht entzieht, indem er sich außerhalb der Volksgemeinschaft stellt.«

Eine Rechtspflicht zu allgemein-politischer Information, insbesondere zum Abonnieren einer Tageszeitung war weder für Beamte[5] noch für die Allgemeinheit wirksam verkündet worden. Trotz seiner gegenteiligen Beteuerungen unternahm das PrOVG hier einen weitreichenden Eingriff in das forum internum, übte es Glaubens- und Gewissenszwang dadurch, daß es den Dissidenten wegen seiner abweichenden inneren Einstellung bestrafte. Die Ausführungen des Gerichts münden bezeichnenderweise in den Vorwurf, daß sich der Beamte, indem er seiner religiösen Überzeugung folgte, »außerhalb der Volksgemeinschaft stellt«. Wer aber außerhalb der Volksgemeinschaft stand wie Dissidenten, Fremdrassige und Gesetzesbrecher, war rechtlos. Denn jedermann war »verpflichtet, von seiner Rechtsstellung den Gebrauch zu machen, der dem gesunden und ersprießlichen Zusammenleben der Volksgenossen in der Gemeinschaft entspricht. Erfüllt er diese Pflichten nicht, so macht er sich des Mißbrauchs seiner Rechtsstellung schuldig; er zieht sich die Strafen zu, die die für die Verletzung der Gemeinschaftsstellung vorgesehen sind«[6].

Unter Bewilligung von 9/10 des Ruhegehalts auf acht Jahre wurde ein Bibelforscher entlassen, der den Treueid auf Hitler zu leisten ablehnte[7]; ein anderer mit 3/4 des Ruhegehalts für zwei Jahre, weil er den Gebrauch des Deutschen Grußes verweigerte mit der Begründung, »Heil« sei eine religiöse Formel, die von der Berufung auf Gott untrennbar sei[8]. Ein städtischer Beamter wurde unter Bewilligung eines Unterhaltsbeitrags aus dem Dienst entfernt, weil er eine Schrift über die vermögensrechtlichen Beziehungen der Stadt zur katholischen Kirche einer Ordensschwester überlassen hatte. In der Entscheidung vom 24. Januar 1939 bemerkte der RDStrH[9] hierzu: »In religiösen oder ehemaligen parteipolitischen Überzeugungen wurzelnde Beweggründe der Tat sind für den Beamten keineswegs entlastend, sondern beweisen, daß er in Bindungen verstrickt ist, denen er höheren Wert beimißt als denen, die ihn mit seiner Dienstbehörde und mit dem Staat verknüpfen.«

[5] Vgl. aber § 71 des später erlassenen Deutschen Beamtengesetzes vom 26. Januar 1937. Danach konnte der Beamte in den Ruhestand versetzt werden, wenn er nicht die Gewähr dafür bot, jederzeit rückhaltlos für den nationalsozialistischen Staat einzutreten.

[6] E. R. Huber, Verfassungrecht S. 366.
Der wirkliche Vorwurf, daß sich jemand außerhalb der Volksgemeinschaft stelle, taucht wiederholt, teils ausdrücklich, teils stillschweigend, auf, vgl. weiter unten und die Entscheidung des RG vom 2. November 1936, DJ 1937, 125: Ein ausgewanderter Jude, dem zuvor Notariat und Zulassung zur Rechtsanwaltschaft entzogen worden waren, war nach Frankreich ausgewandert und deshalb wegen »Steuerflucht« in Abwesenheit verurteilt worden. Sein Antrag auf Ausstellung einer Geburtsurkunde wurde vom RG abgelehnt mit der Begründung, daß es nicht Aufgabe einer deutschen Behörde sein könne, einem Emigranten, der sich einer strafrechtlichen Verfolgung durch die Flucht ins Ausland entzogen habe, den Aufenthalt im Ausland zu erleichtern.

[7] RDStrH, zitiert bei R. Echterhölter S. 197.

[8] RDStrH, ebenda.

[9] DV 1940, 44.

Die Entlassung eines Beamten wurde vom RDStrH am 7. Februar 1939[10] unter anderem darauf gestützt, daß er durch Gesundbeten, durch sein fanatisches Verhalten und seine Umtriebe in religiösen Angelegenheiten die Ruhe und Ordnung in der Gemeinde erheblich gestört hätte: »Dagegen liegt ein schweres Dienstvergehen in dem Gesundbeten, das erkennen läßt, daß der Beschuldigte ein Anhänger der nun durch Runderlaß des Reichsführers SS und Chefs der Deutschen Polizei vom 30. Oktober 1938 aufgelösten und verbotenen ›Möttlinger Bewegung‹ war. Von einem Beamten des nationalsozialistischen Staates muß verlangt werden, daß er auch ohne Verbot in Dingen nicht mitmacht, die von jedem vernünftigen Menschen als gemeinschädlich abgelehnt werden.«
Einem Ruhestandsbeamten, der wegen Bezugs der Bibelforscherzeitschrift »Wachturm« bereits zu acht Monaten Gefängnis verurteilt worden war, entzog der RDStrH am 9. Juli 1940[11] das Ruhegehalt unter Belassung eines Unterhaltsbeitrags. Ein Reichsbahnoberinspektor wurde strafversetzt und erhielt 500,– RM Geldstrafe, weil er seine Loge gebeten hatte, den Austritt vorzudatieren und dabei erklärte, er wolle keine Beitragsrückstände zahlen, wenn das Vermögen ohnehin von der NSDAP oder von der Regierung beschlagnahmt werde; sobald die Freimaurer wieder erlaubt seien, werde er wieder eintreten. Da er sich sonst im Sinne der Partei betätigt hatte, wurde das Schreiben nicht als Ausdruck staatsfeindlicher Gesinnung, sondern nur als einmalige Entgleisung betrachtet[12]. In gleichem Sinne wurde das Schreiben eines Blockwalters der NSDAP bewertet, der sich vor der Vereidigung die Freiheit ungehinderter Religionsausübung vorbehalten hatte[13].

b) Religiöse Betätigung und Gewerbeerlaubnis

Das Gewerbe- und Berufsrecht boten geeignete Mittel, den politischen Gegner wirtschaftlich zu schwächen oder zu vernichten[14]. Die Novelle zur Gewerbeordnung vom 3. Juli 1934[15] sah bei der Neufassung des § 57 Abs. 2 Nr. 2a die Versagung des Wandergewerbescheins vor, wenn Tatsachen vorlagen, welche die Annahme rechtfertigten, daß der Nachsuchende sein Gewerbe zu staatsfeindlichen Zwecken mißbrauchen werde. Gleiches galt nach §§ 42 ff. RGO in allen Sparten, die Ähnlichkeit mit dem Wandergewerbe aufwiesen.
Nach der Rechtsprechung des PrOVG[16] und des BayVGH[17] bildeten die Zugehö-

[10] DV 1940, 77.
[11] DV 1941, 184.
[12] RDStrH., zitiert bei R. Echterhölter S. 201.
[13] RDStrH., zitiert bei R. Echterhölter S. 205.
[14] Vgl. etwa das bezeichnende Schreiben des Präsidenten der Reichspressekammer vom 15. September 1936 an den Herausgeber eines evangelischen Sonntagsblatts wegen des beabsichtigten Ausschlusses aus der Kammer, bei R. Echterhölter S. 58.
[15] RGBl. I, S. 566.
[16] Vgl. L. Frege S. 151 ff.; anderer Ansicht VG Bremen 8. Juni 1937, RVerwBl 1937, 869 (Rücknahme der Gewerbeerlaubnis wegen kommunistischer Vergangenheit). Andererseits wurde der Versagungsgrund aus § 57 RGO vom PrOVG auch in andere Gewerbezweige hineininterpretiert, vgl. etwa PrOVG 9. Juli 1936, E 99, 185: »Ein Schankwirt entbehrt der für seinen Gewerbebetrieb vorausgesetzten Zuverlässigkeit auch dann, wenn Tatsachen vorliegen, welche die Annahme rechtfertigen, daß er sein Gewerbe zu staatsfeindlichen Zwecken mißbrauchen werde. Ist diese Besorgnis begründet, so kann die ihm erteilte Schankerlaubnis zurückgenommen werden.« Dies wurde angenommen, weil die Gaststätte gegenwärtig Kommunistentreffpunkt sei.
[17] BayVGH 17. April 1936 und 20. Juni 1936, RVerwBl 1937, 43.

rigkeit zur jüdischen Rasse und die frühere Mitgliedschaft in der SPD, in Gewerkschaften oder auch kommunistischen Vereinigungen für sich allein keinen Grund, die gewerbliche Unzuverlässigkeit anzunehmen oder die Besorgnis künftiger staatsfeindlicher Betätigung zu begründen.

Anderes galt zum Teil aber bei einer Betätigung im Sinne der Ernsten Bibelforscher: Am 8. Mai 1936 erklärte der BayVGH[18]: »Die Tatsache, daß ein Gewerbetreibender ganz im Geiste der Bibelforschervereinigung denkt und hartnäckig an der Verkündung ihrer Lehren festzuhalten erklärt, rechtfertigt die Annahme, daß er sein Gewerbe zu staatsfeindlichen Zwecken mißbrauchen werde.« Die als staatsfeindlich geltende Glaubensüberzeugung der Bibelforscher indizierte nach Meinung des VGH also ohne weiteres den Verdacht eines Mißbrauchs der Gewerbeerlaubnis, ohne daß er sich die Mühe machte, weitere, den notwendigen Zusammenhang von Glaubenslehre und gewerblicher Unzuverlässigkeit vermittelnde Umstände festzustellen.

Zurückhaltender und präziser verfuhr hier das PrOVG in verschiedenen Urteilen: »Die Annahme, daß die Zugehörigkeit zum Kreise der Zeugen Jehovas eine Tatsache darstelle, aus der auf eine Unzuverlässigkeit in bezug auf den Gewerbebetrieb geschlossen werden könnte, bedarf näherer Begründung.«[19] »Die Tatsache der Zugehörigkeit des Antragstellers zur Vereinigung der Ernsten Bibelforscher und seine Bestrafung wegen Betätigung in deren Sinne erfüllt nicht unter allen Umständen den Tatbestand des § 57 Ziff. 2a RGO«[20]. »Die Zugehörigkeit zur Sekte der Ernsten Bibelforscher vor 1933 und die Nichtteilnahme an der Führerwahl im Jahre 1934 sind keine gesetzlichen Gründe für die Versagung des Wandergewerbescheins.«[21] »Nach dem Grundgedanken des [Bibelforscher-]Verbots kommt es nicht auf den Glauben an sich, sondern auf die damit verbundene und nach außen in Erscheinung tretende Betätigung an. Die verbotswidrige Betätigung muß nach den das Verwaltungsstreitverfahren beherrschenden Grundsätzen nachgewiesen werden.«[22]

Die Versagung der Gewerbeerlaubnis begründete das SächsOVG hingegen mit Hilfe der Gesetzesauslegung in nationalsozialistischem Sinne. Ein Fabrikant, der sich an der Reichstagswahl vom März 1936 nicht beteiligt hatte, hatte am 28. August 1937 eine Verfügung des Amtshauptmanns erhalten: »Hierdurch untersage ich Ihnen die Herstellung und den Vertrieb von Fleischsalat und Mayonnaise auf Grund des § 20 der Verordnung über Handelsbeschränkungen vom 13. Juli 1923, da Sie die für diesen Gewerbebetrieb erforderliche politische Zuverlässigkeit nicht besitzen. Nach den getroffenen Feststellungen haben Sie sich noch im Jahre 1936 für die Bestrebungen der verbotenen Internationalen Vereinigung der Ernsten Bibelforscher eingesetzt.« Im Urteil vom 28. Februar 1938[23] erklärte

[18] VGHE 57, 208 = DJZ 1936, 911.

[19] Entscheidung vom 16. Januar 1936, L. Frege, S. 151. Die Hervorhebung einzelner Entscheidungen begründet entgegen Frege noch nicht die Annahme grundsätzlicher Standhaftigkeit des PrOVG, vgl. demgegenüber etwa Bach S. 199.

[20] 13. August 1936, ebenda.

[21] 1. April 1937, ebenda.

[22] 21. April 1938, ebenda.

[23] RegerE 58, 470. Am 23. Oktober 1936 hatte das SächsOVG den liberalen Grundsatz der Ge-

das SächsOVG im Anschluß an die bereits erwähnte Entscheidung des BayVGH, daß bei der nach nationalsozialistischer Weltanschauung gebotenen, das Volksempfinden und die Entwicklung der Verhältnisse berücksichtigenden Auslegung unter Zuverlässigkeit im Sinne der wirtschaftsrechtlichen Verordnung aus dem Jahre 1923 nicht nur die gewerbliche, sondern nun auch die politische Zuverlässigkeit zu verstehen sei.

### c) Religiöses Bekenntnis und arbeitsrechtlicher Kündigungsschutz

Nach einem Urteil des SächsOVG vom 4. Dezember 1936[24] durfte das Anstellungsverhältnis einer Bezirkshebamme aus wichtigem Grunde gekündigt werden, weil sie sich, entsprechend der Lehre der Bibelforscher, an Volksabstimmungen und Wahlen nicht beteiligt hatte: »War ein solches Verhalten vor dem nationalsozialistischen Umbruch ohne weiteres zulässig, so muß es für die Zeit nach 1933 als eine Tatsache angesehen werden, die bei einem im öffentlichen Dienst Stehenden nur im Einzelfall aus besonderen Gründen hingenommen oder als gerechtfertigt bezeichnet werden kann. Im Falle der Klägerin ist die Zurückhaltung von den Wahlen absichtlich und ohne jede äußere Abhaltung geschehen. Sie ist der Ausfluß einer ganz bestimmten Geisteshaltung, die den die Internationale Vereinigung Ernster Bibelforscher beherrschenden Anschauungen entspricht. Lediglich aus dieser Einstellung heraus hat die Klägerin von dem Grundgedanken der ›Freiheit der Wahl‹, so wie sie ihn versteht, Gebrauch gemacht.«

Das Gericht mußte allerdings einräumen, daß die Klägerin ihren Glauben nicht in staatsfeindlicher Weise betätigt hatte: »Nun hat Frau K. eine solche dem Volke und Staate feindliche Haltung bisher noch nicht unmittelbar betätigt; es ergibt sich aber aus ihren Äußerungen eindeutig, daß sie, falls eine Lage der Dinge eintreten sollte, in der ihr staatliche Maßnahmen mit ihren Auffassungen über die Bibel oder die Gebote Jehovas in Widerspruch stehend erscheinen sollten, auch grundsätzlich nicht davor zurückschrecken wird, sich gegen das Volk und seine Führung zu entscheiden.« Wie das PrOVG[25], so forderte auch das SächsOVG – ohne positive Rechtsgrundlage, aber in Übereinstimmung mit der nationalsozialistischen Gemeinwohlformel – politische Zustimmung und Mitarbeit im nationalsozialistischen Staat. Wie jenes, knüpfte es nachteilige Rechtsfolgen schon an die bloße politische Passivität des religiös motivierten Dissidenten, bestrafte es insoweit bereits die abweichende innere Überzeugung: »Danach hat Frau K. nicht erkannt und will nach ihren mehrfachen Erklärungen nicht erkennen, daß es jetzt für jeden Volksgenossen nicht allein darauf ankommt, in seinem engsten Lebensgebiet und bei Erfüllung seiner Berufspflichten – so wie es die Klägerin unbestritten tut – sich anständig und pflichtgetreu zu zeigen, daß vielmehr von jedem Einzelnen darüberhinaus eine seinen Kräften und Mitteln entsprechende Beteiligung an allem ver-

werbefreiheit ausdrücklich aufgegeben im Hinblick auf nationalsozialistische Weltanschauung und Auslegung: »Eine Gewerbefreiheit in dem Sinne, daß polizeiliches Einschreiten niemals bis zur völligen Betriebsuntersagung gehen dürfe, ist nach nationalsozialistischer Rechtsanschauung nicht mehr anzuerkennen«, RVerwBl 1937, 181.

[24] JW 1937, 1368; Auszug auch bei R. ECHTERHÖLTER S. 196.

[25] PrOVG 17. November 1936, s. o. Anm. 4.

langt werden muß, was das Volk angeht, und daß jeder Einzelne als seine Verpflichtung empfinden muß, nach seinen Kräften die Bestrebungen und Veranstaltungen zu unterstützen und zu fördern, die dem großen Ziele dienen, das deutsche Volk wieder einig und kräftig zu machen.«
Beim RAG konnte sich hingegen der Reichsbund der Deutschen Beamten, ein der NSDAP angeschlossener Verband, mit der Verweigerung der Erfüllung eines Ruhegehaltsversprechens gegenüber einem pensionierten Angestellten nicht durchsetzen. Der Verband hatte geltend gemacht, daß die Betätigung des Anspruchstellers für die aufgelöste Bibelforschervereinigung eine schwere Verletzung der allgemeinen Treuepflicht gegenüber Volk, Staat und Partei darstelle und ihm als einem der Partei angeschlossenen Verband Zahlungen an den Kläger angesichts dessen staats- und volksfeindlicher Betätigung nicht zugemutet werden könnten. Das RAG ließ dies laut Urteil vom 29. November 1939[26] nicht gelten, weil der beklagte Verband nur Rechtsnachfolger des früheren Arbeitgebers, des Deutschen Beamtenbundes, war.

### d) Religiöse Überzeugung und elterliches Erziehungsrecht

Dem totalitären Anspruch der Weltanschauung entsprechend forderte der nationalsozialistische Staat für sich ein selbstverständliches Vorrecht auf die Erziehung der Jugend[27]. Der Reichsjugendführer erklärte im Mai 1935 in einer Rede über die Hitlerjugend:[28] »Die Erziehung der Jugend ist ein unveräußerliches Hoheitsrecht des Staates. Das Ziel der staatlichen Jugenderziehung ist die systematische Heranbildung der unbewußten Jungen zum bewußten Staatsbürger und Träger der Staatsidee. Das wichtigste Erziehungsmittel zu diesem Zwecke ist die Staatsjugend«; und in einer Rede vom 21. November 1937 verkündete Hitler in Augsburg[29]: »Das ist die höchste Aufgabe der Nationalsozialistischen Partei: Sie hat, genau wie die Armee jährlich ihre Rekrutenjahrgänge schult, Jahr für Jahr die deutsche Jugend zu erziehen, die deutschen Männer, die deutschen Frauen, durch Jahrzehnte und durch Jahrhunderte! Der deutsche Mensch wird dadurch allmählich genauso das Produkt der neuen Erziehung, wie er früher das der alten geworden war.« Das Gesetz über die Hitlerjugend vom 1. Dezember 1936[30] bestimmte in § 2, daß die gesamte deutsche Jugend außer in Elternhaus und Schule in der Hitlerjugend körperlich, geistig und sittlich im Geiste des Nationalsozialismus zum Dienst am Volk und zur Volksgemeinschaft zu erziehen sei[31].

26 DR 1940, 516. Zur Frage der (unzulässigen) fristlosen Kündigung eines jüdischen Geschäftsführers vgl. LAG Gleiwitz 27. Juni 1933, DR 1933, 483.

27 Zum nationalsozialistischen Erziehungsideal vgl. A. Hitler, S. 451 ff. und A. Rosenberg, Mythus S. 624 ff.

28 DJ 1937, 1691.

29 DJ 1937, 1827.

30 RGBl. I, S. 993.

31 Vgl. etwa KG 11. Dezember 1936, DJ 1937, 250 (mit Anmerkungen von Peileke S. 628 und Massfeller, S. 629): »Ein schulentlassener Minderjähriger, der infolge falscher Erziehung zu einem einzelgängerischen, schlappen und verpimpelten Knaben ohne Selbstbehauptungstrieb, Disziplin und Kameradschaftssinn geworden ist und den seine Lebensgestaltung betreffenden Entscheidungen unwissend und fassungslos gegenübersteht, kann als verwahrlost im Sinne des

Dem Vorrang des staatlichen Erziehungsanspruchs im Geiste des Nationalsozialismus konnten die religiöse Überzeugung der Bibelforscher und das elterliche Erziehungsrecht nicht mit Erfolg gegenübergestellt werden:
Nach einem Beschluß des AG Waldenburg vom 2. September 1937[32] konnte der ungünstige erzieherische Einfluß der Eltern, die ihre Kinder im Geiste der Bibelforscher erzogen, nur durch den völligen Entzug des Personensorgerechts (§ 1666 BGB) ausgeschaltet und gebrochen werden: »Wie bei allen Bibelforschern, handelt es sich auch bei ihnen nicht nur darum, daß sie einer besonderen religiösen Überzeugung huldigen. Sie glauben vielmehr, aus ihrer religiösen Überzeugung die Verneinung der einfachsten und selbstverständlichsten Pflichten dem Staate und dem deutschen Volke gegenüber herleiten zu müssen. Sie verweigern hartnäckig auch bei feierlichen Anlässen den Deutschen Gruß, um dadurch ihre Ablehnung der heutigen Verhältnisse auszudrücken. Sie stellen sich bewußt außerhalb der Volksgemeinschaft ... Wenn Eltern ihren Kindern durch ihr Beispiel eine Anschauung beibringen, die sie in unlöslichen Gegensatz zu derjenigen Überzeugung bringen muß, zu der sich die weitaus überwiegende Mehrheit des deutschen Volkes bekennt, so bedeutet das einen Mißbrauch des Sorgerechts ... Das Recht als völkische Ordnung vertraut deutschen Eltern das Recht der Erziehung nur unter der – wenn auch nicht ausdrücklich ausgesprochenen, so doch selbstverständlichen – Voraussetzung an, daß die Eltern dieses Erziehungsrecht so ausüben, wie Volk und Staat es erwarten dürfen. Dazu gehört vor allem, daß die Erziehung als erstrebenswertes Ziel ansieht, in den Kindern den Glauben und die Überzeugung zu wecken, daß sie Angehörige einer großen Nation sind und mit den übrigen Volksgenossen durch die Gleichheit der wesentlichsten Anschauungen zu der großen Einheit des deutschen Volkes zusammengeschlossen sind.«
Weil sie den Kindern den Eintritt in die Hitlerjugend verwehrt und gelegentlich mit ihnen über religiöse Fragen im Sinne der Bibelforscher gesprochen hatten, entzog das AG Wilster am 26. Februar 1938[33] den Eltern das Sorgerecht.
Nach Auffassung des LG Zwickau[34] war bei einem mit Erfolg im Geiste der Bibelforscher erzogenen Jugendlichen eine bereits eingetretene »geistige und sittliche Verwahrlosung« (§ 63 Abs. 1 Ziff. 2 JWG) anzunehmen und deshalb die Fürsorgeerziehung anzuordnen. Denn unter Verwahrlosung sei, so meinte das Landgericht im Anschluß an eine Entscheidung des KG[35], ein den allgemeinen nationalsozialistischen Erziehungszielen entgegengesetzter Entwicklungsprozeß zu verstehen.
Weil die Anschauungen der Bibelforscher, die sich bewußt außerhalb der Volksgemeinschaft stellten, »in hohem Grade volkszersetzend und staatsgefährlich« seien, hielt auch das OLG München in einer Entscheidung vom 3. Dezember 1937[36]

§ 63 JWG angesehen werden.« In der Anmerkung hebt MASSFELLER, S. 629, hervor: »Diese Entscheidung ist von grundsätzlicher Wichtigkeit. Denn in ihr bestreitet der Staat dem Erzieher das angebliche Recht, ein Kind nach eigenem Gutdünken zu erziehen.«

[32] DJ 1937, 1857.
[33] JW 1938, 1264.
[34] 14. April 1937, JW 1938, 2145.
[35] 11. Dezember 1936.
[36] DJ 1938, 954.

die Gefahr sittlicher Verwahrlosung für gegeben bei Kindern, die im Elternhaus in den »staatsfeindlichen Anschauungen der Ernsten Bibelforscher erzogen« wurden, so daß entweder Maßnahmen nach § 1666 BGB zu ergreifen oder die Fürsorgeerziehung gemäß § 63 JWG anzuordnen seien. Die Gefahr sittlicher Verwahrlosung in diesem Sinne belegte das OLG mit den folgenden Tatsachen: »Hiernach haben die zwei Kinder bei der Feier des Tages der nationalen Arbeit unentschuldigt gefehlt, obwohl sie als Schülerinnen an der Teilnahme an der Feier verpflichtet waren. Sie haben ferner schon seit längerer Zeit die Erweisung des deutschen Grußes in der Schule mit dem bei den Bibelforschern üblichen Hinweis auf eine Bibelstelle verweigert. Ida hat die Frage des Lehrers, ob sie sich hinter den Führer stelle, ausdrücklich verneint. Elise hat es ständig abgelehnt, das Horst-Wessel-Lied zu singen und im Zeichenunterricht ein Hakenkreuz zu malen.« Demgegenüber war die Berufung auf religiöse Überzeugungen erfolglos, weil »der Erziehungsberechtigte trotz religiöser Bedenken bei pflichtgemäßer Überlegung seinen offensichtlichen Verstoß gegen Vernunft und staatliche Ordnung unmöglich übersehen kann und daß besonders dann, wenn er trotz Vorhalts und Belehrung über das Verkehrte seiner Handlungsweise auf ihr beharrt, ohne weiteres angenommen werden muß, er handele wider bessere Einsicht, sein Sorgerechtsmißbrauch sei also schuldhaft.«

#### e) Religiöse Betätigung in der Ehe

Als Anhänger einer strengen adventistischen Sekte hatte ein Ehemann es abgelehnt, Freitagnachmittag und Samstag zu arbeiten, deshalb kaum Arbeit gefunden und so den Familienunterhalt gefährdet. Die Ehefrau, gleichfalls Adventistin, hatte hierauf Scheidungsklage erhoben, der das OLG Jena am 2. Oktober 1934[37] stattgab. Das Gericht wertete »das hartnäckige Festhalten des Ehemannes an seiner strengen adventistischen Auffassung ohne Rücksicht auf das Wohl und Wehe der Familie« für eine das Scheidungsbegehren rechtfertigende schwere Eheverfehlung.

Am 11. Januar 1937 gab das LG Rudolfstadt[38] der Scheidungsklage eines Beamten statt, der seine Ehefrau, eine Bibelforscherin, vergeblich aufgefordert hatte, »sich den Gesetzen des Dritten Reiches zu unterstellen, den Deutschen Gruß anzuwenden und wieder in die Landeskirche einzutreten«. Nach Ansicht des Gerichts war es mit dem Wesen der Ehe unvereinbar und deshalb eine schwere Eheverfehlung, wenn eine »Beamtenfrau« bewußt gegen den Willen ihres Mannes eine politische Ansicht beibehalte, die im Gegensatz zum Staate und zur nationalsozialistischen Weltanschauung stehe.

[37] JW 1935, 872.

[38] JW 1937, 1308; vgl. auch PrOVG 3. November 1936, E 99, 253 betreffend die Dienstentlassung eines Polizeibeamten, der sich »trotz ausdrücklicher Warnung seines Vorgesetzten mit einer moralisch minderwertigen Frau verheiratet und es nicht vermocht [hatte], diese zu einer Lebensführung im Sinne eines für eine Beamtenfrau geziemenden Verhaltens anzuhalten.«

f) Testierfreiheit bei letztwilligen Zuwendungen

Nach § 48 Abs. 2 des Gesetzes über die Errichtung von Testamenten und Erbverträgen vom 31. Juli 1938 (TestG)[39] war eine Verfügung von Todes wegen nichtig, »soweit sie in einer gesundem Volksempfinden gröblich widersprechenden Weise gegen die Rücksichten verstößt, die ein verantwortungsbewußter Erblasser gegen Familie und Volksgemeinschaft zu nehmen hat«. Nach der amtlichen Begründung[40] sollten beispielsweise Fälle erfaßt sein wie »eine die Familie benachteiligende Zuwendung an eine Mätresse, die sachlich nicht gerechtfertigte Zuwendung von Familienschmuck, altem Tafelsilber, Familienerinnerungsstücken und dergleichen an Fremde, die Zuwendung von irgendwelchen Werten an eine staatsfeindliche Organisation, Einsetzung eines Juden zum Erben eines Ariers unter Übergehung naher arischer Verwandter«.

Wegen größerer Zuwendungen der Erblasser an Kirchen und Krankenhäuser machte ein gesetzlicher Erbe Nichtigkeit des Testaments wegen Sittenwidrigkeit und Verstoßes gegen die gesunde Volksanschauung geltend. Diese Auffassung wies das OLG Köln am 31. Januar 1939[41] zurück: »Wenn die Erblasser Kirchen, kirchlichen Einrichtungen und Priestern größere Vermächtnisse zugewandt haben, so ist das nicht als unsittlich zu bezeichnen. Es besteht keine Beschränkung der Testierfreiheit in dieser Richtung.« Mit der Revision des Urteils befaßt, hat das RG die Entscheidung am 15. Februar 1940[42] bestätigt, allerdings ohne die vom OLG verkündete Sentenz anzuerkennen. Das RG stellte zunächst die Unanwendbarkeit des Testamentsgesetzes fest, weil der Erbfall vor Inkrafttreten des Gesetzes eingetreten sei, warf dann aber die Frage auf, ob die im Testamentsgesetz konkretisierten nationalsozialistischen Vorstellungen nicht dennoch berücksichtigt werden müßten: »Da jedoch in ihm [dem TestG.] allgemein gültige nationalsozialistische Gedanken auf dem Gebiete des Testamentsrechts verwirklicht worden sind, taucht die Frage auf, ob die dort getroffene Regelung bei der Beurteilung der Sittenwidrigkeit eines nicht unmittelbar unter sie fallenden Testaments außer acht gelassen werden darf.« Denn der Begriff der guten Sitten erhalte, wie bereits früher entschieden[43], »seinen Inhalt durch das seit dem Umbruch herrschende Volksempfinden, die nationalsozialistische Weltanschauung. Deshalb kann Verträgen, die nach dieser Weltanschauung gegen die guten Sitten verstoßen, kein Rechtsschutz durch ein deutsches Gericht gewährt werden. Zur nationalsozialistischen Weltanschauung gehört auch der Gemeinschaftsgedanke, die Überzeugung von dem hohen Werte der Gemeinschaft für das Leben des Volkes und von den Pflichten des einzelnen ihr gegenüber.« Nach diesem grundsätzlichen Bekenntnis zur nationalsozialistischen Weltanschauung als Rechtsquelle, die unmittelbar in die

[39] RGBL. I, S. 973.

[40] DJ 1938, 1258. Nach § 48 Abs. 3 TestG war eine Verfügung nichtig, »soweit ein anderer den Erblasser durch Ausnutzung seiner Todesnot zu ihrer Errichtung bestimmt hat.« Als einzigen Beispielfall nennt die amtliche Begründung die Ausnutzung der Angst des Sterbenden vor Bestrafung im Jenseits durch Religionsdiener, um Zuwendungen zugunsten kirchlicher Einrichtungen zu erlangen.

[41] AeKR 5 (1941), 230.

[42] RGZ 163, 57.

[43] RGZ 150, 1.

Rechtsordnung, insbesondere in die Generalklauseln hineinwirke, ließ das RG die angeschnittene Frage dann doch offen[44]. Eine Nichtigkeit wegen Sittenwidrigkeit sei nämlich nur bei wirklich groben Verstößen, wie sie hier nicht vorlägen, anzunehmen; auch § 48 Abs. 2 TestG stelle keine geringeren Anforderungen.

In einem vergleichbaren Fall erklärte das KG am 2. April 1942[45], daß die letztwillige Zuwendung eines Grundstücks an eine der staatlich anerkannten Religionsgesellschaften nicht grundsätzlich gegen § 48 TestG verstoße. Es wies insbesondere die Auffassung der Vorinstanz zurück, nach der die Volksanschauung seit langem Zuwendungen an juristische Personen, insbesondere an Kirchengemeinden, grundsätzlich mißbillige, wenn der Wert der Zuwendung die Wertgrenze von fünftausend Reichsmark übersteige, von der an nach Art. 66 EGBGB in Verbindung mit den entsprechenden Ausführungsgesetzen der Länder[46] die staatliche Genehmigung erforderlich sei. § 48 TestG versage vielmehr nur solchen Verfügungen die rechtliche Anerkennung, die in besonders hohem Maße, also gröblich, gegen die Anschauungen aller anständig und gerecht denkenden deutschen Volksgenossen verstießen[47].

Nach einer Entscheidung des LErbhG Celle vom 14. Dezember 1934[48] durfte ein Bauer in rein protestantischer Gegend einen Sohn, der nach Ältestenrecht zur Anerbenfolge berufen war, nicht schon deshalb von der Erbfolge ausschließen, weil er ein Mädchen katholischen Bekenntnisses geheiratet hatte. Zur Begründung der Entscheidung berief sich das Gericht nicht etwa auf Religionsfreiheit oder Gleichheitsgrundsatz, sondern auf die nationalsozialistische Weltanschauung, die es allerdings nicht mit einer originalen Quelle belegte, sondern mit einem Zitat aus einer Rede Papens vom 22. August 1933: »Denn der Nationalsozialismus hat es sich zur Aufgabe gemacht, das deutsche Volk, das in Klassen und Konfessionen zersplittert war, zu einer Einheit zusammenzuschmelzen.«

[44] Das Bekenntnis war danach für die Entscheidung unerheblich und überflüssig. Zur nationalsozialistischen Rechtsquellenlehre, insbesondere zur Bedeutung der Generalklauseln vgl. grundlegend B. Rüthers S. 121 ff., 175 ff., 210 ff.

[45] DR 1942, 937.

[46] Zur Amortisationsgesetzgebung vgl. G. J. Ebers, Staat S. 95 ff., 394 ff.; vgl. auch unten S. 120 ff.

[47] Diese Auffassung stieß allerdings auf Kritik von nationalsozialistischer Seite: »Es erscheint uns deshalb in höchstem Grade zweifelhaft, ob Entscheidungen wie ... die in DR 1942, 937 veröffentlichte den Anforderungen entsprechen, die an eine lebensnahe und der politischen Notwendigkeit dienende Rechtsprechung gestellt werden müssen«, DR 1942, 1266 (Anm. der Redaktion).

[48] DJ 1935, 188.

2. TEIL

# DIE RECHTSPRECHUNG ZUM BESTANDSSCHUTZ VON RELIGIONSGESELLSCHAFTEN

## 3. Kapitel: Die Bibelforscherverbote

### 1. Problemstellung

Was für Wesen und Grenzen der Religionsfreiheit im nationalsozialistischen Staat[1] galt, mußte folgerichtig auch für religiöse Vereinigungsfreiheit als besondere Ausprägung der Religionsfreiheit gelten[2]: Das Recht, sich zu Religionsgesellschaften zusammenzuschließen, bestand nur innerhalb der Schranken, die durch Punkt 24 des Parteiprogramms der NSDAP hatten zum Ausdruck gebracht werden sollen: jede religiöse Betätigung endete »an den Schranken, die im Interesse politischer Einheit und nationaler Sicherheit geboten sind ... Wo hier die Grenzen zu ziehen sind, bestimmt der Staat«[3]. Religiöse Korporationen, die dem Nationalsozialismus als staatsfeindlich und -gefährlich galten, die »wegen ihrer Geisteshaltung für den nationalsozialistischen Staat untragbar«[4] waren, konnten ein Recht auf Zusammenschluß nicht in Anspruch nehmen.

Während die großen christlichen Konfessionen der kirchenpolitischen Linie entsprechend in ihrer Existenz zunächst nicht systematisch bedroht wurden, fiel die Internationale Bibelforschervereinigung frühzeitig diesem Verständnis von Religionsfreiheit zum Opfer: Bereits in der ersten Hälfte des Jahres 1933 war sie einschließlich ihrer Neben- und Unterorganisationen in den meisten Ländern verboten worden: Am 10. April 1933 in Mecklenburg-Schwerin[5], am 13. April 1933 in Bayern[6], am 18. April 1933 in Sachsen[7], am 19. April 1933 in Hessen[8], am 15. Mai 1933 in Baden[9], am 6. Juni 1933 in Lübeck[10], am 24. Juni 1933 in Preußen[11] und am 15. Juli 1933 in Hamburg[12].

Das preußische Verbot lautete[13]: »Auf Grund des § 1 der Verordnung des Reichspräsidenten zum Schutze von Volk und Staat vom 28. Februar 1933 (RGBl. I, S. 83) in Verbindung mit § 14 PolVerwG. wird die Internationale Bibelforschervereinigung einschließlich ihrer sämtlichen Organisationen (Wachturm-Bibel- und

[1] Vgl. zunächst oben Einleitung I und die Einführung des 1. Kapitels.
[2] A. Klöckner S. 89, 90; R. Stödter S. 166 ff. (223).
[3] R. Stödter S. 224, 222; vgl. auch Crohne S. 1144.
[4] A. Klöckner S. 90.
[5] R. Stödter, S. 170 Anm. 3.
[6] StAnz. Nr. 88.
[7] SächsVerwBl. 1933, 251.
[8] In Hessen wurde zunächst ein Betätigungsverbot erlassen; die endgültige Auflösung erfolgte am 18. Oktober 1933, vgl. dazu SoG Darmstadt 26. März 1934, JW 1934, 1744.
[9] RGSt 69, 341.
[10] Lübecker Volksbote vom 7. Juni 1933.
[11] Vgl. unten Anm. 13.
[12] Amtl. Anz. Nr. 165.
[13] Zitiert nach R. Stödter S. 169.

Tractat-Gesellschaft Lünen–Magdeburg der neuapostolischen Sekte) im Gebiet des Freistaats Preußen aufgelöst und verboten. Das Vermögen wird beschlagnahmt und eingezogen. Zuwiderhandlungen gegen diese Anordnung werden auf Grund des § 4 der VO. vom 28. Februar 1933 bestraft«.

Proteste offizieller Stellen der USA führten im Sommer 1934 zu Verhandlungen mit dem Reichsinnenminister, deren Ergebnis die Freigabe des Vermögens und die Erlaubnis des Bibeldrucks, im übrigen aber die Aufrechterhaltung der Verbote waren. Am 13. September 1934 erließ der Innenminister die folgende Anweisung an die Landesregierungen:[14] »Der preußische Minister des Innern hat mit Verfügung vom 9. Juni 1934 das beschlagnahmte Vermögen der Internationalen Bibelforschervereinigung einschließlich ihrer sämtlichen Organisationen ... freigegeben. Die Betätigung der Wachturm-Bibel- und Tractat-Gesellschaft in der Herstellung und dem Vertrieb von Tractaten und anderen propagandistischen Schriften bleibt nach wie vor verboten, ebenso jegliche Lehr- und Versammlungstätigkeit der Bibelforschervereinigung. Der Druck und der Vertrieb von Bibeln der üblichen Art sowie sonstige Drucklegungen von Schriften, deren Inhalt erlaubt ist und keine Beziehungen zu der Tätigkeit der Ernsten Bibelforschervereinigung hat, sind dagegen nicht zu beanstanden«. Diese Anordnung des Reichsinnenministers wurde als Ausdehnung des Verbots auf das ganze Reichsgebiet verstanden[15].

Von ihrem Präsidenten zum Widerstand aufgerufen, setzten die Bibelforscher ihre Lehr- und Versammlungstätigkeit hartnäckig fort, verteilten sie Rundschreiben und Flugblätter, richteten sie Proteste und Schreiben an staatliche Stellen. Ebenso hartnäckig war die Verfolgung, der sie ausgesetzt waren[16].

### 2. Entscheidungen

Zuwiderhandlungen gegen die auf die Verordnung zum Schutze von Volk und Staat vom 28. Februar 1933 gestützten Verbote waren nach § 4 der Verordnung strafbar. Soweit die Gerichte mit Übertretungen der Verbote befaßt wurden, handelt es sich deshalb ausschließlich um Strafsachen.

Hierbei hatten die Gerichte im wesentlichen dieselben Rechtsfragen zu entscheiden: Die Frage nach Rang und Geltungsbereich von Art. 137 RV, mit anderen Worten nach Wesen und Inhalt der Religionsfreiheit im nationalsozialistischen Staat, und in diesem Zusammenhang die Frage, ob die Religionsfreiheit nicht zu den in Art. 48 Abs. 2 RV ungenannten, also unantastbaren Grundrechten gehörte, ferner, ob die Bibelforschervereinigung als Religionsgesellschaft im Sinne des Art. 137 RV oder als bloß religiöse Vereinigung im Sinne des – suspendierten – Art. 124 RV anzusehen war, und schließlich die Frage, ob das Verbot religiöser Korporationen überhaupt auf die Notverordnung des Reichspräsidenten zum Schutz von Volk und Staat vom 28. Februar 1933, ergangen »zur Abwehr kommunistischer staatsgefährdender Gewaltakte«, gestützt werden konnte.

In traditionell rechtsstaatlicher Weise judizierte nur das SoG Darmstadt in einer

[14] Zitiert nach R. Stödter, S. 171.
[15] Crohne S. 1444.
[16] Vgl. oben S. 18.

Entscheidung vom 26. März 1934; hervorzuheben ist daneben noch eine Entscheidung des 6. Strafsenats beim RG vom 23. Januar 1934, der die grundsätzlichen Fragen zwar teilweise zu umgehen suchte, dann aber mittels einschränkender Auslegung des Verbotstatbestands immerhin zu einem Freispruch gelangte. Die Gerichte sind in der Folgezeit von diesen ihren offenbar ersten Bibelforscherurteilen abgewichen. Sie haben die Vereinigungsverbote des nationalsozialistischen Staates später gerechtfertigt, wie dies die anderen Gerichte bereits getan hatten[17].

Im Urteil vom 23. Januar 1934[18] befaßte sich der 6. Strafsenat des RG mit dem sächsischen Bibelforscherverbot. Ausgehend von der Frage, ob die Vereinigung Religionsgesellschaft oder nur religiöser Verein sei, nahm der Senat – ohne daß es für die Entscheidung indessen darauf angekommen wäre – zu beiden Alternativen Stellung. Wäre die Vereinigung eine Religionsgesellschaft, so sei das Verbot verfassungswidrig und deshalb rechtsungültig, weil Art. 137 Abs. 2 RV, der die Freiheit der Vereinigung zu Religionsgesellschaften gewährleiste, vom Reichspräsidenten nicht außer Kraft gesetzt worden sei und auch überhaupt nicht zu den Bestimmungen gehöre, zu deren Außerkraftsetzung Art. 48 den Reichspräsidenten ermächtige. Der Senat unterstellte damit ohne weiteres den Fortbestand von Weimarer Verfassung und Art. 137 und anerkannte ausdrücklich die »Unantastbarkeitslehre«, nach der die Bezeichnung der sieben Grundrechte in Art. 48 Abs. 2 die rechtliche Natur einer limitativen, nicht einer exemplifikativen Aufzählung hatte, andere als die angeführten Grundrechte also »diktaturfest« waren[19].

Für den Fall, daß nur ein religiöser Verein vorliege, könne die Rechtsgültigkeit des Verbots nicht beanstandet werden, weil das Grundrecht der Vereinsfreiheit durch die erwähnte Notverordnung bis auf weiteres suspendiert worden sei. Dies bedeutete für das Gericht in Übereinstimmung mit der schon in Weimarer Zeit herrschenden Auffassung, daß »die den Ländern zustehende Polizeigewalt auf diesem Gebiete [der öffentlichen Sicherheit und Ordnung] grundsätzlich schrankenlos« war. Allerdings: Wie der Reichspräsident nach Art. 48 Abs. 2 RV nur »zur Wiederherstellung der öffentlichen Sicherheit und Ordnung« handeln durfte, durfte die Exekutive den Zweck der jeweiligen Diktaturmaßnahme nicht außer acht lassen, war also nur insoweit von bestimmten grundrechtlichen Schranken befreit, als sie gerade in Verfolgung und Übereinstimmung des mit der Diktaturmaßnahme verfolgten Zweckes handelte. Die Auslegung, die das RG der Notverordnung angedeihen ließ, war nun derart großzügig, daß sie kaum noch als Auslegung gelten darf. Es sei, meinte das Gericht, »ohne weiteres deutlich zu erkennen, daß ihre Zweckbestimmung die Wiederherstellung der öffentlichen Sicherheit und Ordnung ist. Wenn die Eingangsworte als Zweck die Abwehr kommunistischer staatsgefährdender Gewaltakte angeben, so sollte damit nur der nächstliegende Zweck bezeichnet werden, durch dessen Erfüllung der Reichspräsident die Wiederherstellung der gefährdeten Ordnung und Sicherheit erreichen wollte.«

[17] Vgl. F. W. Adami S. 486 ff. (489).
[18] JW 1934, 767.
[19] G. Anschütz Art. 48 Anm. 15 (S. 289) mit weiteren Nachweisen; RGSt 56, 151/163/419 und 65, 367; anderer Ansicht C. Schmitt / E. Jacobi S. 63 ff. (137 ff.). Vgl. auch unten Anm. 25.

Indem das RG geflissentlich übersah, daß die öffentliche Sicherheit und Ordnung nur wiederherzustellen war, soweit sie durch kommunistische staatsgefährdende Gewaltakte als bedroht angesehen werden mußte, sprach es die Aufhebung der Vereinsfreiheit schlechthin, also auch für alle nichtkommunistischen, ungefährlichen, kurz: für alle beliebigen Vereine aus. Die Konsequenz dieser unzulässigen Ausdehnung des Anwendungsbereichs der Verordnung[20], die einer Generalvollmacht für die Behörden gleichkam, war besonders bedenklich, weil nach der Suspendierung der Grundrechte der Geltungsbereich der Diktaturmaßnahme, wenn überhaupt, dann nur noch durch ihren Zweck begrenzt werden konnte. Dem Senat mochte man immerhin zugute halten, daß die weitgehende Auslegung der Notverordnung für den konkreten Fall unerheblich geblieben war, weil er das freisprechende Urteil der Vorinstanz aus anderen Gründen halten könnte: In den Handlungen der Angeklagten (sie hatten, nachdem die Vereinigung wohl in Sachsen, aber noch nicht in Preußen verboten war, an einer Bibelforscherversammlung in Berlin teilgenommen und die dort verabschiedete Protestresolution gegen die bisherigen Verbote an Persönlichkeiten des öffentlichen Lebens in Sachsen versandt) erblickte er einen erlaubten Protest, nicht aber verbotene Werbung oder Fortsetzung der aufgelösten Vereinigung in Sachsen. Für unschädlich hielt er auch, daß die beiden miteinander eng befreundeten Angeklagten beim Versand der Briefe zusammengewirkt hatten. Denn solche Fortsetzung freundschaftlicher Beziehungen zwischen zwei Personen erfülle nicht den Begriff der Aufrechterhaltung des organisatorischen Zusammenhalts einer verbotenen Vereinigung.

[20] Auslegung und damit Anwendungsbereich der Notverordnung waren umstritten. Der Streit wurde auch ausgetragen anläßlich der Frage, unter welchen Voraussetzungen die Verhängung von Schutzhaft als bloße Folge der Suspension von Art. 114 RV zulässig sein sollte. Eine rechtsstaatliche orientierte Mindermeinung hielt dafür, daß die Eingangsworte den Zweck und damit die inhaltliche Begrenzung der Anwendung bezeichneten. Maßnahmen aufgrund der Notverordnung waren nach dieser Auffassung nur zulässig zur Abwehr von Gewaltakten, die sowohl staatsgefährlich waren als auch auf kommunistischen Bestrebungen beruhten: Mannzen S. 1426; R. Neubert S. 2426; Boehr S. 2499. Nach Ansicht der Gegenmeinung gaben die Eingangsworte nur Anlaß und Motive des Erlasses wieder und sollte ein Einschreiten schon im Interesse der öffentlichen Sicherheit und Ordnung möglich sein: Hoche, Schutzhaft S. 394, 1491; Lüdtke S. 2241, der die Verhängung von Schutzhaft etwa bei »unsachlicher Kritik« an den Maßnahmen der neuen Regierung, gegenüber allen »Miesmachern« für angezeigt und zulässig hielt. In diesem Sinne für die Bibelforscherverbote: Crohne S. 1144; R. Stödter S. 202; für das Vereinsrecht: U. Scheuner, Neugestaltung S. 666 und Staudinger-Riezler, BGB, § 61 Anm. 5a; L. Meukel S. 425 ff. Diese Auffassung übersah, daß schon nach dem Recht der Weimarer Republik Präambeln und Einleitungsworte als Auslegungsvorschriften galten, vgl. etwa F. Giese, Verfassung Vorspr. II, 1 (S. 35). Nach nationalsozialistischer Auffassung galten Gesetzesvorsprüche grundsätzlich als unmittelbar geltendes Recht, vgl. C. Schmitt, Kodifikation S. 919 (923); H. H. Dietze, Gesetzesvorspruch.
Die staatlichen Behörden haben die Verordnung zumindest anfangs noch nicht im Sinne allgemeiner Handlungsfreiheit ausgelegt. In seinem Durchführungserlaß vom 3. März 1933, MBliV S. 233, hatte der Preuß. Innenminister darauf hingewiesen, daß »Maßnahmen, die gegen Angehörige oder Einrichtungen anderer als kommunistischer, anarchistischer oder sozialistischer Parteien oder Organisationen notwendig werden, auf die Verordnung zum Schutze von Volk und Staat vom 28. Februar 1933 nur dann zu stützen sind, wenn sie der Abwehr solcher kommunistischer Bestrebungen im weitesten Sinne dienen.« Die amtliche Begründung des preußischen Bibelforscherverbots enthält deshalb auch einen umständlichen Versuch des Ministers, einen Zusammenhang mit kommunistischen Umtrieben zu konstruieren; Begründung des Verbots im Wortlaut bei R. Stödter S. 169, 170.

Am 24. September 1935 nahm der 1. Strafsenat[21] in einem Grundsatzurteil zum badischen Bibelforscherverbot Stellung. Das häufig zitierte Urteil, auf das wegen seiner grundsätzlichen Bedeutung ausführlicher eingegangen werden soll, signalisiert den Umschwung in der Rechtsprechung des RG im Sinne der nationalsozialistischen Staatsführung. Bemerkenswert ist, daß der 1. Senat hierbei ohne ausdrückliche Bezugnahme auf nationalsozialistisch-revolutionäre Rechtsvorstellungen auskam und den allerdings trügerischen Anschein erwecken konnte, als habe es sich um eine nach bisheriger Tradition gewonnene, vom Wandel der politischen Verhältnisse unabhängige Rechtsentscheidung gehandelt.

Der Senat untersuchte zunächst die Frage, ob die Verordnung vom 28. Februar 1933 eine Ermächtigungsgrundlage für Maßnahmen gegen religiöse Gemeinschaften abgeben könne. Die vom 6. Senat vertretene Auffassung, nach der zur Gültigkeit der polizeilichen Maßnahme genüge, daß sie zur Wiederherstellung der öffentlichen Sicherheit und Ordnung ergangen sei[22], wurde als zu weitgehend zurückgewiesen, denn damit wäre »angesichts der Aufhebung wichtiger Grundrechte der Reichsverfassung den obersten Landesbehörden und der Reichsregierung eine Machtfülle eingeräumt worden, die sich auf jedes Gebiet des staatlichen Lebens erstrecken würde, das in Unsicherheit und Unordnung geraten könnte.« Näher liege deshalb die Annahme, daß nur solche Maßnahmen in Frage kommen könnten, die im Bereich der im Eingang der Verordnung genannten Zweckbestimmung lägen, die also zur Abwehr kommunistischer staatsgefährdender Gewaltakte getroffen würden.

Die weiteren Ausführungen des RG widerlegen allerdings die naheliegende Vermutung, es habe mit dieser im Gegensatz zur herrschenden Meinung stehenden betont rechtsstaatlichen Auslegung auch die rechtsstaatliche Wirkung, nämlich die Beschränkung der sonst unbegrenzten Handlungsfreiheit der Exekutive, herbeiführen wollen. Nachdem das Gericht zunächst feststellt, daß bei der Abwehr kommunistischer staatsgefährdender Gewaltakte das Vorliegen einer abstrakten Gefahr bereits genüge[23], fährt es nämlich fort: »Dabei würde eine solche Maßnahme nicht davon abhängig sein, ob eine nähere oder fernere Gefahr solcher Art bereits mit Sicherheit nachgewiesen wäre, sondern die Maßnahme könnte auch dann getroffen werden, wenn die Behörde nach ihrer pflichtmäßigen Beurteilung der Lage eine solche Gefahr für gegeben hielte.«

Das RG hielt die »Gefahr bevorstehender kommunistischer staatsgefährdender Gewaltakte« danach – ohne übrigens eine nähere Begründung für diese Meinung abzugeben – für einen Ermessensbegriff, der von den Gerichten nur im Hinblick auf Mißbrauch oder Willkür überprüft werden konnte. Richtigerweise war hier ein der unbeschränkten richterlichen Kontrolle unterliegender unbestimmter

[21] RGSt 69, 341.

[22] Vgl. oben Anm. 18.

[23] Dies war keineswegs selbstverständlich. Ohne auf Einzelheiten des badischen Polizeirechts eingehen zu können, sei lediglich angemerkt, daß § 30 badPolStrGB vom 31. Oktober 1863 (RegBl. S. 439) eine dem § 10 II 17 ALR vergleichbare Generalklausel enthielt. Nach preußischem Polizeirecht durften Polizeiverfügungen nur bei objektiv bestehender, konkreter Gefahr erlassen werden. Putativ- oder abstrakte Gefahr, wie letztere für den Erlaß von Polizeiverordnungen ausreichend war, genügte also nicht, vgl. B. Drews S. 11, 64, 99.

Rechtsbegriff anzunehmen[24]. Indem das RG einen anerkannten Rechtsbegriff stillschweigend in einen Ermessensbegriff umdeutete, erweiterte es den gerichtsfreien Handlungsspielraum der Behörden in ganz beträchtlichem Umfang, gewährte es der Staatsführung die beanspruchte Handlungsfreiheit als Ermessen, die es zuvor bei der Auslegung der Notverordnung in anscheinend rechtsstaatlicher Argumentation versagt hatte.

In gleicher Weise verfuhr der Senat auch bei Behandlung der übrigen grundsätzlichen Rechtsfragen: Bei den Fragen, ob die verbotene Vereinigung Religionsgesellschaft im Sinne des Art. 137 RV war, ob dieses Grundrecht durch eine Notverordnung nach Art. 48 RV überhaupt außer Kraft gesetzt werden konnte und ob »die Grundrechte der Reichsverfassung und im besonderen der Art. 137 heute, im nationalsozialistischen Staat, überhaupt noch in Geltung sind«, konnte der Senat eine eindeutige Stellungnahme vermeiden und den Fortbestand des Art. 137 RV ohne weiteres unterstellen, denn es »bildet der Art. 137, auch wenn er als grundsätzlich weiterbestehend anzusehen ist, bei *richtiger* Auslegung kein Hindernis, einer Religionsgesellschaft das Bestehen und die Betätigung durch polizeiliche Maßnahmen dann zu verwehren, wenn sie mit der Ordnung des Staatswesens unvereinbar sind.« Die »Ordnung des Staatswesens« war ein offenbar unbestimmter, einer Wertung zugänglicher Begriff, der ersichtlich die »derzeitige Ordnung des Staatswesens« meinte. Derzeitige Ordnung des Staatswesens aber war nichts anderes als die nationalsozialistische Staatsordnung mit ihrem Vorbehalt aus Punkt 24 des Parteiprogramms der NSDAP: Religionsfreiheit unter dem Vorbehalt von Staatssicherheit und nationalsozialistischer Weltanschauung.

Zur Begründung des Vorrangs der Ordnung des Staatswesens berief sich das RG auf den Vorbehalt der allgemeinen Staatsgesetze in Art. 135 Satz 3 RV, der auch für die religiöse Korporationsfreiheit gelten müsse. Das Argument an sich war durchaus zutreffend, denn es durfte auch die Gewährleistung des Art. 137 RV nicht als vollkommen schrankenlos gelten[25]. Unzutreffend und mehr als ungenau

[24] Zum Zeitpunkt des Erlasses der Entscheidung galten bereits Begriffe mit wesentlich weiterem Auslegungsspielraum als »kommunistische staatsgefährdende Gewaltakte« als unbestimmte Rechtsbegriffe, etwa: Treu und Glauben, gute Sitten, Zuverlässigkeit, öffentliches Interesse, insbesondere aber polizeiliche Gefahr, öffentliche Sicherheit und Ordnung, vgl. dazu ausführlich U. Scheuner, Frage S. 68 ff. (69). Der Begriff der »bevorstehenden Gefahr« galt in der Rechtsprechung des PrOVG seit langem als ein objektiv nachprüfbarer Rechtsbegriff, vgl. dazu B. Drews S. 11 und für die Gegenposition J. Kölble; grundsätzlich zum Problem Ermessen – unbestimmter Rechtsbegriff und zur geschichtlichen Entwicklung H. Ehmke.

[25] Vgl. Art. 137 Abs. 3 RV. Allgemeine Gesetze als zulässige Beschränkung der Religionsfreiheit standen im Gegensatz zu – unzulässigen – Sondergesetzen, d. h. zu Gesetzen, die sich gegen eine Religion oder Konfession, überhaupt gegen eine religiöse Anschauung als solche richteten (G. Anschütz Art. 135 Anm. 6 = S. 621, 622. Zur Auffassung des Vorbehalts allgemeiner Gesetze als Wertbegriff im Sinne einer Güterabwägung bereits in Weimarer Zeit vgl. R. Smend, Recht S. 6 ff. (49) und E. Kaufmann, ebenda, S. 81 ff.). Mit anderen Worten sollte eine nicht durch religionspolitische Erwägungen beeinflußte allgemeine staatliche Regelung in ihrer Gültigkeit nicht beeinträchtigt werden, weil unvermeidliche Nebenwirkungen auf dem Gebiet der Religionsausübung auftraten. Die Religionsfreiheit konnte also Einschränkungen erfahren durch allgemeine Gesetze in diesem Sinne, auch durch Notverordnungen nach Art. 48 R V, sofern diese nur allgemeiner Natur waren (G. Anschütz, Religionsfreiheit, in: G. Anschütz – R. Thoma S. 683). Der Vorbehalt allgemeiner Gesetze bedeutete danach keinen einfachen, wohl aber einen qualifizierten Gesetzesvorbehalt (zu den Begriffen vgl. K. Hesse, Grundzüge S. 131). Hinzu kam, daß Verfassungsänderungen jeder Art im Wege der Gesetzgebung bewirkt

war es indessen, den staatsrechtlichen Begriff des Vorrangs allgemeiner Staatsgesetze umzudeuten in den Vorrang der jeweiligen Ordnung des Staatswesens. Denn als Ausdruck der allgemeinen Rechtshoheit des Staates, als Konkretisierung des Gleichheitsgebotes besagte die Schranke der allgemeinen Gesetze, daß die Anerkennung der Religionsfreiheit keine staatsbürgerliche Sonderstellung, keinen Dispens vom für alle geltenden Gesetz bedeuten könne, und, darüber hinaus, daß auch Benachteiligungen nur wegen der religiösen Überzeugung und Betätigung nicht mehr zulässig sein sollten[26]. Die Schranke allgemeiner Staatsgesetze zur Rechtfertigung des Verbots einer Religionsgesellschaft zu bemühen[27], weil diese nach Auffassung der Staatsführung mit der derzeitigen Ordnung des Staatswesens unvereinbar war, hieß, die Funktion des Grundrechts und seiner notwendigen Beschränkung in ihr Gegenteil zu verkehren, bedeutete den Durchbruch der nationalsozialistischen Staatsauffassung im Verfassungsrecht[28].

Die weiteren Ausführungen des RG lassen keinen Zweifel aufkommen, daß die Preisgabe der Religionsfreiheit zugunsten vorrangiger Anerkennung nationalsozialistischer Staatsauffassung auch beabsichtigt war. Die Entscheidung der Frage nämlich, ob die Ordnung des Staatswesens dem weiteren Bestehen der Bibelforschervereinigung entgegenstehe, überließ es nun folgerichtig der Beurteilung der Staatsführung: »Jene Voraussetzung dafür, daß der etwa sonst verfassungsmäßig gewährte Schutz hier versagt, hat die oberste Landesbehörde bei der Erlassung des Verbots als gegeben angenommen, und das Gericht hat nicht nachzuprüfen, ob die Unterlagen tatsächlich gegeben sind, auf Grund deren die Verwaltungsbehörde

werden konnten, wenn nur die formellen Voraussetzungen verfassungsändernder Gesetzgebung nach Art. 76 RV, also eine bestimmte Mehrheit, gegeben waren: »Die Verfassung steht nicht über der Legislative, sondern zur Disposition derselben« (G. Anschütz Art. 76, Anm. 1 = S. 401). Ein unantastbarer, der Verfassungsänderung entzogener Kernbereich entsprechend Art. 79 Abs. 3 GG wurde von der herrschenden Meinung nicht anerkannt. Nur eine namentlich von C. Schmitt angeführte Mindermeinung nahm an, daß prinzipielle Änderungen des Verfassungssystems, das heißt Änderungen der grundlegenden politischen Entscheidungen, welche die eigentliche Kernsubstanz der Verfassung ausmachten, einer Änderung nach Art. 76 RV entzogen seien (C. Schmitt, Verfassungslehre S. 11, 18, 20, 102; ders., Hüter S. 112/113; ders., Legalität S. 48, 61). Bei dieser Auffassung unterschied C. Schmitt zwischen der eigentlichen Verfassung als dem Gesamt der großen politischen Entscheidungen, welche der Verfassunggeber getroffen und in deren Rahmen er sein Geschöpf, die Verfassungslegislative, hineingesetzt habe, und den in ihrem Rahmen sich bewegenden verfassungsändernden Gesetzen. Nur das Verfassungsgesetz, nicht auch die Verfassung stand nach dieser Auffassung zur Disposition der Legislative.

Zur Kritik dieser Auffassung durch die Weimarer Staatsrechtslehre vgl. insbesondere R. Thoma, Bedeutung S. 40, und G. Anschütz. Die Bekenntnisfreiheit war also beschränkbar durch allgemeine Gesetze und allgemeine Notverordnungen nach Art. 48 RV und durch besonderes verfassungsänderndes Gesetz nach Art. 76 RV.

26 G. Anschütz Art. 135 Anm. 6.

27 Zu Unrecht berief sich das RG auch auf das nach Art. 124 mögliche Verbot von Korporationen mit strafgesetzwidrigen Zwecken. Ziel der Bibelforschervereinigung war nicht die Begehung von Straftaten, sondern ohne jeden Zweifel die Pflege des gemeinsamen religiösen Glaubensbekenntnisses. Daß die Gefahr eines Konflikts mit den Strafgesetzen wegen der religiös motivierten Wehrdienstverweigerung für einen Teil der Mitglieder ziemlich konkret war, ändert nichts an dieser Beurteilung, denn dadurch wurde die Vereinigung keineswegs zu einer Gesellschaft mit dem Ziel der Wehrdienstverweigerung. Vgl. dazu F. Giese, Verfassung Art. 124 Anm. 2; H. Delius § 2 RVereinsG Anm. 2; E. Müller – G. Schmidt § 2 Anm. 2.

28 Vgl. oben Anm. 1.

ihr pflichtmäßiges Ermessen hat walten lassen. Nach den hierzu im Urteil enthaltenen Darlegungen besteht jedenfalls kein rechtliches Bedenken gegen die Art, wie das Verwaltungsermessen hier ausgeübt worden ist.« Damit stellte das RG die entscheidende verfassungsrechtliche Frage in das Ermessen der Staatsführung, indem es – wie schon zuvor beim Begriff der polizeilichen Gefahr – den Rechtsbegriff der Ordnung des Staatswesens in einen Ermessungsbegriff umdeutete[29].

[29] Dieser unzulässige Kunstgriff wurde auch von anderen Gerichten (RG 3. März 1936, DJ 1936, 689; BayObLG 7. Dezember 1933, DVerwBl 1934, 60; OLG Braunschweig 29. Mai 1935, HRR 1936, Nr. 98; OLG Dresden 29. November 1935, HRR 1936, Nr. 937; zur Rechtsprechung des PrOVG s. W. Hempfer S. 159 ff., 169 ff.) und nicht von ungefähr gebraucht. Denn die Frage, ob und inwieweit Maßnahmen der Exekutive im nationalsozialistischen Führerstaat überhaupt noch einer gerichtlichen Kontrolle unterworfen werden konnten, war schon frühzeitig Gegenstand ausgedehnter Diskussion geworden. Für die Stellung der Gerichte im Führerstaat waren nicht mehr Gewaltenteilungsgrundsatz und Rechtschutzgewährung entscheidend, »sondern der Gedanke der Einheit der Staatsführung, wie sie sich im Führerstaat verkörpert. Es ist deshalb unmöglich, die Gerichte in bisheriger Weise der Staatsverwaltung als Kontrolle gegenüberzustellen« (U. Scheuner, Gerichte S. 437). Die überwiegende Meinung hielt an der Einrichtung der Verwaltungsgerichtsbarkeit im Führerstaat zwar fest (H. Frank, Recht S. 31; R. Freisler, Justiz S. 91 ff. (201); A. Köttgen, Verwaltung S. 242; O. Koellreutter, Verwaltungsrecht S. 158; F. Scholz, Verwaltungsgerichtsbarkeit S. 99 ff.; U. Scheuner, Rechtsstellung S. 82 ff.; T. Maunz, Verwaltung S. 204 ff.; E. R. Huber, Justiz S. 401; W. Frick S. 329; W. Stuckart S. 161; vgl. ferner M. Stolleis S. 243 mit zahlreichen weiteren Nachweisen ebenda Anm. 51), wollte ihre Kontrollfunktion jedoch umkehren in dem Sinne, daß Aufgabe der Verwaltungsgerichte nicht der Individualrechtsschutz, sondern, umgekehrt, die Garantie der Einhaltung der politischen Ziele auch durch die Verwaltung sein sollte (Knauth, Verwaltungsgerichtsbarkeit S. 1119; Reuss, Verwaltungsgerichtsbarkeit S. 2025; vgl. auch T. Steimle S. 231 ff.).

Wie eine künftige Verwaltungsgerichtsbarkeit auch immer aussehen mochte, man war sich jedenfalls im Grundsatz einig, daß die gerichtlichen Kontrollmöglichkeiten und insbesondere der Individualrechtschutz eingeschränkt werden müßten. Bereits nach geltendem Recht (F. Schack, Kontrolle S. 592, 594; F. Scholz, Verwaltungsgerichtsbarkeit S. 71; U. Scheuner, Paßpolizei S. 129, 131) sollten nach nationalsozialistischer Auffassung Ermessensfragen nur im Hinblick auf die Grenzen des Ermessens (O. Koellreutter, Verwaltungsrecht S. 101; F. Scholz, Verwaltungsgerichtsbarkeit S. 70, 73), *politische* Maßnahmen der Staatsführung überhaupt nicht der richterlichen Kontrolle unterliegen (R. Freisler, Justiz S. 203; U. Scheuner a. a. O. S. 439, 441 mit weiteren Nachweisen; F. Schack, a. a. O. S. 594; Reuss, a. a. O. S. 2029; T. Maunz, Zukunft S. 478 mit weiteren Nachweisen; W. Stuckart S. 163; O. Koellreutter, Verwaltungsrecht S. 160; C. Schmitt, Staat S. 27).

Problematisch blieb, was als politische Entscheidung gelten sollte. Nach C. Schmitt (Staat S. 17) war die Beantwortung dieser Frage selbst bereits politische Entscheidung, so daß man zum Teil dazu neigte, auch diese Frage der Beurteilung der zuständigen Behörde zu überlassen (Reuss, a. a. O. S. 2025; Knauth, a. a. O. S. 1123; E. R. Huber, Schutz S. 78), teilweise aber auch eine gesetzgeberische Lösung für erforderlich oder mindestens angezeigt hielt (U. Scheuner, a. a. O. S. 441; vgl. auch den Katalog politischer Maßnahmen ebenda).

Die Unterscheidung von politischen Entscheidungen und Ermessensentscheidungen war nicht ohne Bedeutung (vgl. dazu etwa F. Schack, a. a. O. S. 593; U. Scheuner, a. a. O. S. 440). Sie wurde gleichwohl nicht genügend beachtet (vgl. etwa O. Koellreutter, Verwaltungsrecht S. 161; F. Scholz, Verwaltungsgerichtsbarkeit S. 71, 75). Soweit nicht Landesrecht entgegenstand, war der Rechtsweg bei Ermessensentscheidungen nämlich grundsätzlich eröffnet und eine Mißbrauchskontrolle möglich. Die Unzulässigkeit der Kontrolle politischer Entscheidungen konnte demgegenüber nur bedeuten, daß in Abweichung von der Weimarer Tradition und ungeachtet der bestehenden Gesetze über die Zuständigkeiten und die Bindungswirkung anderweitiger Entscheidungen nach einem neuen nationalsozialistischen Rechtsgrundsatz bereits die Zulässigkeit des Rechtswegs verneint oder, konsequenterweise, bei Inzidententscheidungen die absolute Bindungswirkung der politischen Entscheidung festgestellt werden mußte. Unzulässigkeit der Klage nahmen etwa an LG Breslau DJZ 1935, 183 mit zustimmender Anmerkung H. Bartholomeyczik S. 183 und das SächsOVG DV 1940, 321.

In seiner Entscheidung vom 4. Oktober 1935[30] gab der 4. (früher: 6.) Strafsenat die in dem bereits besprochenen Urteil vom 23. Januar 1934[31] vertretene Auffassung, nach der das sächsische Bibelforscherverbot nur gültig sei, wenn die Vereinigung als nur religiöser Verein im Sinne des Art. 124 RV anzusehen sei, mit Rücksicht auf die vorerwähnte Entscheidung des 1. Senats ausdrücklich auf. Der 4. Senat schloß sich der dort vertretenen Ansicht an, ohne eine weitere Begründung noch abzugeben.

In dem gleichen Sinne äußerste sich der 4. Strafsenat nochmals am 3. März 1936[32] zum preußischen Bibelforscherverbot. Unter Bezugnahme auf das Urteil des 1. Senats erklärte das Gericht, daß Art. 137 RV kein Hindernis bilde, »einer Religionsgesellschaft das Bestehen und die Betätigung durch polizeiliche Maßnahmen zu verwehren, wenn sie mit der Ordnung des Staatswesens unvereinbar sind«. Für die Frage, ob dies der Fall sei, komme es allein auf die Annahme der Behörde an, die das Verbot erlassen habe, ohne daß das Gericht befugt sei nachzuprüfen[33], ob die tatsächlichen Voraussetzungen gegeben seien. Gleiches gelte für die Frage, ob eine Gefahr durch kommunistische staatsgefährdende Gewaltakte drohe.

Wie das RG in der oben besprochenen Entscheidung haben auch andere Gerichte auch noch wesentlich später die Frage der Nichtüberprüfbarkeit politischer Entscheidungen statt als Problem der Zulässigkeit der Klage als Frage des – politischen – Ermessens behandelt (LG Berlin DJ 1934, 63; VG Hamburg JW 1936, 543; LVG Schwerin DVerwBlätter 1935, 550; WürttVGH DVerwBlätter 1937, 777; BadVGH RVerwBl 1938, 1047). Auch das PrOVG hat bis zur Änderung der Rechtslage aufgrund des preußischen Gesetzes über die GESTAPO vom 10. Februar 1936, GS S. 21, keine Zweifel an der Zulässigkeit der Klage hergeleitet allein aus dem Umstand, daß die Verfügung auf dem Gebiet der politischen Polizei ergangen war; E 96, 77; E 97, 110. Entsprechend dem preußischen Enumerationsprinzip hat das OVG die Zulässigkeit von Klagen gegen Verfügungen, die von den Behörden und Stellen der GESTAPO erlassen waren – formelle GESTAPOVerfügungen – jedoch verneint, weil die GESTAPO als Sonderpolizeibehörde anzusehen war, E 96, 83. Durch § 7 des GESTAPO-Gesetzes vom 10. Februar 1936 wurde der Rechtsweg gegen Verfügungen der GESTAPO dann ausgeschlossen; hieraus zog das PrOVG die Konsequenz, daß alle Verfügungen staatspolizeilichen Inhalts, gleichgültig, von welcher Polizeibehörde erlassen – materielle GESTAPOVerfügung – unanfechtbar waren, vgl. E 97, 103; 99, 253 = DV 1937, 126; ZAkDR 1937, 315. In Sachsen wurde die Anfechtungsklage gegen »polizeiliche Verfügungen auf Grund der Verordnung vom 28. Februar 1933 oder auf Grund hierzu erlassener Vollzugsbestimmungen« ausgeschlossen durch das Abänderungsgesetz (zum Gesetz über die Verwaltungsrechtspflege vom 16. Juni 1900) vom 15. Dezember 1933, GBl. S. 194; vgl. SächsOVG 9. Oktober 1937, ZAkDR 1938, 64. In Baden wurde die verwaltungsgerichtliche Klage gegen Maßnahmen im Sachgebiet der politischen Polizei ausgeschlossen durch die Verordnung des Badischen Staatsministeriums vom 10. Februar 1938, GVBl. S. 7. Zur Rechtsprechung des PrOVG ausführlich W. Hempfer S. 162).

Inwieweit dies noch auf die von Scheuner kritisierte Verwechslung von politischer Entscheidung mit Ermessensentscheidung zurückgeführt werden kann, mag hier offen bleiben. Angesichts der praktischen Bedeutungslosigkeit der Ermessenskontrolle im nationalsozialistischen Staat ist im Ergebnis jedenfalls die entscheidende Verkürzung des Rechtsschutzes festzustellen, und es spricht wohl manches für die Annahme, daß die Gerichte bei der Verwirklichung des nationalsozialistischen Prinzips der Einheit der Staatsführung es bewußt vorgezogen haben, zur Begründung der in Wirklichkeit nationalsozialistisch-revolutionären Entscheidungen auf überkommene Rechtsbegriffe zu rekurrieren. Bezeichnender weise wurden die oben zitierten Urteile des LVG Schwerin und des VG Hamburg auch interpretiert als Anerkennung des Grundsatzes von der Einheit der Staatsführung (U. Scheuner, a. a. O. S. 437, 441).

30 JW 1935, 3379.
31 JW 1934, 767.
32 DJ 1936, 689.
33 Vgl. oben Anm. 29.

Das Gericht mußte sich dann noch ausführlicher mit der Frage auseinandersetzen, ob die Anordnung des preußischen Innenministers in ordnungsmäßiger Form ergangen war. Dies war zweifelhaft, weil sie nicht in der Preußischen Gesetzessammlung veröffentlicht, sondern nur durch offenbar an die nachgeordneten Behörden gerichteten Funkspruch verbreitet worden war. Diesen Zweifel schob das RG mit der unzutreffenden Feststellung beiseite, daß es sich bei dem ministeriellen Verbot um eine nicht veröffentlichungsbedürftige Polizeiverfügung gehandelt habe. Denn wegen des bestimmten Adressatenkreises, der sich aus den Angehörigen der Vereinigung in Preußen zusammensetze, liege eine Polizeiverordnung nicht vor. Daß der Innenminister zum Erlaß von Polizeiverfügungen nach dem preußischen Polizeiverwaltungsgesetz überhaupt nicht ermächtigt war[34], hielt das Gericht für unerheblich, weil § 4 der Notverordnung vom 28. Februar 1933 eine entsprechende Kompetenz neu begründet habe. Auch diese Annahme war nicht vertretbar, weil die angeführte Bestimmung eine Ermächtigungsgrundlage ersichtlich voraussetzte, nicht aber selbst begründete[35], wie dies der Senat in der inzwischen aufgegebenen Entscheidung vom 23. Januar 1934[36] für § 2 der Verordnung noch angenommen hatte.

Unter Berufung auf die Urteile des 1. und 4. Senats entschied auch der 5./6. Senat am 1. April 1936[37] gegen die Mitglieder der Sekte. Die vom 1. Senat eingeleitete Rechtsprechung, nach der die nach Auffassung der Staatsführung staatsfeindliche Vereinigung ohne Rücksicht auf Art. 137 RV verboten werden konnte, hatte sich beim RG durchgesetzt.

Durch Urteil vom 7. Dezember 1933[38] bestätigte das BayObLG die Rechtsgültigkeit des Bibelforscherverbots in Bayern. In der wegen des Vertriebs einer Druckschrift der Sekte angestrengten Strafsache präsentierte das Gericht zur Verordnung vom 28. Februar 1933 eine neue Auslegungsvariante: Manches spreche dafür, so führte das Gericht aus, daß das Anwendungsgebiet der Verordnung auf die Abwehr kommunistischer staatsgefährdender Gewaltakte beschränkt sei, wie dies auch dem Runderlaß des Preußischen Ministers des Innern vom 3. März 1933[39] – also einer behördlichen Äußerung – zu entnehmen sei. Ein entsprechender Zusammenhang sei hier indessen gegeben: »Es ist allgemein bekannt, daß die Gottlosenbewegung einen Kernpunkt des Kulturbolschewismus bildet und daß die KPD in besonders gehässiger Weise die Religion und die anerkannten christlichen Kirchen bekämpft, um die Grundfesten des christlichen Staates zu erschüttern und den Boden für den gewaltsamen Umsturz des Staats vorzubereiten. Aus diesem Grunde sind durch Verordnung des Reichspräsidenten vom 3. März 1932 (RGBl. I, S. 185) die kommunistischen Freidenkerorganisationen aufgelöst . . . Die Internationale Bibelforschervereinigung hat ebenfalls durch Verbreitung von Druckschrif-

[34] §§ 2, 3, 24, 25, 40 preußisches PVG, vgl. dazu B. Drews S. 80; W. Franzen S. 25.

[35] Ebenso R. Stödter S. 202, 203. Die vom RG neuerdings vertretene Auffassung mußte bei konsequenter Anwendung zu der Annahme führen, daß alle nachgeordneten Behörden ermächtigt worden seien, außerhalb des normalen Kompetenzbereichs tätig zu werden.

[36] JW 1934, 767.

[37] JW 1936, 1975.

[38] DVerwBlätter 1934, 60.

[39] S. o. Anm. 20.

ten ... häufig die christlichen Kirchen und ihre Diener wie auch Maßnahmen des Staats und seiner Organe als angeblich mit der reinen Bibellehre in Widerspruch stehend in anstößiger, verletzender Weise bekämpft und wiederholt dazu Anlaß gegeben, daß gegen den Vertrieb ihrer in religiöser Beziehung Ärgernis erregenden Druckschriften ... eingeschritten werden mußte.« Für das Einschreiten des Staates könne es nicht auf die möglicherweise abweichenden Beweggründe der Bibelforscher, »sondern allein auf die äußere Zielrichtung und das Ergebnis der Propaganda ankommen, die infolge ihrer Angriffe auf die staatlich anerkannten christlichen Kirchen und auf die zum Schutz dieser Kirchen dienenden staatlichen Maßnahmen in derselben Weise wie die antireligiösen und antikirchlichen Bestrebungen der kommunistischen Partei eine Gefahr für den Bestand der staatlichen Ordnung bedeuten und daher geeignet sein können, die Ziele dieser Partei tatsächlich, wenn auch nur mittelbar, zu fördern.«

Der nationalsozialistische Staat als advocatus ecclesiae – das Bild wirkt befremdlich. Indessen ging es dem OLG keineswegs um die Verteidigung christlicher und kirchlicher Positionen, sondern um die Erhaltung der »Grundfesten« des Staats, um die Abwehr jeder auch noch so schwachen Erschütterung im Gefüge der staatlichen Ordnung. Die christlichen Kirchen als Säulen des Staatsgefüges, als Bollwerk gegen die umstürzlerischen Pläne des Kommunismus, Staat und Kirche vereint im Kampf gegen den Kommunismus – das alles war keineswegs neu, sondern spiegelt exakt die Vorstellungen des Nationalsozialismus von der Bedeutung der christlichen Kirchen wieder, wie diese vor und auch zu Beginn der Machtergreifung noch herrschten[40]. Mochte die Konstruktion einer Analogie zwischen Bibelforschern und Kommunisten nur aufgrund gewisser antichristlicher und antikirchlicher Tendenzen der Sekte danach ideologisch zutreffen, juristisch war sie nichts weniger als an den Haaren herbeigezogen und unhaltbar. Dies um so mehr, als die angebliche Ähnlichkeit im entscheidenden Punkte gerade nicht zutraf: Anders als die Kommunistische Partei war die Bibelforschervereinigung politisch erklärt desinteressiert, dachte sie niemals an Umsturz, beschränkten sich ihre anarchistischen Tendenzen auf passiven Widerstand gegen einzelne bekannte Staatsbürgerpflichten.

Wie später das RG[41], so stellte das oberste bayerische Gericht die Beurteilung der Frage, ob die behauptete Gefahr von seiten der Bibelforscher tatsächlich drohe, in das Ermessen[42] der zuständigen Behörde. Die verfassungsrechtlich gewährleistete Religionsfreiheit glaubte das Gericht mit einem Satz abtun zu können: Daß

[40] Vgl. A. Hitlers Aufruf der Reichsregierung an das deutsche Volk vom 1. Februar 1933, Druck: P. Meier-Benneckenstein Band 1 S. 4, sowie die Äußerungen A. Hitlers vor dem Reichstag am 23. März 1933, Verhandlungen Band 457 S. 25 und dazu H. Buchheim, Glaubenskrise S. 82. Vgl. auch die amtliche Begründung des preußischen Verbots vom 24. Juni 1933: »Die Internationale Bibelforschervereinigung und die ihr angeschlossenen Nebenorganisationen betreiben in Wort und Schrift unter dem Deckmantel angeblich wissenschaftlicher Bibelforschung eine unverkennbare Hetze gegen die staatlichen und kirchlichen Einrichtungen. Indem sie beide als Organe des Satans bezeichnen, untergraben sie die Grundpfeiler völkischen Gemeinschaftslebens.« Druck: R. Stödter S. 169/170.

[41] RG 24. September 1935, RGSt 69, 341.

[42] S. o. Anm. 29.

das Verbot nicht gegen die Art. 135 f. RV verstoße, bedürfe keiner besonderen Ausführungen.
Am 22. Februar 1934 bestätigte das BayObLG[43] nochmals die Rechtsgültigkeit des Verbots, sah sich nun aber offenbar genötigt, doch noch weitere Ausführungen zur Verfassungslage zu machen: Die Religionsartikel hätten entsprechend der Unantastbarkeitslehre nicht durch eine Notverordnung außer Kraft gesetzt werden können. Indessen konnte sich der nach Auffassung des Gerichts danach offenbar fortdauernde verfassungsrechtliche Schutz der Religionsgesellschaften nicht auswirken, weil der Vereinigung die Anerkennung als Religionsgesellschaft versagt wurde. Immerhin konnte das Gericht aus anderen Gründen ein den Angeklagten günstiges Urteil verkünden: »Ein ausschließlich zu gesellschaftlichen Zwecken aufrechterhaltener Zusammenhalt, die Pflege rein persönlicher, gesellschaftlicher oder freundschaftlicher Beziehungen fällt nicht unter die verbotenen Handlungen«.
Verfassungsrechtliche Einwendungen gegen das Braunschweigische Bibelforscherverbot vom 19. Mai 1933 wurden vom OLG Braunschweig mit Urteil vom 29. Mai 1935[44] zurückgewiesen; es bediente sich hierbei, was das RG in seiner Entscheidung vom 24. September 1935[45] noch vermieden hatte, unverhohlen nationalsozialistischer Argumentationen: Eine Rechtsauffassung, die sich auf Grundrechte berief, entsprach nach Ansicht des Gerichts nicht mehr den »heutigen staatsrechtlichen Grundsätzen«, weil die Weimarer Reichsverfassung sich in ihren grundsätzlichen Vorschriften nicht mehr mit dem heutigen Führerstaat vereinbaren lasse. Seine Entscheidung stützte das OLG dann positiv auf den Willen des Führers, der, wie Punkt 24 des Parteiprogramms der NSDAP zu entnehmen sei, volks- und staatsfeindliche Vereinigungen wie die Bibelforscher nicht zu dulden beabsichtige. Was volks- und staatsfeindlich sei, bestimme ausschließlich die zuständige Verwaltungsbehörde[46].
Das OLG Dresden folgte im Urteil vom 29. November 1935[47], ergangen zum sächsischen Bibelforscherverbot, bei Auslegung der Verordnung vom 28. Februar 1933 und in der Ablehnung richterlicher Prüfungskompetenz für hierauf gestützte Verbote der Rechtsprechung des BayObLG[48]; bei der Frage nach der Verfassungslage griff es auf die Formulierung des RG vom 24. September 1935[49] zurück, nach der die Freiheit von Religionsausübung und Zusammenschluß zu Religionsgesellschaften nur in Übereinstimmung mit der Ordnung des Staatswesens gewährleistet

[43] DVerwBlätter 1934, 445.
[44] HRR 1936, Nr. 98.
[45] RGSt 69, 341.
[46] Zu Unrecht berief sich das OLG dabei auf das Urteil des RG vom 23. Januar 1934, JW 1934, 767. Die dortigen Ausführungen und Hinweise auf die frühere Rechtsprechung des RG betrafen ausschließlich den Ermessensspielraum des Reichspräsidenten beim Erlaß von Notverordnungen; hier (bei Akten der Not- und Ersatzgesetzgebung) den weiten Ermessensspielraum des Gesetzgebers einzuräumen lag an sich nahe. Die Übertragung auf Verwaltungshandeln aufgrund von Notverordnungen war nicht selbstverständlich und hätte besonderer Begründung bedurft. Vgl. auch oben Anm. 29.
[47] HRR 1936, Nr. 997.
[48] BayObLG 7. Dezember 1933, DVerwBlätter 1934, 60.
[49] RGSt 69, 341.

sei. Ordnung des Staatswesens aber waren die Grundanschauungen der nationalsozialistischen Weltanschauung, insbesondere Punkt 24 des Parteiprogramms, die allein über einen Fortbestand überkommener verfassungsrechtlicher Garantien entscheiden sollten.

Ganz rechtsstaatlicher Tradition entspricht nur das Urteil des SoG Darmstadt vom 26. März 1934[50], das zum hessischen Bibelforscherverbot erging. Das SoG erteilte der insbesondere von C. Schmitt[51] angeführten Lehre vom Untergang der Weimarer Reichsverfassung eine ausdrückliche Absage: Wie schon die formelle Bezugnahme auf die Verfassung durch zahlreiche nationalsozialistische Gesetze erweise, befinde sich die Verfassung noch in Geltung insoweit, als sie nicht ausdrücklich aufgehoben worden sei. Auch stünden weder die Weimarer Verfassung insgesamt noch Art. 137 in Widerspruch zu nationalsozialistischen Staatsgrundsätzen. Als Religionsgesellschaft genieße die Bibelforschervereinigung den verfassungsrechtlichen Schutz des Art. 137 Abs. 2 RV, einer Gewährleistung, die zu suspendieren Art. 48 Abs. 2 RV den Reichspräsidenten nicht ermächtigt habe. In traditioneller Anwendung der Grundsätze des Vorrangs der Verfassung und des Vorbehalts des Gesetzes erklärte das SoG die hessischen Bibelforscherverbote für verfassungswidrig und unwirksam, »da sie sich weder auf die Verordnung zum Schutz von Volk und Staat noch auf einen sonstigen Rechtssatz stützen können.«[52]

Die nationalsozialistische Kritik des Urteils[53] rügte die Verkennung des nationalsozialistischen Verfassungsbegriffs und bemängelte die Nichtanwendung der Thesen von der rechtsvernichtenden Kraft der nationalsozialistischen Revolution und der Rezeption vornationalsozialistischen Rechts nur unter dem Vorbehalt seiner Vereinbarkeit mit der nationalsozialistischen Weltanschauung (Punkt 24 Parteiprogramm der NSDAP). Vorrang der Verfassung und Vorbehalt des Gesetzes galten ihr nichts mehr, denn »nach nationalsozialistischem Staatsrecht dagegen können Gefahren für Volk und Staat im äußersten Notfall auch unter Durchbrechung einzelner Verfassungsvorschriften abgewandt werden ... Der liberale Grundsatz ›nulla poena sine lege‹, auf den das Gericht sich beruft, darf nicht verwandt werden, um Rechtsbrecher den Strafandrohungen der höchsten staatlichen Entscheidungsgewalt zu entziehen ... Das alte formale gesetzesstaatliche Denken hat m. E. hier zu einem klaren Fehlurteil geführt.«[54] Das SoG Darmstadt soll seine

[50] JW 1934, 1744 mit Anmerkung E. R. Huber S. 1745.

[51] S. o. S. 8 und C. Schmitt, Jahr.

[52] Wenn das SoG dann fortfährt, daß die Bibelforscherverbote ihrem Inhalt nach nur durch ein verfassungsänderndes Reichsgesetz hätten ausgesprochen werden können, »wie es auf Grund des Gesetzes zur Behebung der Not von Volk und Reich vom 24. März 1933 außer in dem in der Reichsverfassung vorgesehenen Verfahren auch durch die Reichsregierung hätte beschlossen werden können«, so deutet dies darauf hin, daß auch einem rechtsstaatlich-verfassungsmäßig denkenden Gericht Zweifel an der Verfassungs- und Rechtmäßigkeit des Ermächtigungsgesetzes nicht kamen. Zur Lehre der Weimarer Zeit, nach der die Verfassung zur Disposition des Gesetzgebers stand, vgl. oben S. 42 Anm. 25 und G. Anschütz Art. 76 Anm. 3 (S. 402 ff., 403, 405); R. Thoma, Reich S. 186 ff. (193); ders., Grundbegriffe S. 108 ff. (153); ders., S. 1 ff. (38). Zur Frage der Legalität des Ermächtigungsgesetzes vgl. oben S. 6 Anm. 2.

[53] E. R. Huber, Anmerkung S. 1745; R. Stödter S. 166 ff.; Crohne S. 1144 ff.

[54] E. R. Huber, a. a. O. S. 1747.

Auffassung in zwei Urteilen vom 29. April 1935 in nationalsozialistischem Sinne korrigiert haben[55].

Andere SoG[56] haben die Bibelforscherverbote dagegen stets als rechtsgültig anerkannt, weil die verfassungsrechtliche Gewährleistung des Art. 137 RV wenn überhaupt, dann nur unter dem Vorbehalt aus Punkt 24 des Parteiprogramms weitere Geltung beanspruchen könne. Wegen der Rezeption nationalsozialistischer Programmsätze sind hervorzuheben die Urteile der SoG Halle vom 29. Januar 1935[57] und Hamburg vom 15. März 1935[58]. Wegen des Bedürfnisses nach einheitlicher und beschleunigter Regelung setzte sich das SoG Breslau am 27. April 1935[59] über die Zuständigkeitsvorschriften des Preußischen Polizeiverwaltungsgesetzes hinweg.

Ganz neue, konsequent nationalsozialistische Wege beschritt das LG Dresden[60] in einer Entscheidung vom 18. März 1935[61] zum sächsischen Bibelforscherverbot: Alle bisher streitigen Rechtsfragen könnten, so meinte die Kammer, nun dahinstehen. Denn die fragliche Anordnung des Reichsinnenministers vom 13. September 1934[62] über die Bibelforscherverbote sei selbst neues Verfassungsrecht. Neues Verfassungsrecht zu setzen sei die Reichsregierung nach § 4 des Gesetzes über den Neuaufbau des Reichs vom 30. Januar 1964[63] in der Lage. Eine bestimmte Form sei hierfür nicht vorgeschrieben, die Rückwirkung unbedenklich zulässig. Obwohl das Gericht hier lediglich die Konsequenzen aus dem Führerprinzip gezogen hatte, denn »in welcher Form der Führer seinen Willen kundgibt, ob im feierlichen Gesetz, ob in der Verordnung, ob in bloßer Anordnung, kann zwar noch Zeichen für die Bedeutung der Willensäußerung sein, einen Unterschied für die Rechtswirksamkeit der Willensäußerung aber nicht mehr schaffen«[64], wurde die ausdrückliche Preisgabe des Gesetzesbegriffs verschiedentlich kritisiert[65]. Unter keinen Umständen mochte man sich von Übereifrigen ins politische Abseits drängen lassen: »Es ist billig, dient aber der Sache nicht, den Vertreter einer gegenteiligen Ansicht als ›Juristen alter Schule‹ anzuschwärzen«.[66]

[55] Az: SM 19/35 und 20/35 (unveröffentlicht), vgl. die Hinweise bei R. Stödter S. 204 und Crohne S. 1145.

[56] SoG Schwerin 13. Mai 1935, JW 1935, 2082; SoG Weimar 24. Januar 1936, E. Zipfel S. 352 ff.

[57] DRiZ 1935, 313.

[58] Hanseatisches SoG, RVerwBl 1935, 700.

[59] DRiZ 1935, 440; zur Zuständigkeitsfrage vgl. auch RG 3. März 1936, DJ 1936, 689 und RG 23. Januar 1934, JW 1934, 767. Wie Crohne S. 1145 mitteilt, soll ein ungenanntes SoG angeklagte Bibelforscher freigesprochen haben, weil es das Verbot wegen des unbestimmten Adressatenkreises für eine Polizeiverordnung gehalten und deshalb einen Verstoß gegen die Veröffentlichungspflicht nach § 35 preußischem PVG festgestellt hatte.

[60] Das LG Dresden hatte das sächsische Verbot bereits am 28. Mai 1934, Az.: 3A 40/34, unveröffentlicht, bestätigt mit der Begründung, daß die Vereinigung verfassungsrechtlich nicht geschützter religiöser Verein sei; vgl. die Hinweise in RGSt 69, 341 (344) und OLG Dresden HRR 1936, 937.

[61] JW 1935, 1949.

[62] Druck: R. Stödter, S. 171.

[63] RGBl. I, S. 75.

[64] Dreher, Urteilsanmerkung, S. 1950.

[65] R. Stödter S. 190 ff.; Krug S. 933; O. Koellreutter, Rechtsstaat S. 9 ff.

[66] R. Stödter S. 190.

# 3. TEIL

# DIE RECHTSPRECHUNG ZUR BETÄTIGUNGSFREIHEIT RELIGIÖSER GEMEINSCHAFTEN

## 4. Kapitel: Die Freiheit von Lehre und Verkündigung, insbesondere das Recht der Kirchen auf Stellungnahme zu politischen und gesellschaftlichen Fragen

### I. Problemstellung

Daß Kirchenlehre und ihre Verkündigung zum ureigensten Kernbereich kirchlicher Selbstverwaltung gehörten und deshalb, der verfassungsrechtlichen Gewährleistung des Art. 137 Abs. 3 RV entsprechend, jeder staatlichen Kompetenz entzogen waren, galt in der Weimarer Zeit als unbestritten[1].

Entsprechendes war bereits früher angenommen worden[2]. Die Anerkennung kirchlicher Eigenständigkeit durch das System der Staatskirchenhoheit war selbstverständlich und unproblematisch allerdings nur insoweit, als es um unstreitig rein innerkirchliche Angelegenheiten wie Dogma, Moral und Kultus ging. Sobald kirchliche Lehrtätigkeit und religiöse Betätigung in die verschiedenen Bereiche des öffentlichen Lebens hineinwirkten, also begannen, auch im politischen Raum eine Rolle zu spielen, wachte der Staat eifersüchtig über »seine« Kompetenzen, begann er, sich kirchlicher Konkurrenz und »Einmischung« zu erwehren. Besonders anfällig für eine Konkurrenz war das gesamte Gebiet der gemeinsamen Angelegenheiten; Grundprinzip für ihre Behandlung war nach staatskirchenhoheitlichem Verständnis, daß der Staat zwar nicht tiefer und nicht anders, aber eben doch insoweit eingreifen könne und müsse, als es das Staatsinteresse erfordere[3]. Gegenstand des staatlichen Interesses aber waren zunächst der Bereich der »für alle geltenden Gesetze«, und, weitergehend, alle öffentlichen Angelegenheiten bzw. die staatliche Ordnung[4], kurz das ganze Gebiet der Politik. Diese Auffassung von einer reinlichen Scheidung von Staat und Kirche fand Ausdruck in Existenz und zeitgenössischer Interpretation des sogenannten »Kanzelparagraphen«[5].

[1] G. Anschütz Art. 137 Anm. 4 (S. 636); G. J. Ebers, Staat S. 261 ff. (262); ders., Religionsgesellschaften S. 391 ff.

[2] W. Kahl, Lehrsystem S. 280 ff.

[3] W. Kahl, a. a. O. S. 278 ff. (285).

[4] Ebenda, S. 361 ff. (363).

[5] § 130a StGB: »Ein Geistlicher oder anderer Religionsdiener, welcher in Ausübung oder in Veranlassung seines Berufes öffentlich vor einer Menschenmenge, oder welcher in einer Kirche oder an einem anderen zu religiösen Versammlungen bestimmten Orte vor Mehreren Angelegenheiten des Staates in einer den öffentlichen Frieden gefährdenden Weise zum Gegenstand einer Verkündigung oder Erörterung macht, wird mit Gefängnis oder Festungshaft bis zu zwei Jahren bestraft. Gleiche Strafe trifft denjenigen Geistlichen oder anderen Religionsdiener, welcher in Ausübung oder in Veranlassung seines Berufes Schriftstücke ausgibt oder verbreitet, in welchen Angelegenheiten des Staates in einer den öffentlichen Frieden gefährdenden Weise zum Gegenstande einer Verkündigung oder Erörterung gemacht sind.«
Allerdings hat die katholische Kirche ein Eingriffsrecht gegenüber Staatsgesetzen, welche Le-

Die Strafbestimmung, wiewohl auf ältere landesrechtliche Vorbilder zurückgehend[6], war ein Relikt des Kulturkampfes[7], mit dem Zweck, »dem Geistlichen, der ›Glauben und Moral pflegen und lehren‹[8] soll, jede Möglichkeit zur Einmischung in politische Fragen abzuschneiden.«[9]
Zu den »Angelegenheiten des Staates« gehörte – im Gegensatz zu den rein privaten oder rein kirchlichen Angelegenheiten – nach kirchenhoheitlichem Verständnis »alles, was in den Bereich der staatlichen Ordnung, Zuständigkeit oder Tätigkeit einbezogen werden kann, ohne Rücksicht darauf, ob tatsächlich der Staat mit der betreffenden Angelegenheit überhaupt oder in dem Sinne sich befasse, wie es in der Mitteilung angenommen wird. Die Praxis hat Veranlassung gehabt, öffentliche Wahlen, Gesetzentwürfe, Gesetze, Maßregeln gegenüber der Kirche, das Verhalten des Staates gegenüber dem Altkatholizismus zu den ›Angelegenheiten des Staates‹ zu zählen.«[10] Infolge der weitherzigen Auslegung, die das RG[11] dem Merkmal der Gefährdung des öffentlichen Friedens schon frühzeitig angedeihen ließ, richtete sich die Strafdrohung tatsächlich nicht gegen eine ernsthafte Gefähr-

bensinteressen der Kirche und das Seelenheil der Gläubigen gefährden, stets in Anspruch genommen und den Katholiken vereinzelt auch Weisungen erteilt, wie sie sich solchen Gesetzen gegenüber zu verhalten hätten, vgl. etwa die Verwerfung der Kulturkampfgesetze durch Pius IX am 5. Februar 1875. Zu der mittelbaren Gewalt der Kirche in zeitlichen Dingen (potestas ecclesiae indirecta in temporalibus) vgl. etwa A. Scharnagl Sp. 165 ff. (168/169). Wenn die Inanspruchnahme dieses Rechts über den Kulturkampf hinaus kaum praktisch geworden sein wird, so mag dies auch durch die Existenz der Zentrumspartei begründet sein, die für die katholischen Belange eintrat. Für die evangelische Kirche liegt das Problem der politischen Verantwortung ungleich schwieriger; vgl. dazu, jeweils mit zahlreichen weiteren Nachweisen, etwa K. Hesse, Kirche und Staat Sp. 1140 ff.; S. Reicke Sp. 113 ff. (1118).

[6] Dazu ausführlich A. Lifschütz S. 1 ff.

[7] Abs. 1 der Vorschrift wurde durch Gesetz vom 10. Dezember 1871 (RGBl. I, S. 442), Abs. 2 durch die Novelle vom 26. Februar 1876 (RGBl. I, S. 25) eingefügt. Die Bestimmung wurde im Jahre 1953 aufgehoben.

[8] Motive zum Entwurf des § 130a StGB, zitiert von A. Lifschütz S. 52.

[9] A. Lifschütz S. 52. Dem auf Ruhe und Ordnung bedachten Obrigkeitsstaat waren politische Äußerungen von der Kanzel Ärgernis und Gefahr: »Wenn es geschah, daß ein katholischer Geistlicher beim Gymnasialgottesdienste die Äußerung tat: ›Die weltlichen Mächte haben stets die Kirche verfolgt, getreu dem Obersten der Fürsten, dem Satan‹, oder ein anderer in der Kirche: ›man wisse nicht, ob die deutschen Fürsten von Gottes oder von des Satans Gnaden seien‹, so bedurfte es hiergegen einer gesetzlichen Anordnung zu strafrichterlichem Einschreiten um so dringender, als derartige Äußerungen, von Geistlichen in ihrer Berufsausübung getan, eine ungleich größere Wirkung auf das Gewissen ausüben müssen, als wenn sie von anderen unter anderen Verhältnissen gefallen sind«, W. Kahl, Lehrsystem S. 362; vgl. auch die von beachtlichem Mißtrauen getragenen Äußerungen bei A. Lifschütz: »Auch der heutige Staat bedarf der Aufführung sicherer Dämme zum Schutz seines Gebietes vor Überflutung. Denn stets werden die geistlichen Bestrebungen auf eine Verwischung der vom Staat gezogenen Grenzen gerichtet sein«, S. 80.

[10] W. Kahl, a. a. O. S. 363; ebenso O. v. Schwarze, Strafgesetzbuch § 130a StGB Anm. 6 (S. 415), RG 11. Dezember 1885, RGSt 13, 169 ff. (169); RG 7. Februar 1889, RGSt 18, 406 ff. (408); RG 21. Oktober 1895, RGSt 27, 429 ff. (429).

[11] Vgl. RG 21. Oktober 1895, RGSt 27, 429 ff. (431): Der Angeklagte hatte »die nach seiner Auffassung verwerfliche Abstimmung derjenigen Wähler innerhalb seiner Pfarrgemeinde, welche bei der vorangegangenen [!] Landtagswahl nicht für den Centrumskandidaten gestimmt hatten, einer abfälligen Beurteilung unterzogen«. Die Gefährdung des öffentlichen Friedens erblickte das RG darin, daß »zufolge der Kundgebung die von ihr betroffenen Wähler befürchten mußten, bei Wiederkehr [!] einer Wahl von geweihter Stelle aus abermals der Mißachtung ihrer Mitbürger preisgegeben zu werden«.

dung der öffentlichen Ordnung, sondern bereits gegen jede mißliebige politische Meinungsäußerung von der Kanzel.

An dieser Interpretation des Begriffs der Angelegenheiten des Staates hat die strafrechtliche Literatur in Weimarer Zeit unbeirrt festgehalten[12] – Indiz dafür, daß die religiöse Meinungsfreiheit der Kirchen sich unverändert darauf zu beschränken hatte, »den Glauben zu lehren und zu pflegen«, um »also den sittlichen Zustand des Volkes durch die Verkündigung der Religion zu kräftigen«[13]. Ein Recht der Religionsgemeinschaften, die religiösen Überzeugungen in ihren Konsequenzen für das praktische, soziale, politische Leben öffentlich zu formulieren, war danach nicht anerkannt[14].

Allerdings hat der Kanzelparagraph seit dem Ende des Kulturkampfes eine weniger beachtete Rolle gespielt – Anzeichen möglicherweise dafür, daß, nachdem der ursprüngliche Anlaß für die Strafdrohung entfallen war, in der Praxis des Kaiserreichs und der Republik großzügiger verfahren wurde als in der Theorie[15]. Daß seine Streichung bereits in den Reformvorschlägen zu Anfang des Jahrhunderts diskutiert[16] und im Entwurf des Jahres 1927 schließlich vorgesehen war[17], dürfte indessen eher auf seine praktische Bedeutungslosigkeit zurückzuführen sein als auf einen grundsätzlichen Wandel der Auffassungen über das Verhältnis von Staat und Kirche.

Der nationalsozialistische Staat hat ein Recht der Kirchen auf Stellungnahme zu gesellschaftlichen und politischen Fragen oder Ereignissen bereits von Anfang an mit Nachdruck abgelehnt und in der Folgezeit kritische[18] Äußerungen von kirchlicher Seite mit den Mitteln von Strafrecht und Polizei zu unterdrücken versucht.

In den frühen Stellungnahmen des Nationalsozialismus zum Verhältnis von Staat und Kirche[19] wurde zunächst die noch in der Weimarer Zeit ungebrochene Tradition eines staatskirchenhoheitlich-obrigkeitsstaatlichen Verständnisses fortgesetzt, wenn die strenge Scheidung zwischen religiösem und politischem Bereich[20] hervor-

[12] Vgl. etwa J. v. Olshausen § 130a Anm. 3; R. Frank, Strafgesetzbuch § 130a Anm. III; E. Wolf, Anwendbarkeit S. 81 ff. (86, 87) mit weiteren Nachweisen.

[13] A. Lifschütz S. 56.

[14] Es hat sich als selbstverständliche Ausprügung der allgemeinen Religionsfreiheit unter dem Eindruck der Kirchenverfolgung im Dritten Reich erst unter dem Bonner Grundgesetz als Teil des »Öffentlichkeitsauftrages« durchsetzen können, vgl. dazu OVG Münster 14. Februar 1962, JZ 1962, 767; BVerwG 17. Januar 1964, E 18, 14; J. Listl S. 435 ff.; zum Öffentlichkeitsauftrag der Kirchen vgl. etwa W. Conrad. Der Kanzelparagraph wurde aufgehoben durch das 3. StrÄndG. vom 4. August 1953, BGBl. I, S. 735.

[15] Die Reichskriminalstatistik der Jahre 1883–1908 weist für einige Jahre keine, für andere Jahre nur vereinzelte Verfahren aus, die teilweise auch durch Freispruch endeten, abgesehen von einem auf besondere politische Ereignisse zurückgehenden Höhepunkt im Jahre 1907 mit 25 Verfahren, hiervon 20 Verurteilungen, vgl. A. Lifschütz S. 46 und 61. Für die Jahre 1918, 1920, 1923–1930 weisen die Kriminalstatistiken insgesamt 3 Verfahren aus, hiervon eine Verurteilung zu Geldstrafe und zwei Freisprüche. Zu den Jahren 1933, 1934 vgl. unten Anm. 23.

[16] Vgl. A. Lifschütz S. 59 ff., 64 ff.

[17] R. Frank Strafgesetzbuch § 130 a Anm. I.

[18] Mit den politischen Zielen von Partei und Staat übereinstimmende Äußerungen wurden, ebensowenig wie die Stellungnahmen der Deutschen Christen, nicht verfolgt.

[19] S. o. Einl., II, Anm. 1.

[20] Die Forderung nach Trennung von Staat und Kirche wurde dann unter den bekannten Schlag-

gehoben und gefordert und – bei Respektierung dieser angeblich natürlichen Grenze durch die Kirchen – friedliche Koexistenz versichert wurde, wie auch die Forderung der Nationalsozialisten nach positiver Mitarbeit der Kirchen an der nationalsozialistichen Staatserneuerung mindestens auch an die eher traditionell-konservative Auffassung von der staatstragenden Bedeutung und Verpflichtung der Kirchen anknüpfte, die in der Betonung der kirchlichen Verantwortlichkeit für Sittlichkeit und Moral im Volke anklang[21].

Hinzu kam aber, daß der Totalitätsanspruch von Staat und Weltanschauung eine entscheidende Erweiterung des Bereichs der Angelegenheiten des Staates bewirkt hatte, und daß irgendein durch eigenständige Gruppen oder Interessen repräsentierter Meinungspluralismus nicht geduldet, daß jede Opposition, von welcher Seite auch immer, als staatsfeindlich unterdrückt wurde. Opposition von kirchlichen Stellen galt schon früher als besonders gefährlich[22].

In den ersten Jahren der nationalsozialistischen Herrschaft erlangte der Kanzelparagraph deshalb nochmals eine gewisse aktuelle Bedeutung als eines der staatlichen Mittel zur Unterdrückung kirchlich-kritischer Äußerungen[23]. Welche Ausdehnung der Begriff der »Angelegenheiten des Staates« inzwischen erfahren hatte, zeigte etwa die – der Tendenz nach deutlich einschränkende – Bestandsaufnahme Erik Wolf's aus dem Jahre 1939[24]: Als staatliche Angelegenheiten werden hier die Verwaltungsakte der Finanzabteilungen und die Anordnungen des Ministeriums für die kirchlichen Angelegenheiten, schließlich überhaupt alle polizeilichen Maßnahmen angeführt[25].

worten »Politik gehört nicht in die Kirche« und »Entkonfessionalisierung des öffentlichen Lebens« verwirklicht, vgl. o. Einl. II.

[21] Vgl. etwa A. Lifschütz S. 56 (Zitat oben Anm. 13) und die Erklärungen Hitlers (s. o. Einl. II, Anm. 3). Die Auffassung von der staatstragenden Bedeutung der Kirche ging dann allerdings in der nationalsozialistischen Gemeinwohl-, Gemeinschafts- und Pflichtideologie auf, die für Einheits- und Totalitätsanspruch stand. Ebenso liegt in der Anerkennung der Kirchen als Körperschaften des öffentlichen Rechts durch die Weimarer Reichsverfassung und auch durch den Nationalsozialismus eine »unbestreitbare Rezeption staatlicher Kirchenhoheitsbefugnisse«, W. Weber, System S. 381 ff. (395, 391).

[22] »Auf die Psyche des Volkes wirkt jede Behauptung viel stärker, wenn sie von dem ›ganzen Ansehen der Religion‹ (Mot. z. Entw. § 13 a StGB) getragen wird«, A. Lifschütz S. 57; ähnlich W. Kahl, Lehrsystem S. 362.

[23] Die Reichskriminalstatistik für 1933 weist 4 Verfahren (4 Verurteilungen, Geldstrafe) aus, die des Jahres 1934 bereits 10, hiervon 3 kurzfristige Freiheitsstrafen, 6 Geldstrafen und 1 Freispruch.

[24] E. Wolf, Anwendbarkeit S. 81 ff. (88, 89). Die Abhandlung zeichnet sich aus durch das deutliche Bemühen, den Anwendungsbereich der Strafbestimmung einzuschränken etwa durch die These, daß der Kirchenstreit zwischen Bekennender Kirche und Deutschen Christen wie auch die Einrichtung und die Maßnahmen der Kirchenausschüsse rein innerkirchliche, nichtstaatliche Angelegenheiten seien, durch zurückhaltende Interpretation des Merkmals der »Gefährdung des öffentlichen Friedens« und durch das Aufzeigen verschiedener Möglichkeiten, mit Hilfe des subjektiven Tatbestands zugunsten der Angeklagten zu korrigieren. Die einschränkende Tendenz der Abhandlung wird in der unten Anm. 58 zitierten Denkschrift des Preußischen Bruderrats aus dem Jahre 1940 ausdrücklich anerkannt, siehe dort S. 256, 257. Sie enthält allerdings auch manches Zugeständnis an den Zeitgeist und läßt danach die zusammenfassende Feststellung zu, daß der Verfasser den Maßstab des gerade noch vertretbaren damals Üblichen angewandt hat.

[25] Vgl. oben Anm. 24.

Gegen unerwünschte kirchliche Stellungnahmen zu politischen Fragen kamen, soweit man überhaupt justizförmige Mittel wählte, verschiedene Maßnahmen in Betracht. Kirchenamtlich verkündete, von der Parteilinie abweichende Äußerungen zu politischen Fragen wurden nach § 130a StGB (Kanzelparagraph) strafrechtlich verfolgt. Nach dieser Vorschrift wurde auch gegen öffentliche Fürbitten zugunsten Verfolgter oder gegen die Erwähnung bestimmter Prozesse vorgegangen; die Vorschrift galt ferner für einschlägig – neben der Möglichkeit der Reichskirche, disziplinarrechtlich vorzugehen[26] – bei der verbotenen Erörterung des Kirchenstreits[27]. Öffentliche Aufforderungen zur Standhaftigkeit gegenüber nationalsozialistischen Forderungen konnten als strafbare »Aufwiegelung zum Ungehorsam gegen den Staatswillen« nach § 110 StGB[28] oder als »öffentliche Aufforderung zu einer strafbaren Handlung« nach § 111 StGB[29] geahndet werden. Der Abwehr abfälliger Kritik an Staat, Weltanschauung, Partei und ihren Repräsentanten dienten die »Heimtücke«-Tatbestände[30]. Die Mißachtung des Verbots der namentlichen Bekanntgabe der Kirchenaustritte[31] zog Bestrafung nach § 4 der Verordnung zum Schutz von Volk und Staat vom 28. Februar 1933[32] nach sich, auf welche das Verbot des Reichsinnenministers sich gestützt und Bezug genommen hatte.

[26] VO betreffend die Wiederherstellung geordneter Zustände in der DEK vom 4. Januar 1934, GBlDEK 1934, S. 1.

[27] W. Schmidt S. 1618; anderer Ansicht E. Wolf, a. a. O.

[28] § 110 StGB: »Wer öffentlich vor einer Menschenmenge, oder wer durch Verbreitung oder öffentlichen Anschlag oder öffentliche Ausstellung von Schriftstücken oder anderen Darstellungen zum Ungehorsam gegen Gesetze oder rechtsgültige Verordnungen oder gegen die von der Obrigkeit innerhalb ihrer Zuständigkeit getroffenen Anordnungen auffordert, wird mit Geldstrafe oder mit Gefängnis bis zu zwei Jahren bestraft.«

[29] § 111 StGB: »Wer auf die vorbezeichnete Weise zur Begehung einer strafbaren Handlung auffordert, ist gleich dem Anstifter zu bestrafen, wenn die Aufforderung die strafbare Handlung oder einen strafbaren Versuch derselben zur Folge gehabt hat. (Absatz 1). Ist die Aufforderung ohne Erfolg geblieben, so tritt Geldstrafe oder Gefängnisstrafe bis zu einem Jahre ein.« (Absatz 2 Satz 1).

[30] VO des Reichspräsidenten zur Abwehr heimtückischer Angriffe gegen die Regierung der nationalen Erhebung vom 21. März 1933, RGBl. I, S. 315, § 3; Gesetz gegen heimtückische Angriffe auf Staat und Partei und zum Schutze der Parteiuniform vom 20. Dezember 1934, RGBl. I, S. 1269, § 1: »Wer vorsätzlich eine unwahre oder gröblich entstellende Behauptung tatsächlicher Art aufstellt oder verbreitet, die geeignet ist, das Wohl des Reichs oder das Ansehen der Reichsregierung oder das der Nationalsozialistischen deutschen Arbeiterpartei oder ihrer Gliederungen schwer zu schädigen, wird, soweit nicht in anderen Vorschriften eine schwerere Strafe angedroht ist, mit Gefängnis bis zu zwei Jahren und, wenn er die Behauptung öffentlich aufstellt oder verbreitet, mit Gefängnis nicht unter drei Monaten bestraft.« § 2: »Wer öffentlich gehässige, hetzerische oder von niedriger Gesinnung zeugende Äußerungen über leitende Persönlichkeiten des Staates oder der NSDAP, über ihre Anordnungen oder die von ihnen geschaffenen Einrichtungen macht, die geeignet sind, das Vertrauen des Volkes zur politischen Führung zu untergraben, wird mit Gefängnis bestraft.«

[31] Runderlaß des Reichs- und Preußischen Ministers des Innern vom 18. Februar 1937, MinBl. 1937 Nr. 2 vom 24. Februar 1937, Sp. 294.

[32] RGBl. I, S. 83.

## II. Entscheidungen

### 1. Kritik an Staat, Partei, Weltanschauung, ihren Repräsentanten und Einrichtungen – Die Rechtsprechung zu den »Heimtücke«-Tatbeständen

Zur Spruchpraxis der Gerichte läßt sich zusammenfassend feststellen, daß Kritik an Staat, Partei und Weltanschauung grundsätzlich nicht zugelassen wurde. Die Gerichte haben aber in nicht wenigen Fällen Bestrafung vermeiden können etwa durch wohlwollende Interpretation der fraglichen Äußerungen. Den Grundsatz »Politik gehört nicht in die Kirche« haben sie ebenfalls anerkannt und den Begriff der staatlichen Angelegenheiten nicht nur in traditionell-obrigkeitsstaatlicher Weise interpretiert, sondern auch seinen Erweiterungen im totalen Staat zugestimmt. Andererseits haben sie – trotz mancher Schwierigkeiten – auch den als Regimegegner geltenden Personen strafrechtlichen Schutz gegen ehrverletzende Äußerungen von nationalsozialistischer Seite nicht versagt.

Mit Urteil vom 17. April 1934 hatte sich das RG[33] mit einem in einem Kirchenblatt veröffentlichten Aufsatz zum Fronleichnamsfest zu befassen, weil dort von »Fahnen mit heidnischen Symbolen oder verbogenen Kreuzen« die Rede war. Der 1. Strafsenat begründete die Strafbarkeit nach § 134a StGB[34] damit, daß »nicht unbeachtet bleiben [kann], daß das Hakenkreuz nicht nur großen Teilen des Volkes, sondern der Staatsführung des Dritten Reiches als hehres Symbol einer neuen Gesittung und Staatsgesinnung gilt, daß also diese Volksteile und die Leitung des Reichs schon durch eine spöttische Umbenennung des Symbols in ihren Gefühlen empfindlich betroffen werden.«

In einer Strafsache wegen Vergehens gegen § 3 der Verordnung zur Abwehr heimtückischer Angriffe gegen die Regierung der nationalen Erhebung vom 21. März 1933 gegen sieben mecklenburgische Pastoren erkannte das SoG Schwerin am 15. Juni 1934[35] auf Gefängnisstrafen von 6, 4 bzw. 3 Monaten, Geldstrafen von 1000,– RM und 750,– RM, einen Freispruch und eine Verfahrenseinstellung. Gegenstand der Anklage waren Rundschreiben gewesen, die sich mit den Ereignissen um die Kirchenwahlen vom 23. Juli 1933 befaßten, sich insbesondere zu Zielen und Methoden der Deutschen Christen, ihrer Förderung durch Staat und Partei, den polizeilichen Verboten anti-deutschchristlicher Propaganda und der Einsetzung von Staatskommissaren äußerten. Der zeitgenössische Prozeßbericht[36] macht das vergebliche Bemühen der Verteidigung deutlich, die Ereignisse als rein inner-

[33] DJ 1934, 874.

[34] §134 a StGB, eingefügt durch Notverordnung vom 19. Dezember 1932, RGBl. I, S. 548: »Wer öffentlich das Reich oder eines der Länder, ihre Verfassung, ihre Farben oder Flaggen oder die deutsche Wehrmacht beschimpft oder böswillig und mit Überlegung verächtlich macht, wird mit Gefängnis bestraft.« Vgl. dazu R. Frank, Strafgesetzgebung S. 21 ff. und 207. Die Bestimmung wurde durch Kontrollratsgesetz Nr. 11 vom 30. Januar 1946 aufgehoben.
In der zitierten Entscheidung wich das RG von der Weimarer Reichsverfassung – vgl. Art. 3: »Die Reichsfarben sind schwarz-rot-gold« – und ihren Zuständigkeits- und Verfahrensregeln ab, indem es annahm, daß der Hakenkreuzflagge durch den (vorläufigen) »Flaggen-Erlaß« des Reichspräsidenten vom 12. März 1933, RGBl. I, S. 103, die Eigenschaft einer Reichsflagge im Sinne des Verfassungs- und Strafrechts verliehen worden sei. Vgl. auch OLG Jena 19. Mai 1933, DRiZ 1933, 490 Nr. 548.

[35] W. Niemöller, Kirche S. 245 Nr. 2; ausführlicher Prozeßbericht von F. Julius S. 542 ff.

[36] Vgl. oben Anm. 35.

kirchliche Angelegenheit zu würdigen. Mit Erfolg konnte die Anklage die politische Grundeinstellung der Angeklagten, die als vom liberalistischen Gedankengut befallene Vertreter einer gegen den Staat eingestellten, reaktionären Kirchengruppe dargestellt wurden, zum eigentlichen Gegenstand des Verfahrens machen, was im Hinblick auf die von den Deutschen Christen vertretene nationalsozialistischen Thesen naheliegend war. Über die Frage, so führte das Gericht aus[37], »ob die Staatsnotwendigkeiten ein Eingreifen des Staates ins äußere kirchliche Leben gebieten, kann die Entscheidung naturgemäß nur dem Staat selbst zustehen. Der Geistliche, der ein solches vollberechtigtes Eingreifen des Staates als unberechtigte Gewaltmaßnahme schilt, würdigt den Staat, unter dessen Schirm und Schutz die Einrichtungen seiner Kirche stehen, herab.«

Im Urteil des SoG Köln vom 11. März 1935[38] ging es gleichfalls um ein Vergehen gegen die Heimtücke-Verordnung. Der Jesuitenpater Joseph Spieker hatte in einer Predigt in These und Antithese Christus als »wahren Führer« geschildert. Die in den Antithesen enthaltene negative Kritik bezog das Gericht trotz offensichtlicher Anspielungen nicht auf den nationalsozialistischen Staat[39].

Eine Missionsschwester hatte den Reichsleiter Rosenberg als »Schmierfink« bezeichnet und dem Reichsjugendführer von Schirach Unfähigkeit nachgesagt. Das LG Düsseldorf erkannte am 5. Mai 1936[40] auf Verfahrenseinstellung nach dem Straffreiheitsgesetz vom 23. April 1936, da nur eine entsprechende kurzfristige Freiheitsstrafe zu erwarten sei.

In der Strafsache gegen den Generalsuperintendenten Otto Dibelius erließ das SoG Berlin I am 6. August 1937 einen vielbeachteten Freispruch[41]. Das Verfahren, das im In- und Ausland großes Aufsehen erregte, war wegen Vergehens gegen §§ 1 u. 2 des Heimtücke-Gesetzes vom 20. Dezember 1934 angestrengt worden; Gegenstand der Anklage war der Offene Brief Dibelius' an den Reichskirchenminister, durch den der Generalsuperintendent einer in der Öffentlichkeit wiederholt zitierten Äußerung des Ministers[42] entgegentrat. Das Gericht hielt das – wie es meinte – Mißverständnis seitens Dibelius' nicht für schuldhaft und mochte den

[37] F. Julius S. 553.

[38] H. Schorn, Richter S. 608. Vgl. aber die folgende Anmerkung.

[39] Das Urteil dient H. Schorn als Beispiel dafür, »wie das Gericht bemüht war, den Ausführungen des angeklagten Paters ihre dem nationalsozialistischen Staatssystem feindliche Tendenz zu nehmen, ein Bestreben, das umso mutvoller war, als Pater Spieker eine Auskunft über seine Predigt ablehnte, da er für deren Inhalt als Teil seiner priesterlichen Tätigkeit ausschließlich der kirchlichen Behörde verantwortlich sei«, a. a. O. S. 609. Zu dem weiteren Anklagepunkt eines Vergehens nach § 130 a StGB berichtet Schorn nichts, während die Ausführungen »eines rheinischen Sondergerichts« – ganz offensichtlich derselbe Fall – zu § 130 a StGB von Krug, Wochenschau 1935 S. 435/436 als vorbildlich im Sinne der Ziele des Nationalsozialismus zitiert werden. Das Urteil wird auch erwähnt bei E. Wolf, Anwendbarkeit S. 81 ff. (90, 91). Wegen eines weiteren Prozesses gegen denselben Angeklagten vgl. SoG Köln 20. Januar 1936, H. Schorn, Richter S. 609.

[40] H. Schorn, Richter S. 627.

[41] Ausführlicher Prozeßbericht bei H. Schorn, a. a. O. S. 561 ff.

[42] »Der katholische Bischof Graf Galen und der evangelische Generalsuperintendent Zöllner hätten [ihm] beibringen wollen, was Christentum sei: daß es nämlich um die Anerkennung gehe, daß Jesus Gottes Sohn sei. Das sei lächerlich und nebensächlich!« Das Gericht meinte, der Minister habe die Belehrungen Dibelius', nicht aber den Lehrsatz selbst als lächerlich bezeichnet, vgl. H. Schorn, a. a. O. S. 561.

offenen Brief auch nicht für eine »gehässige« Äußerung halten. Das Urteil wurde allgemein als persönliche Niederlage des Ministers angesehen, der sich zuvor für eine Verurteilung und Überführung Dibelius' in ein Konzentrationslager stark gemacht hatte[43].

Vergleichbares Aufsehen erregte das bekannte Strafverfahren gegen Martin Niemöller[44] beim SoG II Berlin. Niemöller, unerschrockener Wortführer der Bekennenden Kirche, dessen Wirken im In- und Ausland weithin Beachtung fand, galt den Nationalsozialisten als einer der gefährlichsten Gegner zu einer Zeit, als der Kirchenkampf bereits zu einer mehr oder minder offenen Konfrontation zwischen Bekennender Kirche und nationalsozialistischem Staat geworden war. Obwohl Niemöllers Predigten den Nationalsozialisten seit langem ein Dorn im Auge waren, zögerte man noch mit seiner Verhaftung. Sie erfolgte dann am 1. Juli 1937 aufgrund des Inhalts einer Predigt vom 27. Juni: Niemöller hatte die Pflicht zur Verkündigung der christlichen Wahrheit betont, die Märtyrer, die verhafteten Mitglieder des Reichsbruderrats, die wegen Wahlaufrufen für die Bekennende Kirche Festgenommenen, weitere Verhaftungen und Prozesse und auch die Überwachung der Predigt durch die GESTAPO erwähnt; er hatte unter anderem von der »Firma Joseph Goebbels« und dem »Reichsminister gegen die kirchlichen Angelegenheiten« gesprochen und, nachdem er an Bruderratssitzungen und der Verbreitung der Entschließungen beteiligt gewesen war, diesen Beschlüssen entsprechend die Namen der aus der Kirche Ausgetretenen entgegen dem Verbot des Reichsinnenministers verlesen. Die Anklage vom 13. Juli 1937[45] erblickte in diesen Äußerungen und Handlungen fortgesetzte Verstöße gegen § 130a StGB, gegen § 2 des Heimtückegesetzes, gegen §§ 110, 111 StGB und schließlich Zuwiderhandlungen gegen die von dem Reichsminister des Innern im Einvernehmen mit dem Reichs- und Preußischen Minister für die kirchlichen Angelegenheiten zur Durchführung der Verordnung des Reichspräsidenten zum Schutz von Volk und Staat vom 28. Februar 1933 erlassenen Anordnung vom 18. Februar 1937.

Zu dem Urteil des SoG Berlin vom 2. März 1938[46] vermerkten die Basler Nachrichten: »Es gibt noch Richter in Berlin«. Niemöller wurde wegen fortgesetzten Vergehens gegen § 130a StGB zu sieben Monaten Festungshaft, wegen eines Vergehens gegen § 4 der VO vom 28. Februar 1933 zu einer Geldstrafe von 500,– RM und wegen eines weiteren gleichartigen Delikts zu einer Geldstrafe von 1500,– RM verurteilt. Freiheitsstrafe und geringere Geldstrafe galten – dies war das Wesent-

[43] Hierzu sowie zu den Versuchen, das Gericht unter Druck zu setzen, vgl. H. Schorn, a. a. O. S. 563 ff.

[44] Vgl. dazu den Überlick bei F. Zipfel S. 99–104; H. Schorn, Richter S. 589–596; ausführlicher Prozeßbericht bei W. Niemöller, Macht; Urteilstenor auch bei W. Niemöller, Kirche S. 246 Nr. 6. Vgl. ferner die Dokumentation von H. Buchheim: »Die Bedeutung des Dokuments liegt vor allem in der einzigartigen Tatsache, daß hier ein nationalsozialistischer Funktionär sich höchst kritisch über die Beeinflussung des Prozesses durch die nationalsozialistische Staatsgewalt ausläßt«, H. Buchheim S. 307.

[45] Az. 3 Sond. Js. 434/37.

[46] Die Hauptverhandlung hatte am 7. Februar 1938 begonnen; sie war offenbar wegen des unliebsamen Freispruchs Dibelius' verschoben worden. Zu den Versuchen höchster Stellen, den Prozeß zu beeinflussen, vgl. insbesondere H. Schorn, a. a. O. S. 589 ff.

liche an dem Urteilsspruch – als durch die bisher erlittene Untersuchungshaft als bereits verbüßt.

In der Urteilsbegründung bemerkte das Gericht zu § 130a StGB, daß die Auseinandersetzungen zwischen der Bekennenden Kirche und den Deutschen Christen nicht zu den staatlichen Angelegenheiten gehörten, womit es offensichtlich einem für diesen Prozeß erstatteten Rechtsgutachten Erik Wolf's[47] folgte. Wohl aber galten dem Gericht die Kirchenausschüsse, die Anordnungen des Kirchenministers und die Maßnahmen der GESTAPO als Angelegenheiten des Staates. Die Äußerungen über Goebbels und Minister Kerrl hielt es für allenfalls ungehörig, nicht aber für gehässig im Sinne des Heimtückegesetzes. Von einer Verurteilung nach §§ 110, 111 StGB sah das Gericht ab, weil es in § 4 der VO vom 28. Februar 1933 den Spezialtatbestand erblickte. Die Ausführungen des SoG zum Strafmaß schließlich bedeuteten nichts weniger als eine Ehrenerklärung für Martin Niemöller. Nach diesem Urteil hätte Niemöller sogleich auf freien Fuß gesetzt werden müssen. Die GESTAPO korrigierte den für die Staatsführung unangenehmen Ausgang des Verfahrens auf ihre Weise: Niemöller wurde noch am Tage der Urteilsverkündung in Schutzhaft genommen und alsbald ins Konzentrationslager Sachsenhausen, später Dachau, verbracht. Erst das Kriegsende brachte seine Freilassung.

Auf die Äußerung der Mutter eines dem Konfirmandenunterricht ferngebliebenen Kindes, daß der Führer bestimmt von Gott gesandt sei, hatte ein Pfarrer geantwortet, daß »auch Stalin, Pharao und Nebukadnezar von Gott gesandt sind«. Das SoG Köln schloß sich im Urteil vom 18. August 1939[48] einer harmlosen Auslegung des Pfarrers an und erkannte insoweit auf Freispruch. Es nahm jedoch an, daß die Veranstaltung von Kinderrätselspielen in einer kirchlichen Jugendstunde einen Verstoß gegen §§ 1 und 3 der Verordnung des preußischen Ministerpräsidenten über die verbotenen Betätigungen konfessioneller Jugendverbände darstellte[49].

Das SoG Essen verurteilte am 25. August 1939[50] einen evangelischen Pfarrer zu acht Monaten Gefängnis. Gegenstand der Verurteilung war die in einer Predigtreihe zum Ausdruck gekommene »antinationalsozialistische Gesamthaltung« des Pfarrers.

Im Dezember 1940 verurteilte das SoG Köln[51] einen Pfarrer zu sechs Monaten Gefängnis, der bei einem Konfirmandenhausbesuch die Verbrechen der SS an Juden, Männern, Frauen und Kindern in Polen erwähnt hatte. Weil nach Anrechnung der Untersuchungshaft die Freilassung bevorstand, wurde der Pfarrer von der GESTAPO verhaftet und ins Konzentrationslager Dachau geschickt.

An weiteren Verfahren, die entweder besonderer Hervorhebung nicht bedürfen

[47] Vgl. o. Anm. 24.

[48] H. Schorn, Richter S. 680. Über dieses Verfahren wird auch berichtet in der Denkschrift des preußischen Bruderrates aus dem Jahre 1940, zitiert bei W. Niemöller, Kirche S. 256 ff. (259), s. u. Anm. 58. Hier wird das Urteil fälschlich dem OLG Köln zugeschrieben.

[49] H. Schorn, a. a. O. S. 680 berichtet nur den Teil-Freispruch; W. Niemöller, a. a. O. S. 255 und 259.

[50] H. Schorn, a. a. O. S. 570. Der Bericht enthält keine näheren Einzelheiten über Sachverhalt und Anklagepunkte.

[51] H. Schorn, Richter S. 612.

oder über die nähere Einzelheiten nicht bekannt sind, sind noch zu nennen: Urteil des SoG München I vom 25. April 1934[52] gegen einen katholischen Pfarrer über 300,– RM Geldstrafe wegen heimtückischer Äußerungen; Urteil des SoG Breslau[53] gegen einen Vikar wegen »Heimtücke« aufgrund des Inhalts seiner Predigten auf sechs Monate Gefängnis; nicht beendigtes Verfahren beim SoG Düsseldorf[54] gegen denselben Vikar wegen Erwähnung von »Strafverfahren gegen verantwortungsbewußte Theologen«; Verurteilung eines Pfarrers wegen staatsfeindlicher Äußerungen zu vier Monaten Gefängnis durch das SoG Freiberg am 28. Juli 1937[55]; Aufhebung eines Haftbefehls wegen Heimtückevergehens gegen einen Pfarrer durch das SoG Berlin II am 10. November 1937[56] und durch das SoG Dortmund am 6. Dezember 1937[57].

## 2. »Politik gehört nicht in die Kirche« – Die Rechtsprechung zum Kanzelparagraphen

Eine zutreffende Beurteilung der Rechtsprechung zum Kanzelparagraphen ist enthalten in einer Denkschrift[58] des preußischen Bruderrates aus dem Jahre 1940, die sich mit den Problemen des Strafrechts im kirchlichen Raum befaßt: »Zur Rechtsprechung über den Kanzelparagraphen ist einleitend zu bemerken, daß der Bereich der staatlichen Angelegenheiten außerordentlich weit ausgelegt wird. Jede Erwähnung einer mit dem Staat in Zusammenhang stehenden Sache, sei sie auch rein religiöser und kirchlicher Art, wird als ›staatliche Angelegenheit‹ angesehen. Die Ausweitung der staatlichen Betätigung und Eingriffsmöglichkeit im totalen Staat führt dazu, daß nahezu alle Dinge als staatlich zu betrachten sind. Die Gerichte haben durchweg diese weitgefaßte Auffassung von den staatlichen Angelegenheiten sich zu eigen gemacht«.

Über das wohl spektakulärste Verfahren um den Kanzelparagraphen, den Prozeß Niemöller, ist oben bereits berichtet worden[59]. Wenn verschiedene Ausführungen des Gerichts, das praktische Ergebnis des Verfahrens und die trotz schwierigster Umstände faire Verhandlungsführung auch als Sieg der Rechtsstaatlichkeit aufgefaßt wurden – immerhin hatte das SoG Berlin wegen Kanzelmißbrauchs eine siebenmonatige Freiheitsstrafe ausgesprochen und hierbei den Begriff der staatlichen Angelegenheiten in traditioneller Weise außerordentlich weit ausgelegt.

Den bereits in den ersten Jahren der nationalsozialistischen Herrschaft ausgebrochenen ideologisch-politischen Konflikt zwischen Kirche und totalem Staat spiegeln verschiedene Urteile aus früherer Zeit wider:

Am 27. Februar 1935 lehnte das LG Bonn[60] die Eröffnung des Hauptverfahrens

[52] H. Schorn, a. a. O. S. 588.
[53] H. Schorn, a. a. O. S. 573.
[54] Ebenda.
[55] W. Niemöller, Kirche S. 251.
[56] A. a. O., S. 252.
[57] A. a. O., S. 253.
[58] Auszugsweiser Abdruck bei W. Niemöller, Kirche S. 256 ff. (256).
[59] W. Niemöller, Macht; H. Schorn, Richter S. 589–596; F. Zipfel, S. 99–104; H. Buchheim, S. 307.
[60] H. Schorn, Richter S. 584

gegen einen Pfarrer ab, der in einer Predigt ausgeführt hatte, daß Christus heute in Deutschland öffentlich verhöhnt und verspottet werde von denjenigen, die das Judentum bis aufs Äußerste bekämpften und haßten und selbst nicht wüßten, daß sie ihm darin um ein Haar glichen. Mit alledem habe der Angeschuldigte, so führte das Gericht aus, allenfalls die antichristlichen Strömungen meinen können, nicht jedoch den nationalsozialistischen Staat, der sich zum positiven Christentum bekannt habe. Abfällige Äußerungen über Rosenbergs »Mythus« ließ das Gericht gleichfalls ungestraft, weil dieses Werk kein parteiamtlich anerkanntes sei. Diese Entscheidung wurde vom OLG Köln durch Beschluß vom 22. März 1935[61] bestätigt.

Gegen einen katholischen Pfarrer, der in der Predigt gesagt hatte, die katholische Kirche werde heute in Deutschland schlimmer verfolgt als in Rußland, erkannte das LG Koblenz am 27. Juni 1935[62] anstelle einer an sich verwirkten Gefängnisstrafe von zwei Wochen auf eine Geldstrafe von 100,– RM; zwei anderweitige Äußerungen hielt das Gericht für nicht nachgewiesen. Dieses Urteil wurde vom RG am 12. Dezember 1935[63] bestätigt.

Ein Pfarrer, der in einer Predigt den Konflikt nationalsozialistischer Schriften und nationalsozialistischer Jugenderziehung mit der katholischen Lehre betont hatte, wurde vom LG Bonn am 8. Mai 1935[64] anstelle einer an sich verwirkten Gefängnisstrafe von 60 Tagen zu einer Geldstrafe von 600,– RM verurteilt. Wegen ähnlicher Äußerungen war ein Verfahren bei der Staatsanwaltschaft Bonn aufgrund des Straffreiheitsgesetzes vom 7. August 1934 bereits eingestellt worden[65].

Einen Einstellungsbeschluß verkündete das LG Bonn auch am 29. Januar 1936[66] in einer ähnlichen Sache.

Am 15. November 1935 hielt das LG Wuppertal[67] die angebliche Aufforderung eines Kaplans an die kirchliche Jugend, der Staatsjugend fernzubleiben und sich den katholischen Organisationen anzuschließen, für nicht erwiesen.

Die Erwähnung der Gewissenskonflikte, in die manche wegen ihrer katholischen Überzeugung geraten könnten, ahndete das LG Bonn am 30. März 1936[68] mit einer Geldstrafe von 200,– RM anstelle einer an sich verwirkten Gefängnisstrafe von einem Monat.

Eine Einstellung aufgrund des Straffreiheitsgesetzes verfügte das LG Bonn am 15. Juni 1936[69]. Ein Kaplan hatte in der Kindermesse die Abhaltung von Religionsunterricht in der Kirche angekündigt, weil in der Schule kein Religionsunterricht mehr erteilt würde.

Der Fall eines Kaplans, der in einer Predigt am 5. August 1934 die Sittlichkeit des

[61] H. Schorn, a. a. O. S. 585; zur Kritik des Urteils durch den Innenminister ebenda.
[62] H. Schorn, a. a. O. S. 558.
[63] H. Schorn, a. a. O. S. 552.
[64] H. Schorn, a. a. O. S. 611.
[65] H. Schorn, a. a. O. S. 612.
[66] H. Schorn, a. a. O. S. 613.
[67] H. Schorn, a. a. O. S. 574.
[68] H. Schorn, a. a. O. S. 578.
[69] H. Schorn, a. a. O. S. 572.

Alten Testaments und der Zehn Gebote für höher hielt »als die Sittlichkeit mancher, die in unseren Tagen Führertum und Führerstellung beanspruchten«, läßt sich durch verschiedene Instanzen verfolgen. Das LG Münster folgerte am 2. April 1935[70] aus dem Gebrauch der Vergangenheitsform »beanspruchten«, daß sich der beanstandete Satz nicht auf die gegenwärtigen Führer des Nationalsozialismus, sondern nur auf den früheren Stabschef Röhm und seine nähere Umgebung bezogen haben könne. In der Revisionsentscheidung vom 1. August 1935 rügte der 6. Senat des RG[71] in besonders subtiler Begründung, daß das LG nicht, wie geboten, zunächst den objektiven Sinn des Vergleichs ermittelt habe, sondern sich statt dessen sogleich mit der vom Angeklagten angeblich gemeinten (subjektiven) Bedeutung zufriedengegeben habe. Dies sollte offensichtlich die Möglichkeit eröffnen, ein etwaiges Mißverständnis auf seiten der Zuhörer dem Angeklagten anzulasten mittels der Konstruktion des bedingten Vorsatzes. In der neu angesetzten Hauptverhandlung erging am 15. November 1935[72] wieder ein Freispruch durch das LG Münster, die erneute Revision gegen das Urteil wurde vom RG[73] nun zurückgewiesen durch Urteil des 3. Senats vom 18. Juni 1936.

In der Entscheidung vom 20. Oktober 1936 hob der 1. Strafsenat des RG[74] einen landgerichtlichen Freispruch unter anderem mit der vom 6. Senat vorgezeichneten Begründung auf. Der angeklagte Ordenspriester hatte anläßlich einer Trauung »die Feierlichkeiten der katholischen Trauung gepriesen und ihr die nüchterne standesamtliche Trauung gegenübergestellt« und in Beziehung auf die letztere den Ausdruck »Kuhhandel« gebraucht. Das RG rügte ferner eine Verkennung des Begriffs der Gefährdung des öffentlichen Friedens, der ein größeres Maß von Erregung, eine nachhaltige Beeinflussung der Ruhe, eine tiefgreifende Beunruhigung oder eine größere Empörung grundsätzlich nicht voraussetze. Nach Auffassung des Senats sollte das Vorliegen einer bloß abstrakten Gefahr[75] genügen.

Weitere Verurteilungen wegen Vergehens gegen § 130a StGB wurden ausgesprochen vom SoG Köln am 20. Januar 1936[76] und vom SoG Dortmund am 31. Januar 1936[77]. Am 10. November 1937, 12. November 1937 und am 22. November 1937 hob das OLG Naumburg[78] aber verschiedene Haftbefehle auf, die unter anderem wegen Verlesung von Fürbitten erlassen worden waren. Das SoG Stettin bestrafte am 26. Juni 1939[79] die in einer Predigt zum Ausdruck gekommene Kritik am Verhalten von HJ- und BDM-Angehörigen. Einen Freispruch verkündete das LG Berlin am 24. Januar 1942[80].

[70] H. Schorn, a. a. O. S. 559.
[71] JW 1935, 3383.
[72] H. Schorn, a. a. O. S. 559 (560).
[73] Ebenda.
[74] JW 1937, 699.
[75] anderer Ansicht E. Wolf, Anwendbarkeit 81 (91).
[76] Gegen Pater Joseph Spieker, vgl. auch oben Anm. 38, 39, und H. Schorn, Richter S. 609 ff. (610).
[77] W. Niemöller, Kirche S. 250.
[78] AeKR 2 (1938), 216 und H. Schorn, a. a. O. S. 556 (Hinweise auf § 130a StGB nur hier), ferner W. Niemöller, a. a. O. S. 252, 253.
[79] W. Niemöller, a. a. O. S. 258.
[80] Ebenda, S. 256.

Auf dem Höhepunkt der Auseinandersetzungen zwischen der Evangelischen Kirche und dem nationalsozialistischen Staat waren die namentlichen Fürbitten für notleidende Glieder der Kirche, insbesondere für verhaftete und verfolgte Amtsbrüder und Gläubige ein ständiger Stein des Anstoßes:
Wenn das RG in seinem Urteil vom 22. September 1938[81] ausführte: »die Mitteilung der Liste von verhafteten Angehörigen der Bekennenden Kirche während des Gottesdienstes stellt nach *Art* und *Inhalt* ihrer Verkündigung ein selbständiges Vergehen gegen den § 130a StGB dar«[82] und fortfuhr: »die Fürbitte für die ›bedrängten‹ Brüder und Schwestern erfordert keinesfalls die Bekanntgabe der gegen die namentlich bezeichneten Personen vom Staat getroffene Maßnahme der Verhaftung«[83], so wurde damit offenbar nicht die namentliche Fürbitte als solche, sondern die Angaben der Gründe und eine eigene, kritische Stellungnahme dazu beanstandet[84].
In diesem Sinne waren wohl auch das Urteil eines ungenannten SoG vom 27. Juli 1937[85] und das Urteil des SoG Bremen vom 30. April 1940[86] auszulegen; diese Auffassung wurde deutlicher formuliert in der Entscheidung des SoG Elbing vom 17. Oktober1939[87] : »Wenn der Angeklagte, wie er dies jetzt auch noch tut, lediglich mit *allgemeinen* Worten für notleidende Glieder der christlichen Kirche Fürbitte leistet, so ist hiergegen strafrechtlich nicht das Geringste einzuwenden«. Aus nicht näher bekannten Gründen sprach das SoG am Ende doch eine Verurteilung aus; Gegenstand des Verfahrens war die Verbreitung eines Flugblattes zum Fall Niemöller gewesen. Deshalb wurden auch vom SoG Berlin I am 7. August 1939[88] und vom SoG Dortmund am 5. Juni 1939[89] Strafen verhängt. Einen Freispruch aus subjektiven Gründen verkündete hingegen das SoG Breslau mit Urteil vom 9. Oktober 1939[90]. Eine ausführliche Abkündigung über den Fall Niemöller und über die kirchenpolitischen Ereignisse des Jahres 1937 waren Anlaß für eine vom SoG Dortmund am 25. August 1939 ausgesprochene Verurteilung[91].
Mit der öffentlichen Erörterung einer Strafanzeige befaßte sich der 1. Strafsenat beim RG in seinem Urteil vom 30. November 1937[92]. Der Pfarrer hatte über die Berechtigung einer Strafanzeige gesprochen, die von privater Seite gegen einen Kaplan erstattet worden war, und hierzu unter anderem bemerkt, daß man dem Kaplan nur Kleinigkeiten vorwerfe. Die Vorinstanz hatte die Verurteilung darauf gestützt, daß das Recht eines jeden Staatsbürgers, die Behörden des Staates zum

[81] RGSt 72, 329 = JW 1938, 2955 = DJ 1938, 1724 = ZAkDR 1938, 779 = W. Niemöller, Kirche S. 254.
[82] RGSt 72, 329 (338); Hervorhebung nicht im Original.
[83] Die darin enthaltene Kritik gefährde, so meinte das RG den öffentlichen Frieden, denn es »konnte die Verlesung der Liste ... die Zuhörer und andere zu der Meinung bringen, der Staat handle nicht nach Recht und Gesetz, sondern nach Willkür«, RG JW 1938 S. 2957.
[84] In diesem Sinne auch die Denkschrift des preußischen Bruderrats (s. o. Anm. 58), S. 257.
[85] W. Niemöller, Kirche S. 251.
[86] Ebenda S. 257.
[87] Ebenda S. 257; Hervorhebung nicht im Original.
[88] Ebenda S. 257.
[89] Ebenda S. 257.
[90] Ebenda S. 257.
[91] Ebenda S. 259.
[92] JW 1938, 501.

Eingreifen anzurufen wie auch das ganze Strafverfahren einer herabsetzenden Kritik unterzogen worden sei. Zu den Angelegenheiten des Staates zählte das RG, wie schon früher[93], »alles, was den Staat als solchen in weitestem Sinne angeht«: »Ohne Zweifel fallen daher in den Rahmen der Angelegenheiten des Staates nach der genannten Gesetzesbestimmung auch ein anhängiges strafgerichtliches Verfahren und Grundsätze oder Richtlinien, die sich darauf beziehen, ob und unter welchen Umständen vom rechtlichen oder sittlichen Standpunkt aus es gebilligt werden kann oder vielleicht sogar geboten ist, eine Anzeige als Anstoß zu einem staatlichen Strafverfahren zu erstatten.« Gleichwohl hob der Senat das Urteil der Vorinstanz auf, weil es lückenhafte Feststellungen zum inneren Tatbestand und insbesondere zum Begriff der Gefährdung des öffentlichen Friedens erkannte. Denn, wie der Senat schon im Urteil vom 1. Juni 1937[94] ausgesprochen hatte, sollte es hier nicht auf eine Beunruhigung des Gewissens Einzelner, sondern auf die Störung des öffentlichen Rechtsfriedens ankommen: »Eine packende Predigt oder eine andere öffentliche Aussprache über weltanschauliche oder religiöse Fragen kann die Gewissen der Hörer bis in den tiefsten Grund aufrühren und in große sittliche oder religiöse Erregung oder Unruhe bringen; solche Erscheinungen geistigen Kampfes der Weltanschauungen oder religiösen Bekenntnisse, der nach aller geschichtlichen Erfahrung gerade der deutschen Volksseele immer ein Bedürfnis war, brauchen aber den öffentlichen Rechtsfrieden nicht zu stören oder in eine auch nur entfernte Gefahr zu bringen ... Es kommt darauf an, ob und inwiefern der Angeklagte durch seine Predigten den Bestand des Staates oder seiner Macht oder aber seiner Ordnungen oder aber das öffentliche Vertrauen auf diesen Bestand in Gefahr gebracht hat.«[95] Mit diesen Ausführungen wollte der Senat freilich nicht ausschließen, daß geistige Auseinandersetzungen den öffentlichen Rechtsfrieden gefährden könnten: ob dies – über eine bloße innere Unruhe in der Gemeinde hinaus – der Fall gewesen war, sollte die Vorinstanz in neuer Verhandlung aufklären. Daß dies bei einer Auseinandersetzung mit den Gedanken Rosenbergs[96], für die sich der Staat nicht eindeutig einsetze, nicht ohne weitere Feststellungen anzunehmen sei, wurde in der früheren Entscheidung ausdrücklich bemerkt. Indem das RG sich hier auf das geschützte Rechtsgut besann[97], beließ es den Kirchen immerhin einen gewissen, wenn auch begrenzten Spielraum.

[93] S. o. Anm. 10, 11; ebenso auch RG 1. 6. 1937, RGSt 71, 248.

[94] RGSt 71, 248.

[95] RGSt 71, 248 (249, 250).

[96] Rosenbergs Werk und Meinungen wurden von den Gerichten nicht als staatlich oder parteiamtlich anerkannte Formulierungen der nationalsozialistischen Weltanschauung anerkannt, sondern stets nur für persönliche Bekenntnisse des Verfassers gehalten, vgl. SoG Breslau, 19. Dezember 1939 und 20. Dezember 1939, in: W Niemöller, Kirche S. 258. Das SoG kam jedoch zu einer Verurteilung, weil der Geistliche »führende Kreise« des deutschen Volkes als antichristlich und den Nationalsozialismus als Bekämpfer des Christentums hingestellt hatte; ferner SoG Düsseldorf, 26. Juni 1939, ebenda. Das SoG sprach jedoch eine Festungshaftstrafe aus, weil der Angeklagte in einer Bekenntnisversammlung von der ungenügenden Aufklärung der Öffentlichkeit in kirchlicher Hinsicht gesprochen und auch während seiner Vernehmung Zweifel und Kritik am Wahrheitsgehalt der offiziellen Zeitungsberichte geäußert hatte; ferner LG Bonn, 27. Februar 1935, H. Schorn, Richter S. 584.

[97] In diesem – einschränkenden – Sinne vor allem E. Wolf, Anwendbarkeit S. 81 ff. (83, 90 ff.)

### 3. Der ideologische Konflikt – Die Rechtsprechung zu den Verboten namentlicher Abkündigung von Kirchenaustritten, unsachlicher Polemik im Kirchenkampf und zu den Beleidigungstatbeständen

#### a) Das Verbot namentlicher Abkündigung von Kirchenaustritten

Durch Runderlaß des Reichs- und Preußischen Ministers des Innern an die nachgeordneten Behörden vom 18. Februar 1937[98] wurden aufgrund der Verordnung des Reichspräsidenten zum Schutze von Volk und Staat vom 28. Februar 1933 jede öffentliche Bekanntgabe der Namen von Personen, die aus der Kirche ausgetreten waren, verboten, insbesondere die Verlesung der Namen solcher Personen von der Kanzel untersagt und Zuwiderhandlungen gegen das Verbot unter Bezugnahme auf die genannte Verordnung unter Strafe gestellt. In zahlreichen Gemeinden der christlichen Kirchen war eine solche Übung seit langer Zeit praktiziert worden.

Zu den durch das ministerielle Verbot entstandenen Rechtsfragen nahmen das OLG München mit Urteil vom 4. November 1937[99] und das KG mit Urteil vom 1. Februar 1938[100] ausführlich und im wesentlichen übereinstimmend Stellung: Das OLG München hatte den Fall eines katholischen Pfarrvikars zu entscheiden, der im Gottesdienst Namen, Berufsbezeichnung und Heimatort eines Ausgetretenen bekanntgemacht hatte; das KG verhandelte gegen zwei Angeklagte, die an der Fassung des Beschlusses des Bruderrats der Evangelischen Kirche der altpreußischen Union vom 3. Juni 1937[101] mitgewirkt hatten, nach dem die bisherige Übung gegen das Verbot beibehalten und ausgedehnt werden sollte. Beide Gerichte bestätigten die von den Vorinstanzen ausgesprochenen Verurteilungen.

Problematisch war bereits, ob der an die nachgeordneten Behörden gerichtete Runderlaß überhaupt als Rechtsnorm – hierfür sprach der Inhalt – oder nicht lediglich als innerdienstliche Anweisung – hierfür sprachen die Bezeichnung als Runderlaß, die Adressierung an die nachgeordneten Behörden und die Form der Veröffentlichung – zu gelten hatte. Beide Gerichte nahmen eine Rechtsverordnung an.[102] Den Einwand, daß die Bekanntgabe von Kirchenaustritten von der Kanzel

[98] MinBl. d. RuPrInnMin. vom 24. Februar 1937, No. 2 Sp. 294.

[99] RegerE 58 (1938), 106.

[100] AeKR 3 (1939), 67.

[101] Eine gleichartige Anklage war auch gegen Pfarrer Niemöller erhoben worden, vgl. oben Anm. 44.
Der Beschluß des Bruderrats lautete: »In zahlreichen Gemeinden ist es seit langem üblich gewesen, der Gemeinde im Gottesdienst mitzuteilen, wer zur evangelischen Kirche übergetreten oder wer aus ihr seinen Austritt vollzogen hat. Er erscheint dem Bruderrat der Evangelischen Kirchen der altpreußischen Union notwendig, daß die Gemeindemitglieder erfahren, wer sich von der christlichen Gemeinde getrennt hat. Die Gemeinde muß auch zur Fürbitte für die Ausgetretenen und für alle Irregeführten aufrufen. Darum hält der Bruderrat der Evangelischen Kirchen der altpreußischen Union es für recht, daß in allen Gemeinden, in denen der Übung nach Kirchenaustritte von Gemeindegliedern im Gottesdienst bisher bekanntgegeben worden sind, dies auch weiterhin geschieht. Auch in anderen Gemeinden wird die Bekanntgabe der Kirchenaustritte im Rahmen der sonntäglichen Bekanntmachung je länger je mehr notwendig werden, weil die Möglichkeit, auf andere Weise die Gemeinde von wichtigen kirchlichen Vorgängen zu unterrichten, der christlichen Kirche immer mehr genommen wird.« Druck: AeKR 3 (1939), 67.

[102] Daß die Verordnung an ungewöhnlicher Stelle verkündet worden war, hielten sie für un-

mit »kommunistischen staatsgefährdenden Gewaltakten« und ihrer Abwendung nichts gemein habe, ließen sie nicht gelten, denn ihrem Zweck und Ziel nach sei die Verordnung vom 28. Februar 1933 zur Aufrechterhaltung der öffentlichen Sicherheit und Ordnung auf die Abwehr kommunistischer Bestrebungen im weitesten Sinne gerichtet: »Es genügt zum Einschreiten aufgrund der Verordnung schon, daß mittelbar die Gefahr einer Förderung solcher Bestrebungen besteht. Bei dem infolge der konfessionellen Spaltung des deutschen Volkes bestehenden gesteigerten Meinungsstreit kann die öffentliche Bekanntgabe der Namen von Personen, die aus der Kirche ausgetreten sind, sowohl bei diesen Mißstimmungen und Unzufriedenheit hervorrufen, weil sie sich in ihrem verfassungsmäßig gewährleisteten Recht auf Glaubensfreiheit tatsächlich beschränkt fühlen, als auch bei den der betreffenden Konfession weiter Anhängenden zu feindseligen Erörterungen gegen die Ausgetretenen Anlaß geben. Beides ist aber geeignet, Unruhe in die betreffenden Bevölkerungskreise zu tragen und damit die öffentliche Ordnung und Sicherheit zu gefährden, wodurch dem stets angriffsbereiten und jede Lage ausnützenden Kommunismus in seinen Zielen Vorschub geleistet würde«[103].
Wenn die Gerichte hier konfessionelle Spaltung und innerkirchlichen Meinungsstreit und die damit verbundene Unruhe für unerwünscht und gefährlich hielten – entsprechendes ist wiederholt festzustellen[104] – so befanden sie sich in deutlicher Übereinstimmung mit der nationalsozialistischen Ideologie einer schemenhaften nationalen Einheit und ihrer Gleichschaltungspraxis. Indem sie in ganz offensichtlicher Überschreitung der Grenzen zulässiger Auslegung bei der Bestimmung des Anwendungsbereichs der Notverordnung die Auffassung vertraten, daß Auseinandersetzungen über religiöse Fragen in der Bevölkerung dem Kommunismus Vorschub leisteten, rezipierten sie ersichtlich Vorstellungen, die von Hitler selbst herrührten: Während Deutschland sich in religiösen Streitigkeiten verzehrte, lachten sich Dritte – Juden und Kommunisten – ins Fäustchen[105]. Die Frage, ob die öffentliche Ordnung und Sicherheit tatsächlich gefährdet und ob zu ihrer Wiederherstellung das Verbot nötig und geeignet war, unterlag nach Ansicht beider Gerichte nicht der richterlichen Prüfungskompetenz, sondern allein dem Ermessen der Verwaltungsbehörde – eine Konzession an den Führerstaat auf Kosten der Rechtschutzgewährung, die auch andernorts festzustellen ist[106]. Bemerkenswert sind schließlich die Ausführungen beider Gerichte zur Religionsfreiheit: Wenn sie meinten, daß das »verfassungsmäßig gewährleistete Recht auf Glaubens- und Ge-

erheblich: ebenso wie Notverordnungen nach Art 48 Abs. 2 RV gemäß § 1 Abs. 3 des Gesetzes über die Verkündigung von Rechtsverordnungen vom 13. Oktober 1923, RGBl. I, S. 959, auch in abweichender Form veröffentlicht werden könnten, müsse dies auch für Rechtsverordnungen gelten, die nur mittelbar auf Notverordnungen nach Art 48 RV zurückgingen. Diese Ansicht wurde vom OLG München überhaupt nicht weiter begründet; das KG begnügte sich mit einem diese Auffassung allerdings nicht tragenden Hinweis auf die amtliche Begründung zu § 1 des angeführten Gesetzes, RT-Drucksache 6233, in: VERHANDLUNGEN Band 380.

103 KG, a. a. O. S. 68, 69; ähnliche Formulierung bei OLG München, a. a. O. S. 108.

104 Vgl. dazu auch die Urteile: KG 31. Mai 1935, DRiZ 1935, 638; KG 12. Juli 1935, RVerwBl. 1936, 61; PrOVG 25. Oktober 1934, E 94, 134 und RVG vom 3. September 1942, DR 1943, 659.

105 A. HITLER S. 628 ff.

106 Vgl. die Rechtsprechung zu den Bibelforscherverboten, s. o. Kap. 3.

wissensfreiheit« der Ausgetretenen durch die Bekanntgabe des Austritts mindestens in tatsächlicher Hinsicht verletzt werde[107], so verstanden sie Glaubens- und Gewissensfreiheit nur noch in negativem Sinne, nämlich als das Recht des freien und unbeschränkten, geheimen Kirchenaustritts.

Nach dem Rekurs auf Art. 135 RV mußten sich die Gerichte konsequenterweise nun auch mit Art. 137 Abs. 3 RV auseinandersetzen: Das Verbot sei, so meinten die Richter, ein das kirchliche Selbstverwaltungsrecht in zulässiger Weise beschränkendes »allgemeines Gesetz«, weil es nicht nur den Kirchen, sondern jedermann die öffentliche Bekanntgabe von Kirchenaustritten verbiete. Ähnlich unbekümmerten Umgang mit überkommenen staatsrechtlichen Begriffen und Lehren hatten das OLG München wie das KG bereits mit der nicht weiter begründeten Behauptung bewiesen, daß die Kirchen mit der Bekanntgabe der Austritte die Glaubensfreiheit der Ausgetretenen beschränkten. Die Weimarer Staatsrechtslehre war nämlich darüber einig gewesen, daß sich das Grundrecht nur gegen den Staat, nicht aber gegen die Kirchen richtete[108].

Am 2. Juli 1937 verhandelte ein Schnellgericht Berlin[109] gegen vier Angeklagte, die beschuldigt wurden, an der Beschlußfassung des preußischen Bruderrats über die Fortsetzung der Bekanntgabe der Kirchenaustritte beteiligt gewesen zu sein. Das Gericht verkündete zwei Freisprüche und zwei Verurteilungen zu Geldstrafen in Höhe von 600,– RM. Bekannt sind ferner Verurteilungen durch das AG Burgsteinfurt im August 1937[110] und durch das SoG Berlin vom 10. August 1939[111], ferner ein Freispruch des AG Wetzlar vom 13. Juli 1939[112]. Am 13. August 1940 erging ein Freispruch des AG Stolp[113] zugunsten eines evangelischen Pfarrers, der zwar keine Namen, wohl aber Personenstand sowie Heimat- und Wohnort genannt hatte: Mangels Namensnennung sei nicht gegen den Wortlaut, mangels hinreichender anderweitiger Bezeichnung auch nicht gegen den Grundgedanken des Strafgesetzes verstoßen worden.

### b) Das Verbot »unsachlicher Polemik« bei Erörterung kirchenpolitischer Fragen

Durch eine Anordnung des Oberpräsidenten der Rheinprovinz vom 12. Juni 1934 wurde, gestützt auf die Verordnung zum Schutz von Volk und Staat vom 28. Februar 1933, »zur Aufrechterhaltung des inneren Friedens und der öffentlichen Sicherheit und Ordnung« bei der Erörterung kirchenpolitischer Fragen jede »unsachliche Polemik« verboten, eine Anordnung, die lediglich dem Ziele diente, eine Handhabe gegen die Bekennende Kirche im Kampf gegen die Deutschen Christen zu schaffen.

[107] KG a. a. O. S. 68; OLG München a. a. O. S. 109.
[108] G. Anschütz, Die Religionsfreiheit, in: G. Anschütz–R. Thoma, II S. 682; H. Mirbt S. 321.
[109] W. Niemöller, Kirche S. 250. Danach wurden die Urteile angefochten; die vorstehend besprochene Entscheidung des KG ist daher vermutlich die zweitinstanzliche Entscheidung in dieser Sache.
[110] W. Niemöller, a. a. O. S. 251.
[111] Ebenda S. 259.
[112] Ebenda.
[113] Ebenda S. 255 und H. Schorn, Richter S. 579.

Im November 1934 verhandelte das AG Neuwied[114] gegen zwei Angeklagte, die gegen die Deutschen Christen und gegen den Reichsbischof polemisiert hatten. Die Verfahren wurden eingestellt, weil das Gericht die Rechtsgültigkeit des Verbots verneinte. Nach seiner Ansicht war der Anwendungsbereich der Notverordnung, beschränkt auf die Abwehr kommunistischer staatsgefährdender Gewaltakte, hier überschritten worden.

Anderer Auffassung war das KG in seiner Entscheidung vom 3. Mai 1935[115], durch die eine polizeiliche Einzelanordnung gegen den Bund für Bibel und Bekenntnis gerechtfertigt wurde. Zum Einschreiten auf Grund der Verordnung zum Schutz von Volk und Staat genüge »schon die mittelbare Gefahr, die für den Staat durch die Verbreitung als Ausdruck der Unzufriedenheit mit der neuen Ordnung der Dinge sich kennzeichnenden und damit dem Wiederauftauchen kommunistischer Bestrebungen den Boden bereitender Meinungen entsteht ... Sie [die Anordnung des Oberpräsidenten] erstrebt die Abwehr kommunistischer staatsgefährdender Gewaltakte in dem oben dargelegten weiten Sinne; denn wenn in ihr allgemein zur Aufrechterhaltung der öffentlichen Sicherheit und Ordnung jede unsachliche Polemik bei der Erörterung und Wiedergabe kirchenpolitischer Fragen untersagt wird, so geschieht dies in der Erwägung, daß die mit einer solchen Polemik in jedem Falle verbundene Gefahr der Erregung von Unzufriedenheit die Gefahr einer Störung des inneren Friedens und damit, zumal bei der bekannten kirchenfeindlichen Einstellung des Kommunismus, der Erweckung kommunistischer Hoffnungen und Bestrebungen einschließe«.

Die aufgrund von Stellungnahmen gegen die Deutschen Christen vom Landrat verfügte Ausweisung des Leiters einer Ortsgruppe des Bundes für Bibel und Bekenntnis, verbunden mit dem Verbot öffentlicher Auftritte, Reden usw. unterlag nach einer Entscheidung des PrOVG vom 19. März 1936[116] überhaupt nicht der gerichtlichen Nachprüfung, weil Verfügungen staatspolizeilichen Inhalts nach § 7 des Gesetzes über die GESTAPO vom 10. Februar 1936 unanfechtbar geworden waren.

### c) Die Rechtsprechung zu den Beleidigungstatbeständen

In einem Strafverfahren wegen Beleidigung hatte das OLG Dresden am 3. März 1933[117] über die Frage zu befinden, ob im Wahlkampf anläßlich von Kirchenwahlen gefallene Beleidigungen auf politischen Beweggründen beruhten und folglich die Anwendung des Straffreiheitsgesetzes vom 20. Dezember 1932 angenommen werden konnte. Die Frage wurde vom Gericht verneint, weil es sich bei den Kirchenwahlen nicht um staatliche, sondern um innerkirchliche Angelegenheiten gehandelt habe.

[114] H. Schorn, Richter S. 617, 618.

[115] DJ 1935, 1831.

[116] E 97, 103; vgl. zu dem Problem eingehender oben S. 44 Anm. 29. In gleicher Weise entschied das PrOVG auch am 26. November 1936, ZAkDR 1937, 315, in der Sache eines Pfarrers, dem die Ortspolizeibehörde aufgegeben hatte, nähere Angaben über die kirchlichen Organisationen, die Mitglieder und den Zeitschriftenvertrieb zu machen.

[117] Das Recht 1933, 316 Nr. 361.

Am 17. Oktober 1933 äußerte sich das LG Köln[118] zu der Frage, ob gegen beleidigende Äußerungen in einer Predigt der deliktische Unterlassungsanspruch gegeben sei. Das Gericht billigte dem Geistlichen grundsätzlich das Recht und die Pflicht zu, Vorkommnisse der Pfarre, welche das religiöse Empfinden verletzten, in der Predigt zu kritisieren, um sie als Grundlage für die Belehrung und Ermahnung der Zuhörer zu verwenden. Der Rahmen jeglicher Verkündigung von Heilswahrheiten werde jedoch überschritten, wenn die betroffenen Personen in einer für sie kränkenden Weise erkennbar gemacht würden.

Die Klage eines katholischen Religionsunterrichts erteilenden Lehrers gegen den Pfarrer mit dem Ziel, daß dieser eine den Lehrer beleidigende Eintragung widerrufe, welche der Pfarrer in die von ihm dienstlich zu führende Kirchenchronik aufgenommen hatte, wurde am 4. Januar 1934 vom RG[119] abgewiesen. In der Eintragung war der Lehrer der Nachlässigkeit bezichtigt und als Priesterhasser und Verleumder, der die Gläubigen vom Kirchenbesuch fernhalte und dessen Wühlarbeit wirksam entgegengetreten werden müsse, bezeichnet worden. Das RG hielt den Rechtsweg für verschlossen, weil es sich bei der Eintragung um eine rein innerkirchliche Amtshandlung hoheitsrechtlicher Art gehandelt habe, bei welcher der Pfarrer lediglich als Amtsperson tätig geworden sei und durch die Beziehungen privatrechtlicher Art nicht hätten entstehen können. Wegen des verfassungsrechtlich anerkannten öffentlich-rechtlichen Status der katholischen Kirche und ihres Selbstverwaltungsrechts könne die vom Kläger beantragte Löschung des Eintrags nur auf dem von der Kirche vorgesehenen Verwaltungswege erzielt werden.

Im Jahre 1940 lehnte das AG Giers[120] die Eröffnung des Hauptverfahrens gegen einen evangelischen Pfarrer ab, der in einem Brief an bestimmte Gemeindemitglieder beanstandet hatte, daß diese sich nur standesamtlich hätten trauen lassen, und weiter auf die kirchenrechtlichen Folgen hingewiesen hatte. Eine der Empfängerinnen hatte hierauf Strafantrag gestellt. Die Anklagebehörde hatte hierin den strafbaren Versuch einer Nötigung erblickt und die Äußerung, daß das bei der Konfirmation abgelegte Gelübde in leichtfertiger Weise verletzt worden sei, für beleidigend gehalten. Die geradezu eilfertig anmutende Bereitschaft der Anklagebehörde, einen strafrechtlichen Vorwurf zu konstruieren und die Strafverfolgung von Amts wegen zu betreiben, wirkt um so auffälliger im Hinblick auf die Tatsache, daß sie das öffentliche Interesse an der Strafverfolgung stets verneinte, wenn sich bekenntnistreue Pfarrer gegen den Vorwurf des Landesverrats verteidigen wollten. Diese wurden vielmehr auf den Privatklageweg verwiesen.

Von höchster politischer Bedeutung war das Privatklageverfahren des Generalsuperintendenten Dibelius gegen den SA-Standartenführer Pfarrer Falkenberg, das am 18. April 1935 beim AG Neuruppin[121] verhandelt wurde. Auf Weisung höherer Stellen hatte die Staatsanwaltschaft die Erhebung der öffentlichen Klage mangels öffentlichen Interesses an der Strafverfolgung abgelehnt, so daß sich Di-

[118] DJ 1934, 487.

[119] RGZ 143, 106.

[120] H. Schorn, Richter S. 571.

[121] Überblick bei F. Zipfel S. 98; Prozeßbericht bei H. Schorn, Richter S. 565 ff., ausführliche Darstellung bei F. Gollert.

belius gegen den von Falkenberg öffentlich erhobenen Vorwurf des Landes- und Hochverrats im Wege der Privatklage zur Wehr setzen mußte. Die Bemühungen des Angeklagten, hinter dem eine Reihe nationalsozialistischer Größen wie Gauleiter Kube und Polizeipräsident Graf Helldorf standen, die selbst stärksten Druck auf das Gericht auszuüben suchten, galten dem Ziel, Dibelius anhand seiner verschiedenen Schriften und Äußerungen tatsächlich als Staatsfeind, als Hoch- und Landesverräter hinzustellen. Dem AG war die Rolle zugedacht, diese Vorwürfe amtlich zu bestätigen. Indessen widerstand das AG allen Nötigungsversuchen; es erklärte den versuchten Wahrheitsbeweis für gescheitert und verurteilte den Pfarrer Falkenberg wegen öffentlich begangener übler Nachrede zu einer Geldstrafe von 1000,– RM. In der zweiten Instanz erreichte dieser aufgrund der Hauptverhandlung vom 14. August 1935 eine Ermäßigung der Geldstrafe auf 300,– RM[122]. Pfarrer Niemöller hat im Laufe der Jahre nicht weniger als siebzehn Privatklagen gegen deutsch-christliche Bischöfe, allerlei Pastoren und Schriftleiter anstrengen müssen, weil die Anklagebehörden ein öffentliches Interesse an der Strafverfolgung stets verneinten[123]. Berichtet wird über die Privatklage gegen Pfarrer Schärffenberg, der den Vorwurf des Landesverrats erhoben hatte und am 13. April 1935 vom AG Berlin[124] zu einer Geldstrafe von 300,– RM verurteilt wurde, sowie über die Privatklage gegen einen Vikar, der Niemöller und dem Pfarrernotbund dunkle Beziehungen zum Ausland und die Annahme jüdischer Unterstützungen unterstellt hatte; das AG Schweidnitz erkannte am 1. November 1935[125] auf eine Geldstrafe von 150,– RM. Am 3. April 1936 wurde das LG Schweidnitz[126] in zweiter Instanz mit der Sache befaßt. Das Ergebnis wird vom Berichterstatter nicht mitgeteilt; nicht ausgeschlossen ist, daß der Privatkläger möglicherweise nicht länger auf Verurteilung bestanden hat, nachdem der Angeklagte seine Äußerungen in der Tagespresse widerrufen hatte.

### 4. Der Kampf gegen die konfessionelle Presse – Pressedelikte und Presseverbote[127]

Ein katholischer Pfarrer hatte hektographierte Rundschreiben zur Frage der Bekenntnisschulen herausgegeben und seine Urheberschaft nicht, wie § 6 Abs. 1 des Pressegesetzes vorschrieb, mit seinem bürgerlichen Namen, sondern mit »Katholisches Pfarramt P.« gekennzeichnet. Im Urteil vom 26. Juni 1937 räumte das OLG München[128] zwar ein, daß dem Sinn und Zweck der Vorschrift damit genügt sei, da Zweifel über die Person des Druckers, Verfassers und Herausgebers nicht

[122] F. Gollert, a. a. O. S. 154 ff.
[123] W. Niemöller, Macht S. 14.
[124] H. Schorn, a. a. O. S. 604.
[125] Ebenda, S. 612; W. Niemöller, Kirche S. 250, gibt als Datum den 7. November 1935 an.
[126] H. Schorn, a. a. O. S. 613. Zwei weitere Privatklagen evangelischer Pfarrer werden ohne Mitteilung näherer Einzelheiten erwähnt von W. Niemöller, Kirche S. 250: LG Darmstadt 28. Mai 1935 (Urteil) und AG Radeburg 15. Juni 1935 (Zurückweisung).
[127] Zum Verbot nicht-kirchlicher, z. B. sozialdemokratischer Zeitschriften vgl. LG Berlin 1. November 1933, DJ 1934, 63; PrOVG 25. Oktober 1934, E 94, 134; 24. Januar 1935, E 96, 99; OLG München RegerE Bd. 58, 102.
[128] JW 1937, 2705.

hätten entstehen können; es nahm gleichwohl ein strafbares Verhalten an mit der Begründung, daß der klare Wortlaut und der klare Sinn des Gesetzes nicht durch den Zweck des Gesetzes ersetzt werden dürften. Diese ausschließlich begriffsjuristische Argumentation konnte zwar auf verschiedene ältere Kommentierungen zum Pressegesetz gestützt werden[129]; sie stellte indessen eine – dem betroffenen Pfarrer hier nachteilige – Seltenheit in der Rechtsprechung der nationalsozialistischen Zeit dar.

Der Auffassung der Vorinstanz, daß mit der Angabe »Die Führerschaft der Jungschar an der Kirche zu H.« der Verfasser hinreichend identifiziert sei, mochte – wohl zu Recht – das OLG Düsseldorf am 18. Dezember 1936[130] nicht folgen.

Am 9. Januar 1936 befaßte sich das PrOVG[131] mit einer staatspolizeilichen Anordnung des Düsseldorfer Regierungspräsidenten vom 28. Mai 1934 über die Betätigung konfessioneller Jugend- und Standesvereinigungen[132]. Nach dieser Anordnung waren Verkauf und Vertrieb von Presseerzeugnissen jeder Art auf öffentlichen Straßen und Plätzen in der Nähe von Gotteshäusern im Anschluß an den Gottesdienst oder kirchliche Veranstaltungen verboten. Aufgrund dieses Verbotes hatte die Ortspolizeibehörde Zwangsgelder von je 5,– RM gegen die Kläger festgesetzt, die in dem Portal und auf der Außentreppe der Kirche die Druckschrift »Junge Front« im Anschluß an den Gottesdienst zum Kauf angeboten hatten. Zwangsgeldfestsetzungen und abweisendes Urteil des BezVerwG wurden vom PrOVG aufgehoben. Es stellte zunächst fest, daß die Verfügung der Ortspolizeibehörde, obwohl in Anwendung einer staatspolizeilichen Anordnung erlassen, als Verfügung einer ordentlichen Polizeibehörde mit den Rechtsmitteln des preußischen Polizeirechts angefochten werden könne[133]. In einschränkender Auslegung des Begriffs der öffentlichen Straßen lehnte das Gericht dann die Einbeziehung der Eingangstreppe der Kirche ab, obwohl die beklagte Behörde geltend gemacht hatte, erkennbarer Sinn der Anordnung sei es gewesen, den Vertrieb aller Presseerzeugnisse im Anschluß an den Gottesdienst *außerhalb* der Kirchen zu unterbinden.

In diesem Zusammenhang mag noch das Urteil des RG vom 23. Oktober 1934[134] zur Beschlagnahme eines die christliche Religion bekämpfenden Buches erwähnt werden. Die Beschlagnahme durch den Berliner Polizeipräsidenten vom 25. Fe-

[129] Vgl. F. Kitzinger S. 38; O. v. Schwarze, Pressegesetz S. 31. Andererseits wurden mit Rücksicht auf Sinn und Zweck des Gesetzes über den Wortlaut hinausgehende Anforderungen gestellt, vgl. etwa F. Kitzinger S. 38: Die Angabe »Müller, Berlin« sei ein Witz, aber kein Ursprungszeugnis. Großzügiger H. Mannheim S. 18. Von den Beschränkungen des Pressegesetzes befreit waren Kirchen nur insoweit, als sie in Ausübung obrigkeitlich-staatlicher Befugnisse tätig waren (§ 12 PressG); kirchenamtliche Tätigkeit befreite nicht, vgl. K. Häntzschel § 10 Anm. 5.

[130] DJ 1936, 652.

[131] E 97, 110.

[132] Druck: B. Schellenberger S. 186. Über den historischen Hintergrund des Erlasses ebenda S. 68 f.

[133] Diese Rechtsprechung hat das PrOVG bis zum Erlaß des Gesetzes über die GESTAPO vom 10. Februar 1936, GS S. 21, aufrechterhalten. Seit seiner diese Rechtsänderung berücksichtigenden Entscheidung vom 19. März 1936, E 97, 103, waren alle Verfügungen staatspolizeilichen Inhalts der verwaltungsgerichtlichen Kontrolle entzogen; vgl. dazu oben S. 44 Anm. 29.

[134] RVerwBl 1935, 282.

bruar 1932, begründet mit einer Gefährdung der öffentlichen Sicherheit und Ordnung, wurde für rechtsgültig erkannt und die Amtshaftungsklage des Verlags abgewiesen. Bemerkenswert sind die Ausführungen zur Frage der Überprüfbarkeit polizeilicher Maßnahmen durch die Gerichte. Entgegen seiner sonstigen Übung in nationalsozialistischer Zeit[135] hielt das RG die Frage, ob die gesetzlichen Voraussetzungen der Beschlagnahme, nämlich eine Gefährdung der öffentlichen Sicherheit und Ordnung, gegeben seien, nicht für eine Ermessungsfrage, sondern für eine überprüfbare Rechtsfrage, bei der die persönliche Wertung allerdings eine wesentliche Rolle spielen sollte.

[135] Vgl. oben Anm. 133 am Ende.

# 5. Kapitel: Religionsfreiheit in Schule und Theologenausbildung

## I. Problemstellung

Der sogenannte Schulkompromiß in Art. 146 RV[1] enthielt die grundsätzliche Entscheidung der Weimarer Reichsverfassung für die Gemeinschaftsschule, zugleich aber auch die Möglichkeit der Errichtung von Bekenntnisschulen bei einem entsprechenden Bedürfnis auf Antrag der Erziehungsberechtigten. Enthielt Art. 146 RV im wesentlichen nur programmatische Grundsätze, Richtlinien für erst noch zu erlassende Gesetze, so fixierte die Sperrvorschrift des Art. 174 RV den überkommenen Rechtszustand bis zum Erlaß des vorgesehenen Reichsgesetzes über das Schulwesen.
Das Reichskonkordat von 1933 garantierte selbständig die Beibehaltung und auch die Neueinrichtung katholischer Bekenntnisschulen[2], eine Bestimmung, die in Anbetracht der nicht abgerissenen Kämpfe um die Schulfrage als bedeutender Verhandlungserfolg der katholischen Kirche gelten mußte. Die Garantie des Religionsunterrichts und seine Erteilung in Übereinstimmung mit den Grundsätzen der betreffenden Religionsgesellschaft war in Art. 149 RV enthalten; Abs. 3 der Bestimmung schützte die bisher bestehenden wie die künftig neu zu errichtenden theologischen Fakultäten an den Hochschulen[4].
In Widerspruch zu Reichsverfassung und Konkordat wurden die Bekenntnis- und Privatschulen[5] trotz teilweise erheblichen Widerstands der Elternschaft durch den nationalsozialistischen Staat bis etwa 1939 fast völlig beseitigt und die Erteilung des Religionsunterrichts an den öffentlichen Schulen zum Teil stark behindert[6].

## II. Entscheidungen

Die wenigen veröffentlichten Entscheidungen zum offiziell nie abgeschafften Religionsunterricht an öffentlichen Schulen lassen politisch-ideologische Beeinflussung nicht erkennen. Sie stammen allerdings auch aus den frühen Jahren der nationalsozialistichen Herrschaft, also aus der Zeit vor Beginn der später von der Partei vertretenen Entkonfessionalisierungspolitik. Anders liegt es bei den wenigen Entscheidungen zum Kampf um die Erhaltung von Bekenntnis- und Privatschulen, deren Auflösung die Gerichte in Anerkennung des nationalsozialistisch-totalitären Erziehungsmonopols des Staates gutgeheißen haben. Gleiches dürfte für die Behinderung der Heranbildung theologischen Nachwuchses gelten, läßt sich mangels veröffentlichter Gerichtsentscheidungen hier aber nicht mit ausreichender Sicherheit feststellen.

[1] Vgl. G. Anschütz Art. 146 Anm. 1–9 (S. 677 ff.); W. Landé, Grundlagen S. 690 ff. (711 ff.); ders., Bildung S. 1 ff.; G. Grünthal.
[2] Reichskonkordat vom 20. Juli 1933, RGBl. II, S. 679, Art. 23, 24; vgl. dazu insbesondere L. Volk und A. Kupper; ferner Schulte S. 281; E. W. Dackweiler S. 2487; R. Buttmann S. 453 ff. (467).
[3] Vergl. dazu L. Volk S. 12 ff.
[4] G. Anschütz Art. 149, Anm. 1–6 (S. 688 ff.), W. Landé, a. a. O.
[5] G. Anschütz Art. 147, Anm. 1–5 (S. 682 ff.), W. Landé, a. a. O.
[6] F. Zipfel S. 74 ff.; J. S. Conway S. 194 ff.

Zu den Befugnissen der Kirchen hinsichtlich des Religionsunterrichts an öffentlichen Schulen äußerte sich das RG in einer bereits erwähnten Entscheidung vom 4. Januar 1934[7]. Im Unterschied zu den Fragen der äußeren Gestaltung des Religionsunterrichts, die dem Kompetenzbereich der staatlichen Schulhoheit und -aufsicht zugewiesen werden, anerkannte das RG unter ausdrücklicher Berufung auf Art. 149 Abs. 1 Satz 3 RV, daß der Inhalt, das »Was« des Religionsunterrichts, sich allein nach den Lehren und Grundsätzen der Kirche bestimme. Diese allein habe danach das Recht und nach ihren Gesetzen auch die Pflicht, darüber zu wachen, daß er in Übereinstimmung mit den kirchlichen Grundsätzen erteilt werde. Deshalb sei ein besonderes Interesse der Kirche anzuerkennen, durch ihre Organe über die Lehrer und die Art des Religionsunterrichts Kenntnis zu erhalten, damit sie ggfs. wegen erforderlicher Änderungen an zuständiger staatlicher Stelle vorstellig werden könne.
Mit dem unerlaubten Fernbleiben vom Religionsunterricht an einer Volksfortbildungsschule befaßte sich das BayObLG am 16. Februar 1933[8]. Die Befreiung vom Religionsunterricht, einem Pflichtfach an den bayerischen Bekenntnisschulen, bedürfe, so bestätigte das Gericht, der wirksamen Abmeldung.
Ein Anwendungsfall negativer Religionsfreiheit war die Entscheidung des ThürOVG vom 16. Januar 1935[9]. Für die Befreiung von der Teilnahmepflicht am Religionsunterricht sei, so führte das OVG in zutreffender Anwendung des Art. 149 Abs. 2 RV aus, die Genehmigung der Schulbehörde nicht erforderlich.
Die Umwandlung der katholischen Bekenntnisschule in Rottenburg in eine Gemeinschaftsschule war Gegenstand eines Rechtsstreits, der am 13. Dezember 1939 vom WürttVGH[10] entschieden wurde. Entgegen Art. 146, 174 RV, Art. 23 des Reichskonkordats lehnte der VGH jeden Rechtsanspruch auf Beibehaltung der bisher bestehenden Bekenntnisschulen ab. Denn die Frage, ob ein derartiges Bedürfnis bestehe, könne »in maßgebender Weise nur von den Schulverwaltungsbehörden selbst beurteilt werden. Es wollte und konnte diese wesentlich verwaltungsmäßige Frage nicht der Entscheidung des Verwaltungsgerichts, dessen Aufgabe die Beurteilung reiner Rechtsfragen ist, unterstellt werden«. Die Umdeutung von Rechtsfragen in nicht überprüfbare Ermessensfragen war ein bewährtes Mittel, den Anspruch der Verwaltungsbehörden im Führerstaat auf weitgehende, von rechtlichen Bindungen befreite Handlungsfreiheit zu befriedigen. Die grundsätzlich konfessionelle Gestaltung des württembergischen Volksschulwesens[11] stand der Maßnahme nach Ansicht des Gerichts nicht entgegen, denn es war weiter »zu berücksichtigen, daß im völkischen Staat des Nationalsozialismus das Glaubensbekenntnis, unbeschadet der vertragsmäßigen Bestimmungen des Reichskonkordats, nicht mehr die grundlegende Bedeutung für die Gestaltung und Gliederung der Volksschulen haben kann, die sie im Sinne des württembergischen Volksschulgesetzes hatte«.

[7] RGZ 143, 106.
[8] Das Recht 1933, Sp. 446 Nr. 503.
[9] RVerwBl 1935, 219.
[10] RVerwBl 1941, 474.
[11] Württembergisches VolksschulG. vom 17. August 1909, RegBl. S. 178, in Verbindung mit Art. 146 Abs. 2, 174 RV.

Um eine katholische Bekenntnisschule ging es in dem reichsgerichtlichen Urteil vom 23. Januar 1941[12]. Zum Zwecke der Errichtung einer katholischen Bekenntnisschule war unter erheblicher finanzieller Beteiligung des Erzbischöflichen Stuhles eine katholische Schulsozietät[13] gegründet und durch späteren Zusammenschluß verschiedener Gemeinden ein katholischer Gesamtschulverband gebildet worden. Nach erfolgter Auflösung und Umwandlung in einen allgemeinen Gesamtschulverband im Jahre 1938 begehrte der Erzbischöfliche Stuhl die Erstattung seiner Aufwendungen von dem Rechtsnachfolger. Das RG wies die Klage als unzulässig ab, weil das streitige Rechtsverhältnis dem öffentlichen Recht angehöre.

Mit Wirkung vom 1. April 1937 hatte der württembergische Kultusminister den bisher zugelassenen privaten Mädchen-, Mittel- und Realschulen der Kongregation der Schulschwestern eines Ordens die staatliche Genehmigung zur Weiterführung entzogen, »weil im nationalsozialistischen Staate Privatschulen nur da Berechtigung haben, wo die Unterrichtsverwaltung ein Bedürfnis dafür anerkenne; ein Bedürfnis nach Privatschulen könne aber an den Orten nicht anerkannt werden, an denen öffentliche Schulen gleicher oder ähnlicher Art in hinreichendem Umfang vorhanden seien.«[14] Die auf Art. 147 Abs. 1 RV, 25 Abs. 1 RK gestützte Rechtsbeschwerde der Schulschwesternkongregation wurde vom WürttVGH am 21. Juli 1937[15] zurückgewiesen: »Es ist heute wohl allgemeine Auffassung, daß Akte der politischen Führung ihrem Wesen nach der Nachprüfung durch ein Gericht, insbesondere auch ein Verwaltungsgericht, nicht unterworfen werden können.« Eine fortdauernde Verbindlichkeit der verfassungsrechtlichen Gewährleistung von Privatschulen durch Art. 147 RV wurde vom VGH ausdrücklich verneint, denn es müsse die Verfassungsbestimmung »in jedem Falle heute vom Standpunkt der Grundsätze und politischen Ziele des nationalsozialistischen Staates aus aufgefaßt und ausgelegt werden. Dabei liegt auf der Hand, daß im nationalsozialistischen Staate, der von dem Volk und dem völkischen Gemeinschaftsleben mit seinen Ordnungen und Bedürfnissen als der politischen Grundtatsache ausgeht, jene Bestimmungen nicht dieselbe Bedeutung haben können, die sie im Staat des politischen Liberalismus hatten, der den Einzelnen und dessen ›Freiheitsrechte‹ gegenüber dem Staat in den Vordergrund stellte. Hierbei ist zu bemerken, daß auch in Nr. 20 Satz 1 des Programms der NSDAP der Grundsatz aufgestellt ist, daß der Staat für einen grundlegenden Ausbau des gesamten Volksbildungswesens zu sorgen hat. Auch hiermit ist die Einräumung bestimmter Rechte auf Gründung und Bestand von privaten Schulen unvereinbar«.

Eine rechtliche Gewährleistung kirchlicher Privatschulen vermochte das Gericht auch nicht aus Art. 25 RK zu entnehmen, weil es dem Konkordat den Charakter innerstaatlichen Rechts absprach. Zur Begründung führte es aus, daß der zur Transformation erforderliche besondere Gesetzgebungsbefehl weder in der Bekanntmachung vom 12. September 1933 im Reichsgesetzblatt Teil II, S. 679 noch

[12] DR 1941, 1317.
[13] II. 12. § 29 ff. ALR (H. Hattenhauer – G. Bernert S. 585 ff.).
[14] Vgl. die folgende Anmerkung.
[15] DV 1938, 125.

in dem gleichen Tags im Reichsgesetzblatt Teil I, S. 625 verkündeten, eine Zuständigkeitsbestimmung enthaltenden Reichsgesetz zur Durchführung des Reichskonkordats erblickt werden könne. Indessen entsprach das hier gewählte, auf Art. 4 des sogenannten Ermächtigungsgesetzes zurückgehende vereinfachte Veröffentlichungsverfahren der seit 1933 üblichen, allgemein anerkannten Praxis, so daß der VGH mit dieser Auffassung allein bleiben sollte[16]. »Der Württembergische Verwaltungsgerichtshof war sich wohl nicht darüber klar«, meinte W. Weber[17], »daß er mit seiner Stellungnahme außer dem Reichskonkordat nahezu sämtliche seit Frühjahr 1933 abgeschlossenen völkerrechtlichen Verträge des Reiches für imperfekt erklärte.«

Daß allgemeine, umfassende Pläne einer drastischen Beschränkung der Möglichkeiten theologischer Ausbildung existierten, die nur infolge der Kriegsereignisse nicht realisiert werden konnten, ist oben bereits erwähnt worden[18]. Unabhängig hiervon und von Einzelaktionen abgesehen, war es bereits früher im Kampf des nationalsozialistischen Staates gegen die Bekennende Kirche zu entsprechenden Unterdrückungsmaßnahmen gekommen. Die 5. Durchführungsverordnung zum Gesetz zur Sicherung der Deutschen Evangelischen Kirche vom 2. Dezember 1935[19] verbot der Bekennenden Kirche die Prüfung und Ordination von Kandidaten der Landeskirchen. Am 17. November 1936 untersage der Minister für Wissenschaft, Erziehung und Volksbildung die Teilnahme an theologischen Kursen der Bekennenden Kirche[20], und durch Runderlaß des Reichsführers SS und Chefs der Deutschen Polizei vom 29. August 1937[21] wurden auf Grund der Verordnung zum Schutz von Volk und Staat vom 28. Februar 1933 im Einvernehmen mit den Wissenschafts- und Kirchenministern die von den Organen der Bekennenden Kirche errichteten Ersatzhochschulen, Arbeitsgemeinschaften und die Lehr-, Studenten- und Prüfungsämter aufgelöst und sämtliche von ihr veranstalteten theologischen Kurse und Freizeiten verboten.

Die Teilnahme an verbotenen theologischen Kursen der Bekennenden Kirche führte zu disziplinären Maßnahmen durch die Universitäten[22], die Teilnahme oder Abhaltung verbotener Prüfungen zu strafrechtlichen Folgen nach der Verordnung vom 28. Februar 1933. Über Strafverfahren gegen 23 Mitglieder der Bekennenden Kirche beim SoG Berlin I im Dezember 1941, gegen drei Pfarrer sowie zwei Kandidaten der Theologie beim AG Frankfurt am Main im Februar 1941 wird berichtet[23].

[16] Vgl. W. Weber, Reichskonkordat S. 532 ff.; BayObLG 10. Dezember 1934, JW 1935, 960. Auch heute geht die überwiegende Meinung von der Rechtswirksamkeit des Konkordats aus.

[17] W. Weber, a. a. O. S. 532 Anm. 1.

[18] Vgl. oben Einleitung II.

[19] RGBl. I, S. 1370.

[20] Hinweis auf das Verbot bei W. Niemöller, Kirche S. 246.

[21] RMBliV. S. 1571.

[22] Hinweise auf von den Universitäten Berlin am 28. Mai 1937 und Halle–Wittenberg am 15. September 1937 gegen drei bzw. sieben Studenten der evangelischen Theologie ausgesprochene Strafen (Nichtanrechnung des Semesters, Entfernung von der Universität) bei W. Niemöller, Kirche S. 246 Nr. 5, S. 251, 252.

[23] SoG Berlin I, Urteil vom 22. Dezember 1941; Strafbefehl des AG Frankfurt vom 24. Februar 1941: W. Niemöller, a. a. O. S. 247 Nr. 8, S. 256.

## 6. Kapitel: Das Recht der Religionsgesellschaften auf Veranstaltung öffentlicher Sammlungen

### I. Problemstellung

Die Sammlung freiwilliger Beiträge zur Bestreitung der kirchlichen Bedürfnisse und zur Entfaltung christlich-karitativer Tätigkeit galt den Kirchen stets und von Anfang an als wesentliche, unverzichtbare Ausprägung ihres religiösen Auftrags[1]. Wegen der ständig wachsenden Bedeutung des öffentlichen Sammlungswesens sah sich der Staat bereits im 18. Jahrhundert zur Reglementierung und Überwachung veranlaßt[2]; maßgebend waren hierfür in erster Linie polizeiliche, aber auch fiskalische und kirchenpolitische Erwägungen: Die Bevölkerung sollte vor mißbräuchlicher Ausnutzung der Wohltätigkeit geschützt und ihre Steuerkraft erhalten werden[3]; nicht zuletzt konnte auf diese Weise das Finanzwesen der Kirchen, in dem das Spendenaufkommen bis zur Einführung der Kirchensteuer eine hervorragende Bedeutung hatte[4], staatlicher Aufsicht und Kontrolle unterworfen werden[5].
Das von der Reichsregierung mit Wirkung vom 1. November 1934 beschlossene Gesetz zur Regelung der öffentlichen Sammlungen und sammlungsähnlichen Veranstaltungen (Sammlungsgesetz) vom 5. November 1934[6] verfolgte das Ziel, die Freigiebigkeit der Bevölkerung nahezu ausschließlich für die Zwecke von Partei und Staat nutzbar zu machen. Nach der nicht veröffentlichten amtlichen Begründung des Gesetzes[7] sollte das Sammlungsgesetz verhindern, »daß der Opfersinn der Bevölkerung für Zwecke in Anspruch genommen wird, deren Erfüllung nicht im Interesse des nationalsozialistischen Staates und damit des Gemeinwohls liegt, und daß die Gebefreudigkeit in einem Umfang beansprucht wird, der geeignet ist, Abneigung und Unwillen hervorzurufen.«
Nach §§ 1,8 SG waren die Ankündigung und die Durchführung jeder öffentlichen Sammlung, ausgenommen die Sammlungen der NSDAP und ihrer angeschlossenen Verbände, von staatlicher Genehmigung abhängig. Nach § 15 Ziffer 4 SG waren ausgenommen ferner öffentliche Sammlungen und sammlungsähnliche Veranstaltungen, die von einer christlichen Religionsgesellschaft des öffentlichen Rechts bei Gottesdiensten in Kirchen und in kirchlichen Versammlungsräumen durchgeführt wurden.

[1] Vgl. K. H. Knievel S. 13 ff.; H. Gefaeller, Kollektenrecht S. 752.
[2] K. H. Knievel S. 74 ff., 101 ff.
[3] K. H. Knievel S. 49, 50.
[4] Ebenda, S. 17 ff.
[5] J. Listl S. 423.
[6] RGBl. I, S. 1086; vgl. dazu K. H. Knievel S. 103 ff.; R. Kühn S. 1734; F. Thiel S. 129, 157 mit weiteren Nachweisen zur zeitgenössischen Literatur und Eichner. Das Sammlungsgesetz wurde durch Urteil des BVerfG vom 5. August 1966, E 20, 150, für verfassungswidrig erklärt. Das BVerfG hat seine Entscheidung in erster Linie auf eine Verletzung des Art. 2 Abs. 1 GG gestützt. Es hielt also das Recht der Kirchen, sich die Mittel für ihre karitative Betätigung durch Veranstaltung öffentlicher Sammlungen zu beschaffen, für einen Ausfluß der allgemeinen Handlungsfreiheit, nicht also vorwiegend für die Konkretisierung von Religionsfreiheit nach Art. 4 GG; vgl. dazu J. Listl S. 423 ff. Vor Erlaß des BVerG-Urteils war verschiedentlich die Verfassungsmäßigkeit und mithin Fortgeltung des Sammlungsgesetzes angenommen worden, vgl. etwa K. H. Knievel S. 141 ff.; weitere Nachweise bei J. Listl.
[7] Zitiert nach R. Kühn S. 1734; in diesem Sinne vor allem R. Kühn S. 1735; Eichner S. 1; KG 19. November 1937, AeKR 2 (1938), 218 (219).

Die Handhabung des Gesetzes führte im Ergebnis zur völligen Unterdrückung jeder öffentlichen Sammlungstätigkeit, die nicht von der NSDAP ausging oder die von anderen als den großen Kirchen und außerhalb des Gottesdienstes veranstaltet wurde. Denn nach der Verordnung zur Durchführung des Sammlungsgesetzes vom 14. Dezember 1934[8] war die grundsätzlich in das Ermessen der Verwaltungsbehörde gestellte Genehmigung nur bei ausreichendem öffentlichen Interesse an der Sammlung zu erteilen; dieses lag einem Runderlaß des Innenministeriums vom 14. Dezember 1934[9] zufolge während der Dauer des Winterhilfswerkes grundsätzlich nicht vor, und nach einem weiteren Runderlaß vom 10. April 1937[10] durften mit Rücksicht auf die »großen Leistungen der Volksgenossen für das WHW« auch für die Sommermonate keine Sammlungsgenehmigungen erteilt werden. Dieser Praxis fielen insbesondere die lebenswichtige Sammlungstätigkeit nicht steuerberechtigter Religionsgemeinschaften und die öffentlichen (Straßen-)Sammlungen der großen Kirchen für karitative Zwecke zum Opfer.

Die allgemein kirchenfeindliche Tendenz des Sammlungsgesetzes zeigte sich bei der Handhabung der Ausnahmebestimmung zugunsten der großen christlichen Konfessionen. Es bestand zunächst keinerlei Zweifel, daß alle Sammlungen und Kollekten der Kirchen als öffentliche Sammlungen im Sinne des Gesetzes gelten sollten. Nach dem Runderlaß des Innenministers[11] von 1934 war eine Sammlung öffentlich, wenn sie sich an einen unbestimmten oder unbegrenzten oder an einen zwar begrenzten, aber nicht durch eine besondere Beziehung des Berufes, der persönlichen Bekanntschaft usw. fest abgeschlossenen Personenkreis wandte; umgekehrt sollte die Öffentlichkeit fehlen[12], wenn die Sammlung innerhalb eines eng begrenzten, zahlenmäßig kleinen Personenkreises durchgeführt wurde, dessen Mitglieder in einem näheren, ihnen bewußten inneren Zusammenhang zueinander standen, und wenn auch der Veranstalter zu diesem Personenkreis gehörte. Zum Ausschluß der Öffentlichkeit genügten danach weder die Gemeinsamkeit des Glaubensbekenntnisses noch die Zugehörigkeit zur Bekenntniskirche oder zur gleichen Pfarrei[13].

Genehmigungsfrei waren nur die bei Gottesdiensten in Kirchen und kirchlichen Versammlungsräumen durchgeführten Kollekten. Jede Sammlung mußte danach im Kirchengebäude begonnen, durchgeführt und beendet werden; Ankündigung oder Aufforderung oder Entgegennahme der Spenden durften also nicht außerhalb erfolgen[14].

Nach einem Runderlaß des Innenministers vom 5. April 1937[15] sollte als kirchliche Sammlung grundsätzlich nur die Geldsammlung gelten; auf Sammlungen von Sachspenden und geldwerten Leistungen sollte die ausnahmsweise Genehmigungsfreiheit nur dann erstreckt werden, wenn derartige Sammlungen bisher – was

[8] RGBl. I, S. 1250, §§ 1, 4.
[9] MBliV, S. 1531.
[10] MBliV. S. 599.
[11] S. o. Anm. 9.
[12] RdErl. des RuPrMdI. vom 5. April 1937, MBliV. S. 561.
[13] R. Kühn, a. a. O. (s. o. Anm. 6) S. 1737; K. Voos S. 130.
[14] R. Kühn S. 1742; K. Voos S. 133.
[15] S. o. Anm. 12.

der Veranstalter nachzuweisen hatte – ortsüblich gewesen waren[16]. Teilweise wurde hieraus der Schluß gezogen, daß alle kirchlichen Sammlungen einschließlich der Geldsammlungen in Kirchen nur dann genehmigungsfrei wären, wenn sie bisher üblich gewesen waren – ein Versuch, der politisch unerwünschten Verlagerung der gesamten Sammlungstätigkeit in die Kirchengebäude zu begegnen[17].

Seit den Auseinandersetzungen um das rechtmäßige Kirchenregiment in der evangelischen Kirche diente das Sammlungsgesetz auch als Handhabe gegen die Bekennende Kirche[18]. In dem Runderlaß vom 9. Juni 1937[19] hatten Innen- und Kirchenminister erklärt, »daß nur diejenigen kirchlichen Kollekten, die nach Maßgabe der von den ordentlichen vorgeordneten Kirchenbehörden aufgestellten Kollektenpläne in den regelmäßigen Gottesdiensten veranstaltet werden, als genehmigungsfreie Sammlungen im Sinne des § 15 Z. 4 des Sammlungsgesetzes anzusehen sind«.

Als zuständig zur Veranstaltung von Sammlungen galten danach regelmäßig die Kirchenausschüsse[20], nicht aber die Bekennende Kirche, der die Sammlungstätigkeit auch seit der 5. DVO zum Gesetz zur Sicherung der Deutschen Evangelischen Kirche vom 2. Dezember 1935[21] verboten worden war. Auch in den Fällen, in denen die Veranstaltung von Kollekten nach innerkirchlichem Recht im Ermessen des Pfarrers stand, sollte der Pfarrer an den erkennbaren Willen des ordentlichen Kirchenregiments gebunden sein. Eine Kollekte für die Arbeit der Bekennenden Kirche sollte also stets unzulässig sein[22].

Die Veranstaltung nicht genehmigter Sammlungen wurde nach den Strafbestimmungen des Sammlungsgesetzes strafrechtlich geahndet.

## II. Entscheidungen

Die Rechtsprechung zum Sammlungsrecht ist nicht einheitlich.

Ein Teil der Gerichte verfuhr bei der Frage der Genehmigungspflicht öffentlicher Sammlungen der christlichen Kirchen großzügig, ein anderer Teil zeigte sich engherzig. Ähnliches gilt für die in Verfahren wegen Sammlungen der Bekennenden Kirche ergangenen Entscheidungen. Können hier die ersten Urteile noch als wohlwollend gelten, so zeichnete sich bei verschiedenen Gerichten eine Verschärfung der Rechtsprechung ab, nachdem die Staatsführung zu erkennen gegeben hatte, daß sie die Sammlungstätigkeit der Bekennenden Kirche grundsätzlich für rechtswidrig und strafbar hielt. Dieser vom RG und vom KG vertretenen Rechtsprechung stand aber die abweichende Spruchpraxis insbesondere des OLG Naumburg gegenüber. In den Auseinandersetzungen mit der Bekennenden Kirche konnten sich Innen- und Kirchenminister mit ihren Bemühungen, der kirchlichen Opposi-

[16] F. KÜHN S. 1741.
[17] Ebenda.
[18] Die hierzu ergangenen Gerichtsentscheidungen werden, da die zusammenfassende Darstellung des Sammlungsrechts zweckmäßiger erscheint, bereits hier und nicht erst im 9. Kapitel erörtert.
[19] Gemeinsamer Runderlaß, RMBliV. S. 945.
[20] Vgl. H. GEFAELLER, a. a. O. S. 752; K. H. KNIEVEL S. 22 ff.
[21] RGBl. I, S. 1370.
[22] S. o. Anm. 20.

tion das Kirchenprivileg nach § 15 Ziffer 4 SG grundsätzlich zu versagen und ihre Sammlungstätigkeit strafrechtlich zu verfolgen, also nicht völlig durchsetzen. Vor allem haben zahlreiche Gerichte unter Berufung auf den rechtsstaatlich-prozessualen Grundsatz der Verhältnismäßigkeit es abgelehnt, die anläßlich der Verhaftungswelle des Jahres 1937 ergangenen Haftbefehle nur wegen eines an sich als geringfügig bewerteten Verstoßes gegen das Sammlungsgesetz für längere Zeit aufrechtzuerhalten. Hierbei wird man andererseits nicht übersehen dürfen, daß es in diesen Fällen erst einmal zum Erlaß richterlicher Haftbefehle kam, deren Aufhebung wegen unverhältnismäßiger Haftdauer den – hier nicht bekannten – Ausgang der Hauptsache in keiner Weise präjudizieren konnte.
Zusammenfassend läßt sich danach sagen, daß ein Teil der Rechtsprechung die antikirchlichen und fiskalischen Interessen des nationalsozialistischen Staates wohl unterstützt hat, ein anderer Teil es aber ablehnte, im Kampf des nationalsozialistischen Staats gegen die Kirchen, insbesondere gegen die Bekennende Kirche, durch einen gezielten, zweckentfremdeten Einsatz des Sammlungsgesetzes mitzuwirken.

### 1. Allgemeines Sammlungsrecht der Kirchen

Als beispielhaft galt etwa ein Urteil des OLG Köln vom 15. November 1935[23]: Der angeklagte Pfarrer hatte in der Kirche während des Gottesdienstes zu Spenden für die Beschaffung eines neuen Chorrockes aufgefordert und gebeten, die Spenden im Pfarrhaus abzugeben. Weil, so befand das Gericht in rigoroser Handhabung des Wortlauts des § 15 Ziff. 4 SG, »die Entgegennahme der Spenden außerhalb der Kirche erfolgen sollte, war die Veranstaltung der Sammlung genehmigungspflichtig und ohne Genehmigung der zuständigen Behörde strafbar.«
Für strafbar hielt das Gericht ferner allgemein gehaltene Aufrufe des Pfarrers in Pfarrboten, an der Beschaffung einer Statue und an der Erhaltung des Pfarrboten durch Geschenke mitzuwirken. Gespräche mit einzelnen Einwohnern über Möglichkeiten der Gründung eines Kirchenbauvereins wertete das Gericht dagegen nur als sammlungsrechtlich noch bedeutlungslose vorbereitende Besprechungen über die Aussichten der Gründung eines (genehmigungspflichtigen) Vereins.
Großzügiger zeigte sich das OLG Köln am 19. Mai 1938[24]. Eine Pfarrei eines rheinischen Weinortes hatte seit dem Jahre 1827 die Befugnis, von den Parochianen eine freiwillige »Beisteuer« an Wein einzusammeln. Die Beschlagnahmeverfügung der Staatsanwaltschaft wurde vom OLG aufgehoben, weil es sich wegen der erkennbare Eigenverwendung nicht um eine Sammlung, sondern um – erlaubten – Bettel handele.
Einen Hinweis im Kirchenboten, daß Überzahlungen auf das Bezugsgeld der Gratislieferung an Unbemittelte dienten, hielt das LG Graz am 22. September 1941[25] mangels Einholung der Genehmigung für strafbar.
Eine Sammlung verneinte das LG Limburg am 15. Juni 1944[26] bei von Pallotinern

[23] DJ 1936, 147; K. Voos S. 133.
[24] DJ 1938, 1797; dagegen F. Kühn S. 1736.
[25] AeKR 5 (1941), 245.
[26] H. Schorn, Richter S. 607.

eingesammelten Meßbundbeiträgen. Erstinstanzliche Verurteilung und Beschlagnahme durch das AG Limburg vom 28. Januar 1944[27] wurden aufgehoben, weil, wie schon die steuerliche Behandlung der Beiträge ergebe, der Staat davon ausgehe, daß hier ein Entgelt für das Lesen der Messe, nicht aber eine unentgeltliche Spende entrichtet werde[28].

Wiederholt befaßten sich die Gerichte mit dem Begriff der »öffentlichen« Sammlung:

Ein Pfarrer, der an etwa dreißig bis fünfzig begüterte, ihm als wohltätig bekannte Angehörige seiner Pfarrei persönliche Schreiben mit der Bitte um Spenden für einen Altar gerichtet hatte, erzielte beim OLG Düsseldorf am 16. Oktober 1935[29] einen Freispruch. Im Gegensatz zur bisherigen Verwaltungspraxis hielt es das OLG für genügend, daß der Pfarrer und die angegangenen Spender persönlich bekannt waren. Eine innere Verbundenheit oder nur Bekanntschaft unter den Spendern hielt es für nicht erforderlich.

Eine öffentliche Sammlung wurde hingegen vom AG Flatow am 23. Juni 1936[30] angenommen. Auf der Geburtstagsfeier eines Gemeindemitglieds war angeregt worden, Geld für einen Läufer für den Mittelgang der Kirche zu spenden. Die Angeklagten waren anschließend von Haus zu Haus gegangen, um die angekündigten Spenden einzusammeln, hatten hierbei allerdings auch Personen aufgesucht, die an der Feier nicht teilgenommen hatten, von denen aber angenommen wurde, daß sie ebenfalls einen Beitrag leisten würden.

Die Verurteilung von zwei Angeklagten, die im Januar 1939 bei den katholischen Jungmännern einer Pfarrgemeinde Geldspenden für ein Primizgeschenk eingesammelt hatten, wurde vom OLG München am 3. August 1939[31] bestätigt, weil die Jungmänner einer Dorf- und Pfarrgemeinde keine durch ein inneres Band wechselseitiger Beziehungen zusammengehaltene Gemeinschaft bildeten. Die erforderliche Begrenzung des Personenkreises »konnte nicht schon durch die Gleichheit des Personenstands [Jungmänner] oder der Konfession oder des Wohnorts oder der Zugehörigkeit zu einer politischen oder Pfarrgemeinde und die lediglich hierdurch bedingte persönliche Bekanntschaft der beteiligten Personen hergestellt werden.«

Im gleichen Sinne äußerte sich das LG Aachen am 7. Mai 1940[32]: »Auch unter den Mitgliedern einer kleinen Pfarrgemeinde mag zwar eine nähere Bekanntschaft und auch ein engeres Zusammengehörigkeitsgefühl bestehen, als dies in Städten der Fall ist. Dieses ist jedoch mehr durch die ländlichen Verhältnisse im allgemeinen als durch die Zugehörigkeit zu derselben Pfarrgemeinde bedingt und begründet noch nicht die innere Verbundenheit, die die Öffentlichkeit ausschließen würde.« Das Gericht schloß sich ferner der Auffassung an, daß Sammlungen in den Kirchen der anerkannten Religionsgesellschaften nur dann privilegiert sein sollten, wenn es sich um bisher – d. h. auch schon vor Inkrafttreten des Sammlungsge-

[27] Ebenda.
[28] Zur steuerlichen Behandlung der Spenden vgl. unten Kapitel 11, II, 4.
[29] AkKR 116 (1936), 220.
[30] AeKR 1 (1937), 279.
[31] RegerE 59, 358 = AkKR 121 (1941), 93.
[32] AkKR 120 (1940), 297.

setzes – übliche Sammlungen handelte. Die von dem Pfarrer in der Kirche vollzogene Gründung eines Kirchenbauvereins hielt es danach aber für zulässig.
Bei einer Sammlung auf der Jahreshauptversammlung des »Christlichen Frauendienstes«, eines Teils der Inneren Mission, unter etwa sechzig anwesenden Mitgliedern verneinte das LG Bautzen am 16. September 1940[33] das Merkmal der Öffentlichkeit. Ebenso entschied das AG Radeburg in einem vergleichbaren Fall mit Urteil vom 23. Oktober 1940[34]. Auch das AG Siegen verneinte am 20. Juni 1941[35] die Genehmigungspflicht einer Sammlung unter den Mitgliedern des »Klarsfelder Pfennigvereins«, der die Betheler Anstalten unterstützte. Hingegen erblickte das AG Arnsberg am 9. Februar 1943[36] im Einzug der Mitgliedsbeiträge für den Gustav-Adolf-Verein eine verbotene Sammlung, weil die Mitgliedschaft sich auf die Zahlung von Beiträgen beschränke und es deshalb an einem wirklichen Zusammenhang unter den Mitgliedern fehle. Aus ähnlichen Gründen bejahte das LG Hamburg am 6. Oktober 1943[37] die Öffentlichkeit der Sammlung bei der Aufforderung zum Eintritt in den Gemeindeschwesterndienst der Inneren Mission.
Zur Üblichkeit kirchlicher Sammlungen nahm das AG Mayen am 3. November 1943[38] Stellung: Es sei, so führte es anläßlich des Falles eines katholischen Pfarrers aus, der zur Begleichung von Kirchenbauschulden Kollekten durchgeführt hatte, in Gegenden der Eifel alter Brauch, daß im sonntäglichen Gottesdienst eine Kollekte für besondere Bedürfnisse der Kirche durch sogenannten Opfergang abgehalten werde. Diese Meinung wurde in der zweiten Instanz vom LG Koblenz am 8. Februar 1944[39] bestätigt. Mit Beschluß vom 18. August 1944 gab das RG[40] der Nichtigkeitsbeschwerde des Oberreichsanwalts statt. Indessen kam es wegen der Kriegsereignisse nicht mehr zur erneuten Verhandlung der Strafsache.
Ferner werden berichtet eine Verurteilung durch das LG Oels vom 17. August 1939[41], die Einziehung von Kollektengeldern durch das AG Bielefeld am 31. Januar 1940[42] und die Verwerfung eines von der Staatsanwaltschaft eingelegten Rechtsmittels durch das LG Frankfurt am Main am 1. August 1941[43].

2. Sammlungen der Bekennenden Kirche

Am 8. April 1935 verhandelte das AG Marburg[44] gegen einen Pfarrer, der Mitglieder für die Bekenntnisgemeinde geworben und freiwillige Beiträge von ihnen entgegengenommen hatte. Bei den Bekenntnisgemeinden handele es sich, so begründete das AG seinen Freispruch, um nach § 2 SG genehmigungsfreie Vereinigungen, »bei denen es dem Gründer und Veranstalter in erster Linie auf das feste

[33] AeKR 5 (1941), 95.
[34] H. Schorn, Richter S. 602.
[35] R. Echterhölter S. 252 (Anm. 44).
[36] Ebenda.
[37] Ebenda.
[38] H. Schorn, Richter S. 681.
[39] Ebenda.
[40] Ebenda.
[41] W. Niemöller, Kirche S. 255.
[42] Ebenda.
[43] Ebenda.
[44] H. Schorn, a. a. O. S. 582 und W. Niemöller, a. a. O. S. 249.

persönliche Verhältnis zwischen der Vereinigung und den angegangenen Personen und auf ihre Betätigung in der Vereinigung ankommt, sehr viel weniger aber und nur nebenbei auf den Erhalt von Beiträgen oder anderen geldwerten Leistungen.«
Mit gleichartigen Ausführungen begründeten das AG Potsdam am 16. Mai 1935[45] und das AG Siegen[46] jeweils einen Freispruch.
Mitglieder der Bekenntnisgemeinde, in deren Wohnungen Gottesdienste abgehalten und anschließend auch Spenden entrichtet worden waren, wurden am 28. Juni 1940 vom AG Liebstedt[47] freigesprochen. Das AG verneinte den öffentlichen Charakter der Zusammenkünfte, weil hier, wie auch sonst bei glaubensmäßig verbundenen Gemeinschaften, der Zusammenhalt der Mitglieder in der Regel ein besonders reger sei. In diesem Sinn äußerte sich auch das LG Braunsberg am 22. August 1940[48] in einem gleichgelagerten Fall.
Seit der 5. Durchführungsverordnung zum Gesetz zur Sicherung der Deutschen Evangelischen Kirche vom 2. Dezember 1935[49] war der Bekennenden Kirche die Ausübung kirchenamtlicher Befugnisse verboten, mithin klargestellt, daß Kirchenminister und Regierung der Bekennenden Kirche die Anerkennung als Kirche versagten. Wenn dem bereits erwähnten gemeinsamen Runderlaß vom 9. August 1937[50] allgemein auch nur verwaltungsinterne Wirkung beigemessen wurde, so war seither doch die Rechtsansicht der Regierung offenkundig, derzufolge die Sammlungen der Bekennenden Kirche wegen der Illegalität dieser kirchlichen Gruppe nicht als »von einer Christlichen Religionsgesellschaft des öffentlichen Rechts veranstaltet« (§ 15 Ziffer 4 SG) angesehen werden sollten.
In einer Entscheidung vom 11. September 1937 über eine Haftbeschwerde machte sich das KG[51] diese Auffassung alsbald zu eigen, wollte den Beschwerdeführer mangels Vorliegens einer Wiederholungsgefahr aber mit weiterer Untersuchungshaft verschonen unter der Voraussetzung, daß er sich durch schriftliche Erklärung zu den Akten verpflichte, bis zur rechtskräftigen Beendigung der Strafsache keine anderen Kirchenkollekten abzukündigen als die nach Maßgabe der von den ordentlichen vorgeordneten Kirchenbehörden angestellten Kollektenpläne.
Mit Urteil vom 19. November 1937 wurde diese Rechtsprechung vom KG[52] weiter gefestigt: Das Kirchenprivileg des Sammlungsgesetzes könne sich nur auf solche Sammlungen beziehen, die in den Grenzen des innerkirchlichen Rechts durchgeführt würden, und auch da, wo die Veranstaltung einer Kollekte im Ermessen des Pfarrers stehe, müsse es sich um Kollekten für die anerkannten Bedürfnisse

[45] H. Schorn, Richter S. 610.
[46] R. Echterhölter S. 273.
[47] H. Schorn, a. a. O. S. 602.
[48] H. Schorn, a. a. O. S. 603.
[49] RGBl. I, S. 1370.
[50] RMinBliV S. 945.
[51] DJ 1937, 1618 mit zustimmender Anmerkung W. Schmidt. Die von W. Schmidt a. a. O., S. 1617 vertretene These, daß die Bekenntniskirche überhaupt nicht mehr Teil der evangelischen Kirche sei, weil eine Religionsgesellschaft des öffentlichen Rechts nur die Mitglieder und Gruppen umfassen könne, die das vom Führer bzw. in dessen Vertretung vom Reichskirchenminister bestellte Kirchenregiment anerkannten, wurde vom RG (s. unten Anm. 53), vom OLG Naumburg (s. unten Anm. 58) und vom LG Guben (s. unten Anm. 63) ausdrücklich zurückgewiesen.
[52] AeKR 2 (1938), 218.

der Gemeinde in den Grenzen des vom Kirchensenat aufgestellten Kollektenplans handeln, was bei Sammlungen auf Anordnung oder für die Zwecke der Bekennenden Kirche nicht zutreffe: »Der Staat kann sich seines Rechts, die Sammlungstätigkeit zu kontrollieren, zugunsten der Kirche nur begeben, wenn er sicher ist, daß diese Sammlungen nicht nach dem Belieben jeder einzelnen Pfarrgemeinde, sondern nach einem verfassungsmäßig geregelten Verfahren durchgeführt werden. Nur diese Sammlungen sind der Kirche freigegeben«, und hieran habe sich durch das Ziel des Sammlungsgesetzes, »in der heutigen Notzeit alle Kräfte der Volksgenossen für eine zentrale und wirksame Unterstützung der Notleidenden im nationalsozialistischen Staate zusammenzufassen«, nichts geändert.
Diese den kirchenpolitischen Zielen der Staatsführung entsprechende Rechtsprechung wurde mit einer Grundsatzentscheidung des RG vom 22. September 1938[53] fortgesetzt. Die Entscheidung des 2. Strafsenats ist Beispiel sowohl für die Auflösung rechtlicher Bindungen zugunsten eines schrankenlosen, nur durch die jeweils für opportun gehaltene Kirchenpolitik näher bestimmten staatlichen Totalitätsanspruchs, wie auch für den Funktionswandel der Rechtsprechung im nationalsozialistischen Staat, der durch die Umwandlung unabhängiger richterlicher Gewalt in abhängige politische Gewalt gekennzeichnet ist:
Bei der Frage nach der Rechtsgültigkeit der die Tätigkeit der Bekennenden Kirche beschneidenden Verbote nach der 5. Durchführungsverordnung zum Gesetz zur Sicherung der Deutschen Evangelischen Kirche rekurrierte der Senat auf den Vorbehalt des für alle geltenden Gesetzes, den er in bereits bekannter Umdeutung[54] in einen allgemeinen politischen Vorbehalt des Staates ummünzte, wenn er allen gesetzlichen Vorschriften, die aus Anlaß behaupteter »Gefährdung der Volksgemeinschaft zur Herbeiführung der Ordnung erlassen worden sind«, den Vorrang einräumte. Den Einwand, daß die Kollekten Bestandteil des Gottesdienstes seien und insofern von der genannten Durchführungsverordnung ausdrücklich unberührtes rein glaubensmäßiges Gebiet beträfen, glaubte der Senat mit einem bloßen Hinweis auf den »Mißbrauch gottesdienstlicher Handlungen« erledigen zu können, wie dem Gericht zur Begründung der Rechtsgültigkeit der Verbote die Berufung auf die Verlautbarung einer staatlich-politischen Instanz möglich und genügend erschien: »Die Beschlußstelle hat anläßlich der Entscheidung über die ordnungsmäßige Berufung eines Pfarrers durch Beschluß vom 15. April 1937 (veröffentlicht im Reichsanzeiger vom 16. April 1937 Amtl. Teil S. 2) festgestellt, daß Organe wie der sog. »Bruderrat« oder ein anderer »Rat der Bekennenden Kirche« nicht in der Verfassung der Evangelischen Kirche der altpreußischen Union vorgesehen sind, nicht vom Staat anerkannt werden und keinerlei Berechtigung haben, kirchenregimentliche Befugnisse irgendwelcher Art auszuüben. Damit hat die vom Führer und Reichskanzler berufene Stelle maßgeblich zum Ausdruck gebracht, daß jegliche kirchenregimentliche Tätigkeit der Bruderräte oder entsprechender von der Bekennenden Kirche gebildeter Organe unzulässig ist. Nach dem Zwecke des Gesetzes muß sich die Verbindlichkeit des Beschlusses über die Ent-

[53] RGSt 72, 329 = DJ 1938, 1724 mit zustimmender Anmerkung Henning S. 1726 = ZAkDR 1938, 779.
[54] Vgl. oben S. 42.

scheidung des Einzelfalles hinaus auch auf diesen mitveröffentlichten Ausspruch erstrecken.«[55]
Die eigentliche strafrechtliche Problematik dieser Fälle lag in der Frage, ob die Strafbarkeit von Sammlungen der Bekennenden Kirche nach dem Sammlungsgesetz von 1934 entscheidend abhängen konnte von einer später erlassenen ministeriellen Verordnung vorwiegend innerkirchlich-disziplinarrechtlicher Natur. Diese Frage wurde vom RG mit nur knapper Begründung bejaht. Indem es das Sammlungsgesetz im Sinne der jeweiligen, gerade vorherrschenden Kirchenpolitik des Staates auslegte, stellte es den rechtsstaatlichen Vorbehalt des Gesetzes zurück hinter den grundsätzlichen Vorrang der politischen Entscheidung: »Wie dargelegt, hatte das Sammlungsgesetz die Regelung des Kollektenwesens im Auge, wie sie seit langem bestand und sich als mit den Belangen des Staates vereinbar erwiesen hatte. Dieser Gesichtspunkt trifft nach den vorangegangenen Darlegungen nicht auf Sammlungen zu, wie sie der Angeklagte durchgeführt hat. Sie sind geeignet, die Maßnahmen des Staates zur Sicherung des Bestands der Deutschen Evangelischen Kirche zu durchkreuzen, und stellen damit eine Beeinträchtigung der öffentlichen Ordnung dar. Der Sachverhalt liegt rechtlich nicht anders, als wenn z. B. ein Pfarrer eine Kollekte veranstalten wollte, bei der er dem Gesetz gegen die Neubildung von Parteien oder der Verordnung zum Schutz von Volk und Staat vom 28. Februar 1933 (RGBl. I, S. 83) zuwiderhandelt. In diesen Fällen wie im vorliegenden verstößt er gegen Anordnungen, die der Staat im Interesse des Volksganzen gegenüber Bestrebungen erlassen hat, die nicht mit der Ordnung des Staatswesens vereinbar sind. Es wäre unmöglich anzunehmen, daß solche Sammlungen von der Genehmigungsfreiheit des § 15 Ziff. 4 SG gedeckt sein könnten.«[56]
Zu diesem Urteil bemerkte der Kommentator aus dem Reichsjustizministerium in durchaus zutreffender Deutung[57]: »Die grundsätzliche Bedeutung dieses Urteils liegt in der mit überzeugenden Ausführungen untermauerten Feststellung, daß eine aus höherem Staatsinteresse verbotene Sammlung nicht genehmigungsfähig und erst recht nicht genehmigungsfrei sein könne. Es ist in der Tat unvorstellbar, daß das Sammlungsgesetz, das nur in eng umschriebenen Grenzen öffentliche Sammlungen ohne Genehmigung zuläßt, kirchliche Kollekten gestatten wollte, die staatlichen Zwecken so stark zuwiderlaufen, daß sie sogar verboten werden mußten.«

[55] RG, a. a. O., S. 334. Nach § 2 Abs. 1 des Gesetzes über das Beschlußverfahren in Rechtsangelegenheiten der Evangelischen Kirche vom 26. Juni 1935, RGBl. I, S. 774, waren die Beschlüsse der Stelle »allgemein verbindlich«. Sie entfalteten danach eine allgemeine Bindungswirkung über die subjektiven Grenzen der Rechtskraft hinaus, vgl. etwa W. Weber, Beschlußverfahren S. 1075 (1076). Weitergehend nahm das RG hier die Erstreckung der Bindungswirkung auch über die objektiven Grenzen der Rechtskraft hinaus an, indem es sich an Gründe und Präjudizien der Beschlüsse band. Diese Annahme war mit den überkommenen Grundsätzen der Bindungswirkung rechtskräftiger Entscheidungen nicht mehr zu begründen; sie enthält deshalb ein eindeutiges Bekenntnis des RG zum Führerprinzip.

[56] Bezeichnend sind auch die Ausführungen des Gerichts zur Schuldfrage. Daß die Frage der Strafbarkeit höchstrichterlich umstritten war, hielt es für belanglos, weil, wie der Angeklagte gewußt habe, die *Anklagebehörde* die Strafbarkeit annehme und deshalb eine Anzahl von Pfarrern in Haft genommen habe. Das RG nahm ferner Strafbarkeit nach § 110 StGB an, vgl. dazu auch Hennig S. 1726 (1727).

[57] Hennig S. 1726.

Eine abweichende Auffassung vertrat das OLG Naumburg in mehreren, teilweise wörtlich übereinstimmenden Entscheidungen aus der Zeit von September bis November 1937 in verschiedenen Haftsachen[58]. Hatte das OLG bereits früher wegen Vergehens gegen das Sammlungsgesetz erlassene Haftbefehle aufgehoben, weil ein zwingender Haftgrund nicht zu erkennen war[59] und, »nachdem sich die Fälle so auffallend mehrten, daß an einen organisierten Widerstand gegen staatliche Anordnungen gedacht werden mußte«[60], den Pfarrern zwecks Ausräumung des Haftgrundes der Wiederholungsgefahr die Abgabe einer vorläufigen Wohlverhaltenserklärung nahegelegt[61], so verneinte es jetzt überhaupt die Genehmigungspflicht und mithin Strafbarkeit nicht genehmigter Kollekten der Bekennenden Kirche.
Aus dem Erlaß des Führers vom 15. Februar 1937 über die Anordnung neuer Kirchenwahlen[62] sei zu folgern, daß der Führer alle sich streitenden Gruppen in der evangelischen Kirche, also auch die Bekennende Kirche, nach wie vor als Teil der öffentlich-rechtlichen Religionsgesellschaft der Evangelischen Kirche ansehe. Folglich sei die Ausnahmebestimmung des § 15 Ziffer 4 SG auch auf die Kollekten der Bekennenden Kirche anzuwenden. Die Verbote des Kirchenministers könnten nur disziplinarrechtliche, nicht aber strafrechtliche Konsequenzen entfalten. Insbesondere könne die Strafbarheit nicht aus einem »Zusammenhalten der kirchenrechtlichen Verordnungen mit den Bestimmungen des Sammlungsgesetzes« oder mit § 2 StGB begründet werden.
Diese Rechtsansicht hatten auch das LG Guben in einer Haftsache am 4. September 1937[63] und, ebenfalls in Haftsachen, eine Anzahl anderer Gerichte[64] vertreten; ihr schloß sich das SoG Bremen noch am 30. April 1940[65] an. Aus den gleichen Gründen wurde von den AG Nauen am 17. November 1937[66] und Königswusterhausen am 15. Oktober 1937[67] die Eröffnung der Hauptverfahren abgelehnt.
Den von RG und KG vertretenen Standpunkt teilte dagegen das LG Essen in einer Entscheidung vom 8. Februar 1938[68].
Mit den sich widersprechenden Entscheidungen der höchsten Gerichte rechtfertigte das LG Lyck am 13. November 1937[69] die Aufhebung eines Haftbefehls: Die Tatsache allein, daß zwei höchste Gerichte nach eingehender wohlbegründe-

[58] 28. September 1937, H. Schorn, a. a. O. S. 574; 29. September 1937, AeKR 2 (1938), 215; 10. November 1937, AeKR 2 (1938), 216; 12. November 1937, W. Niemöller, a. a. O. S. 253.
[59] 31. August 1937, R. Echterhölter S. 167 (Anm. 178).
[60] 28. September 1937, H. Schorn a.a. O. S. 575; LG Bielefeld 20. Dezember 1937, R. Echterhölter S. 167.
[61] S. o. Anm. 60; ebenso AG Bielefeld 20. Dezember 1937, R. Echterhölter S. 167; KG 11. September 1937, s. o. Anm. 52.
[62] RGBl. I, S. 203.
[63] H. Schorn, a. a. O. S. 605.
[64] LG Bonn 5. November 1937, R. Echterhölter S. 272; LG Köln 16. November 1937, ebenda; LG Koblenz 16. Dezember 1937, H. Schorn a. a. O. S. 581; LG Breslau 13. Januar 1938, R. Echterhölter a. a. O. S. 272; AG Bad Oeynhausen 24. Januar 1938, ebenda; AG Bünde 31. März 1938, H. Schorn, a. a. O. S. 598.
[65] R. Echterhölter S. 272.
[66] Ebenda.
[67] Ebenda.
[68] Ebenda, S. 271.
[69] H. Schorn, a. a. O. S. 587 (unter Bezug auf KG 11. September 1937, DJ 1937, 1618 und OLG Naumburg 4. Oktober 1937, unveröffenlicht).

ter Prüfung der Rechtslage zu gegensätzlichen Entscheidungen in derselben Rechtsfrage kämen, beweise, daß den gesetzlichen Bestimmungen die genügende Klarheit fehle, so daß, wer die Sammlungen für erlaubt halte, mindestens in einem unvorwerfbaren Irrtum handele.

In verschiedenen Fällen hoben die Gerichte Haftbefehle auf, weil sie die Fortdauer der Untersuchungshaft für unverhältnismäßig hielten. In einem Beschluß vom 30. August 1937 ließ das OLG Naumburg[70] die Frage der Strafbarkeit von Kollekten der Bekennenden Kirche offen, weil es den Haftbefehl schon wegen Unverhältnismäßigkeit aufhob: »Es ist zu berücksichtigen, daß die Untersuchungshaft einen schweren Eingriff in die Freiheit und auch in die Vermögensverhältnisse einer Person bedeutet und daß deshalb gewissenhaft geprüft werden muß, ob die – gesetzlich zulässige – Inhaftnahme nach der Bedeutung und den besonderen Umständen des Einzelfalles auch tatsächlich geboten erscheint... Sie wird deshalb wegen Wiederholungsgefahr nur gerechtfertigt sein, wenn wegen der Art oder Schwere der Tat, deren Wiederholung zu befürchten ist, oder der durch die bewiesene Gewissenlosigkeit des Täters für die Volksgemeinschaft wesentliche Nachteile daraus entstehen würden, daß der Täter auf freiem Fuß bliebe und so seine Freiheit erneut zum Schaden der Allgemeinheit mißbrauchen kann. Diese Voraussetzungen sind hier aber nicht gegeben; insbesondere ist zu berücksichtigen, daß der Beschuldigte nicht aus unedlen Beweggründen gefehlt hat, sondern aus der Überzeugung heraus gehandelt hat, die vom Bruderrat der Bekenntniskirche ausgeschriebene Kollekte abkündigen und einsammeln zu dürfen, und daß diese Überzeugung durch die Ungeklärtheit der kirchlichen Angelegenheiten in ihm hervorgerufen sein mag«.

Wegen der »derzeitigen Ungeklärtheit der kirchlichen Lage« hob auch das LG Potsdam am 9. September 1937[71], am 13. September 1937[72] und am 15. September 1937[73] Haftbefehle auf. Zu berücksichtigen sei, daß sich die Angeklagten bereits über zwei Wochen in Haft befänden, und daß die zu erwartenden Geldstrafen durch die bisher erlittene Untersuchungshaft bereits als verbüßt gelten müßten.

Aus gleichen oder ähnlichen Gründen verfügten eine Anzahl weiterer Gerichte die Freilassung inhaftierter Pfarrer in der Zeit von September bis Dezember 1937[74].

[70] H. Schorn, a. a. O. S. 603.

[71] H. Schorn, a. a. O. S. 616.

[72] R. Echterhölter S. 167.

[73] H. Schorn, a. a. O. S. 614. Das Gericht äußerte hier auch Zweifel an der Strafbarkeit der Sammlungstätigkeit.

[74] LG Frankfurt/Oder 28. August 1937, R. Echterhölter S. 167; 29. September 1937, W. Niemöller, a. a. O. S. 252; 30. September 1937, R. Echterhölter S. 167; AG Crossen 4. September 1937, W. Niemöller, a. a. O. S. 251; LG Halle 22. September 1937, W. Niemöller, a. a. O. S. 252; AG Seelow 4. Oktober 1937, W. Niemöller, a. a. O. S. 252; LG Landsberg 11. Oktober 1937, R. Echterhölter S. 167; Köln 6. November 1937, W. Niemöller, a. a. O. S. 252; OLG Königsberg 11. Oktober 1937, R. Echterhölter S. 167; 23. November 1937, ebenda; 29. Nov. 1937, ebenda; LG Königsberg 4. Dez. 1937, ebenda; SoG Dortmund 3. Dezember 1937, ebenda; OLG Hamm 8. Dezember 1937, W. Niemöller, a. a. O. S. 252; 9. Dezember 1937, R. Echterhölter S. 167; LG Hagen 9. Dezember 1937, ebenda; Entscheidung eines ungenannten OLG vom 31. August 1937, W. Niemöller, a. a. O. S. 251. Haftentlassungen verfügten ferner das LG Frankfurt/Oder am 28. September 1937, W. Niemöller, a. a. O. S. 252 und das AG Breslau am 8. Dezember 1937, ebenda, S. 253; Gründe der Verhaftung und der Freilassung werden von W. Niemöller hier nicht mitgeteilt.

## 7. Kapitel: Das Recht der Kirchen auf Unterhaltung öffentlicher, insbesondere sozialer und karitativer Einrichtungen

### I. Problemstellung

Die christliche Liebestätigkeit ist von allem Anfang an von zentraler Bedeutung für das Christentum gewesen. Als unmittelbar auf dem göttlichen Auftrag beruhend ist tätige Nächstenliebe Recht und Pflicht der Kirchen wie der Gläubigen[1]. Der Anspruch der Kirchen auf freie Entfaltung christlicher Liebestätigkeit ist, wenn es auch an Versuchen, den Anspruch zu bestreiten, zu den verschiedenen Zeiten nie gefehlt hat, staatlicherseits stets als mehr oder minder selbstverständlich anerkannt worden. Das Recht der Kirchen auf soziale und karitative Arbeit durch Unterhaltung und Betätigung entsprechender kirchlicher Institutionen durfte deshalb auch bei Fehlen ausdrücklicher verfassungsmäßiger oder gesetzlicher Hervorhebung als grundsätzlich unstreitige Aktualisierung der allgemeinen, in der Weimarer Reichsverfassung verbürgten Religionsfreiheit gelten[2].
Der Anspruch der Kirchen auf Sozialarbeit und Wohlfahrtspflege ist von der Staatsrechtslehre der nationalsozialistischen Zeit nicht gezielt angegriffen worden. Auch Partei und Staat haben diesen Zweig kirchlicher Betätigung zumindest anfangs noch nicht systematisch bekämpft. Als Beginn des grundsätzlichen Angriffs kann aber die Monopolisierung des Sammlungswesens für nationalsozialistische Zwecke angesehen werden[3], und man wird nicht fehlgehen in der Annahme, daß die im Zuge der Entkonfessionalisierungspolitik der Partei verhängten Maßnahmen wie die Schließung oder die »Übernahme« einzelner kirchlicher Einrichtungen wie auch der spätere Abbau der steuerlichen Privilegien[4] in diesem Bereich den Anfang vom Ende der kirchlichen Sozialarbeit überhaupt anzeigten.

### II. Entscheidungen

Die Anzahl der zu diesem Zweig kirchlicher Betätigung veröffentlichten Entscheidungen ist nur klein. Bei grundsätzlichen Feststellungen ist deshalb Zurückhaltung geboten. Die polizeiliche Schließung konfessioneller Kindergärten und die Entkonfessionalisierung einer religiös geprägten Fürsorgeanstalt sind in den hier vorliegenden Gerichtsentscheidungen bestätigt worden, wobei wegen der durchaus anfechtbaren Rechtsausführungen der Gerichte der Schluß naheliegt, daß hier die Anerkennung des vom nationalsozialistischen Staat in Anspruch genommenen Erziehungsmonopols tragender Grund für die Entscheidungen war. Den Versuchen von Dienststellen der Partei oder des Staates, der kirchlichen Wohlfahrtspflege dienende Einrichtungen kurzerhand zu »übernehmen«, ist die Rechtsprechung,

[1] Vgl. etwa K. Borgmann und R. Frick, Sp. 1101 ff., Überblick auch bei K. H. Knievel S. 13 ff. mit weiteren Nachweisen.
[2] Das »Armenwesen« wird schon von W. Kahl, Lehrsystem S. 284, den gemischt staatlich-kirchlichen Angelegenheiten zugerechnet.
[3] Vgl. oben Kapitel 6.
[4] Vgl. dazu unten Kapitel 11.

insbesondere das PrOVG, das hier an seine traditionelle Rechtsprechung zum Polizeirecht anknüpfen konnte, indessen entgegengetreten.

Am 1. März 1938 befaßte sich der BadVGH[5] mit dem polizeilichen Verbot eines katholischen Kindergartens. Das Bezirksamt hatte am 9. Juli 1937 die Schließung des Kindergartens angeordnet. Nachdem auch die NSV eine Kinderschule eröffnet hatte, sollte das Bestehen von zwei Kindergärten zu einer Störung der Ruhe, der Ordnung und des politischen Friedens in der Gemeinde geführt haben. Der VGH bestätigte das Verbot mit rechtlich kaum stichhaltiger Begründung: Die Kirche sei zwar gem. § 29 Reichsjugendwohlfahrtsgesetz (RJWG) von der Verpflichtung zur Einholung der zum Betrieb eines Kindergartens grundsätzlich erforderlichen behördlichen Erlaubnis wirksam befreit gewesen, doch sei die Befreiung infolge des Umzugs des Kindergartens vom Pfarrhaus in das Schwesternhaus hinfällig geworden. Wie eine entsprechende Einzelfallerlaubnis stets nur für bestimmte Personen und bestimmte Wohnungen und Räume erteilt werde[6], gelte Gleiches auch für die generelle Befreiung von der Erlaubnispflicht mit der Folge, daß jeder Umzug des Kindergartens die erteilte Befreiung zum Erlöschen bringe, wenn nicht vorher die Zustimmung der Behörde eingeholt worden sei. Damit verwischte das Gericht den entscheidenden Unterschied zwischen Erlaubnis und Befreiung vom Erlaubnisvorbehalt: Während eine Erlaubnis nur für den konkreten Einzelfall erteilt wurde, galt die Befreiung von der Erlaubnispflicht ihrer Natur nach generell für den Betrieb von Pflegestellen durch Anstalten, die nach Satzung, sachlicher und personeller Ausstattung grundsätzlich die Gewähr für eine ordnungsmäßige Erfüllung der pflegerischen Aufgaben Gewähr boten[7]. Der Fortbestand dieser Voraussetzungen war durch laufende behördliche Aufsicht zu überwachen, die Befreiung bei Wegfall zu widerrufen[8]. Die Befreiung vom Erlaubnisvorbehalt mußte aber sinnlos und überflüssig werden, wenn für jeden Einzelfall, für jede tatsächliche Änderung die behördliche Zustimmung – mit anderen Worten die Erlaubnis – hätte eingeholt werden müssen.

Diese Rechtsansicht, deren einziger Vorzug die juristische Verschleierung politischer Motivation gewesen sein dürfte, hatte der BadVGH in einer Entscheidung vom 24. November 1937[9] bereits vorbereitet, in der es um das vom Landrat verfügte polizeiliche Verbot eines evangelischen Kindergartens ging. In der Gemeinde war es zu Auseinandersetzungen um den bestehenden Kindergarten gekommen, die darin gipfelten, daß die Kirche einen eigenen Kindergarten im Gemeindehaus zu eröffnen suchte, der von dem evangelisch-kirchlich ausgebildeten Personal der bisherigen Tagesstätte betreut werden sollte. Im Rechtsstreit wurde im wesentlichen um die Frage gestritten, ob erlaubnisfreie Fortsetzung oder erlaubnispflichtige Neueröffnung einer Tagesstätte vorliege. Nach Auffassung des VGH sollte dies entscheidend davon abhängen, »wer der Unternehmer der Anstalt ist und in

[5] DV 1938, 572.

[6] E. Friedeberg – W. Polligkeit § 22 Anm. 3; vgl. aber auch ebenda § 20 Anm. 4a, wonach beim Umzug im Jugendamtsbezirk die Anzeige an das Jugendamt genüge.

[7] A. a. O., § 29 Anm. 1.

[8] A. a. O., § 29 Anm. 40.

[9] RVerwBl 1938, 648 = BadVerwZ 1938, 39 (das Datum wird hier mit 23. November 1937 angegeben).

welchen Räumen sie betrieben wird«; er entschied sich wegen des angenommenen Wechsels der Unternehmerpersönlichkeit für erlaubnispflichtig und mithin unzulässige Neueröffnung, ohne auf die Frage der Bedeutung eines Wechsels der Räumlichkeiten noch genauer einzugehen.

Mit der nationalsozialistischen »Übernahme« eines konfessionellen Kindergartens befaßte sich auch der WürttVGH in einer Entscheidung vom 5. April 1940[10]. Der politischen Gemeinde war ein Haus geschenkt worden mit der Auflage, einen konfessionellen Kindergarten darin zu unterhalten. Im März 1938 ordnete der Bürgermeister die Aufhebung der die Auflage enthaltenden Vertragsbestimmung und die Umwandlung der Kinderschule in einen NSV-Kindergarten an. Die Klage der Erben des Schenkers wurde vom VGH zwar mangels Zuständigkeit abgewiesen, weil rein privatrechtliche Ansprüche aus einem Schenkungsvertrag geltend gemacht wurden, doch gab das Gericht den Klägern in der Sache fürsorgliche Schützenhilfe: »Daß die Gemeinde, der Bürgermeister und ebenso die Aufsichtsbehörde eine der Gemeinde selbst gehörige und von ihr unterhaltene Klein-Kinderschule von keinem anderen als einer NSV-Kinderpflegerin betreut sehen will, ist politisch verständlich. Ist aber, wie im vorliegenden Fall, die Kinderschule der Gemeinde geschenkt und gestiftet und in deren seinerzeitigen Einverständnis mit einer in gegenteilige Richtung gehenden Stiftungsbestimmung belastet, dann kann die Gemeinde auch auf Grund von § 66 Abs. 2 DGO diese Bestimmung nicht ohne weiteres außer Wirkung setzen; sie muß vielmehr hierbei auch ihrerseits den Stifterwillen soweit als möglich wahren . . . Will sich die Gemeinde von der genannten Stifterbestimmung freimachen, so wird das nur in der Weise geschehen können, daß sie die Stiftung aufhebt, also die Schenkung den Erben des Stifters zurückgibt und aus eigenen Mitteln eine gemeindliche Kinderschule errichtet«.

Die Schließung eines Krankenhauses[11] der katholischen Kirchengemeinde war Gegenstand eines Urteils des PrOVG vom 25. November 1937[12]. Weil der Leiter des Krankenhauses Anfang August 1936 die Durchführung eines medizinisch indizierten Schwangerschaftsabbruchs verhindert hatte, kam es im Juni 1937 – also ein dreiviertel Jahr später – zur Veranstaltung von Tumulten durch die SA. Hierauf verfügte der Polizeipräsident die Schließung der Anstalt, weil mit Erregung und Unruhe in der Bevölkerung zu rechnen sei. Das PrOVG hob die Polizeiverfügung auf, weil nicht das Krankenhaus, sondern die SA der unmittelbare Störer im Sinne des Polizeirechts sei, gegen den richtigerweise hätte vorgegangen werden müssen: »Störer der öffentlichen Ordnung auf dem Gebiete der Sicherheitspolizei im engeren Sinne würden dagegen nur diejenigen Personen sein, die sich durch ihre Erregung gegen die Klägerin zu Unruhen und Gewalttätigkeiten hinreißen ließen.«[13]
Ebenso entschied das PrOVG am 6. Oktober 1938[14] anläßlich einer Klage der Barmherzigen Brüder des Herz-Jesu-Krankenhauses in Fulda, gegen die ein Auf-

[10] DV 1942, 37.

[11] Nach H. Schorn, Richter S. 154, war die polizeiliche Schließung kirchlicher Krankenhäuser die Vorstufe geplanter Aneignung durch die NSV. Zur Sorgfaltspflicht eines kirchlichen Krankenhauses bei Beaufsichtigung der Patienten vgl. RG 4. Februar 1938, AkKR 119 (1939), 238.

[12] E 103, 139; vgl. dazu H. Schorn, a. a. O. S. 150, 151.

[13] Zitiert nach H. Schorn, a. a. O. S. 151. Zum Unwillen der Partei über dieses Urteil ebenda.

[14] H. Schorn, a. a. O. S. 152.

enthaltsverbot verhängt worden war. Vorausgegangen war ein Strafverfahren gegen fünf der Brüder; die Polizei nahm dies zum Anlaß, die unbeteiligten Brüder auszuweisen, weil ihr weiteres Verbleiben zu Ausschreitungen und mithin zu einer schweren Gefährdung der öffentlichen Ordnung führen werde. Das OVG hob die Ausweisungsverfügung auf und beschied die Behörde, daß gegen diejenigen vorzugehen sei, die sich zu Gewalttätigkeiten und anderen Ungesetzlichkeiten hinreißen ließen.

In zwei Urteilen vom 3. Oktober 1940[15] befaßte sich das PrOVG mit der polizeilich angeordneten Schließung eines Kurhauses mit Kinderheilstätte und eines Erholungsheims. Die Polizeibehörde hatte die Betriebseinstellungen verfügt, weil die erforderliche Schankerlaubnis nach § 1 GastG, § 30 RGO fehle. Das Gericht hob die Verfügungen auf, weil es einer Schankerlaubnis bei fehlender Gewinnerzielungsabsicht und vorliegender Gemeinnützigkeit nicht bedürfe[16].

Um die nationalsozialistische »Übernahme« einer Stiftung und um die ungesetzliche Schmälerung der Rechte eines Krankenpflegeordens ging es in dem Urteil des RG vom 7. November 1940[17]. Einer Stiftung, die satzungsmäßig vom bischöflichen Stuhl vertreten wurde, war eine größere, im wesentlichen in Grundbesitz bestehende Erbschaft angefallen mit der Auflage, daß das Vermögen für einen bestimmten Krankenpflegeordnen zu verwenden sei. Durch Verfügung der GESTAPO vom 25. März 1939 wurde der bischöflichen Behörde »aus staatspolizeilichen Gründen« die Vertretung der Stiftung entzogen. Der Regierungspräsident setzte am 27. März 1939 einen Verwalter ein, der den Schwestern alsbald Verwaltung und Nutznießung des Grundbesitzes entzog, sie am 27. Juli 1939 zur Räumung zwang und den Namen der Stiftung nun in »Volkspflegestiftung« änderte. Über die Frage der Zuständigkeit der ordentlichen Gerichte wurde ein Zwischenstreit geführt, den das RG hier zugunsten der klagenden Schwestern entschied. Die beklagte Stiftung hatte die Unzuständigkeit geltend gemacht und eingewandt, daß – ebenso wie die Entfernung des Bischofs aus der Stiftung und die Einsetzung des Verwalters – auch die weiteren Akte des Verwalters unanfechtbare staatliche Hoheitsakte seien. Denn der Verwalter habe im Auftrag des Regierungspräsidenten gehandelt und seine Anordnungen habe jener mit ausdrücklicher Zustimmung des Reichsministers für die Kirchlichen Angelegenheiten und auch des Reichsinnenministers getroffen. Das Klagebegehren laufe also auf Beseitigung eines Zustands hinaus, der in Ausübung staatlicher Hoheitsrechte geschaffen worden sei. Das RG wies diese Meinung zurück und führte aus, daß es um rein privatrechtliche Rechtsbeziehungen gehe, insbesondere um die Frage, ob die testamentarisch verbrieften Rechte der Kläger an den Grundstücken einseitig anulliert werden konnten. Dieses Vorhaben, so bemerkte W. Weber zu dem Urteil[18], hätte korrek-

[15] H. Schorn, a. a. O. S. 153 u. 155.

[16] Gewinnerzielungsabsicht hatte die Vorinstanz, das BezVerwG Saarbrücken, in einem der Fälle angenommen, weil nach dem nationalsozialistischen Grundsatz, daß als Recht nur anzusehen sei, was dem Volke nütze, davon ausgegangen werden müsse, daß bei den außerhalb der nationalsozialistischen Weltanschauung stehenden Vereinigungen von einer uneigennützigen Tätigkeit grundsätzlich nicht mehr gesprochen werden könne, vgl. die Wiedergabe der Entscheidungsgründe durch das OVG bei H. Schorn, a. a. O. S. 154.

[17] ZAkDR 1941, 67.

[18] W. Weber, Urteilsanmerkung S. 69.

terweise nur unter Beachtung der überkommenen Grundsätze über eine entschädigungspflichtige Enteignung angegangen werden können.
Der Versuch der Übernahme eines evangelischen Krankenhausvereins war Gegenstand eines Rechtsstreits, der am 16. Juni 1941 vom OLG Hamm[19] entschieden wurde. Die mit Hilfe der GESTAPO bewirkten Veränderungen in der Zusammensetzung von Vorstand und Mitgliederversammlung und die hiernach gefaßten Beschlüsse über verschiedene Satzungsänderungen wie insbesondere über die Änderung des Vereinszwecks wurden vom OLG für rechtswidrig erklärt.
Am 3. Oktober 1938 befaßte sich das RG[20] mit der Frage, ob eine katholische Fürsorgeanstalt[21], eine Stiftung, verpflichtet war, die Verwaltungsbefugnisse an den zuständigen staatlichen Fürsorgeverband abzugeben. Das RG bejahte diese Frage, weil die vertraglichen Abmachungen[22] der Parteien eine entsprechende Verpflichtung enthielten für den Fall, daß der Verwaltungsrat der Anstalt seinen Verpflichtungen nicht nachkäme. Eine Pflichtverletzung erblickte es in dem Umstand, daß der staatliche Fürsorgeverband nicht umgehend über offenbar vorgekommene sittliche Verfehlungen des Aufsichtspersonals informiert worden war.
Mit Urteil vom 17. Oktober 1941 nahm das ThürOVG[23] zur Entkonfessionalisierung eines der Fürsorgeerziehung dienenden Mädchenheims Stellung. Als Stiftungsaufsichtsbehörde hatte das Innenministerium eine neue Satzung erlassen; die Änderungen bestanden im wesentlichen in der Ausschaltung des religiös-kirchlichen Gepräges der Erziehung zugunsten einer Erziehung auf der Grundlage der nationalsozialistischen Weltanschauung. Die vom Thüringischen Verband für Innere Mission und vom Landeskirchenrat erhobene Klage wurde vom OVG als unzulässig abgewiesen. Bei den getroffenen Maßnahmen sollte es sich nach Ansicht des Gerichts nicht um eine anfechtbare Änderung der Zweckbestimmung der Stiftung handeln, sondern nur um eine nicht anfechtbare Verfassungsänderung: Entsprechend dem eingetretenen Wandel der Zeit und der Anschauungen habe sich nur die Art und Weise geändert, in der der fortbestehende Stiftungszweck, die Erziehung der Mädchen, verfolgt werde, wenn diese nunmehr »auf der Grundlage der nationalsozialistischen Anschauung zu ordentlichen Mitgliedern der deutschen Volksgemeinschaft« erzogen würden.
Mit Urteil vom 27. März 1942 schließlich bestritt das OLG München[24] den Kirchen die bisherigen Mitwirkungsrechte im öffentlichen Fürsorgeerziehungsverfahren: Die auf Grund des § 65 Abs. 2 RJWG erlassenen landesrechtlichen Vorschriften über die zwingende Anhörung der geistlichen Behörden hätten ihre Geltung auch ohne formelle Aufhebung verloren.

[19] H. Schorn, Richter S. 526.
[20] RGZ 158, 185.
[21] Zur Klage eines evangelischen Krankenhauses gegen den Fürsorgeverband auf Erstattung erbrachter Fürsorgeleistungen unter dem Gesichtspunkt der Geschäftsführung ohne Auftrag vgl. RG 20. Januar 1936, RGZ 150, 81; zur Frage, ob eine Waisenstiftung unter der Verwaltung eines »kirchlichen Organs« stehe, vgl. KG 31. August 1944, AkKR 123 (1944–1948), 192.
[22] Die Entscheidung war von grundsätzlicher Bedeutung für das Stiftungsrecht (zum Begriff der »Verfassung« einer Stiftung).
[23] DV 1942, 137.
[24] DJ 1942, 428.

Eine Anzahl von Entscheidungen befaßte sich mit dem Recht kirchlicher Friedhöfe[25], insbesondere mit der Frage, ob die erstmalige Anlage und Bepflanzung von Gräbern oder die Ausführung von Bildhauerarbeiten der Friedhofsverwaltung selbst oder den gegen eine Gebühr besonders zugelassenen Gärtnern und Handwerkern vorbehalten werden durfte. Umstritten war vor allem, ob vor den ordentlichen Gerichten geklagt und ob ein Rechtsanspruch der Gewerbetreibenden gegeben war[26].

Daß ein Friedhof aus Rücksichten auf die Verkehrsbedürfnisse nicht geschlossen werden könne, sprach das PrOVG am 10. April 1934[27] aus. Der Polizeipräsident hatte einen bestimmten Teil des Friedhofs einer Kirchengemeinde »für geschlossen erklärt« mit der Begründung, daß dieser Teil zur Straßenerweiterung benötigt werde.

Ausführliche Erörterungen widmete das KG am 20. November 1936[28] der Frage der Reinigungspflicht für die einen Friedhof begrenzenden Straßen, weil der Pfarrer wegen Übertretung der Straßenreinigungsvorschriften vom Amtsrichter verurteilt worden war.

Am 17. November 1933 verpflichtete der BayVGH[29] eine Religionsgesellschaft zur Gestattung der Beisetzung eines Andersgläubigen, weil kein gemeinschaftlicher Begräbnisplatz vorhanden sei.

[25] Zur Frage des Eigentums an Friedhöfen in den linksrheinischen Gebieten vgl. RG 4. März 1943, 653; zur Rechtslage allgemein J. SCHMITT, Staat S. 4 ff.

[26] Das RG nahm in der Regel ein öffentlich-rechtliches Verhältnis an, bejahte aber den ordentlichen Rechtsweg kraft Tradition, vgl. etwa RG 30. April 1934, RGZ 144, 285 (betr. einen städtischen Friedhof); 29. Oktober 1936, RVerwBl 1937, 286; 5. November 1936, JW 1937, 227; einen Rechtsanspruch der Berufsgärtner verneint RG 25. April 1938, RGZ 157, 246; Rechtsweg und Unterlassungsanspruch bejahte das OLG Kiel in einem Verfahren über eine einstweilige Verfügung am 8. Oktober 1934, JW 1935, 873; beides verneinend noch OLG Düsseldorf 16. Mai 1939, AeKR 3 (1939), 323.

[27] E 92, 97. Die Schließung aus gesundheitspolizeilichen Gründen war nach der Rechtssprechung des PrOVG hingegen zulässig, vgl. die Entscheidung vom 2. Januar 1930, RuPrVerwBl 1933, 154; vgl. auch MIROW, Enteignung S. 468.

[28] RVerwBl 1937, 565.

[29] RuPrVerwBl 1934, 657.

## 8. Kapitel: Die Freiheit religiöser Vereinsbildung und -betätigung

### I. Problemstellung

Durch die Verordnung zum Schutz von Volk und Staat vom 28. Februar 1933 war mit den meisten individuellen Freiheitsrechten auch das Grundrecht der Vereinigungsfreiheit »bis auf weiteres außer Kraft« gesetzt worden.

Die Handhabung der hiermit erlangten Handlungsfreiheit durch den nationalsozialistischen Staat zeigt, daß es von Anfang an um mehr ging als nur um die vorübergehende Suspendierung der Vereinigungsfreiheit. Die Vollmacht wurde planmäßig eingesetzt zur systematischen Zerschlagung des autonomen und vielfältigen Verbandslebens. An seiner Stelle wurde ein System staatlich-autoritär gelenkter Vereine pseudo-korporativistisch-syndikalistischer Natur[1] eingeführt.

Nach dem Grundsatz, daß nicht die nationalsozialistische Wirklichkeit im Hinblick auf ihre Rechtmäßigkeit, sondern umgekehrt das Recht im Hinblick auf seine Vereinbarkeit mit der nationalsozialistischen Wirklichkeit zu beurteilen war, begnügte man sich in der Rechtslehre mit der Feststellung, daß die politische Wirklichkeit über die liberale Vereinigungsfreiheit hinweggeschritten, daß sie durch das System staatlicher Verbandshoheit abgelöst worden war[2].

Staatliche Verbandshoheit war erklärter Gegensatz liberaler Vereinigungsfreiheit, war juristische Umschreibung für die Allmacht des totalitären Staates mit der Funktion ihrer rechtswissenschaftlichen Legitimierung: staatliche Verbandshoheit stand für unbeschränkte, umfassende Regelungs- und Eingriffsbefugnis des Staates auf dem Gebiete des Vereins- und Verbandswesens[3].

Im nationalsozialistischen Staat war kein Raum für ein Körperschaftsleben liberalstaatlicher Prägung, weil »der Totalitätsanspruch des autoritären Staates ... es nicht dulden kann, daß in irgendeinem Bereich seiner Machtsphäre Grundsätze weiter bestehen, die einer Denkweise entstammen, zu der er in unerbittlicher Gegnerschaft steht«.[4] Juristische Formulierung des Totalitätsanspruchs war es auch, wenn an die Stelle der Gewährleistung privater Freiheitsräume die totale Inpflichtnahme des Einzelnen für die politischen Ziele des Staates treten sollte, wenn unter Berufung auf die Gemeinschafts- und Gemeinwohlideologie die Verwandlung des privatrechtlichen Vereinsrechts in ein öffentlich-rechtliches Verbandsrecht verkündet wurde[5]. An anderer Stelle traten mehr die konkret-politischen Konsequenzen des Totalitätsanspruchs, nämlich die sicherheitspolizeilichen und weltanschaulich-erzieherischen Aspekte in den Vordergrund[6]: »Aber auch auf

[1] Vgl. etwa E. R. Huber, Verfassungsrecht, S. 457 mit weiteren Nachweisen.

[2] Scheuner, Neugestaltung S. 665; O. Stritzke S. 2094; W. Paul S. 8; Knauth, Vereinsrecht S. 56; H. Hoffmann S. 740; Cremer S. 2257.

[3] U. Scheuner, a. a. O. Sp. 665, 669; O. Stritzke S. 2094; Knauth, a. a. O. S. 57; vgl. auch das Urteil des AG Lingen vom 16. Oktober 1934, DJ 1935, 232, betreffend die Überführung des Emsländer Bauernvereins eV. in den Reichsnährstand: »Aus dem Wesen und den Aufgaben des Staates ergibt sich, daß der Staat durch Gesetz und Verordnungen Bestimmungen der Vereinssatzung auch nachträglich abändern und aufheben kann, soweit sie den staatlichen Belangen widersprechen oder nicht mehr mit ihnen vereinbar sind.«

[4] W. Paul S. 9.

[5] U. Scheuner, a. a. O. Sp. 668, 669.

[6] O. Stritzke S. 2094.

allen übrigen Gebieten des Vereinswesens (kulturelle, karitative, Sport-, Jugendorganisationen) behält sich der Staat seinen maßgebenden Einfluß vor, vornehmlich aus zwei Gründen, einmal, um Tarnungen zu verhindern, zum anderen aus erzieherischen Gründen. Das ganze Volk soll bei jeder sich bietenden Gelegenheit im nationalsozialistischen Geiste erzogen werden, um das Ideal des nationalsozialistischen Volkstaates immer mehr zu verwirklichen«.

Nationalsozialistische Verbandshoheit bedeutete in der Praxis die Auflösung politisch unerwünschter Vereinigungen, strengste Überwachung, Beschränkung und Reglementierung der Tätigkeit geduldeter Vereine, Verstaatlichung und Gleichschaltung der bedeutendsten Korporationen wie etwa, um nur Einzelfälle herauszugreifen, die Eingliederung der Gewerkschaften in die »Deutsche Arbeitsfront«, die Überführung des gesamten ländlichen Verbands- und Genossenschaftswesens in den »Reichsnährstand«, Gründung neuer berufsständischer Zwangsverbände in Wirtschaft und Kultur und anderes mehr.

Daß man das heikle Vorhaben der Auflösung der konfessionellen Vereine zunächst nur schrittweise und zögernd anging, nach einigen Jahren des Kirchenkampfes die Auflösung fast des gesamten kirchlichen Vereinswesens dann aber durchsetzen konnte, ist oben[7] bereits erwähnt worden.

## II. Entscheidungen

Die vom nationalsozialistischen Staat unter staatssicherheitspolizeilichen und kirchenpolitischen Aspekten vorgenommenen Eingriffe in das kirchliche Vereinsleben bestanden in der Verdrängung der korporativ-kirchlichen Betätigung aus der Öffentlichkeit, Versagung der Rechtsfähigkeit und Behinderung beabsichtigter Satzungsänderungen, schließlich in der vollständigen Auflösung der kirchlichen Vereine. Diese Maßnahmen sind von den Gerichten ganz überwiegend gerechtfertigt worden. Das Grundrecht der Vereinigungsfreiheit, an sich nur für die Fälle der Abwehr kommunistischer staatsgefährdender Gewaltakte vorübergehend suspendiert, wurde von der Rechtsprechung ganz allgemein nicht mehr beachtet, auch nicht in Fällen, die, wie gerade das konfessionelle Vereinswesen, mit komunistischen Umsturzversuchen nichts gemein hatten. Wenn die Gerichte einen solchen Zusammenhang unter Zuhilfenahme nationalsozialistischer Ideologie zu konstruieren suchten, wenn sie eine Prüfungskompetenz gegenüber zum Teil offensichtlich gesetzlosen Maßnahmen der Exkutive nicht mehr beanspruchten, dann unterstützten sie entscheidend den Anspruch des totalitären Staates auf schrankenlose, von rechtlichen Bindungen gelöste Handlungsfreiheit. Gesetzeshörigkeit oder Fehleinschätzung der politischen Situation durch die Richter sind gerade hier deutlich auszuschließen. Die vorliegenden Urteile sind klare Bekenntnisse zum antidemokratischen, antirechtsstaatlichen Autoritatismus.

[7] Vgl. B. SCHELLENBERGER; A. KUPPER und oben Einleitung II.

## 1. Beschränkungen konfessioneller Vereinstätigkeit[7a]

Die Situation des konfessionellen Vereinslebens in den Jahren 1934/1935 wird besonders anschaulich in zwei Urteilen des KG vom 31. Mai 1935[8] und vom 12. Juli 1935[9]: Am 26. Juni 1934 hatte die Staatspolizeistelle für den Regierungsbezirk Arnsberg eine Anordnung über die Betätigung konfessioneller Organisationen[10] erlassen, nach der den konfessionellen Jugend- und Standesvereinigungen jeglicher Art jede Betätigung außerhalb des kirchlichen, religiösen und karitativen Bereichs, insbesondere politische oder sportliche Aktivitäten, untersagt worden waren. Verboten war insbesondere jedes geschlossene Auftreten in der Öffentlichkeit, auch in Form von Abordnungen, Sport jeglicher Art, insbesondere Geländeoder Volkssport, ferner gemeinsames Gruppenwandern, die Errichtung gemeinsamer Ferien- oder Feldlager, das öffentliche Zeigen von Fahnen, Bannern und Wimpeln, das offene oder verdeckte Tragen einheitlicher Kleidung oder einheitlicher Kleidungs- und Ausrüstungsstücke, sowie von Abzeichen, welche die Zugehörigkeit zu einer konfessionellen Vereinigung erkenntlich zu machen geeignet waren, schließlich das Unterhalten oder Auftreten in eigenen Musik- und Spielmannszügen.

Diesem auf die Verordnung zum Schutz von Volk und Staat vom 28. Februar 1933 gestützten Verbot hatten die Angeklagten zuwidergehandelt. Der Amtsrichter hatte einen Freispruch damit begründet, daß in der Abhaltung einer Gruppenwanderung innerhalb einer katholischen Jugendorganisation weder ein kommunistischer noch ein staatsgefährdender noch überhaupt ein Gewaltakt liege, so daß die polizeiliche Anordnung die Grenzen der Ermächtigungsgrundlage weit überschreite und deshalb unwirksam sei. Das KG war anderer Meinung. Unter Bezugnahme auf ein früheres Urteil des PrOVG[11] begründete es einen Zusammenhang zwischen Wanderungen konfessioneller Gruppen und der Abwehr kommunistischer Umsturzversuche mit der nationalsozialistischen Einheits- und Gemeinschaftsideologie: »Die nationalsozialistische Weltanschauung will die wahre Volksgemeinschaft des ganzen deutschen Volkes unter Überbrückung aller Gegensätze, wie sie sich mannigfach, so aus den verschiedenen Berufen und Konfessionen, ergeben können. Diese Gemeinschaft soll also alle Schichten und alle Personen im Volke gleichmäßig umfassen. Im Gegensatz zu einer solchen Auffassung und zu einem solchen Streben steht aber nach der Entwicklung der politischen Verhältnisse die konfessionelle Spaltung innerhalb des deutschen Volkes, wenn deren Anhänger die von ihnen vertretene Ansicht außerhalb der eigentlichen kirchlichen Betätigung ausdrücklich zur Schau tragen, um so ihre eigene Meinung zu äußern, und damit ihre Absonderung zu zeigen. Diese Art der Betonung einer Spaltung trägt von vornherein den Keim einer Zersetzung des deutschen Volkes in sich. Und

[7a] Vgl. dazu B. Schellenberger.
[8] DRiZ 1935, S. 638 Nr. 624.
[9] RVerwBl 1936, 61. Die Entscheidungen stimmen zum größten Teil wörtlich überein.
[10] Amtsblatt Arnsberg, II, S. 171 (zitiert KG a. a. O., S. 200); vgl. dazu B. Stasiewski, Akten, II S. 234 ff. (241, 242 Anm. 6).
[11] 25. Oktober 1934, E 94, 134.

jede derartige Zersetzung ist geeignet, den kommunistischen Bestrebungen ihrerseits Vorschub zu leisten und ihre Ziele zu stützen ... Denn die so zur Schau getragene eigene Meinung kann nur zu leicht ein Ansporn für die den dem Kommunismus anhängenden oder ihm nahestehenden, vielleicht gegenwärtig politisch noch schwankenden Personen sein, die alsdann darauf die Meinung gründen und verbreiten, daß der nationalsozialistische Staat doch nicht das ganze Volk hinter sich habe«[12].

Die Anordnung der Staatspolizeistelle Arnberg galt offenbar als vorbildlich: Am 23. Juli 1935 erließ der Preußische Ministerpräsident eine gleichlautende Polizeiverordnung gegen die konfessionellen Jugendverbände[13].

Mit der Frage befaßt, ob die Festsetzung eines Zwangsgeldes gegen einen Angehörigen einer katholischen Jugendorganisation aufgrund dieser Verordnung rechtens sei – der Jugendliche hatte eine schwarze Kletterweste und eine schwarze Hose getragen –, lehnte das PrOVG am 30. Juli 1936[14] die verwaltungsgerichtliche Nachprüfung der Maßnahme ab. Es setzte damit seine neuerliche Rechtsprechung fort, nach der Verfügungen innerhalb der sachlichen Zuständigkeit der GESTAPO unanfechtbar waren[15].

Für einen mit einer Geldstrafe von 150,– RM zu strafenden Verstoß gegen die erwähnte Verordnung des Preußischen Ministerpräsidenten hielt das SoG Köln nach einer Entscheidung vom 18. August 1939[16] die Veranstaltung von Kinderrätselspielen in einer kirchlichen Jugendstunde.

Geldstrafen von 5,– RM bis 100,– RM verhängte das AG Zinten am 12. Januar 1938[17] gegen siebzehn Angeklagte wegen Verstoßes gegen vereinsrechtliche Vorschriften. Die Angeklagten hatten eine Sympathiekundgebung für ihren wegen Verstoßes gegen das Sammlungsgesetz in Haft genommenen Pfarrer veranstaltet.

Zum Begriff des konfessionellen Jugendverbandes im Sinne der Preußischen Polizeiverordnung äußerte sich das RG in einer Strafsache am 1. September 1942[18]. Der Begriff sei, so führte es aus, nach Sinn und Zweck der Verordnung weit auszulegen.

[12] KG 31. Mai 1935, DRiZ 1935, Sp. 638 (639) und 12. Juli 1935, RVerwBl 1936, 61 (62). In der späteren Entscheidung wird die polizeiliche Zuständigkeit überdies zu Unrecht auf § 4 der VO vom 28. Februar 1933 gestützt, der eine solche nicht begründete, sondern voraussetzte.
Eine derartige Übereinstimmung mit den Ausführungen A. HITLERS zur konfessionellen Spaltung (vgl. Mein Kampf, S. 628 ff.) ist mehrfach festzustellen, vgl. PrOVG 25. Oktober 1934, E 94, 134; KG 1. Februar 1938, AeKR 3 (1939), 67; OLG München 4. November 1937, RegerE 58 (1938), 106; RVG 3. September 1942, DR 1943, 659. Der Bezug auf die nationalsozialistische Gemeinschafts- und Einheitsideologie wird von KNAUTH, Vereinsrecht S. 56 (57), offenbar übersehen, wenn er zu den Urteilen des KG vom 12. Juli 1935 und des PrOVG vom 25. Oktober 1934 kritisch anmerkt, daß die Konstruktion irgendeines mittelbaren Zusammenhanges mit dem Kommunismus wenig überzeugend wirke. Im Ergebnis stimmt KNAUTH den Urteilen dann mit anderer, angeblich »rechtlicher« Begründung zu.

[13] GS. S. 105; Druck: B. SCHELLENBERGER S. 78 ff.

[14] E 99, 85.

[15] Vgl. PrOVG 19. März 1936, E 97, 103; näher zu dieser Frage oben S. 44 Anm. 29.

[16] W. NIEMÖLLER, Kirche S. 255 und 259, auch H. SCHORN, Richter S. 680. Das Urteil wird von W. NIEMÖLLER irrtümlicherweise dem OLG zugeschrieben.

[17] W. NIEMÖLLER, a. a. O. S. 253, 254.

[18] DR 1943, 80.

Die Aufhebung des Grundrechts der Vereinigungsfreiheit gab dem nationalsozialistischen Staat noch anderweitige Möglichkeiten des Einschreitens gegen politisch unerwünschte Vereinigungen. Durch Art. 124 Abs. 2 der Weimarer Verfassung war ein Einspruchsrecht der Verwaltungsbehörden gegen die Eintragung von Vereinen, das heißt gegen den Erwerb der Rechtsfähigkeit, sowie gegen die Eintragung von Satzungsänderungen bei Vereinen mit politischen, sozialpolitischen oder religiösen Zwecken von Verfassungs wegen abgeschafft worden. Die gelegentlich vertretene Auffassung, daß die früheren Einspruchsrechte nach §§ 61 Abs. 2 letzter Halbsatz, 71 BGB mit der Suspension von Art. 124 RV automatisch wieder geltendes Recht geworden seien, wurde in der Regel zwar abgelehnt[19]; diese Auffassung hinderte aber weder die Rechtslehre[20] noch die Gerichte[21], ein von jeder rechtlichen Voraussetzung unabhängiges Einspruchsrecht aus anderen Gründen zu gewähren: Weil nach der Verordnung zum Schutz von Volk und Staat Beschränkungen des Vereinsrechts auch außerhalb der hierfür bestimmten Grenzen zulässig sein sollten, wurden Einsprüche der Verwaltungsbehörden »aus beliebigen

[19] Vgl. dazu Cremer S. 2257; RVG 3. September 1942, DR 1943, 659.

[20] Staudinger § 61. Rdn. 5a, 9, § 71 Rdn. 4.

[21] BayVGH 5. Februar 1934, DJZ 1934, 943; SächsOVG 9. Oktober 1937, ZAkDR 1938, 64. Hervorragendes Beispiel für die Auflösung der Rechtsordnung auf dem Gebiete des Vereinsrechts ist das Urteil des RVG vom 3. September 1942, DR 1943, 659, mit dem die Klage eines die Rechtsfähigkeit erstrebenden Vereins abgewiesen wurde. Die Beseitigung der bisherigen vereinsrechtlichen Bindungen zugunsten schrankenloser Handlungsfreiheit der Behörden begründete das RVG wie folgt: »Ebenso wie große Teile der Weimarer Verfassung, so sind auch andere früher geltende Gesetzesbestimmungen infolge der nationalsozialistischen Revolution schon allein deswegen, weil sie dem nationalsozialistischen Geiste widersprechen, außer Kraft getreten, ohne daß darüber ausdrücklich gesetzliche Vorschriften erlassen zu werden brauchten.« Dies gelte auch für das Vereinsrecht, denn »die nationalsozialistische Bewegung hat schon vor der Machtergreifung mit größter Kraft und Zielsicherheit auf die unbedingte Einigkeit des deutschen Volkes hingearbeitet; der nationalsozialistische Staat hat aus dieser Zielsetzung alsbald die entsprechenden Folgen gezogen und nicht nur die politischen Parteien beseitigt, sondern die weltanschauliche Zerrissenheit, die das Kennzeichen des liberalistischen Zeitalters war, auf allen Gebieten des Lebens beseitigt, auf dem politischen ebenso wie auf dem sozialen und kulturellen Gebiete.« Die Grundsätze behördlichen Handelns brauchten sich nach Meinung des Gerichts nicht notwendig aus neuen nationalsozialistischen Gesetzesbestimmungen ergeben. Sie sollten sich vielmehr bereits aus Ziel und Wesen des nationalsozialistischen Staates und aus seinem unbedingten und umfassenden Führungsanspruch ableiten lassen: »Aus dem Wesen des nationalsozialistischen Reiches ergibt sich vielmehr unmittelbar, daß ... den Verwaltungsbehörden also die Befugnis zusteht, gegen alle Vereine und Verbände, soweit nicht gesetzliche Sonderregelungen [des nationalsozialistischen Gesetzgebers, Anmerkung des Verfassers] entgegenstehen, jederzeit einzuschreiten, wenn ihr Bestehen oder ihre Betätigung eine Gefahr für die Volksgemeinschaft darstellt.« Vgl. dazu die kritische Anmerkung von Knauth, Vereinsrecht S. 56: Danach sollte die Betätigung der Verwaltungsbehörden auf dem Gebiete des Vereinsrechts grundsätzlich noch der gesetzlichen Grundlage bedürfen, denn die Entscheidung darüber, welche Haltung die Verwaltungsbehörden gegenüber den im öffentlichen Leben auftretenden Vereinigungen überhaupt oder in einer bestimmten Lage einzunehmen hätten, müsse grundsätzlich der Staatsführung vorbehalten bleiben. Die Bedeutung der RVG-Entscheidung ging schon wegen der Anerkennung der nationalsozialistischen Weltanschauung als Rechtsquelle über den konkreten Fall wie über das Vereinsrecht hinaus; sie berührte im übrigen die grundsätzliche Frage nach Wesen und Stellung der Verwaltungsbehörden im autoritären Führerstaat, die hier unter vereinsrechtlichem, andernorts unter allgemein polizeirechtlichem Gesichtspunkt (vgl. dazu unten Anm. 35), an anderer Stelle bei der Frage nach Fortbestand und Kompetenzen der Verwaltungsgerichtsbarkeit (vgl. dazu oben S. 44 Anm. 29) diskutiert wurde.

Gründen«[22] und auch »ohne weitere Begründung«[23] für zulässig gehalten, konnte kurz »jeder Verein verboten werden«[24].
Daß von diesen Möglichkeiten staatlicherseits auch Gebrauch gemacht werden sollte, beweist der Runderlaß des Reichs- und Preußischen Innenministers vom 5. September 1935[25] zur Überwachung der weltanschaulichen Vereine: »In letzter Zeit mehren sich die Fälle, daß auf geistigem und weltanschaulichem Gebiet Personengruppen sich zu Gesellschaften, Bünden usw. zusammenschließen und bestehende Vereine angeblich zum Zweck der Gleichschaltung bei den Registergerichten und bei den zur Erhebung des Einspruchs zuständigen Behörden Anträge auf Genehmigungen von Satzungen und Satzungsänderungen stellen. Da die Gefahr besteht, hierbei zu versuchen, unter harmloser Maske das vom Nationalsozialismus bekämpfte liberale Gedankengut wieder aufleben zu lassen, hat der Reichs- und Preußische Minister des Innern angeordnet, daß dem Beauftragten des Führers zur Überwachung der Schulung und Erziehung der gesamten nationalsozialistischen Bewegung in allen Fällen, in denen von Vereinen, die sich auf geistigem oder weltanschaulichen Gebiet betätigen, Anträge auf die Genehmigung zur Gründung oder zur Änderung des Namens oder des Zweckes zugehen, Gelegenheit zur Stellungnahme zu geben ist«.
Am 9. September 1936 wies der WürttVGH[26] die Klage eines evangelischen Kinderpflegevereins gegen den Einspruch des Landrats gegen eine beantragte Satzungsänderung zurück. Im Falle der Vereinsauflösung sollte das Vermögen nach dem Willen des Vereins der Inneren Mission anfallen; der Landrat hatte seinen auf die Verordnung vom 28. Februar 1933 gestützten Einspruch gegen die Satzungsänderung damit begründet, daß es heute nicht mehr angehe, daß das Vermögen eines Vereins, der sowohl evangelischen wie katholischen Volksgenossen diene, bei einer Auflösung einer rein evangelischen Einrichtung zufalle. Richtigerweise müsse das Vermögen der alle Volksgenossen betreuenden NSV zukommen. Der klagende Verein vermochte sich mit dem Einwand, daß es dem Landrat mit seinem Einspruch nicht um die Abwehr drohender Gewaltakte als vielmehr um den Versuch einer Säkularisation des Vereinsvermögens gehe, beim Gericht nicht durchzusetzen. Die Verordnung diene, so wurde der klagende Verein beschieden, dem Schutz der öffentlichen Ordnung und Sicherheit, wozu »im heutigen Staat auch die Wahrung der allgemeinen Belange der völkischen Gemeinschaftsordnung, deren rechtliche Erscheinungsform der Staat ist, gehören. Die Aufhebung des Art. 124 RV bedeutete nicht nur die Aufhebung des ›Rechts‹, Vereine zu bilden, sondern auch die Zulässigkeit von Vorbeugemaßregeln jeder Art . . ., soweit dies durch die Rücksicht auf die Belange der Volksgemeinschaft als geboten erscheint.«
In einem anderen Fall hatte ein Evangelisches Diakonissenhaus eV. eine Satzungsänderung beschlossen, daß Beschlüsse der Mitgliederversammlung, insbesondere solche das Vermögen und seine Verwendung betreffende, zu ihrer Rechtsgültigkeit

[22] Staudinger-Riezler, BGB, § 61 Rdn. 9.
[23] A. a. O., Rdn. 5 a.
[24] A. a. O., § 71 Rdn. 4.
[25] MBliV. S. 1935, 1087; zitiert nach RVerwBl 1935, 764.
[26] DV 1936, 384.

der Genehmigung der Landeskirche bedürfen sollten. Der Landrat hatte, gestützt auf die Verordnung zum Schutz von Volk und Staat, Einspruch erhoben und geltend gemacht, daß die erstrebte Satzungsänderung aus politischen Erwägungen heraus grundsätzlich unerwünscht sei. Die hiergegen gerichtete Klage des Diakonissenhauses wurde vom BadVGH mit Urteil vom 16. März 1938[27] abgewiesen: »Mit der Außerkraftsetzung des Art. 124 RV sind daher Einschränkungen des Vereinsrechts jeder Art, darunter auch der Einspruch gegen Satzungsänderungen von Vereinen, ohne Beschränkung ermöglicht, soweit sie den zuständigen Behörden mit Rücksicht auf die erwähnten Belange des Staates und der Volksgemeinschaft erforderlich scheinen.« Daß die geplante Satzungsänderung mit einer Gefährdung der öffentlichen Sicherheit und Ordnung, mit den Belangen des Staatsschutzes nichts zu tun habe, ließ der VGH nicht gelten, denn es liege »bei Verfügungen auf staatspolitischem Gebiet in der Natur der Sache, daß in erster Linie die Verwaltungsbehörde oder die ihr vorgesetzte Behörde zu einer Beurteilung der Frage berufen ist, ob eine Gefährdung im Sinne der dem Vorspruch der Verordnung vom 28. Februar 1933 zu gebenden erweiterten Auslegung mittelbar oder unmittelbar zu erwarten steht ... Diese Erklärung einer für die Einhaltung der politischen Richtlinien in der Staatsverwaltung im Lande Baden maßgeblichen Staatsstelle muß der Gerichtshof seiner Entscheidung zugrunde legen.«

### 2. Vereinsverbote

Mit der Übernahme eines Weltanschauungsvereins durch die Nationalsozialisten befaßte sich das RAG in einer Entscheidung vom 25. Juli 1938[28]. Das Urteil ist im Hinblick auf eine Beeinflussung durch nationalsozialistische Weltanschauung ohne Befund; es erhellt aber die damals übliche Gleichschaltungspraxis und soll deshalb nicht unerwähnt bleiben. Die Kläger waren Angestellte des Deutschen Freidenkerverbandes eV. (Verband für Freidenkertum und Feuerbestattung). Nach der Satzung war Zweck des der SPD nahestehenden Vereins »die Verbreitung der freigeistigen Weltanschauung (Atheismus) sowie die Einwirkung auf die Gesetzgebung in allen kulturpolitischen Fragen«, schließlich die Förderung der Feuerbestattung. Nachdem die SA am 17. März 1933 das Haus des Verbands besetzt hatte, kündigte der Vorstand allen Angestellten. Am 31. März 1933 setzte der Preußische Innenminister aufgrund der Verordnung vom 28. Februar 1933 einen Kommissar ein. Nachdem dem Verband die weitere Verfolgung politischer wie antireligiöser Bestrebungen untersagt worden war, erfolgte seine allmähliche Umwandlung in eine »Neue Deutsche Bestattungskasse VVaG«. Das RAG sprach den Klägern Abfindungsansprüche zu, die in der alten Satzung des Vereins vorgesehen waren.

Die Übertretung eines Vereinsverbots war Gegenstand eines Urteils des RG vom 16. März 1937[29]. Durch Bekanntmachung des Badischen Ministers des Innern vom 21. März 1934 war aufgrund der Verordnung vom 28. Februar 1933 die »Men-

[27] RVerwBl 1939, 645.
[28] DJ 1936, 1767.
[29] DJ 1937, 1004.

schenfreundliche Versammlung«, auch »Engel Jehovas« genannt, im Lande Baden verboten und aufgelöst worden. In den Jahren 1935/1936 hatte der Angeklagte im Kreise seiner Familienangehörigen erfolgreich für die Sekte geworben und an Treffen im Ausland teilgenommen. Obwohl die Auslandstaten nach § 4 StGB nicht strafbar waren, wurden sie vom RG gemäß § 2 StGB in den Fortsetzungszusammenhang einbezogen.

Das Verbot der »Siebenten-Tags-Adventisten, Reformbewegung« durch die Preußische GESTAPO vom 29. April 1936 und seine Bestätigung durch Reichsgerichtsurteil vom 17. Februar 1938[30] ist bereits erwähnt worden.

Am 9. Dezember 1937 befaßte sich das PrOVG[31] mit der Auflösung der katholischen Arbeitervereine.[31a] Auf Anordnung des Geheimen Staatspolizeiamts Berlin vom 16. September 1935 wurden die katholischen Arbeitervereine eines Regierungsbezirks aufgrund der Verordnung vom 28. Februar 1933 aufgelöst. Der Regierungspräsident hatte das zuständige AG um Löschung des hier betroffenen Vereins im Vereinsregister ersucht; hiergegen richtete sich die Klage des Vereins. Das OVG hielt die Klage für unzulässig, da das Löschungsersuchen keine Polizeiverfügung sei; die Auflösungsverfügung selbst sei weder angefochten worden noch nach der ständigen Rechtsprechung des OVG überhaupt anfechtbar[32].

Die Rechtsgültigkeit des Verbots eines evangelisch-kirchlichen Frauenbunds bestätigte der BadVGH am 11. Januar 1938[33]. Zwischen dem in der Krankenpflege tätigen Frauenverein und dem nationalsozialistisch unterstützten Roten Kreuz war es zu Konkurrenz und Spannungen gekommen, die das örtliche Bezirksamt durch Auflösung des kirchlichen Vereins beendet hatte. Die Problematik des Falles erkannte der VGH zutreffend darin, daß »einerseits die Verwaltungsbehörde in der Beeinträchtigung des Frauenvereins vom Roten Kreuz eine Gefährdung wichtiger Staatsinteressen erblickt und offenbar ein weiteres Vordringen konfessioneller Organisationen vermieden wissen will, während andererseits grundsätzliche kirchliche Belange dadurch berührt werden, daß dem evangelisch-kirchlichen Frauenbund eine Betätigung auf dem Gebiet der Krankenpflege, die von der Kirchenbehörde als ihrem Wesen nach zu den Aufgaben der Kirche gehörend in Anspruch genommen wird, verboten wurde.«

In den Entscheidungsgründen ging das Gericht zunächst davon aus, daß die Klagebefugnis trotz der Suspendierung der Vereinigungsfreiheit weiter bestehe[34], und daß trotz der laut Verordnung vom 28. Februar 1933 ausgesprochenen Freistel-

[30] DJ 1838, 829.

[31] E 101, 151.

[31a] Vgl. dazu demnächst die (phil.) Bonner Dissertation von Jürgen Aretz.

[32] PrOVG 2. Mai 1935, E. 96, 83; 19. März 1936, E 97, 103.

[33] RVerwBl 1938, 1047.

[34] Ebenso entschied der BadVGH in dem vorerwähnten Urteil vom 16. März 1938, s. o. Anm. 27. Nach badischem Recht war die verwaltungsgerichtliche Klage zunächst nur ausgeschlossen gegenüber Maßnahmen einzelner, namentlich aufgeführter Polizeibehörden (1. VO zur Änderung der VO über das Geheime Staatspolizeiamt vom 25. Oktober 1937, GVBl. S. 288, Art. 1); eine Änderung dieses Zustands wurde bewirkt durch Art. 1 Ziffer 2 der VO des Badischen Staatsministeriums vom 10. Februar 1938 zur Änderung des Gesetzes über die Verwaltungsrechtspflege, GVBl. 1938, S. 7. Danach war die Klage gegen Maßnahmen im Sachgebiet der politischen Polizei nunmehr ausgeschlossen. Zu dieser Frage auch oben S. 44 Anm. 29.

lung der Polizei von den bestehenden gesetzlichen Schranken daran festzuhalten sei, »daß auch unter den heutigen veränderten Verhältnissen die Aufgabe und Tätigkeit der Polizei sich auf die Gefahrenabwehr – vielleicht in einem gegenüber der Vorschrift des § 14 Preußischen PVG erweiterten Sinne – zu beschränken hat und daß die allgemeinen Grundsätze des polizeilichen Vorgehens, wie Verbot der Willkür, des Übermaßes, Handeln aus nicht polizeilichen Beweggründen, auch heute noch zu beachten sind.«

Diese zunächst vielversprechende Absage an die teilweise vertretene Theorie von der gesetzlosen Handlungsfreiheit der Polizei im nationalsozialistischen Staat[35] mußte aber ohne jede praktische Folge bleiben, wenn die »Abwehr von Gefahren, die sich für die Volksgemeinschaft aus grundsätzlichen weltanschaulichen Meinungsverschiedenheiten und Spannungen ergeben«, dann ohne weiteres dem Aufgabengebiet der politischen Polizei zugerechnet wurden, und wenn das Gericht die Maßnahmen der politischen Polizei für nicht überprüfbares Ermessen hielt, dem »in den Arm zu fallen« es nicht berechtigt sei: »Wenn der Minister des Innern durch den Ministerialbevollmächtigten erklärt, daß durch die tatsächlich bestehende Konkurrenz zwischen den beiden Organisationen wichtige staatliche Belange benachteiligt werden und die Tätigkeit des klagenden Vereins unter den gegebenen Verhältnissen im Interesse der staatlichen Autoriät nicht geduldet werden kann, so ist der Gerichtshof außerstande, diese einer Entscheidung der maßgebenden politischen Führung gleichzuachtende Erklärung nicht anzuerkennen.«

Mit den Folgen polizeilicher Auflösungen kirchlicher Vereine befaßten sich das AG Köln am 29. Mai 1940[36] und das LG Bonn am 17. Februar 1941[37]. In beiden Fällen war die Eintragung einer Satzungsänderung von den Behörden beantragt worden, offenbar mit dem Ziel, die satzungsmäßig für den Auflösungsfall vorgesehene Vermögensverwendung zu ändern. Beide Anträge wurden abgelehnt, weil derartige Satzungsänderungen nach Eintrag des Auflösungsvermerkes nicht mehr möglich sein könnten.

[35] In diesem Sinne etwa W. HAMEL, Polizei S. 326: »Diese Aufgaben [der Polizei] folgen unmittelbar aus dem Wesen der nationalsozialistischen Polizei, durch Anwendung von Macht die freie Betätigung der Einzelnen in die Belange der Nation einzufügen. Diese Befugnisse in die überlieferten Gesetze hineinzuinterpretieren wäre ohne Sinn und würde einen Rückfall in den liberalen Positivismus darstellen, der stets ein Gesetz brauchte, um die Kompetenzen der Verwaltung zu rechtfertigen. Rechtssätze sind heute in erster Linie aus der Substanz der Rechtsinstitute, der Rechtsgebilde selbst, nicht aber aus dehnbaren Begriffen des Gesetzes abzuleiten. Der Vorbehalt des Gesetzes gilt nur noch, wenn man unter Gesetz jede Rechtsnorm versteht. Oberster Rechtssatz ist aber heute, daß der Einzelne auch in den Handlungen, die seiner freien Selbstbestimmung überlassen sind, den vom Führer aufgezeigten Aufgaben des Volkes zu dienen hat und der Staat erforderlichenfalls diesen Dienst erzwingen kann«, a. a. O., S. 332. Dagegen mit weiteren Hinweisen auf den Stand der Diskussion KNAUTH, Aufgaben S. 1205 ff.

[36] H. SCHORN, Richter S. 538.

[37] a. a. O., S. 554.

# 4. TEIL

# DIE RECHTSPRECHUNG ZUM RECHT DER KIRCHEN AUF SELBSTÄNDIGE ORDNUNG UND VERWALTUNG IHRER EIGENEN ANGELEGENHEITEN

## 9. Kapitel: Das Recht der kirchlichen Ämter, Organisation und Verwaltung

### I. Die Auseinandersetzungen um das rechtmäßige Kirchenregiment in der evangelischen Kirche

#### 1. Problemstellung

##### a) Kirchliches Selbstverwaltungsrecht und die Nachprüfung kirchlicher Rechtshandlungen durch staatliche Gerichte

Bei allen Meinungsverschiedenheiten über Inhalt und Grenzen des kirchlichen Selbstbestimmungsrechts war man sich in der Weimarer Staatsrechtslehre darüber einig, daß Verfassung und Verwaltung der Religionsgesellschaften und ihrer Unterverbände ebenso wie die Rechtsverhältnisse der Geistlichen und anderen Amtsträger grundsätzlich Gegenstand des nach Art. 137 Abs. 3 RV garantierten Selbstbestimmungsrechts waren[1]. Aus der Anerkennung der kirchlichen Selbständigkeit ist indes – anders nur jene Autoren, die eine staatliche Kirchenhoheit nicht mehr anerkannten[2] – nicht der Schluß gezogen worden, daß damit auch die Zuständigkeit staatlicher Gerichte zur Nachprüfung kirchlicher Rechtshandlungen[3] entfallen sei. Einem in der Weimarer Zeit noch fortwirkenden staatskirchenhoheitlichen Verständnis war es vielmehr selbstverständlich, daß der souveräne, staatliches Rechtsprechungsmonopol beanspruchende Staat die Staatsaufsicht über die Kirchen und ihre Angehörigen ausübte durch die Betätigung rechtsprechender Gewalt auch auf Gebieten, die unbestritten rein innerkirchlicher Natur waren.

Die Zuständigkeit staatlicher Gerichtsbarkeit in innerkirchlichen Angelegenheiten war in der Weimarer Zeit danach unproblematisch[4]; eine versteckte Rolle spielte die Frage aber noch bei der Frage des Rechtsweges, genauer: bei der Abgrenzung bürgerlich-rechtlicher von öffentlich-rechtlichen Streitigkeiten, weil, wo der ordentliche Rechtsweg verneint wurde, eine verwaltungsgerichtliche Klagemöglichkeit am landesrechtlichen Enumerationsprinzip scheitern konnte. Die zahlreichen und weit verstreuten Zuständigkeitsbestimmungen[5] können hier nicht im

[1] G. Anschütz, Art. 137 Anm. 4 (S. 635); G. J. Ebers, Staat S. 258 ff. (262 ff.).
[2] G. J. Ebers, a. a. O. S. 298 ff., 397 ff.
[3] Vgl. zu dieser Frage grundsätzlich K. Hesse, Rechtschutz, sowie den historischen Überblick über die Entwicklung des Problems ebenda S. 6 ff.; ferner U. Scheuner, Nachprüfung S. 352 ff., vgl. auch unten Anm. 7.
[4] K. Hesse, a. a. O. S. 14.
[5] Überblick bei K. Hesse, a. a. O. S. 7 ff.; W. Kahl, Lehrsystem S. 369 ff.; ausführlich C. Sartorius S. 31 ff.

Einzelnen dargestellt werden; es genügt die Feststellung, daß es infolge des kirchenhoheitlichen Verständnisnis der Weimarer Republik ungeachtet des Fehlens einer verwaltungsgerichtlichen Generalklausel und ungeachtet verschiedentlich zu beobachtender Zurückhaltung der Gerichte bei der Nachprüfung kirchlicher Maßnahmen[6] zu einer Rechtsprechungstätigkeit staatlicher Gerichte im kirchlichen Bereich kam, wie dies heute nicht möglich wäre. Zum Beispiel konnten, um nur ein einziges hervorzuheben, die vermögensrechtlichen Ansprüche der Kirchenbeamten in entsprechender Anwendung von Art. 129 Abs. 1 RV vor den ordentlichen Gerichten geltend gemacht werden[7].

Damit ist eine weitere Einschränkung des kirchlichen Selbstbestimmungsrechts in der Weimarer Zeit bereits angedeutet worden: Die Anwendung einzelner beamtenrechtlicher Vorschriften der Reichsverfassung auf die Geistlichen und die Kirchenbeamten, die von der herrschenden Meinung aus dem Status der öffentlichrechtlichen Körperschaft hergeleitet wurde[8]. Dieser Ausübung staatlicher Kirchenhoheit durch Aufoktroyieren staatlicher Rechtsvorschriften im Bereich des materiellen Beamtenrechts der Religionsgesellschaften ist von Ebers[9] das Selbstbestimmungsrecht der Kirchen mit Recht, aber ohne Erfolg entgegengehalten worden.

Welchen Bedeutungswandel das Recht der Religionsgesellschaften auf selbständige Verwaltung ihrer eigenen Angelegenheiten im Nationalsozialismus erfahren hatte, ist oben bereits ausgeführt worden[10]: Beschränkung auf die rein innerkirchlichen Angelegenheiten und Unterwerfung auch des Restbestandes an Eigenverwaltung unter den Vorbehalt des Punktes 24 Parteiprogramm der NSDAP, mit anderen Worten, unter den vorrangigen Totalitätsanspruch von Weltanschauung und Staat.

Wegen der Aufhebung des Selbstbestimmungsrechts der Kirchen mußten die Ausübung staatlicher Gerichtsbarkeit wie auch die staatliche Einflußnahme auf das kirchliche Ämterrecht im Wege der »Ämteraufsicht«[11] erst recht unbestritten bleiben, und es bedeutete keineswegs einen positiven Wandel der Auffassungen über das Verhältnis von Staat und Kirche, sondern nicht mehr als die Ausprägung der

[6] K. Hesse, a. a. O. S. 10 ff.

[7] G. Anschütz, Art. 129 Anm. 1 (S. 590 ff.); F. Giese, Verfassung Art. 129 Anm. 1; Brand S. 210 ff. (261); G. Holstein S. 153 ff. (181); RG 18. Mai 1926, JW 1927, 259; RG 18. Mai 1926, JW 1927, 1253; RG 5. Juli 1926, RGZ 114, 220; anderer Ansicht heute BGH 17. Dezember 1956, BGHZ 22, 383; 16. März 1961, BGHZ 34, 372; 19. September 1966, BGHZ 46, 96 = JZ 1967, 46; zur Kritik dieser Rechtsprechung vgl. A. Hollerbach, Kirchen S. 70; vgl. ferner J. Listl S. 397 ff. (406); W. Rüfner S. 759 ff. (787).

[8] In den oben Anm. 7 angeführten Entscheidungen hatte das RG streng genommen nur die Anwendbarkeit von Art. 129 Abs. 1, S. 3, 4 RV auf Kirchenbeamte ausgesprochen. Die weitgefaßte Begründung ließ indessen eine Anwendung aller beamtenrechtlichen Bestimmungen der Verfassung auf die Kirchenbeamten befürchten. Dem traten die ebenda genannten Autoren, die eine Analogie einzelner Vorschriften durchweg für zulässig hielten, aber entgegen. Vgl. auch das Urteil des Reichsschiedsgerichts III S 11/24 vom 9. September 1924, RBesBl. 1924, 327, mit dem die Geltung staatlicher Bestimmungen über die Grenzen der Beamtenbesoldung für die Kirchenbeamten mit Rücksicht auf das Selbstbestimmungsrecht der Kirchen abgelehnt wurde.

[9] G. J. Ebers, a. a. O. S. 349 ff. gegen W. Kahl, a. a. O. S. 280, 282.

[10] Vgl. oben die Einleitung zum 1. Kapitel.

[11] E. R. Huber, Verfassungrecht S. 508.

allgemeinen Tendenz zur Verkürzung des gerichtlichen Rechtschutzes im Führerstaat[12], wenn die Zuständigkeiten und Prüfungskompetenzen der Gerichte in kirchlichen Angelegenheiten alsbald entschieden verringert wurde. Die Einführung des Beschlußverfahrens in Rechtsangelegenheiten der evangelischen Kirche[13] bedeutete sogar eine erhebliche Steigerung der staatlichen Bevormundung insofern, als die Entscheidung kirchlicher Rechtsfragen den unabhängigen Gerichten entzogen und einer politischen Weisungen unterworfenen Verwaltungsbehörde überlassen wurde.

### b) Zur Rechtslage im Kirchenkampf

Die Rechtslage im Kampf der Bekennenden Kirche gegen die offiziell unterstützten amtlichen Kirchenleitungen und die Deutschen Christen kann in Einzelheiten hier nicht dargestellt werden[14]. Denn die Auseinandersetzungen um das rechtmäßige Kirchenregiment in der evangelischen Kirche wurden auf allen erdenklichen Ebenen ausgetragen – beginnend beim Kampf um die Organe und Kompetenzen der Reichskirche, über die Auseinandersetzungen in den Landeskirchen und aller Untergliederungen bis hin zu den Kompetenz- und Richtungskämpfen in der kleinsten örtlichen Gemeinde. Die streitigen Gesetzgebungs- und Verwaltungsakte auf reichs-, landes und ortskirchlicher Ebene sind ungezählt; Beschränkung auf wenige beispielhafte Vorgänge ist angezeigt.

Am 7. Juli 1934 beschloß das Geistliche Ministerium der DEK das Kirchengesetz über die Bestellung der Mitglieder der Nationalsynode[15]. Danach konnte nur entsandt oder berufen werden, »wer jederzeit rückhaltlos nicht nur für die Deutsche Evangelische Kirche, sondern auch für den nationalsozialistischen Staat eintritt« (§ 1); die Mitgliedschaft erlosch nach dieser Regelung unter anderem dann, »wenn das Geistliche Ministerium dem Mitglied das Anerkenntnis unverletzter Ehrenhaftigkeit oder eines kirchlicher Gesinnung oder der Würde eines Mitgliedes der Nationalsynode entsprechenden Verhaltens versagt« (§ 3). Sie sollte ferner enden, wenn das Geistliche Ministerium die Verabschiedung des Mitglieds aussprach, weil eine hervorragende kirchliche Tätigkeit endete, die den Anlaß für die Berufung abgegeben hatte (§ 3). Dieses Gesetz sollte die Möglichkeit eröffnen, oppositionelle und zuvor eines anderen exponierten kirchlichen Postens enthobene Mitglieder aus der Synode auszuschließen. Eine entsprechend gesäuberte Nationalsynode beschloß am 9. August 1934 verschiedene Kirchengesetze[16], deren wichtigstes alle kirchliche Gesetzgebung, ausgenommen Gegenstände des Kultus und des Bekenntnisses, auf das Geistliche Ministerium übertrug[17]. Dieses Gesetz sollte die Ermächtigungsgrundlage für die bald folgenden Eingliederungsgesetze betreffend die einzelnen Landeskirchen abgeben. Weitere Gesetze vom gleichen Tage erklärten die

[12] Zur Unanfechtbarkeit politischer Entscheidungen vgl. oben S. 44 Anm. 29.
[13] Gesetz vom 26. Juni 1935, RGBl. I, S. 774.
[14] Vgl. dazu P. Haller S. 33 ff.
[15] GBlDEK 1934 vom 10. Juli 1934 = JK 1934, 592.
[16] GBlDEK vom 10. Juli 1934 = JK 1937, 670 ff.
[17] Kirchengesetz über die Leitung der DEK und der Landeskirchen, a. a. O.

bisherigen Rechtsakte des Reichs- und Landesbischofs Müller für rechtmäßig[18], führten den Treueid der Geistlichen und Beamten auf Hitler ein[19] und verfügten, daß anstelle der Kirchenfahnen fortan nur noch die Reichsflaggen an kirchlichen Gebäuden gezeigt werden dürften[20].

Bereits das Gesetz über die Bestellung der Mitglieder der Nationalsynode vom 7. Juli 1934 war rechtswidrig[21]. Das Geistliche Ministerium, das als kollegiales Gesetzgebungsorgan der DEK durch Mehrheitsbeschluß, im Falle einer – hier vorliegenden – Verfassungsänderung einstimmig zu beschließen hatte[22], war wegen der Nichtbeteiligung des rechtskundigen Mitglieds, des Präsidenten Werner, nicht ordnungsmäßig besetzt und darüberhinaus überhaupt nicht befugt, eine solche Verfassungsänderung ohne Beteiligung der Nationalsynode zu beschließen, die dem Reichsbischof den entscheidenden Einfluß auf die Besetzung der Nationalsynode einräumen, diese also in Abhängigkeit vom Reichsbischof bringen sollte. Die aufgrund dieses rechtswidrigen Kirchengesetzes umgebildete Nationalsynode war danach nicht ordnungsmäßig besetzt, so daß schon aus diesem Grunde die gesamte Gesetzgebung vom 9. August 1934 rechtlich fehlerhaft[23] und alle hierauf gestützten weiteren Maßnahmen anfechtbar waren. Entsprechendes galt für große Teile der Landeskirchengesetzgebung, die entweder vergleichbare Mängel aufwiesen oder aber auf der fehlerhaften Gesetzgebung der Nationalsynode vom 9. August 1934 aufbauten.

Umstritten war schließlich die vom Reichsbischof beanspruchte Befugnis zum Erlaß kirchlicher Notverordnungen. Das Recht, Notverordnungen für die Reichs- und Landeskirchen zu erlassen, stützte der Reichsbischof auf Art. 6 Ziffer 1 Satz 3 der Verfassung der DEK; einen entsprechenden Anspruch suchte er aus seiner Eigenschaft als preußischer Landesbischof für die Kirchen der altpreußischen Union herzuleiten[24].

Genau besehen handelte es sich hier – ebenso wie bei dem vom Reichsbischof beanspruchten Weisungsrecht gegenüber den Landeskirchen und Gemeinden nach Art. 2 Abs. 3 der Verfassung der DEK[25] – um den verfassungswidrigen[26] Versuch einer Institutionalisierung des Führerprinzips[27] in der evangelischen Kirche. Auf der Inanspruchnahme des Notverordnungsrechts beruhte beispielsweise die sogenannte »Maulkorb-Verordnung« vom 4. Januar 1934[28], die das Verbot der Erörterung

[18] Kirchengesetz über die Rechtmäßigkeit von gesetzlichen und Verwaltungsmaßnahmen, a. a. O.

[19] Kirchengesetz über den Diensteid der Geistlichen und Beamten, a. a. O.

[20] Kirchengesetz über die Beflaggung von Kirchen und kirchlichen Gebäuden, a. a. O.

[21] Flor, Rechtsgutachten S. 670, 687 ff.

[22] Anders der deutschchristliche Standpunkt. In Anwendung des nationalsozialistischen Führergedankens sollte der Reichsbischof das Ergebnis der Beratung »in alleiniger und letzer Verantwortung feststellen«, vgl. A. Jäger S. 43.

[23] Flor, Nationalsynode S. 687; Hinweise auf weitere Mängel und unveröffentlichte Gutachten bei P. Haller S. 44 ff.

[24] A. Jäger S. 47; H. J. Arnold S. 199.

[25] Vgl. P. Haller S. 58 ff.

[26] S. u. Anm. 39 und P. Haller S. 37 ff. mit weiteren Nachweisen.

[27] Die sogenannte Maulkorbverordnung hatte der Reichsbischof erlassen »in verantwortlicher Ausübung des mir verfassungsmäßig zustehenden Führungsamts«; vgl. unt. Anm. 28.

[28] VO betr. die Wiederherstellung geordneter Zustände in der Deutschen Evangelischen Kirche v. 4. Januar 1934, GBlDEK 1934, S. 1. Abdruck auch JK 1934, 71 mit der Stellungnahme

kirchenpolitischer Themen und die Androhung disziplinarrechtlicher Maßnahmen für den Fall einer Zuwiderhandlung enthielt. Durch diese Verordnung wurde weiter die von den Deutschen Christen betriebene landeskirchliche Gesetzgebung, insbesondere die Kirchengesetzgebung zur Einführung des Arierparagraphen in der Kirche[29], in Kraft gesetzt, da sie die Suspendierung verschiedener Kirchengesetze[30] aussprach, die die Inkraftsetzung der deutschchristlich-radikalen Beschlüsse zunächst aufgeschoben hatten. Kraft Notverordnungsrechts ergingen ferner die »Verordnung zur Sicherung einheitlicher Führung in der evangelischen Kirche der altpreußischen Union« vom 26. Januar 1934[31], die alle Macht in der Person des Landesbischofs vereinigen sollte, und weitere Verordnungen über die Befugnis, Versetzungen, Pensionierungen und Amtsenthebungen zu verfügen[32].
Wer, wie die Juristen der Bekennenden Kirche, und, wie sich erweisen sollte, die Gerichte, ein Notverordnungsrecht nicht anerkannte, mußte zwangsläufig die fraglichen Verordnungen und alle weiteren hierauf gestützten kirchenregimentlichen, personellen, disziplinarrechtlichen und sonstigen Maßnahmen für rechtswidrig halten.

## 2. Entscheidungen

Die Rechtsprechung zum Kampf um das rechtmäßige Kirchenregiment in der evangelischen Kirche war so niederschmetternd[33] für die von Partei und Staat unterstützten amtlichen Kirchenleitungen, daß sich der Staat alsbald genötigt sah, den Gerichten die Entscheidungskompetenz in diesen Angelegenheiten zu entziehen[34]. Unter dem Aspekt des Selbstbestimmungsrechts der Kirche im nationalsozialistischen Staat bedarf diese als gesichert geltende Feststellung weiterer Differenzierung.
Die Zahl der die Auseinandersetzungen innerhalb der evangelischen Kirche betreffenden Entscheidungen ist groß. Die Gerichte haben die zur Entscheidung stehenden rein innerkirchlichen Rechtsfragen unmittelbar oder inzident entschieden und Bedenken gegen die Zuständigkeit staatlicher Gerichtsbarkeit nur ganz ausnahmsweise geltend gemacht. Ein fortschrittlicher Wandel des Verständnisses

(Kanzelabkündigung) des Pfarrernotbundes; vergl. auch Krug, DJ 1934, 53. Am 12. Juni 1934 hatte der Oberpräsident der Rheinprovinz jede unsachliche Polemik bei der Erörterung des Kirchenstreits verboten; am 9. Juli 1935 verbot der Reichsinnenminister jede öffentliche Erörterung des Kirchenstreits (Druck: JK 1934, 592), am 6. November 1934 jede Veröffentlichung über die derzeitigen Verhältnisse in der evangelischen Kirche (Druck: JK 1934, 1001).

29 Überblick in JK 1934, 70; vgl. ferner H. Holstein S. 422.

30 Gesetz betreffend die Rechtsverhältnisse der Geistlichen und Beamten der Landeskirchen vom 16. November 1933, JK 1933, 351; Vorläufiges Kirchengesetz betreffend die Rechtsverhältnisse der Geistlichen und Beamten der Landeskirchen vom 8. Dezember 1933, JK 1934, 22 ff.; Kirchengesetz betreffend die Beilegung kirchenpolitischer Streitfälle vom 8. Dezember 1933, JK 1934, 24.

31 KGVOBl 1934, Nr. 1, S. 1 = JK 1934, 160; dazu Flor, Rechtsgutachten S. 150 ff.

32 Vgl. den Bericht in JK 1934, 161.

33 R. Echterhölter S. 266; F. Zipfel S. 89; W. Niemöller, Kirche S. 248 ff.; vgl. auch E. R. Huber, Verfassungsrecht S. 508.

34 Gesetz über das Beschlußverfahren in Rechtsangelegenheiten der Deutschen Evangelischen Kirche vom 26. Juni 1935, RGBl. I, S. 774.

vom Verhältnis Staat und Kirche im Sinne einer größeren Anerkennung kirchlichen Selbstverwaltungsrechts war insofern nicht eingetreten, als die unvermindert anhaltende Ausübung staatlich-richterlicher Gewalt in innerkirchlichen Rechtssachen mindestens ein Festhalten an dem überkommenen Gedanken der staatlichen Kirchen- und Rechtshoheit bedeutete.

Auf der anderen Seite bedeutete die kontinuierliche Rechtsprechungstätigkeit der staatlichen Grichte gleichzeitig wirksame Rechtschutzgewährung gegenüber den zumeist willkürlichen Akten der nationalsozialistisch geprägten amtlichen Kirchenleitungen. Insofern blieben die Gerichte unbeeinflußt von der allgemeinen Tendenz zur Verkürzung des Individualrechtschutzes im Führerstaat, obwohl es an sich nahegelegen hätte, die Unanfechtbarkeit kirchlicher Rechtsakte vor den ordentlichen Gerichten mit dem kirchlichen Selbstverwaltungsrecht oder mit dem öffentlich-rechtlichen Charakter der Rechtsverhältnisse zu begründen.

Wenn die Gerichte ganz überwiegend gegen die deutschchristlich-nationalsozialistische Richtung entschieden, wehrten sie den von der nationalsozialistisch geprägten Gruppe in der evangelischen Kirche betriebenen Gleichschaltungsversuch und den unmittelbaren Einbruch der nationalsozialistischen Weltanschauung in das innerkirchliche Recht der evangelischen Kirche ab.

Eine solch allgemeine Unempfänglichkeit der Rechtsprechung gegenüber dem nationalsozialistischen Zeitgeist ist nirgends sonst festzustellen. Auf diese Tatsache läßt sich aber nicht die Vermutung stützen, daß diese Rechtsprechung auf eine grundsätzlich antinationalsozialistische Einstellung der Richter zurückzuführen sei. Nicht zutreffen dürfte auch die Vermutung, die Sympathien der Richterschaft hätten ganz allgemein der kirchlichen Opposition gegolten. Denn die widerstandsfähige Rechtsprechung endete bereits zu einer Zeit, als die Aktivitäten der kirchlichen Opposition noch keineswegs beendet waren und der eigentliche Höhepunkt im Kirchenkampf, nämlich die Auseinandersetzung zwischen Kirche und Staat, erst noch bevorstand. Näherliegend ist deshalb die Annahme – welche weiteren Gründe auch sonst immer mitgewirkt haben mögen – daß der vorwiegend innerkirchliche Charakter der Auseinandersetzungen der entscheidende Grund für diese Rechtsprechung gewesen ist: Urteile gegen die deutschchristliche Richtung oder gegen die amtlichen Kirchenleitungen richteten sich nicht unmittelbar gegen die staatliche Autorität, weil der Staat, wenn er diese Tendenzen auch unterstützte, sich mit ihren Institutionen nicht identifiziert hatte[35]. Dies solle sich allerdings bald ändern. Weil die innerkirchlichen Auseinandersetzungen zunehmend grundsätzlichen Charakter annahmen und sich zu einer Konfrontation zwischen Kirche und Nationalsozialismus entwickelten, kam es zum unmittelbaren Einsatz der staatlichen Autorität im Kirchenkampf etwa in Gestalt von Beschlußstelle und Kirchenministerium. Bezeichnenderweise endet die widerstandsfähige Rechtsprechung eben mit dem unmittelbaren Eingreifen des Staates, obwohl die staatskirchlichen Rechts- und Verwaltungsakte kaum weniger anfechtbar waren als die der amtlichen Kirchenleitungen.

[35] Die der Reichskirche nachteilige Rechtsprechung schien Hitler zumindest anfangs gleichgültig gewesen zu sein, wenn er dazu äußerte, daß er den Reichsbischof schließlich nicht gewählt habe und mit ihm weder verschwistert noch verschwägert sei, vgl. H. Hermelink S. 185.

Die Rechtsprechung zur Frage der Anwendung beamtenrechtlicher Grundsätze der Weimarer Reichsverfassung auf die kirchlichen Beamten bietet keinen besonderen Befund; sie folgt im wesentlichen der Weimarer Tradition. Aus diesem Grunde kann auf eine in die Einzelheiten gehende Darstellung dieser Rechtsprechung[36] verzichtet[37] werden.
Von größter, über den Einzelfall weit hinausgehender Bedeutung war das die Vorgänge in den preußischen Landeskirchen betreffende Urteil des LG Berlin I vom 27. März 1934[38], das der durch den Reichsbischof abgesetzte Präsident des Evangelischen Oberkirchenrats in Berlin, Dr. Werner, gegen den Reichsbischof erstritten hatte. Werner hatte Klage erhoben wegen der Nichtauszahlung seines Gehalts als Vorsitzender des Oberkirchenrats mit der Begründung, daß die Auflösung dieser Behörde und damit die tatsächliche Beseitigung der Selbständigkeit der Evangelischen Landeskirche der altpreußischen Union durch den Reichs- und Landesbischof zu Unrecht und in verfassungswidriger Weise erfolgt sei. Das Gericht schloß sich dieser durch ein Rechtsgutachten von Flor[39] gestützten Rechtsansicht an und erklärte, daß der Reichsbischof die ihm durch die Verfassung der DEK verliehenen Rechte in eigener Machtvollkommenheit unrechtmäßig überschritten habe. Dieses Urteil sprach dem Reichs- und Landesbischof das beanspruchte Notverordnungsrecht ausdrücklich ab – mit der Folge der Unwirksamkeit aller Notverordnungen einschließlich des Maulkorberlasses vom 4. Januar 1934 und der hierauf gestützten Maßnahmen.
Unter dem Eindruck dieses Urteils verkündete das Geistliche Ministerium in Verschleierung wie zugleich Anerkennung der erlittenen Niederlage[40] das »Kirchen-

[36] Vgl RG 10. Januar 1933, RGZ 139, 305 (Der Grundsatz, daß die Ausübung hoheitlicher Befugnisse Beamteneigenschaft zur Folge hat, gilt auch für das kirchliche Beamtenrecht); BayVGH 9. Mai 1934, DVerwBl 1934, 444 = DJZ 1934, 943 (Art. 129 Abs. 4 RV gilt für Kirchenbeamte, Rechtsweg); RG 5. April 1935, JW 1935, 3376 (Ruhegehaltsanspruch staatlicher Beamten nicht übertragbar auf das kirchliche Beamtenrecht); BayVGH 12. Juni 1940, RVerwBl 1940, 513 (Art 129 RV anwendbar); RG 29. November 1940, RGZ 165, 343 und 24. Oktober 1941, AeKR 5 (1941), 366 (Anwendung der Gesetzesbestimmung über die ausschließliche Zuständigkeit der Landgerichte auf die Gehaltsansprüche der Geistlichen; Anerkennung des Spruchs der Beschlußstelle); RG 12. November 1941, RGZ 168, 143 (Anwendung der Grundsätze über die Amtshaftung, Art. 131 RV, § 839 BGB auch im Verhältnis der Kirche zu ihren Beamten: Zuerkennung eines Schadenersatzanspruchs gegen den bischöflichen Stuhl für einen Pfarrer, der im Verfahren contra clericos concubinarios amtsenthoben war, aber mit Erfolg geltend machen konnte, daß der wirkliche Grund für seine Absetzung die der Kirche nicht genehme positive Einstellung zur NSDAP gewesen sei); zur Frage der Haftpflicht des Kirchenvorstands vgl. OLG Düsseldorf, 8. Juni 1936, AkKR 116 (1936), 575 und der Kirchenbeamten bzw. des Gemeindekirchenrats RG 13. November 1936, JW 1937, 2047; zur fristlosen Entlassung einer lebenslänglich angestellten Pfarrhaushälterin RAG 25. Februar 1933, JW 1933, 1968 und zum Rechtsanspruch auf Weihnachtsgratifikation RAG 12. Dezember 1939, DJ 1940, 375; zum kirchlichen Besoldungsrecht LG Weimar 26. November 1936, AeKR 1 (1937), 139 (ordentlicher Rechtsweg entsprechend Art. 129 Abs. 4 RV) und RG 30. November 1936, AeKR 1 (1937), 116.

[37] Vgl. aber das politisch interessante Urteil des RG vom 12. November 1941, RGZ 168, 143.

[38] Prozeßbericht JK 1934, 333.

[39] Rechtsgutachten S. 150.

[40] Das Kirchengesetz vom 13. April 1934 litt unter denselben Rechtsfehlern wie die bisherige Gesetzgebung, so daß, wie in JK 1934, 334 zutreffend bemerkt wurde, weder von Amnestie noch von Gnadenakt die Rede sein konnte: alle laufenden Verfahren waren ohnehin rechtswidrig. Gleiches galt für die Aufhebung der Eingliederungsmaßnahmen durch die VO vom

gesetz zur Befriedung der kirchlichen Lage« vom 13. April 1934[41]; die Verordnung vom 4. Januar 1934 wurde außer Kraft gesetzt und die gegen kirchliche Amtsträger eingeleiteten Disziplinarverfahren wurden niedergeschlagen[42].

Mit Urteil vom 5. Juli 1934 erklärte das LG Berlin[43] die vom Landesbischof verfügte Zwangspensionierung des Pfarrers Martin Niemöller für unwirksam und gab der von Niemöller erhobenen Klage auf Auszahlung der vollen Dienstbezüge statt. Mit Recht, so führte das Gericht aus, beschreite der Kläger den Rechtsweg, weil der Ausschluß des Rechtsweges in § 8 des Preußischen Kirchengesetzes betreffend die Rechtsverhältnisse der Geistlichen und Kirchenbeamten vom 6. September 1933 gegen die auf Kirchenbeamte entsprechend anwendbare Rechtsweggarantie in Art. 129 Abs. 1 Satz 4 RV verstoße und deshalb unwirksam sei[44].

Die weiteren Darlegungen des LG verdeutlichen die inzwischen eingetretene Konfusion auf dem Gebiete des Kirchenrechts in anschaulicher Weise. Die Versetzung in den Ruhestand habe nicht auf das angeführte Kirchengesetz vom 6. September 1933 gestützt werden können, weil dieses durch ein Reichskirchengesetz, durch das »Vorläufige Kirchengesetz betreffend die Rechtsverhältnisse der Geistlichen und Beamten der Landeskirchen« vom 8. Dezember 1933[45] aufgehoben worden war. Nun waren dieses und andere Kirchengesetze durch die erwähnte Verordnung des Reichsbischofs vom 4. Januar 1934 außer Kraft gesetzt worden; hiermit wären jedoch, so meinte das Gericht – das deshalb die Frage der Rechtsgültigkeit dieser Verordnung offen lassen konnte – die älteren Landeskirchengesetze nicht von selbst wieder in Kraft getreten. An dieser Rechtslage habe auch das Kirchengesetz zur Befriedigung der kirchlichen Lage vom 13. April 1934 nichts ändern können, abgesehen davon, daß wegen der mangelnden Mitwirkung des rechtskundigen Mitglieds beim Geistlichen Ministerium (Dr. Werner) die Rechtsgültigkeit auch dieses Gesetzes zweifelhaft sei[46].

Einem aufgrund der preußischen Verordnung über die Versetzung von Geistlichen im Interesse des Dienstes vom 3. Februar 1934[47] versetzten Pfarrer, der das neue Amt anzutreten abgelehnt hatte, sprach das LG Bochum am 3. Juli 1934[48] die vollen Gehaltsansprüche zu. Unter Bezugnahme auf das von Flor verfaßte Rechts-

20. November 1934 (VO zur Sicherung der Verfassung der Deutschen Evangelischen Kirche vom 20. November 1934, VO über die Aufhebung von Verordnungen im Bereich der Evangelischen Kirche der altpreußischen Union vom 20. November 1934, GBlDEK 1934, Nr. 69, S. 219 = JK 1934, 1002, 1003; vgl. dazu auch H. Hermelink S. 190), die rechtlich so fehlerhaft war wie ihre Vorgänger und deshalb nur die Bedeutung des Eingeständnisses der bisherigen Unrechtmäßigkeiten haben konnte.

[41] JK 1934, 333; dazu Krug S. 505.

[42] Verfahren mit staatspolitischem Einschlag sollten aber fortgesetzt werden. Zu den alsbald einsetzenden Versuchen, den Wirkungsbereich des Gesetzes einzuschränken, vgl. H. Holstein S. 422 ff.

[43] H. Schorn, Richter S. 519.

[44] Vgl. oben Anm. 7.

[45] JK 1934, 22.

[46] Das Gericht nahm hier Bezug auf ein Urteil Az 236 0 140/34, vermutlich das oben S. 109 besprochene Urteil vom 27. März 1934 Werner/Reichsbischof; vgl. auch R. Echterhölter S. 266. Anm. 163.

[47] KGVBl. 1934, S. 3.

[48] H. Schorn, a. a. O. S. 509. Über zwei weitere, gleichlautende Urteile des LG Bochum berichtet W. Niemöller, Kirche S. 249.

gutachten erklärte das Gericht die Versetzungsverfügung für rechtswidrig, weil die fragliche Verordnung ebenso kirchenverfassungswidrig und ungültig sei wie die zugrundeliegende Verordnung zur Sicherung einheitlicher Führung der evangelischen Kirche der altpreußischen Union vom 26. Januar 1934. Insbesondere sei es unzulässig, sich unter Berufung auf das im Nationalsozialismus anerkannte Führerprinzip über die vom kirchlichen Gesetzgeber bewußt beschlossenen und vom NS-Staat ausdrücklich anerkannten Beschränkungen des Führerprinzips hinwegzusetzen.

In einem um die Verfügungsmacht über ein Bankguthaben geführten Rechtsstreit hielt das LG Bochum in einem Urteil vom 10. Juli 1934[49] das Kirchengesetz über die Leitung der evangelischen Kirche der altpreußischen Union vom 2. März 1934[50] aus den gleichen Gründen für rechtsungültig.

Am 26. September 1934 äußerte sich das LG Bielefeld[51] in einem Armenrechtsbeschluß anläßlich einer Räumungsklage gegen einen zwangsweise versetzten Pfarrer zu den Gesetzen der Nationalsynode vom 9. August 1934, die es unter Hinweis auf das Rechtsgutachten von Flor[52] für unwirksam erachtete. »Damit sind«, so bemerkt der Berichterstatter der Jungen Kirche[53], »die Bedenken gegen die Gültigkeit sämtlicher von der Nationalsynode am 9. August beschlossenen Gesetze von einem Gericht bestätigt worden.«

Im Verfahren über eine einstweilige Verfügung, das am 27. Oktober 1934 vom AG Nürnberg[54] entschieden wurde, ging es um die Versuche zur Gleichschaltung der bayerischen Landeskirche. Das Gericht beanstandete die Besetzung der Nationalsynode und meinte, wenn sich der Grundsatz der rechtsschöpfenden Funktion erfolgreicher Revolutionen überhaupt auf die Kirchen übertragen lasse, fehle es für die bayerische Landeskirche jedenfalls am tatsächlichen Erfolg der eingeleiteten Umwälzungen.

Anläßlich eines Rechtsstreits, der von den Deutschen Christen um die Verfügungsbefugnis über das Kirchenvermögen und das Hausrecht am Gebäude des Landeskirchenamts Hannover geführt wurde, erklärte das OLG Celle am 4. März 1935[55] das die Eingliederung der Landeskirche Hannover in die Reichskirche betreffende Landeskirchengesetz vom 15. Mai 1934 für rechtsunwirksam. Es stellte weiter fest, daß alle Notverordnungen des reichskirchlichen Kommissars, alle verfassungsändernden Kirchengesetze des Landeskirchentages, alle Kirchengesetze des Kirchensenats und alle Gesetze der Reichskirche, die auf Grund der hannoverschen Kirchengesetze, insbesondere des Eingliederungsgesetzes, erlassen worden waren, rechtsunwirksam waren.

Im Zusammenhang mit den Versuchen zur Eingliederung der Württembergischen Landeskirche stehen die Entscheidungen des LG Stuttgart vom 12. und vom 20.

[49] H. Schorn, a. a. O. S. 512.
[50] Das Gesetz sollte die Gleichschaltung mit der Reichskirche bewirken. Vgl. die Würdigung des Gesetzes als Auswirkung der nationalsozialistischen Einigungsidee durch Krug S. 316.
[51] JK 1934, 868.
[52] Flor, Nationalsynode S. 687.
[53] JK 1934, 869.
[54] Schorn, a. a. O. S. 512.
[55] H. Schorn, a. a. O. S. 518; H. Hermelink S. 213.

November 1934. Mit Beschluß vom 20. November 1934[56] setzte die Dritte Strafkammer Landesbischof Wurm und Oberkirchenrat Schauffler außer Verfolgung, gegen die ein Strafverfahren wegen des Vorwurfs der Untreue[57] angestrengt worden war. Die Verdächtigten hatten unmittelbar nach Beginn des Eingliederungsversuchs Geldbeträge in Höhe von insgesamt 230 000,– RM zu treuen Händen an die Basler Missionsagentur Stuttgart und an die Bekenntnissynode Bad Oeynhausen überwiesen, um die Kirchengelder dem Zugriff Jägers zu entziehen[58]. Das Gericht vermochte eine rechtswidrige Vermögensschädigung nicht zu erkennen: Die Angeschuldigten »sagen, daß sie von Anfang an der Überzeugung gewesen seien, daß die Kirchengesetze vom 7. Juli und 9. August 1934 sowie die Verordnungen des Rechtswalters der Deutschen Evangelischen Kirche vom 3. September 1934 (RKiGBl S. 85, 121 und 149) verfassungswidrig seien. Diese Überzeugung war nicht unbegründet, wie verschiedene Gerichtsentscheidungen und Rechtsgutachten zeigen. Es war den Angeklagten auch zur Zeit der Verfügung bekannt, daß in anderen Landeskirchen durch die Reichskirchenregierung Eingriffe erfolgt waren, die durch gerichtliche Entscheidungen und Rechtsgutachten für ungesetzlich erklärt worden waren. Sie hatten daher begründeten Anlaß zu der Befürchtung, daß solche Eingriffe auch gegenüber der Evangelischen Landeskirche in Württemberg zu erwarten seien, und es ist ihnen nicht zu widerlegen, daß sie das Vermögen der Evangelischen Landeskirche in Württemberg nur gegen solche, nach ihrer wohlbegründeten Überzeugung unrechtmäßige Eingriffe sichern wollten.«

Mit dem Urteil vom 12. November 1934[59] bestätigte die Dritte Zivilkammer eine Einstweilige Verfügung vom 3. November 1934[60], mit der den Kommissaren der Reichskirche verboten worden war, sich weiter in den Amtsräumen des Oberkirchenrats in Stuttgart aufzuhalten. Zu diesem Verfahren war es gekommen, weil sich die Vertreter der Reichskirche geweigert hatten, das im Verlauf des Eingliederungsversuchs besetzte Gebäude wieder zu räumen. Unter Bezugnahme auf verschiedene andere Gerichtsentscheidungen[61] erklärte die Kammer das Gesetz über die Bestellung der Mitglieder der Nationalsynode vom 7. Juli 1934, das Gesetz über die Leitung der Deutschen Evangelischen Kirche und der Landeskirchen vom 9. August 1934 und die den Vollzug der Eingliederung der Württembergischen Landeskirche betreffende Verordnung des Rechtsanwaltes Jäger vom 3. September

[56] Vollständige Wiedergabe bei G. Schäfer III S. 667 ff.; vgl. auch H. Schorn, a. a. O. S. 529.

[57] Zur Strafsache gegen den deutschchristlichen, früheren Landesbischof Beye, der Kollekten- und Kirchengelder für sich verbraucht haben sollte und mangels Beweises freigesprochen wurde, vgl. LG Braunschweig, 11. März 1934, Bericht JK 1934, 250 und W. Niemöller, a. a. O. S. 245 Nr. 1.

[58] Zu den tatsächlichen Vorgängen und ihrer Darstellung in der Öffentlichkeit vgl. das Rundschreiben des vom Reichsbischof eingesetzen Kommissars vom 17. September 1934, G. Schäfer III S. 544, die Erwiderung von Dr. Schauffler im Rundschreiben der Bekenntnisgemeinde vom 22. September 1934, ebenda S. 549 ff. und die Berichterstattung des NS-Kuriers vom 22. September 1937 und 4. Oktober 1934, ebenda, S. 553.

[59] Vollständiger Abdruck bei G. Schäfer III S. 636, Bericht bei H. Schorn, a. a. O. S. 531 ff. und bei H. Hermelink S. 201.

[60] G. Schäfer III S. 635.

[61] LG Bielefeld 26. September 1934; AG Nürnberg 27. Oktober 1934; ArbG Wuppertal-Barmen, 6. Oktober 1934.

1934 für rechtsunwirksam: »Die Eingriffe der Antragsgegner in den Besitzstand der Antragstellerin sind als verbotene Eigenmacht zu kennzeichnen; sie sind rechtsunwirksam, sie gehen zurück auf grob verfassungswidrige, offensichtlich willkürliche Maßnahmen des Reichsbischofs und des Rechtswalters Jäger.« Diese und vergleichbare Formulierungen veranlaßten den Geistlichen Kommissar beim Staatsministerium, die Einleitung von Disziplinarmaßnahmen gegen die Stuttgarter Richter beim Württembergischen Kultusminister und bei Hitler selbst zu fordern[62].

Auch die Kirchengesetzgebung der Landeskirche Hessen-Nassau hielt der rechtlichen Nachprüfung durch die Gerichte nicht stand. Weil der Berufung von Landessynode und Kirchenleitung verfassungswidrig waren, konnte ein Pfarrer, der einer Strafversetzung keine Folge geleistet hatte und dem deshalb das Diensteinkommen gesperrt worden war, beim LG Frankfurt am 30. April 1935[63] erfolgreich auf Auszahlung des Gehalts klagen. Aus den gleichen Gründen wurde einem anderen Pfarrer am 15. April 1934 vom LG Darmstadt[64] das Gehalt zugesprochen, der wegen seiner Zugehörigkeit zur Bekenntniskirche seines Amtes enthoben worden war; auf volle Gehaltszahlung erkannte das Gericht auch am 28. März 1935[65] nach einer für rechtswidrig gehaltenen Versetzung in den Ruhestand.

Ein anschauliches Bild von den heftigen Auseinandersetzungen zwischen den Deutschen Christen und der Bekennenden Kirche vermittelt das in den Jahren 1937/1938 gegen den später in Freiburg/Br. wirkenden Nationalökonomen Professor von Dietze wegen Gottesdienststörung (§ 167 StGB), Hausfriedensbruchs (§ 123 StGB) und unerlaubter Veranstaltung einer öffentlichen politischen Versammlung (§§ 1,16 VO zum Schutze des Deutschen Volkes vom 4. Februar 1933)[66] in Potsdam geführte Strafverfahren[67]. Bei der Heiliggeistgemeinde in Potsdam hatte sich die Gewohnheit gebildet, daß jeweils alle vierzehn Tage jede der beiden im Kampf stehenden Glaubensrichtungen mit ihrem Pfarrer Gottesdienst hatte, so daß an den betreffenden Sonntagen überwiegend nur Anhänger der Richtung erschienen, deren Pfarrer gerade predigte. Nachdem der Bekenntnispfarrer wegen der Abkündigung einer Kollekte der Bekennenden Kirche verhaftet worden war, ent-

[62] G. Schäfer III S. 642, 643.
[63] H. Schorn, a. a. O. S. 514.
[64] Ebenda.
[65] H. Schorn, a. a. O. S. 515.
[66] RGBl. I, S. 35.
[67] Unveröffentlicht. Den Einblick in die Prozeßakten verdanke ich Frau Dr. Ursula von Dietze und Frau Marianne Kirchhofer geb. von Dietze. Hinweis auf das Verfahren bei W. Niemöller, Kirche S. 250. Wegen seiner religiösen Überzeugung ist Prof. von Dietze noch in schweren Konflikt mit dem nationalsozialistischen Staat gekommen: Am 9. April 1945 erhob der Oberreichsanwalt beim Volksgerichtshof Anklage (Az.: O J 62/44g – 2 L 85/45) gegen den seit September 1944 Verhafteten: »Die Angeschuldigten haben sich in den Jahren 1942 bis 1943 oder 1944 im Inland den Putschvorbereitungen des Verräters Goerdeler und seiner Hintermänner durch Vorschläge für die wirtschafts-, sozial- und kulturpolitische Neugestaltung des Reichs beteiligt, wobei sie wußten, daß der Umsturz durch einen Gewaltakt gegen den Führer ausgelöst werden sollte. Als Hoch- und Landesverräter haben sie sich daher außerhalb der Volksgemeinschaft gestellt. Verbrechen nach § 80 Abs. 2, § 83 Abs. 2 und Nr. 1, §§ 91 b, 47, 73 StGB.« Zur Durchführung des Hochverratsprozesses ist es wegen der Kriegsereignisse nicht mehr gekommen. Auch für die Überlassung der Anklageschrift danke ich Frau Dr. von Dietze und Frau Kirchhofer geb. Dietze.

schied der Bruderrat, dem auch von Dietze angehörte, daß die Vertretung durch Laien erfolgen sollte, um die Bedrängnis der Kirche offenkundiger zu machen; für den Bekenntnisgottesdienst am 11. Juli 1937 war von Dietze der bestellte Vertreter. Durch die Zuspitzung des Kirchenkampfes offenbar ermutigt – Pfarrer Niemöller war wenige Tage zuvor verhaftet worden – beschlossen die Deutschen Christen die Gunst der Stunde zu nutzen und die Kirche ganz für sich zu vereinnahmen, wobei sie den Eklat offenbar nicht scheuten. Kaum daß von Dietze mit dem Verlesen der vorbereiteten Erklärung der Bekenntniskirche am Abkündigungspult begonnen hatte, wurde er vom deutsch-christlichen Superintendenten zum Verlassen von Altarraum und Kirche aufgefordert. Um es nicht zum Tumult kommen zu lassen, wandte sich jener zum Gehen, wobei er die Bekennende Gemeinde noch bat, mit ihm das Gotteshaus zu verlassen, um die Mitteilungen vor der Kirche anzuhören. So geschah es; der deutschchristliche Gottesdienst wurde nicht mehr gehalten, weil offenbar die gesamte Gemeinde die Kirche mit von Dietze verlassen hatte.

Auf die Strafanzeige des Generalsuperintendenten wurde von Dietze noch gleichen Tags in Haft genommen. Am 22. Juli 1937 hob das LG Potsdam den Haftbefehl mangels Vorliegens eines Haftgrundes auf. Das Urteil des LG Potsdam vom 30. Juli 1937[68] enthielt einen Freispruch von allen Anklagepunkten. Auf die Revision der Anklagebehörde wurde das Urteil durch Entscheidung des RG vom 16. Dezember 1937[69] aufgehoben und zur weiteren Sachaufklärung an das LG Berlin zurückverwiesen.

Hatten LG und RG eine Erörterung der Rechtslage innerhalb der evangelischen Kirche noch für entbehrlich gehalten, so war es offenbar wohlbegründete Absicht der Verteidigung, den Gerichten die weitere Umgehung dieser Frage unmöglich zu machen. Das im Auftrag der Verteidigung von Erik Wolf erstattete Rechtsgutachten[70] lenkte die Aufmerksamkeit ersichtlich auf die Frage nach dem rechtmäßigen Kirchenregiment, wenn in ihm schon bezweifelt wurde, daß eine der beiden, sich jeweils im Recht glaubenden revalisierenden Gruppen in der evangelischen Kirche den besonderen Schutz der dem religiösen Frieden dienenden Strafgesetze überhaupt gegenüber den Handlungen der anderen Gruppe in Anspruch nehmen könne. Ein Eingehen auf die innerkirchliche Rechtslage erforderte auch die Meinung des Gutachters, daß das Hausrecht in der Kirche der erschienenen Gemeinde zustehe und daß ordnungsmäßiger Gottesdienst im Sinne des § 167 StGB der Gottesdienst der versammelten (Bekenntnis-)Gemeinde sei, den der Angeklagte nicht habe stören, sondern gerade halten wollen. Hinzu kam nach Meinung des Gutachters, daß »es dem Superintendenten gar nicht darauf ankam, für einen ordnungsmäßigen Gottesdienst zu sorgen, als vielmehr darauf, einen speziell ›deutschchristlich‹ orientierten Prediger heranzuziehen und damit den Teil der Gemeinde, der sich auf die bisherige Übung verließ, sozusagen vor neue Tatsachen zu stellen. Insofern bliebe dann zu prüfen, ob ein derartig einseitig im Interesse der einen

[68] Az.: 3 KMs 7/37.
[69] Az.: 2 D 687/37.
[70] E. Wolf, unveröffentlichtes Rechtsgutachten in der Strafsache von Dietze vom 21. Februar 1938.

Gruppe betätigter Wille noch als rechtmäßige Handlung einer unparteiischen kirchlichen Oberbehörde angesehen werden kann.« Weitere Recherchen der Verteidigung hatten im übrigen die Vermutung aufkommen lassen, daß die Berufung des deutsch-christlichen Superintendenten rechtswidrig gewesen war. Indessen kam es zu einer Entscheidung dieser Rechtsfragen nicht mehr, weil das Verfahren gemäß § 1 Abs. 2 des 2. Straffreiheitsgesetzes vom 30. April 1938 durch Beschluß des LG Berlin vom 16. Mai 1938[71] eingestellt wurde.

Die weitere Rechtsprechung zu den innerkirchlichen Auseinandersetzungen braucht in Einzelheiten nicht dargestellt zu werden. Festzuhalten ist, daß es stets um gleichartige Rechtsfragen ging, die in nahezu allen Fällen zugunsten der Bekenntniskirche und zum Nachteil der amtlichen Kirchenleitungen entschieden wurden[72].

Hervorzuheben sind noch verschiedene Entscheidungen unter dem Gesichtspunkt des Problems richterlicher Zuständigkeit in Kirchensachen. Hatten die Gerichte in den bisher angeführten Entscheidungen sachlich über Rechtsfragen des innerkirchlich-evangelischen Kirchenrechts entschieden und dabei Rechtsweg und Prüfungskompetenz teils ausdrücklich angenommen[73], teils stillschweigend vorausgesetzt, so kam es in einigen Fällen auch zur Feststellung der Unzulässigkeit von Klagen, was sich gelegentlich auch gegen die Bekennende Kirche, zumeist aber zu ihren Gunsten auswirkte:

[71] Az.: 1 PKMs 2/38 (51/38).

[72] Vgl. LG Wuppertal, 27. März 1935, H. Schorn, Richter S. 513 (Erlaß einer einstweiligen Verfügung abgelehnt, einem aus politischen Gründen nicht genehmen Pfarrer die Vornahme kirchlicher Amtshandlungen zu verbieten); AG Zwickau 13. Juli 1935, H. Schorn, a. a. O., S. 515 (Erlaß einer einstweiligen Verfügung gegen die Einführung neuer, von der Landeskirchenleitung ernannter Mitglieder der Gemeindevertretung, von W. Niemöller, S. 250, dem AG Aue zugeschrieben); LG Zwickau 2. August 1935, H. Schorn, a. a. O., S. 517 (Erlaß einstweiliger Verfügung betr. Gehaltszahlung); AG Lübeck 9. August 1935, H. Schorn, a. a. O., S. 577 (Eröffnung des Hauptverfahrens wegen Amtsanmaßung usf. gegen einen Bekenntnispfarrer abgelehnt); LG Berlin, 12. Juli 1934, R. Echterhölter S. 266. Anm. 162 (Versetzungen in den einstweiligen Ruhestand unzulässig); LG Berlin 4. Dezember 1934, R. Echterhölter S. 266 Anm. 165 (Anerkennung des Anspruchs auf Aufwandsentschädigung); ArbG Wuppertal 21. September 1934, R. Echterhölter S. 267 Anm. 166 (Entlassung des Presbyteriums durch den Reichsbischof rechtsungültig); LG Kassel 2. Februar 1935, R. Echterhölter S. 267 Anm. 170 (Streit um kirchliche Räume gegen die Deutschen Christen entschieden); LG Berlin 11. März 1935, R. Echterhölter S. 267 Anm. 171 (Versuch des Reichsbischofs, der Leitung der Bekennenden Kirche den Namen »Vorläufige Leitung der DEK« zu verbieten, gescheitert); LG Hannover 8. Dezember 1934, R. Echterhölter S. 267 Anm. 173 (kein Zutritt zu den kirchlichen Amtsräumen für die amtliche Kirchenleitung); LG Schneidemühl 29. März 1935, R. Echterhölter S. 267 Anm. 174 (Keine Herausgabe der Kirchenkasse an den neuen Kreissynodalvorsteher); AG Schkeudnitz 3. April 1935, W. Niemöller, a. a. O. S. 249 (Rechtsstreit Kirchengemeinde gegen Kandidaten B.); Urteil eines nicht genannten Berliner Gerichts vom 10. September 1935, W. Niemöller, a. a. O. S. 250 (Rechtsstreit Pfarrer Buchholtz gegen Kirchengemeinde Tempelhof); LG Landsberg 4. April 1939, H. Schorn, a. a. O. S. 516 (Räumungsklage gegen Pfarrer der Bekennenden Kirche abgewiesen). Die von H. Schorn, R. Echterhölter und W. Niemöller a. a. O. zitierten Entscheidungen sind vorwiegend dem Landeskirchenarchiv der Evangelischen Kirche Westfalen (sog. Bielefelder Archiv) entnommen, das weiteres, nicht aufgearbeitetes Material enthalten dürfte. Vgl. ferner K. Mensing Sp. 148 ff., 202 ff., 224 ff., 239 ff.; W. Niemöller, Richter.

[73] Vgl. LG Berlin 5. Juli 1934 (s. o. Anm. 43); LG Bochum 3. Juli 1934 (s. o. Anm. 48); LG Bochum 10. Juli 1934 (s. o. Anm. 49); LG Stuttgart 12. November 1934 (s. o. Anm. 59); AG Zwickau 13. Juli 1935 (s. o. Anm. 72); LG Landsberg 4. April 1939 (s. o. Anm. 72).

Ein Pfarrer, der entgegen dem Kollektenplan des Konsistoriums eine Kollekte für die Bekennende Kirche abgekündigt hatte, nahm die Kirchengemeinde, die sich offenbar mit Gewalt in den Besitz eines Teils der Spenden gesetzt hatte, klageweise in Anspruch mit dem Ziel, die bestimmungsmäßige Verwendung der Kollekte zu erreichen. Diese Frage sei, so meinten das AG Remscheid am 8. Januar 1936[74] und das LG Wuppertal am 13. Juni 1936[74], eine öffentlich-rechtliche, die von den ordentlichen Gerichten nicht entschieden werden könne. Den ordentlichen Rechtsweg hielt auch das LG Liegnitz am 23. November 1934[75] für unzulässig, als der bisherige Leiter eines Predigerseminars eine einstweilige Verfügung gegen den vom Reichsbischof eingesetzten neuen Leiter erwirken wollte.

In anderen Fällen wirkte sich die Unzulässigkeit des ordentlichen Rechtsweges zugunsten der beklagten Anhänger der Bekennenden Kirche aus, z. B. als einem Pfarrer das Betreten der Kirche verboten werden sollte und die Herausgabe der Kirchenschlüssel verlangt wurde[76], als von einem Pfarrvikar die Herausgabe von Akten, Schlüsseln, Kirchenbüchern und Siegeln verlangt wurde und ihm die Verfügung über das Pfarrpfründevermögen untersagt werden sollte[77], als von einem entlassenen Vikar die Herausgabe der Kirchenschlüssel und das Unterlassen von Amtshandlungen und Verfügungen über das Kirchenvermögen gefordert wurde[78] oder als ein Pfarrer Dienstinventar und Kirchenschlüssel herausgeben sollte[79]. Als im Priesterseminar Elberfeld Widerstand gegen die vom Reichsbischof verfügte Auflösung geleistet wurde, wies das LG Wuppertal[80] die angestrengte Räumungsklage ab, weil es wegen Verletzung der kirchlichen Wahlvorschriften den Kläger nicht für klagebefugt hielt. In einem neu angestrengten Verfahren mußte das LG die Entscheidung der Beschlußstelle einholen, die erwartungsgemäß in entgegengesetztem Sinne entschied. Hierauf gab das LG der Klage statt. In den weiteren Instanzen erklärten das OLG Düsseldorf[80] und das RG[80] den Rechtsweg dann für unzulässig. Eine der amtlichen Kirchenleitung günstige Entscheidung erließ hingegen das KG am 12. Februar 1937[81] in einer kirchlichen Disziplinarsache, indem es die Durchsuchung nach Kirchenbüchern und Akten bei unbeteiligten Dritten zuließ.

In vereinzelten Fällen haben die Gerichte auch eine Inzidentkontrolle innerkirchlicher Rechtsverhältnisse im Rahmen an sich zulässiger Klagen abgelehnt:

Anläßlich der Anfechtung einer polizeilichen Herausgabeverfügung des Landrats gegen einen Pfarrer, dem das Konsistorium die Ausübung des Amtes untersagt hatte, erklärte das PrOVG am 22. September 1936[82], daß es zur Überprüfung der Rechtsgültigkeit der von Konsistorium und Reichskirchenregierung erlassenen Anordnung nicht in der Lage sei. Es begründete diese Rechtsansicht allerdings nicht

[74] AeKR 1 (1937), 142, 144.

[75] R. Echterhölter S. 268, Anm. 176.

[76] LG Bochum 28. Mai 1934, R. Echterhölter S. 268 Anm. 178.

[77] OLG Rostock 3. Oktober 1935, ebenda, Anm. 179.

[78] LG Neustrelitz 19. November 1935, ebenda, Anm. 179.

[79] AG Altenburg, H. Schorn, a. a. O. S. 516.

[80] Bericht bei H. Schorn, a. a. O. S. 525.

[81] AeKR 1 (1937), 269.

[82] E 99, 74.

mit dem Selbstverwaltungsrecht der Kirche, sondern mit der sich andernfalls ergebenden unerwünschten Rechtsfolge, daß dann »die Rechtmäßigkeit jeder Maßnahme einer Behörde im Wege der Anfechtung einer zu ihrer Durchsetzung etwa ergangenen polizeilichen Verfügung nachgeprüft werden könnte.«[83]

Bemerkenswerte Zurückhaltung übte der WürttVGH am 8. Juli 1938[84] in einem Rechtsstreit über Kirchensteuern, die zu entrichten die Mitglieder der »Volkskirchenbewegung Deutsche Christen« aus »nationalsozialistischer Grundhaltung« abgelehnt hatten: »Die Frage, ob die Lehre der ›Volkskirchenbewegung Deutsche Christen‹ mit dem Bekenntnis der evangelischen Kirche vereinbar ist, ist eine rein theologische Frage, eine Frage des kirchlichen Bekenntnisses ... Ob diese Lehre ... mit dem Bekenntnis der evangelischen Kirche vereinbar ist, darüber kann unmöglich der Verwaltungsgerichtshof in einem Steuerverfahren entscheiden. Nach dem geltenden Recht hat über die rein kirchliche, das Bekenntnis betreffende Frage, ob die kirchliche oder theologische Haltung eines württembergischen evangelischen Geistlichen und seiner Anhänger mit dem Bekenntnis der evangelischen Kirchen vereinbar ist und innerhalb der württembergischen evangelischen Landeskirche geduldet werden kann, die Leitung der Wüttembergischen evangelischen Landeskirche nach pflichtmäßigem Ermessen und unter voller eigener Verantwortung zu entscheiden ... So wenig ein Verwaltungsgericht eine rein politische Entscheidung einer Behörde nachzuprüfen berufen ist, schon weil derartige Entscheidungen in der Regel Ermessensentscheidungen sind, sowenig kann es Aufgabe des Verwaltungsgerichtshofs sein, eine von der Leitung der Württembergischen evangelischen Landeskirche nach pflichtmäßigem Ermessen getroffene Entscheidung über eine Frage des kirchlichen Bekenntnisses nachzuprüfen«.

Hatten die Gerichte die Rechts- und Verwaltungsakte der amtlichen Kirchenleitungen in der Regel für rechtsunwirksam gehalten, so haben sie im Unterschied hierzu die staatskirchenrechtlichen Maßnahmen des nationalsozialistischen Staates in ihrer Rechtsgültigkeit nicht bezweifelt, obwohl Einrichtung und Betätigung von Beschlußstelle[85] und Reichskirchenministerium – nach Weimarer Maßstäben – durchaus geeignet waren, verfassungsrechtliche Bedenken hervorzurufen.

Aus der Spruchpraxis der Beschlußstelle, die einen erheblichen Rückgang der Prozeßtätigkeit bewirkte[86], sei nur der erste Beschluß stellvertretend für alle anderen hervorgehoben[87]: »Eine Berufung in das Pfarramt durch einen sogenannten ›Bru-

[83] Die Ansicht, daß die Frage der Rechtmäßigkeit der Amtsenthebung ohne Bedeutung sei für die Rechtsgültigkeit der Herausgabeverfügung als Vollstreckungsmaßnahme, ist vom PrOVG nicht näher begründet worden. Die Herausgabeverfügung wurde wegen formeller (Zuständigkeits-)Mängel aufgehoben; die Verneinung der Prüfungskompetenz war insofern nicht entscheidungserheblich.

[84] AeKR 2 (1938), 337 (345).

[85] Gesetz über die Errichtung der Beschlußstelle in Rechtsangelegenheiten der evangelischen Kirche vom 26. Juni 1935, RGBl. I S. 774. Die 2. DVO vom 27. Juli 1935, RGBl. I S. 1066, übertrug die Beschlußkompetenz vom Innen- auf den Kirchenminister.
Zum Beschlußverfahren vgl. Schucht, Beschlußverfahren in Rechtsangelegenheiten der evangelischen Kirche, RVerwBl 1935, 788; W. Weber, Beschlußverfahren S. 1075; G. Cölle, Bemerkungen S. 1013; Zur Spruchpraxis (Überblick über die ersten zwei Jahre Spruchpraxis mit statistischen Angaben) vgl. J. Stahn S. 709.

[86] J. Stahn S. 709.

[87] J. Sahn S. 711. Weitere Beschlüsse vgl. RVerwBl 1937, 949.

derrat‹ oder anderen ›Rat der Bekennenden Kirche‹ gibt es rechtlich nicht. Organe dieser Art sind in den Kirchenverfassungen nicht vorgesehen, vom Staat nicht anerkannt und haben keinerlei Berechtigung, kirchenregimentliche Befugnisse irgendwelcher Art vorzunehmen.«

Am 22. Januar 1937 hatte das LG Magdeburg[88] über die Frage zu entscheiden, ob ein Rechtsstreit, in dem die ungesetzliche Bestellung eines Kreiskirchenausschusses geltend gemacht wurde, auszusetzen und zur Entscheidung dieser Frage an die Beschlußstelle abzugeben sei. Das Gericht verneinte die Frage und entschied, daß Maßnahmen, die zur Wiederherstellung der kirchlichen Ordnung auf Grund des Gesetzes zur Sicherung der Deutschen Evangelischen Kirche vom 24. September 1935[89] getroffen worden waren, nicht der Nachprüfung durch die Beschlußstelle unterlagen, weil ein ernstlicher Streit über die Rechtsgültigkeit kirchenministerieller Anordnungen angesichts des weiten Rahmens der gesetzlichen Ermächtigung gar nicht erst entstehen könne. Mit dieser Auffassung ist das Gericht allerdings allein geblieben[90].

Nach einem Aussetzungsbeschluß des OLG Hamm vom 5. Februar 1937[91] waren unter aussetzungspflichtigen Maßnahmen nicht nur kirchliche Gesetze und Verordnungen, sondern auch kirchliche Verwaltungsakte und sonstige Anordnungen zu verstehen.

Eine über die ursprünglichen Absichten des nationalsozialistischen Gesetzgebers noch hinausgehende Beschränkung des Individualrechtsschutzes sprach das BremOVG in seinem Aussetzungsbeschluß vom 31. Dezember 1937[92] aus: Obwohl das Gesetz über das Beschlußverfahren nur die Aussetzung bürgerlich-rechtlicher Streitigkeiten forderte[93], wurde seine Anwendung auch auf verwaltungsrechtliche Streitigkeiten ausgesprochen[94] und begründet mit dem Zweck des Gesetzes, »der ganz offenbar dahin geht, die Einheitlichkeit der von kirchlichen Gruppen und Stellen nachgesuchten Entscheidungen mit kirchenpolitischem Inhalt zu sichern und eine allseitig wirksame Klärung der zur Entscheidung gelangenden Zweifelsfragen herbeizuführen.« In dieser Rechtssache verkündete die Beschlußstelle ihre Entscheidung am 22. Februar 1938[95]: »Die Berufung des Pfarrers A. zum Hilfsprediger ... und die Berufung des B. zum Gemeindeführer der Klägerin kann zur Durchführung gebracht werden.« Dem abschließenden Urteil des OVG Bremen vom 28. April 1938[96] verblieb nur noch die Aufgabe, die Bindungswirkung des Beschlusses festzustellen.

Zur Tragweite einer Entscheidung der Beschlußstelle äußerte sich das RG in einer Entscheidung vom 24. Oktober 1941[97]. In dem Rechtsstreit, der um die Höhe einer

88 AeKR 1 (1937), 108.
89 RGBl. I, S. 1178.
90 J. Stahn S. 710; zur Kritik des Urteils ebenda.
91 HRR 1937, Nr. 745.
92 DJ 1938, 204 = ZAkDR 1938, 174.
93 Vgl. ewa G. Cölle, a. a. O. S. 1016.
94 Anderer Ansicht WürttVGH 8. Juli 1938, AeKR 2 (1938), 337.
95 RuPrStAnz. vom 28. Februar 1938, Nr. 49 = ZAkDR 1938, 282 = RVerwBl 1938, 254.
96 AeKR 3 (1939), 22.
97 AeKR 5 (1941), 366.

Pfarrerpension geführt wurde, hatte das RG am 29. Februar 1940[98] die Aussetzung des Rechtsstreits und Vorlage an die Beschlußstelle beschlossen wegen der Frage, ob der angefochtene Rückforderungsbescheid der Finanzabteilung rechtsgültig sei. Am 18. Juli 1941 erklärte die Beschlußstelle den Bescheid für rechtsgültig; hierauf verkündete das RG ein klageabweisendes Urteil. Der Spruch der Beschlußstelle, so meinte der Senat, entscheide nicht über den Klageanspruch, so daß hierüber noch vom RG zu entscheiden sei; dies habe freilich in der Weise zu geschehen, daß der Spruch der Beurteilung des Streitstoffes zugrundegelegt werde. Daß dem Kläger hiernach verschiedene, von der Beschlußstelle überhaupt nicht untersuchte Einwendungen wie etwa die des Wegfalls der Bereicherung abgeschnitten wurden, nahm das RG bewußt in Kauf, denn »die Tragweite des Spruchs ist allein dem entscheidenden Teil des Beschlusses zu entnehmen. Dieser stellt die Rechtsgültigkeit des [Rückforderungs-]Beschlusses vom 26. Mai 1936 und damit auch die Berechtigung des darin erhobenen Rückzahlungsverlangens ohne Einschränkung fest.«

In der bereits besprochenen Entscheidung vom 22. September 1938[99] hatte das RG sogar die Bindung auch an die Entscheidungsgründe, genauer: an die anläßlich einer ganz anderen Rechtssache von der Beschlußstelle geäußerte Rechtsansicht angenommen.

In einem Rechtsstreit um die auf Anweisung des Kirchenministers einbehaltenen Gehaltsbezüge eines Pfarrers gaben das LG Hannover am 6. April 1939[100] und in zweiter Instanz das OLG Celle am 1. August 1939[100] hingegen dem Zahlungsbegehren statt, ohne die Sache der Beschlußstelle vorzulegen. Denn Sinn und Zweck des Gesetzes sei die einheitliche Beurteilung der Maßnahmen kirchlicher Stellen, nicht aber, wie bei Verfügungen der Finanzabteilungen, staatlicher Behörden. Die Auffassung der Finanzabteilung über die angeordnete Gehaltssperre verstoße gegen die elementarsten Grundsätze des Beamtenrechts, nach denen das Gehalt nur nach einer Amtsenthebung im Disziplinarverfahren entzogen werden könne.

Mit der Einrichtung der Finanzabteilungen befaßte sich das LG Halberstadt am 13. Juli 1937[101]. Den Einwand des auf Räumung der Dienstwohnung in Anspruch genommenen Beklagten, daß die Klägerin durch die Finanzabteilung beim Evangelischen Oberkirchenrat nicht ordnungsmäßig vertreten sei, wies das Gericht unter Hinweis auf das Preußische Gesetz vom 11. März 1935 über die Vermögensverwaltung in den evangelischen Landeskirchen und die hierzu ergangenen Durchführungsverordnungen zurück.

Mit gleicher Begründung bejahte das PrOVG am 8. November 1938[102] die Befugnis des Bevollmächtigten der Finanzabteilung zur Führung eines Kirchensteuerprozesses. Den Beschluß der Kirchengemeindevertretung, nach dem die Rechte der kirchlichen Kollegialbehörden wie insbesondere die Beschlußfassung über die zu erhebenden Kirchensteuern in Anwendung des Führerprinzips auf den Vorsit-

[98] RGZ 165, 343.
[99] RGSt 72, 329.
[100] H. Schorn, Richter S. 516.
[101] AeKR 1 (1937), 397.
[102] E 103, 105.

zenden des Kirchenvorstands, der zugleich Bevollmächtigter der Finanzabteilung war, übertragen worden waren, hielt das OVG aber für rechtswidrig: »In Preußen ist das gesamte Kirchensteuerrecht von dem Gedanken beherrscht, daß die Vermögensverwaltung in den Kirchengemeinden den gesetzlich gewählten Gemeindeorganen vorbehalten sein muß und daß insbesondere über die Höhe der Kirchensteuer nicht einzelne Personen, sondern die Gemeindekollegien zu entscheiden haben.«

Eine Anerkennung der Finanzabteilung als öffentliche Behörde enthält schließlich das Urteil des RFH vom 8. September 1938[103], eine Nichtanerkennung der Organe der Bekennenden Kirche das Urteil vom 9. Februar 1939[104].

## II. Die Verwaltung des kirchlichen Vermögens

### 1. Problemstellung

Die Befugnis der Religionsgesellschaften zu freier, von staatlicher Einwirkung unabhängiger Finanz- und Vermögensverwaltung galt in der Weimarer Republik als Bestandteil des nach Art. 137 Abs. 3 RV verfassungsrechtlich garantierten Selbstbestimmungsrechts[105]. Dabei bestritten auch entschiedene Gegner der staatlichen Kirchenaufsicht nicht, daß durch die kirchliche Vermögensverwaltung auch verschiedene Interessen des Staates, nämlich die Regelungen des Rechtsverkehrs und der Mindestanforderungen für die die Verkehrssicherung gewährleistenden Vertretungsorgane[106], betroffen wurden, eine Sicherung bestimmter anerkannter staatlicher Interessen also durchaus zulässig war[107].

Staat und Befürworter einer fortdauernden staatlichen Kirchenaufsicht gingen indessen erheblich weiter: Unter Berufung auf die mit Hilfe der Korrelatentheorie begründete Staatsaufsicht über die Kirchen wurden die weitestgehenden staatlichen Gesetze der einzelnen Länder über die Verwaltung des kirchlichen Vermögens gerechtfertigt, durch die die kirchliche Vermögensverwaltung bis in die Einzelheiten reglementiert wurde. Aus den teils strengen, teils liberalen landesrechtlichen Regelungen[108] soll nur der preußische Rechtszustand hervorgehoben werden: Nach dem Gesetz über die Kirchenverfassungen der evangelischen Landeskirchen vom 8. April 1924[109] waren die evangelisch-kirchliche Vermögensverwaltung und das entsprechende Organisationswesen im wesentlichen kirchengesetzlicher Regelung überlassen; zur Wahrung der staatlichen Interessen an den Formen vermögensrechtlicher Vertretung, der geordneten Vermögensverwaltung und ausreichender Beteiligung der Kirchenmitglieder hatte sich der Staat aber Mitwirkungs- und Einspruchsrechte vorbehalten. Demgegenüber war die Verwaltung des katholischen Kirchenvermögens durch das Gesetz über die Verwaltung des katholischen

[103] AkKR 119 (1939), 226.
[104] RStBl 1939, 851.
[105] G. Anschütz, Art. 137 Anm. 4 (S. 636); G. J. Ebers, Staat S. 278, 359.
[106] Zur Rechtslage unter dem Grundgesetz vgl. P. Mikat S. 193.
[107] G. J. Ebers, a. a. O. S. 359 ff.
[108] Vgl. den Überblick bei G. J. Ebers, a. a. O. S. 364 ff.
[109] GS. S. 221.

Kirchenvermögens vom 24. Juli 1924[110] einer bis ins Kleinste gehenden staatlichen Regelung unterworfen, die so erschöpfend war, »daß das kirchliche Selbstverwaltungsrecht sich darauf beschränkte, nach Benehmen mit der Staatsbehörde Wahlordnungen zu erlassen und Geschäftsanweisungen zu erteilen«[111]. Beide Gesetze – also auch das über die evangelische Vermögensverwaltung – enthielten eine Anzahl von Bestimmungen, durch die die kirchliche Vermögensverwaltung einer über das für alle geltende Gesetz weit hinausgehenden und deshalb verfassungswidrigen[112] staatlichen Kontrolle und Mitwirkung unterworfen wurde. Hingewiesen sei beispielsweise auf das Erfordernis staatlicher Genehmigung bei Verwendung beliebigen Kirchenvermögens zu anderen als bestimmungsgemäßen Zwecken, bei Veräußerung von Kunstgegenständen, Aufnahme von Anleihen, ferner auf die Möglichkeit der Zwangsetatisierung durch die kirchliche oder die staatliche Aufsichtsbehörde und das Institut der Staatsexekution[113].

Durch die Amortisationsgesetze der einzelnen Länder endlich wurde der Vermögenserwerb durch die Kirchen von staatlicher Genehmigung abhängig gemacht[114].

In der nationalsozialistischen Zeit blieb die Rechtslage hinsichtlich der Verwaltung des katholischen Kirchenvermögens unverändert. Durch das Preußische Gesetz über die Vermögensverwaltung in den evangelischen Landeskirchen vom 11. März 1935[115] brachte der nationalsozialistische Staat wegen des anhaltenden Kirchenkampfes die Vermögensverwaltung der evangelischen Kirche in Preußen alsbald in seine Hand: Die gesamte Finanzgebarung und Vermögensverwaltung wurden den vom Ministerium bei den leitenden kirchlichen Ämtern zu bildenden Finanzabteilungen übertragen und jede kirchliche Anordnung mit finanzieller Auswirkung von der Zustimmung der Finanzabteilung abhängig gemacht. Entsprechendes galt seit Juni 1937 für das ganze Reichsgebiet[116].

## 2. Entscheidungen

Die Rechtsprechung spiegelt vorwiegend das unverändert staatskirchenhoheitliche Verständnis der Weimarer Epoche wider; auffällige Veränderungen nach dieser oder jener Richtung sind nur ausnahmsweise zu beobachten. Daß die Ausübung kirchlicher Verwaltungsbefugnisse durch den nationalsozialistischen Staat selbst von den Gerichten nicht in Zweifel gezogen wurde, ist oben bereits bemerkt worden[117].

Mit Urteil vom 11. Oktober 1935 wies das OLG Köln[118] die insbesondere von

[110] GS. S. 585.
[111] G. J. Ebers, a. a. O. S. 367.
[112] G. J. Ebers, a. a. O. S. 372 ff, anders die herrschende Meinung.
[113] Überblick bei G. J. Ebers, a. a. O. S. 381 ff.
[114] Vgl. dazu G. J. Ebers, a. a. O. S. 95 ff., 394 ff.
[115] GS. S. 39; vgl. G. Cölle, Vermögensverwaltung S. 877; H. Brunotte S. 29.
[116] 15. DVO zum Gesetz zur Sicherung der DEK vom 25. Juni 1937, RGBl. I, S. 697; vgl. G. Cölle, Stellung S. 937; H. Brunotte; Zur Rechtsprechung der Gerichte der Bundesrepublik Deutschland über die Rechtsgültigkeit von Maßnahmen der Finanzabteilungen vgl. W. Grendel S. 186.
[117] S. o. S. 108 ff., 117 ff.

Ebers[119] geübte Kritik an den Beschränkungen der Verwaltung des katholischen Kirchenvermögens zurück: »Diese Auffassung ist jedoch abzulehnen, weil die Kirchen aufgrund ihrer besonderen, vom Staat gegebenen Machtstellung der Körperschaft des öffentlichen Rechts auch einem besonderen Aufsichtsrecht unterworfen sein müssen.«

In der finanziellen Unterstützung eines katholischen Bürgervereins in Form eines kurzfristigen Darlehens erblickte das RG am 19. November 1936[120] eine bestimmungswidrige Verwendung von Kirchenvermögen. Denn der von dem Verein mit dem Erwerb von Grundbesitz und dem Betrieb einer Gastwirtschaft in erster Linie verfolgte gesellige Zweck sei möglicherweise nach dem kirchlichen Selbstverständnis, nicht aber im Sinne der allein maßgeblichen staatlichen Gesetzgebung als ein kirchlicher Zweck anzuerkennen.

Nach einer Entscheidung des LG Nürnberg-Fürth vom 2. Februar 1938[121] hatte sich das Grundbuchamt auf die Prüfung der Frage zu beschränken, ob die staatsaufsichtliche Genehmigung vorliege; die Frage, ob das Rechtsgeschäft rechtlich zu beanstanden, keinem Vertragspartner nachteilig sei und im öffentlichen Interesse liege, sei allein von der Staatsaufsichtsbehörde zu prüfen.

Das Zwangsetatisierungsrecht hat das PrOVG am 9. April 1935[122] und am 16. Juli 1935[123] hinsichtlich der evangelischen Kirche anerkannt, das RVG am 10. Juni 1942[124] hinsichtlich der katholischen Kirche. Nach einem Urteil des RG vom 18. Januar 1934[125] konnte einer evangelischen Kirchengemeinde, die sich beharrlich weigerte, ihre Rechte gerichtlich geltend zu machen, von der kirchlichen Aufsichtsbehörde ein Prozeßvertreter bestellt werden. Andere Entscheidungen befaßten sich mit dem Erfordernis der Genehmigung von Rechtsgeschäften durch die kirchliche Aufsichtsbehörde[126], andere mit den Bestimmungen über die Vertretung der Kirchen im Rechtsverkehr[127].

Wegen des Fehlens einer ausdrücklichen gesetzlichen Bestimmung über die Eröffnung des Rechtswegs hielt das PrOVG unter Berufung auf das preußische Enumerationsprinzip mit Urteil vom 7. März 1939[128] eine verwaltungsgerichtliche Klage gegen die »rechtsverbindlichen Anordnungen«[129] der Finanzabteilungen[130] und die ihrer Vollstreckung dienenden Maßnahmen für unzulässig.

118 AkKR 116 (1936), 241.

119 A. a. O. S. 372 ff.

120 RGZ 152, 369.

121 AeKR 4 (1940), 88. Die Überwachung zweckmäßiger und geordneter Vermögensverwaltung durch den Staat wurde schon von G. J. Ebers, a. a. O. als verfassungswidrig kritisiert, S. 361, 372.

122 DJZ 1935, 901 Nr. 96.

123 AeKR 2 (1938), 30.

124 RVerwBl 1943, 95.

125 RGZ 143, 216 = JW 1934, 895.

126 PrOVG 26. September 1933, E 91, 103; 28. Mai 1935, E 96, 21; KG 1. November 1937, JW 1938, 1253; OLG Celle 7. April 1933, JW 1933, 2712.

127 KG 9. Oktober 1933, JW 1933, 2710; LG Breslau, 1. September 1939, AeKR 4 (1940), 103; OLG Köln 7. Januar 1938, AkKR 118 (1938), 555; KG 4. Januar 1940, AkKR 121 (1941), 89; RG 27. Oktober 1943, RGZ 172, 109.

128 RVerwBl 1939, 456.

129 Vgl. § 6 der 15. DVO zum Gesetz zur Sicherung der DEK vom 25. Juni 1937, RGBl. I, S. 697.

130 S. auch oben Anm. 101–104.

Am 3. Juli 1942 nahm das KG[131] zu der preußischen Amortisationsgesetzgebung Stellung. Eine Grundstückseigentümerin hatte in notarieller Urkunde ein Grundstück im Wert von knapp unter 10 000,– RM an zwei verschiedene katholische Kirchengemeinden zu je 1/2 Miteigentumsanteil übertragen. Die Vorinstanzen hatten die Eintragung des Eigentumswechsels im Grundbuch verweigert, weil die nach Art. 6 und 7 PrAGBGB erforderliche staatliche Genehmigung für einen Liegenschaftserwerb juristischer Personen im Wert von über 5000,– RM nicht vorgelegen hatte; bei der Berechnung der Wertgrenze müßten beide Miteigentumsanteile zusammengerechnet werden, weil mit der Zuweisung an verschiedene Kirchengemeinden nur eine Umgehung des Gesetzes bezweckt worden sei. Anders das Kammergericht, das annahm, daß mehrere getrennte, rechtlich selbständige Rechtsgeschäfte vorlägen, die auch bei der Frage der Genehmigungspflicht auseinanderzuhalten seien; ein Umgehungsgeschäft sei auch nicht für den Fall anzunehmen, daß die Eigentümerin die Aufteilung nur wegen des Genehmigungsvorbehalts veranlaßt habe.

Diese den kirchenpolitischen Vorstellungen des Jahres 1942 durchaus widersprechende und deshalb auch kritisierte[132] Entscheidung wurde auf den Wiederaufnahmeantrag des Oberreichsanwalts hin durch Beschluß des Großen Senats des RG vom 31. März 1943[133] aufgehoben: Bei der Auslegung von Sinn und Zweck der Amortisationsgesetzgebung[134], die gegen eine Vermögensansammlung in der »toten Hand« (der Kirchen) gerichtet war und in früherer Zeit durch wirtschaftliche Notwendigkeiten angesichts des Großgrundbesitzes der Kirche und der Steuerfreiheit des Kirchenguts gerechtfertigt sein mochte[135], deren Verfassungswidrigkeit aber bereits in Weimarer Zeit geltend gemacht wurde[136], nahm das RG eine deutliche Anpassung an nationalsozialistische Rechtsideale vor: »Die sog. Amortisationsgesetze ... wollen verhindern, daß zum Schaden des Gemeinwohls allzu große Teile des Volksvermögens und namentlich des heimatlichen Bodens den natürlichen Erben entfremdet, der Allgemeinheit entzogen, in der ›toten Hand‹ angehäuft und für lange Zeit festgelegt werden.« Weil – so die Stellungnahme des Großen Senats zu der Rechtsfrage – die Zuwendungen gleichartig und gleichzeitig und letztlich zugunsten von Gliedern derselben katholischen Kirche erfolgt seien, sei »bei dieser besonderen Sachlage ... eine Zerlegung der Zuwendung nach den beiden Miteigentumsanteilen für ihre Genehmigungsbedürftigkeit nicht angebracht.« Die nationalsozialistische Kritik war zufriedengestellt[137]: »Der Große Senat des Reichsgerichts hat hier – wie schon mehrfach – die Entscheidung

[131] AkKR 122 (1947), 478.

[132] DR 1942, 1266. Die Kritik (der Redaktion) erstreckte sich gleichermaßen auf das Urteil des KG vom 2. April 1942, DR 1942, 937 zum Testamentsgesetz. Die Tendenz war eindeutig: Größere Zuwendungen an die Kirchen, ob unter Lebenden, ob von Todes wegen, sollten verhindert werden. Bezeichnend bereits der Stil der Kritik: »Ein Geistlicher hatte es endlich so weit gebracht, daß die Eigentümerin eines Grundstücks ihren Besitz der Kirche schon zu Lebzeiten schenken will«.

[133] DJ 1943, 376.

[134] Zur Amortisationsgesetzgebung im Mittelalter vgl. E. Mack S. 211 ff.

[135] G. J. Ebers, a. a. O. S. 96.

[136] G. J. Ebers, a. a. O. S. 394 ff.

[137] DR 1943, 1078 (Anmerkung der Schriftleitung).

gefunden und mit einfachen, klaren Worten begründet, die allein dem Zweck des Gesetzes und dem gesunden Sinn des Volkes entspricht.«

Nicht nur die alte Amortisationsgesetzgebung, sondern auch andere, ursprünglich nicht kirchenpolitisch motivierte allgemeine Erwerbsbeschränkungen konnten für die neuen kirchenpolitischen Ziele eingesetzt werden: Am 4. März 1938 versagte das ErbhG Celle[138] die Genehmigung zur Veräußerung einer Erbhofparzelle an eine evangelische Kirchengemeinde, die die Parzelle als Ersatz für zu Siedlungszwecken zur Verfügung gestelltes Land erwerben wollte, weil der Erbhof durch die Veräußerung in seinem Bestande gefährdet würde und weil an dem Grundsatz, daß die Veräußerung von Bauernland an die Kirche oder sonstige Körperschaften nicht gebilligt werden könne, festzuhalten sei. Am 15. April 1937 hatte das Gericht[139] den Verkauf einer Parzelle für den Neubau einer Kirche hingegen noch genehmigt: Bei Beurteilung der Frage, ob ein Verkauf rechtfertigender wichtiger Grund vorliege, könnten »auch die Notwendigkeiten der Befriedigung der religiösen Bedürfnisse der Bevölkerung von Bedeutung sein.«

## III. Die Mitgliedschaft in Religionsgesellschaften

Kraft der durch Art. 137 Abs. 3 RV verfassungsrechtlich anerkannten Garantie kirchlicher Selbstverwaltung gehörten die Fragen der kirchlichen Mitgliedschaft in der Weimarer Republik zu den ausschließlich kircheneigenen Angelegenheiten mit der Folge, daß die Regelung von Kirchenzugehörigkeit (Eintritt, Austritt, Ausschluß) und Inhalt der Mitgliedschaftsrechte und -pflichten allein Sache der Kirchen war[140]. Mit Rücksicht auf die öffentlich-rechtlichen Folgen der Mitgliedschaft wie z. B. die Kirchensteuerpflicht sowie im Hinblick auf die staatliche Gewährleistung von Glaubens- und Gewissensfreiheit war es zugleich unbestrittene Sache des Staates, im Interesse der Rechtssicherheit die Wahrung bestimmter Formen für Beginn und Beendigung der Mitgliedschaft sowie die Sicherung des ungehinderten Ausscheidens oder Fernbleibens gesetzlich[141] zu regeln[142].

Die Frage der Kirchenmitgliedschaft in den großen christlichen Kirchen hat, abgesehen von den noch zu erörternden Versuchen, sich von der mit der Mitgliedschaft verbundenen Steuerpflicht unter Berufung auf die nationalsozialistische Weltanschauung zu befreien[143], in der Rechtsprechung des Dritten Reiches offenbar keine Rolle gespielt. Soweit ersichtlich, ist nur eine einzige Entscheidung veröffentlicht worden: Am 30. Juni 1938 bestätigte das SächsOVG[144] den evangelisch-kirchlichen Rechtsgrundsatz der »Zwangsmitgliedschaft«, nach dem die Zugehörigkeit zur örtlichen Kirchengemeinde und zur Landeskirche durch Bekenntnisstand und Wohnsitz von selbst entsteht.

[138] AeKR 3 (1939), 181.
[139] LErbhG Celle, AkKR 117 (1937), 522.
[140] G. J. Ebers, Staat S. 263, 356 ff., G. Anschütz, Art. 137 Anm. 4 (S. 636).
[141] Überblick über die Kirchenaustrittsgesetze der Länder bei Gotthold S. 630; zum jüdischen Mitgliedschaftsrecht vgl. I. Freund S. 15 ff.; E. v. Dellingshausen.
[142] G. J. Ebers, a. a. O. S. 356 ff. Zum Problem des Erwerbs der Mitgliedschaft durch Religionsmündige und -unmündige aus heutiger Sicht vgl. J. Listl S. 181 ff.
[143] S. unten Kapitel 12.
[144] DV 1938, 730.

Demgegenüber hat die Frage der Mitgliedschaft in Synagogengemeinden und in der Jüdischen Religionsgemeinschaft die Gerichte öfter beschäftigt. In diesem Zusammenhang sind zwei verschiedene Problemkreise zu unterscheiden: Einmal die Zugehörigkeit zum Judentum im Sinne der nationalsozialistischen Rassengesetzgebung, zum anderen die Mitgliedschaft in einer Synagogengemeinde im Sinn des religionsgesellschaftlichen Mitgliedschaftsrechts und insbesondere des Steuerrechts[145].

Die Entscheidung darüber, wer als Jude im Sinne der Nürnberger Gesetze[146] zu gelten hatte, war dabei in bestimmten Fällen in durchaus widersinniger, die Rassentheorie des Nationalsozialismus ad absurdum führender Weise an die Zugehörigkeit zur jüdischen Religionsgemeinschaft geknüpft worden[147]. Die Zugehörigkeit zur jüdischen Religion hatte nach den Nürnberger Gesetzen insofern weitreichende Konsequenzen im staatlich-rechtlichen Bereich, berührte jedoch nicht das innerhalb der jüdischen Religionsgemeinschaft geltende eigene Mitgliedschaftsrecht. Sie sollte sich unabhängig vom inneren Bekenntnis wie auch unabhängig vom jüdischen oder staatlichen Mitgliedschaftsrecht ausschließlich nach objektiven Merkmalen bestimmen[148].

Nach diesen Grundsätzen hat das RG, das sich im übrigen nicht gescheut hat, die Strafbestimmungen der Nürnberger Gesetze extensiv auszulegen[149], in ständiger Rechtsprechung entschieden[150]. Die Zugehörigkeit zum Judentum sei, so meinte das RG in einer Strafsache am 10. Januar 1939[151], »nicht im Sinne einer rechtswirksamen ›Mitgliedschaft‹ zu verstehen, sondern als ein Begriff besonderer Art aufzufassen, der aus dem Zwecke der Rassegesetzgebung zu entwickeln ist. Der Bestimmung liegt der Gedanke zugrunde, daß jemand, der sich zur jüdischen Religionsgemeinschaft bekennt, dadurch seine besondere Verbundenheit mit dem Judentume zu erkennen gibt ... Das Reichsgericht hat jedoch auch nicht verkannt, daß das bloße innere Verhältnis zur jüdischen Religion und Religionsgemeinschaft, das dem Nachweise schwer zugänglich ist, nicht maßgebend sein kann ... Als entscheidend ist es vielmehr anzusehen, ob die Person einen äußeren Sachverhalt oder bestimmte äußere Tatsachen selbst herbeigeführt oder zum mindesten gedul-

[145] S. o. Anm. 143.

[146] Durch das Reichsbürgergesetz vom 15. September 1935, RGBl. I, S. 1146 (1. DVO vom 14. November 1935, RGBl. I, S. 1393; 2. DVO vom 21. Dezember 1935, RGBl. I, S. 1524) wurden den jüdischen Staatsangehörigen in Verwirklichung von Punkt 4 des Parteiprogramms der NSDAP die »politischen Rechte nach Maßgabe der Gesetze« aberkannt. Das Gesetz zum Schutze des deutschen Blutes und der deutschen Ehre vom 15. August 1935, RGBl. I, S. 1146 (1. DVO vom 14. November 1935, RGBl. I, S. 1334) verbot unter anderem die Eheschließung mit Juden. Einen Überblick über die Juden-Gesetzgebung des Dritten Reiches vermittelt H. Schorn, Gesetzgebung S. 84 ff.; Zur Entstehungsgeschichte der Nürnberger Gesetze vgl. U. D. Adam S. 114 ff.

[147] 1. DVO zum RBürgerG, §§ 5 Abs. 1 und 2, 2 Abs. 2 bei sogenannten »Mischlingen«.

[148] W. Stuckart – H. Globke Band 1, 1. DVO zum Reichsbürgergesetz, § 5 Anm. 3a (S. 75), § 2 Anm. 8 (S. 64).

[149] H. Schorn, Richter S. 128 ff.

[150] RG 2. September 1936, RGSt 70, 301; 21. November 1938, JW 1939, 93; 10. Januar 1939, RGSt 73, 98; 3. August 1939, HRR 1939, Nr. 1328; 23. Dezember 1940, RGSt. 74, 402; ebenso RVG 5. Juni 1941, DR 1941, 2413.

[151] RGSt 73, 98; ebenso RVG 5. Juni 1941, E 1, 84.

det hat, in denen ihre Verbindung mit der jüdischen Religionsgemeinschaft in irgendeiner Form äußerlich hervortritt... Als Kennzeichen der Zugehörigkeit zur jüdischen Religionsgemeinschaft hat die Rechtsprechung des Reichsgerichts unter anderem anerkannt die nicht beanstandete Führung in den Listen einer jüdischen Synagogengemeinde oder die widerspruchslose Zahlung jüdischer Kultussteuern, auch schon die dem Mischling bekannte Veranlagung zu jüdischen Steuern, soweit nicht die Eintragung in die Listen oder die Veranlagung zur Steuer auf einem offenbaren Versehen beruht.«

Allerdings blieb das RG in dieser Rechtsprechung konsequent: Hatte der Täter Beziehungen zur jüdischen Religionsgemeinschaft nur vorgetäuscht, so konnten hieraus nach dem Urteil vom 13. August 1942[152] Schlüsse im Sinne einer Zugehörigkeit zum Judentum nicht gezogen werden.

Die Zugehörigkeit zur jüdischen Religionsgemeinschaft im Sinne des Reichsbürgergesetzes wurde vom OVG Hamburg mit Urteil vom 6. Oktober 1939[153] angenommen bei einem Kläger, der sich zwecks Abgabe der Austrittserklärung zum AG begeben und nach dort erteilter, falscher Belehrung die Erklärung gegenüber der Synagogengemeinde abgegeben hatte; richtigerweise hätte der Austritt beim Standesamt erklärt werden müssen.

Eine die Kritik der nationalsozialistischen Rechtslehre hervorrufende Entscheidung zum Kirchenaustrittsrecht verkündete das KG am 16. Januar 1941[154]. Der Beklagte, der im Jahre 1928 aus der örtlichen Synagogengemeinde ausgetreten war, wurde nach einem späteren Wohnsitzwechsel von der Jüdischen Gemeinde Berlin als Mitglied in Anspruch genommen mit der Begründung, daß nur ein Austritt aus der Synagogengemeinde, nicht aber ein Austritt aus der jüdischen Religionsgemeinschaft überhaupt erklärt worden sei. Auf diese Unterscheidung sollte es nach dem Urteil des KG indessen nicht mehr ankommen. Denn seit dem preußischen Kirchenaustrittsgesetz vom 30. November 1920[155] sei der frühere Rechtszustand geändert worden, nach dem der Austritt aus der Synagogengemeinde[156] neben dem Austritt aus der jüdischen Glaubensgemeinschaft[157] möglich gewesen war. Der seither allein mögliche Austritt aus der Religionsgesellschaft des öffentlichen Rechts habe das Ausscheiden aus der Glaubensgemeinschaft überhaupt zur Folge. Das bedeutete, daß für alle seit dem Inkrafttreten des preußischen Kirchenaustrittsgesetzes von 1920 aus einer Synagogengemeinde Ausgetretenen die gesetzliche Anordnung der Mitgliedschaft nach der 1. Durchführungs-

[152] DR 1943, 80.

[153] DV 1940, 362.

[154] DR 1941, 1552; kritisch W. Haugg, Austritt S. 2167. Die vom KG vertretene Auffassung, daß der Austritt aus der Synagogengemeinde zugleich den Austritt aus der Glaubensgemeinschaft zur Folge habe, wurde kritisiert, weil »jeder Verschleierung des wahren Personenstandes« vorgebeugt (Haugg, a. a. O., S. 1668), »jedem Tarnungsversuch der Juden von vornherein die Stirn geboten werden muß... Denn Jude bleibt Jude, auch wenn er den mosaischen Glauben abgelegt hat«.

[155] Preußisches Gesetz betreffend den Austritt aus den Religionsgesellschaften des öffentlichen Rechts, GS 1921, S. 119.

[156] Preußisches Gesetz betreffend den Austritt aus der Kirche vom 14. Mai 1873, GS. S. 207.

[157] Preußisches Gesetz betreffend den Austritt aus den jüdischen Synagogengemeinden vom 28. Juli 1876, GS. S. 353.

verordnung zum Gesetz über die Rechtsverhältnisse der jüdischen Kultusvereinigungen vom 28. März 1938[158] nicht wirksam werden konnte.
In einer Entscheidung vom 5. November 1937[159] betreffend die Einziehung einer Urkunde hatte das KG noch die Auffassung vertreten, daß der Austritt aus der Synagogengemeinde dem Austritt aus der Glaubensgemeinschaft nicht gleichstehe.
Den Grundsatz des österreichischen Rechts, daß nichteheliche Kinder, welche das siebente Lebensjahr noch nicht vollendet hatten, dem Religionsbekenntnis und Religionswechsel der Mutter ohne weiteres folgten, bestätigte der VGH Wien am 29. Juli 1940[160]. Ohne Erfolg berief sich der Kläger, der sich gegen die Einstufung als Jude zur Wehr gesetzt hatte, auf das nach der österreichischen Verfassung gewährleistete Recht auf freie Religionsausübung, »weil nach der Eingliederung der Ostmark in das deutsche Reich die sogenannte ›Verfassung 1934‹ die Eigenschaft eines formellen Verfassungsgesetzes verloren hat und nur mehr als einfaches Gesetz weiter gilt«.

## IV. Kirchliches Eherecht

Das Selbstbestimmungsrecht der Kirchen konkretisierte sich ganz wesentlich in der innerkirchlichen Gesetzgebung. Das kirchliche Gesetz war deshalb ohne weiteres, insbesondere ohne staatliche Anerkennung oder Mitwirkung, im innerkirchlichen Bereich wirksam. Anders allerdings, wo sich Auswirkungen auf bürgerliche oder staatsbürgerliche Rechtsverhältnisse ergeben sollten: Die Regelungen des Rechtsverkehrs galten als ausschließlich staatliche Angelegenheiten[161]. Weil das Reich die obligatorische Zivilehe eingeführt und das Eherecht wie auch die Rechtsstellung natürlicher Personen umfassend und abschließend geregelt hatte, war für eine direkte Geltung und Anwendung innerkirchlichen Ehe- oder Ordensrechts vor staatlichen Gerichten kein Raum.
Eine Rechtsprechung zu kirchlichen Rechtssätzen konnte sich aber mittelbar, nämlich durch Vermittlung der staatlichen Grundsätze des Internationalen Privatrechts, ergeben, wenn ausländisches Recht anwendbar war, das seinerseits innerkirchliche Rechtssätze inkorporiert hatte. Entsprechende Probleme ergaben sich vor allem durch den Anschluß Österreichs, der die Fortgeltung des bestehenden Rechts zunächst nicht berührt hatte.
Aus der an sich unauffälligen Rechtsprechung zum Eherecht[162] ist ein Urteil des

[158] 1. DVO (RGBl. I, S. 338), § 2 Abs. 2: »Personen, die nach früherem Recht lediglich aus den früheren Synagogengemeinden ausgetreten sind, ohne damit gleichzeitig aus der jüdsichen Religion ausgetreten zu sein, gehören vom Tage des Inkrafttretens der jüdischen Kultusvereinigung an, in deren Bereich sie ihren Wohnsitz oder gewöhnlichen Aufenthalt haben.«
[159] JW 1938, 389.
[160] DV 1940, 401.
[161] Vgl. dazu G. J. Ebers, Staat S. 255, 333 ff.
[162] LG Bremen 8. Mai 1934, JW 1934, 2353 (polnisches Scheidungsrecht); RG 16. Juli 1936, JW 1936, 2914 (polnisches Eherecht); KG 1. Juni 1937, JW 1937, 2522 (Eherecht des zaristischen Rußland); RG 2. Dezember 1940, DR 1941, 946 (österreichisches Scheidungsrecht); RG 4. März 1940, RGZ 163, 73 (österr. Scheidungsrecht); RG 4. November 1942, DJ 1942, 785 (österr. Eherecht).

RG vom 10. Oktober 1935[163] hervorzuheben: Zu entscheiden war über die Ehenichtigkeitsklage, die die Klägerin, die christlichen Glaubens war, gegen den Beklagten, einen österreichischen Juden, eingereicht hatte. Die Klage war auf das Ehehindernis der Religionsverschiedenheit nach § 64 österreichisches ABGB gestützt worden. Das RG gab der Klage entgegen der Auffassung der Vorinstanz statt: An dem Grundsatz, daß ein ausländisches Gesetz, welches die Verschiedenheit der Religion zum Ehehindernis erklärte, nicht schon deshalb gegen die guten Sitten oder den Zweck eines deutschen Gesetzes (ordre public) verstoße, weil das deutsche Recht dieses Ehehindernis nicht kenne, sei »zumal unter den heute in Deutschland zur Herrschaft gelangten Anschauungen, wie sie besonders in den §§ 1 und 2 des Blutschutzgesetzes Ausdruck gefunden haben«, festzuhalten: »Wenn auch § 64 österr. ABGB nicht ein Ehehindernis der Rassenverschiedenheit, sondern ein solches der Religionsverschiedenheit aufstellt, so ist die Vorschrift doch geeignet, den vom deutschen Gesetzgeber verfolgten Zweck der Reinhaltung des deutschen Blutes zu fördern«.

[163] RGZ 148, 383.

# 5. TEIL

# DIE RECHTSPRECHUNG ZUM SCHUTZ DES KIRCHLICHEN VERMÖGENS

## 10. Kapitel: Die Ansprüche der Kirchen auf staatliche, kommunale und private Leistungen

### I. Problemstellung

Nach der in der Weimarer Zeit herrschenden Lehre genoß das Kirchengut einen gegenüber der Eigentumsgarantie des Art. 153 RV gesteigerten, besonderen Schutz[1]: Art. 138 Abs. 2 RV gewährleistete »das Eigentum und andere Rechte der Religionsgesellschaften und religiösen Vereine an ihren für Kultus-, Unterrichts- und Wohltätigkeitszwecken bestimmten Anstalten, Stiftungen und sonstigen Vermögen«, eine Bestimmung, die von der herrschenden Lehre als Verbot der entschädigungslosen Enteignung und Säkularisation von Kirchengut und als Schutz vor enteignenden Sondergesetzen ausgelegt wurde[2].
Kirchengut in diesem Sinne waren alle Vermögensgegenstände, die kirchlichen Zwecken zu dienen bestimmt waren[3]; unter die Kirchengutsgarantie fielen danach nicht nur Sachen, sondern auch Rechte einschließlich der Forderungsrechte[4] der Kirchen, unabhängig davon, ob sie sich gegen den Staat, die Kommunen, gegen juristische oder gegen natürliche Personen als Schuldner richteten[5].
Durch Art. 138 Abs. 1 RV wurde die Ablösung, d.h. die ausschließlich entschädigungspflichtige Aufhebung[6] der Staatsleistungen[7] an die Religionsgesellschaften vorgeschrieben, wenn und sobald das vorgesehene Reichsgesetz über die Grundsätze der von den Ländern zu veranlassenden Ablösung ergangen sein würde. Bis zum Erlaß dieses Reichsgesetzes durften die Staatsleistungen weder aufgehoben noch herabgesetzt werden, wie dies die verfassungsrechtliche Garantie des vermögensrechtlichen Status quo der Kirchen in Art. 173 RV noch einmal ausdrücklich klarstellte[8]. Diese Bestandsgarantie umfaßte unstreitig alle, aber nur

[1] G. J. Ebers, Staat S. 214 ff.; ders., Religionsgesellschaften S. 361 ff. (382 ff.); vgl. auch G. Anschütz, Art. 138 Anm. 7; H. Glade S. 3; zur Gewährleistung von Kirchengut und zur Ablösungsfrage in den Reichs- und Länderkonkordaten und Kirchenverträgen vgl. auch unten Kapitel 11, Anm. 16.

[2] Vgl. oben Anm. 1; zur Kritik dieser Auffassung E. R. Huber, Garantie S. 6, 25 ff.; zur Auffassung unter dem Grundgesetz siehe T. P. Wehdeking S. 28 ff.

[3] G. Anschütz, Reichsverfassung, Art. 138 Anm. 6 (S. 653); G. J. Ebers, Staat S. 213; E. R. Huber, a. a. O., S. 31 ff. (32), 40 ff.

[4] G. J. Ebers, a. a. O. S. 214; E. R. Huber, a. a. O. S. 31 ff. (32).

[5] G. J. Ebers, a. a. O. S. 214.

[6] G. Anschütz, Art. 138 Anm. 3 (S. 651); E. R. Huber, a. a. O. S. 59.

[7] Zum Begriff der Staatsleistungen s. u. S. 138.

[8] Über das Verhältnis der beiden Bestimmungen vgl. G. Anschütz, Art. 173 Anm. 1 RV; dagegen E. R. Huber, a. a. O. S. 93 ff. (95).

solche Staatsleistungen, die im Zeitpunkt des Inkrafttretens der Weimarer Verfassung[9] bestanden[10].

Institutionelle Bestandsgarantie des Kirchenguts und Fortbestand der Staatsleistungen[11] wurden im Nationalsozialismus im Ergebnis nicht in Frage gestellt. Die Anerkennung des überkommenen Rechtszustands beruhte allerdings nicht auf der Annahme einer fortdauernden Gewährleistung kirchlichen Vermögens von Verfassung wegen – eine solche Verfassungsgarantie wurde entsprechend der Auflösung verfassungsrechtlicher und rechtlicher Strukturen im Nationalsozialismus bekanntlich bestritten[12] – als auf dem nach nationalsozialistischer Staatsauffassung allein entscheidenden Umstand, daß die Staatsführung eine abweichende politische oder gesetzgeberische Entscheidung nicht – noch nicht – getroffen hatte, ja wegen der beispielsweise unvermindert fortgewährten Staatszuschüsse sogar anzunehmen war, daß die Erhaltung des status quo zunächst, das heißt bis zu der auf später verschobenen Endlösung der Kirchenfrage, als oberster Grundsatz staatlicher Politik in kirchlichen Vermögensangelegenheiten zu gelten hatte.

Dies schloß indessen gezielte Aktionen gegen das kirchliche Vermögen von seiten der kirchenfeindlichen Richtung keineswegs aus. Über solche einzelnen Maßnahmen insbesondere gegenüber den öffentlichen, sozialen und karitativen Einrichtungen der Kirche[13] wie über die Beschränkungen des kirchlichen Sammlungswesens[14] ist bereits berichtet worden.

## II. Entscheidungen

Die überkommenen Ansprüche der Kirchen auf Leistungen des Staates, der Kommunen oder Dritter sind von der Rechtsprechung im Nationalsozialismus unverändert fortgewährt worden. Die Gerichte haben insbesondere die Versuche politischer Gemeinden zurückgewiesen, sich nur wegen der veränderten kirchenpolitischen Situation im nationalsozialistischen Deutschland einseitig von diesen Verpflichtungen loszusagen. Allerdings beruht diese im Ergebnis kirchenfreundliche Rechtsprechung auf einer teils stillschweigenden, teils ausdrücklichen Anerkennung nationalsozialistischer Rechtsvorstellungen wie insbesondere auf der Anerkennung des Grundsatzes, daß vornationalsozialistisches Recht Geltung nur beanspruchen könne unter dem Vorbehalt seiner Vereinbarkeit mit der nationalsozialistischen Weltanschauung, und sie ist auch im Ergebnis eine zumeist ausdrückliche Anerkennung der zunächst noch unentschiedenen, zurückhaltenden Politik des Staates gegenüber der finanziellen Basis der Kirchen. Daß die Gerichte einem radikalen Wandel der Kirchenpolitik im Sinne der noch vertagten Endlösung

[9] 14. August 1919.

[10] Herrschende Meinung; vgl. G. J. Ebers, a. a. O. S. 246; E. R. Huber, a. a. O. S. 96 ff.

[11] Dies gilt, abgesehen von einzelnen Schmälerungen, fast uneingeschränkt für die positiven Staatsleistungen, vgl. K. A. Hermanns S. 234 ff. (244). Über die Ablösung kirchlicher Holznutzungsrechte und wiederkehrender staatlicher Geldleistungen in den Jahren 1937 und 1940 vgl. den Bericht im AmtsBl. der Evangelischen Kirche in Hessen und Nassau, 1948, Nr. 14, S. 137; zum Abbau der negativen Staatsleistungen vgl. unten das 11. Kapitel.

[12] E. R. Huber, Verfassungsrecht, S. 503.

[13] Vgl. das 7. Kap.

[14] Vgl. das 6. Kap.

Widerstand entgegengesetzt hätten, muß nach der hier vorliegenden Rechtsprechung bezweifelt werden: die konsequente Anwendung der hier aufgestellten Rechtsgrundsätze hätte es nicht zugelassen.

Die Veränderung der kirchenpolitischen Situation im nationalsozialistischen Deutschland wurde von zahlreichen politischen Gemeinden zum Anlaß genommen, die zumeist auf alten vertraglichen Rechtstiteln beruhenden Zuschuß- oder sonstigen Leistungen an die Kirchengemeinden einzustellen, Bemühungen, die allein auf die Hoffnung gegründet waren, daß die antikirchlichen Tendenzen in Partei und Staat genügen würden, eine Befreiung von den Verbindlichkeiten zu bewirken.

In dem am 5. Juni 1936 vom PrOVG[15] entschiedenen Rechtsstreit hatte die beklagte Stadtgemeinde den Zuschuß für das Diensteinkommen eines Geistlichen unter Berufung auf die durch die Institution der Staatsleistungen inzwischen eingetretene Konsolidierung der kirchlichen Vermögensverhältnisse gestrichen. Mit Rücksicht hierauf habe sie sich, so wurde geltend gemacht, in Anwendung der clausula rebus sic stantibus von ihrer Zuschußpflicht lossagen können. Im übrigen hätten auch das der Kirche inzwischen zustehende Besteuerungsrecht und die Trennung von Staat und Kirche eine tiefgreifende Veränderung der Verhältnisse herbeigeführt, so daß nach dem Grundsatz von Treu und Glauben ein Fortbestand der Leistungsverpflichtung unzumutbar sei.

Das PrOVG ließ diese Gründe nicht gelten. Das Festhalten an der Zahlungspflicht hielt es jedoch nicht etwa deshalb für rechtens, weil es die hinter der Lehre von der clausula rebus sic stantibus mehr oder weniger verschleierte politische Motivation und Argumentation angesichts der Garantien der Weimarer Reichsverfassung für unzulänglich gehalten hätte. Es folgte vielmehr grundsätzlich der vorgetragenen Argumentation, wenn es die Entscheidungsgrundlage ebenfalls in der Anwendung der clausula rebus sic stantibus suchte und fand, und wenn es den Bestrebungen der Gemeinde den Erfolg nur deshalb versagte, weil es die behauptete Veränderung im Verhältnis von Staat und Kirche für tatsächlich nicht gegeben erachtete. Denn, so meinte das OVG, nachdem es einleitend festgestellt hatte, daß zu den Einwänden der Gemeinde »aus der lebensnahen Wirklichkeit heraus« Stellung zu nehmen sei, »auch der nationalsozialistische Staat steht nicht beziehungslos neben der Kirche«, für welche Annahme es sich auf die Ausführungen Hitlers über die Kirchen in »Mein Kampf«[16] und in der Reichstagserklärung vom 23. März 1933[17] sowie auf Abschluß wie Inhalt des Reichskonkordats berief. Die Änderung dieses Rechtszustands sei allein Sache der politischen Führung: »Der Rechtsprechung, die die Aufgabe der Wahrung der völkischen Rechtsordnung, nicht aber der politischen Führung hat, kommt es nicht zu, die kirchenpolitische Entwicklung von sich aus nach der einen oder anderen Richtung weiterzutreiben.«

Die Bezugnahme auf ausschließlich nationalsozialistische Rechtsquellen wie das vollständige Schweigen zur Weimarer Reichsverfassung erhellen, daß das Gericht seine Entscheidung allein auf der Grundlage nationalsozialistischer Rechts- und

[15] RVerwBl 1938, 17.
[16] A. Hitler S. 379.
[17] Vgl. oben Einl. II, Anm. 3.

Politikvorstellungen gesucht, daß es den hinter der clausula rebus sic stantibus verborgenen Grundsatz des nationalsozialistischen Rechts, nach dem vorrevolutionäres Recht Verbindlichkeit nur insoweit beanspruchen konnte, als es mit der derzeitigen politischen Ordnung noch vereinbar war, der Sache nach anerkannt hatte. Der Rekurs auf die in der Rechtslehre längstens bekannte traditionelle clausula rebus sic stantibus lieferte dem Gericht nur das spezifisch juristische, scheinbar unpolitische Argument mit der Funktion, die Anerkennung der veränderten politischen Lage in Deutschland auch rechtlich zu ermöglichen. Nur scheinbar unpolitisch und insofern verschleiernd war dies deshalb, weil die in Wirklichkeit entscheidenden Fragen nach der rechtlichen Relevanz der erfolgten Veränderungen, nach ihrer Gesetz- und Rechtmäßigkeit, nach der Rechtskontinuität des nationalsozialistischen Staates damit in den Hintergrund geschoben wurden[18]. Trotz der gerichtlichen Anerkennung des Fortbestands der überkommenen Zahlungsverpflichtungen gegenüber den Kirchen wird man nicht übersehen dürfen, daß diese den Kirchen günstige Entscheidung allein auf der Anerkennung der derzeitigen nationalsozialistischen Kirchenpolitik beruhte und daß sie bei einem Wandel der offiziellen Kirchenpolitik kaum hätte aufrechterhalten werden können. Immerhin, soviel mag anerkannt werden, hätte es schlimmer kommen können: das OVG drängte sich nicht, die Dinge, »von sich aus nach der einen oder anderen Richtung weiterzutreiben«.

Derartige Zurückhaltung wurde allerdings teilweise bereits kritisiert. Am 10. Februar 1937 hatte das OLG Karlsruhe[19] eine politische Gemeinde zur Fortzahlung des Zuschusses zur Messner- und Organistenbesoldung verurteilt und dabei festgestellt: »Inwiefern eine Änderung des Verhältnisses zwischen politischer Gemeinde und Kirchengemeinde der Beklagten das Recht geben soll, die Erfüllung des Vertrages zu verweigern, ist nicht ohne weiteres ersichtlich und auch von der Beklagten nicht näher dargelegt. Insbesondere kann sie sich nicht etwa deshalb einseitig von ihrer vertraglichen Verpflichtung lossagen, weil nach der nationalen Revolution des Jahres 1933 ›unter starker Betonung der Gewissensfreiheit die Grenzen zwischen Kirche und Staat schärfer gezogen‹ worden seien.«

Mit der Revision dieser Sache befaßt, entschied das RG am 9. September 1937[20] übereinstimmend, jedoch unter deutlicher Formulierung des entscheidenden rechtlichen Gesichtspunktes: »Die auf vertraglicher Verpflichtung beruhende Leistung einer politischen Gemeinde zugunsten einer kirchlichen Einrichtung kann nicht mit der Begründung verweigert werden, nach nationalsozialistischen Grundsätzen sei eine Belastung Andersgläubiger unzulässig oder sittenwidrig«, denn, weil der Staat selbst den Kirchen fortdauernde Zuschüsse aus den allgemeinen Steuermit-

[18] Das in der stillschweigenden Anerkennung nationalsozialistischer Rechts- und Wertvorstellungen und ihrer Verschleierung durch traditionell-kontinuierliche Methode liegende eigentümliche richterliche Kompromiß ist auch andernorts festzustellen, vgl. etwa RGSt 69, 341, insb. aber B. Rüthers S. 148 ff., 216 ff.: Danach zeigte die zivilrechtliche Praxis »eine gewisse Scheu« bei der Anerkennung einer allgemeinen nationalsozialistischen Kampfklausel, während sie gleichzeitig den Einbruch der nationalsozialistischen Weltanschauung über die Generalklauseln zuließ.

[19] AkKR 117 (1937), 540.

[20] JW 1937, 3026 = ZAkDR 1938, 25 m. Anm. J. Stahn, ebenda und van Bürck, S. 58. Zur Frage der Kirchensteuerpflicht Andersgläubiger vgl. unten Kap. 12.

teln gewähre, könne nicht angenommen werden, »daß zur Zeit der Weiterbestand solcher Lasten und Verpflichtungen mit der nationalsozialistischen Auffassung in so hohem Grade unvereinbar wäre, daß die unvermeidliche Erschütterung zahlreicher Kirchengemeinden unberücksichtigt zu bleiben hätte. Es muß vielmehr im Sinne der nationalsozialistischen Auffassung liegen, wie sich aus Ziff. 24 des Parteiprogramms und dem vom nationalsozialistischen Staat getroffenen Maßnahmen ergibt, Erschütterungen von solcher Bedeutung zu vermeiden und es der Regierung zu überlassen, zu gegebener Zeit die Wege für eine andere Regelung zu ebnen.«

Hierzu erschien eine Kritik im Schwarzen Korps[21] unter der Schlagzeile: »Der Zopf hängt noch«, während man sich in den juristischen Fachzeitschriften darüber einig war, daß die Gerichte »in einer rechtlichen Übergangszeit, wie wir sie durchleben, bei der Beseitigung überholter Einzelbestimmungen nicht stets auf einen Gesetzesakt warten« sollten[22], wie dies auch einige AG und LG im Gegensatz zum RG für richtig gehalten hätten[23].

In dem Dilemma, die offenbar nicht leicht zu bestimmende Grenze zwischen revolutionär-fortschrittlicher Rechtsprechung im Dienste nationalsozialistischer Politik und Weltanschauung einerseits, strenger Bindung der Gerichte an die Entscheidungen der politischen Führung andererseits[24] zu finden, votierten die Gerichte

[21] Das schwarze Korps, 3. Jg., 52. Folge, vom 30. Dezember 1938, S. 17.

[22] J. Stahn S. 26; auch van Bürck, a. a. O. S. 58.

[23] J. Stahn S. 26 zitiert »einige Landgerichte« zur Frage der dinglichen Kirchensteuerpflicht Andersgläubiger; van Bürck S. 58 nennt die AG Tönning und Hohenwestedt vom 21. Dezember 1937, Az. 36/37.

[24] Die Bindung des Richters an das Gesetz war im Hinblick auf die angeblich dualistische Rechtsquellenlehre des Nationalsozialismus einerseits und die Überwindung der Gewaltenteilung durch das Einheits- und Führerprinzip andererseits problematisch geworden. Hatte die Rechtsprechung keine andere Aufgabe als den Dienst an nationalsozialistischer Weltanschauung und Politik, dann wurde vom Richter auch die durchaus selbständige und eigenverantwortliche Fortsetzung und Weiterentwicklung der nationalsozialistischen Revolution erwartet, während der Grundsatz von Einheit und Vorrang der Führergewalt unbedingten Gehorsam gegenüber den Entscheidungen der politischen Führung verlangte: »Der Richter, ein Organ der Volksführung, hat die Aufgabe und muß sich stets bewußt sein, daß seine Aufgabe die Aufgabe eines Organs dieser Volksführung ist und daß dasjenige Organ seine Aufgabe nicht erfüllt, das sie nicht ausfüllt; daß aber dasjenige Organ ebensowenig seine Aufgabe erfüllt, das über den Kreis seiner Aufgaben hinausgeht«, R. Freisler, Richter S. 1333 (1334). Naheliegend war es deshalb, bei der Frage der richterlichen Gesetzesbindung zu differenzieren: Gegenüber nationalsozialistischen Gesetzen war ein Prüfungsrecht grundsätzlich nicht denkbar, weil »eben eine höhere Norm als der Befehl des Führers nicht besteht«, F. Schack, Prüfung S. 68, während man sich gegenüber vornationalsozialistischen Gesetzen schließlich auf den vermittelnden Leitsatz des Reichsrechtsführer einigte: »Gesetzesbestimmungen, die vor der nationalsozialistischen Revolution erlassen sind, dürfen nicht angewandt werden, wenn ihre Anwendung dem heutigen gesunden Volksempfinden ins Gesicht schlagen würde«, H. Frank, Leitsätze S. 10, zitiert auch bei K. Schmidt-Klevenow S. 337. Mit dieser Formel waren die Probleme der Behandlung vornationalsozialistischer Gesetze allerdings nicht aus der Welt geschafft, denn die Frage, was der nationalsozialistischen Weltanschauung ins Gesicht schlagen würde und was nicht, war keineswegs authentisch entschieden; sie war wegen der weitgehenden inhaltlichen Unbestimmtheit der Weltanschauung, wegen der prinzipiellen, im Einzelnen aber vollständig ungeklärten Rezeption der überkommenen Rechtsordnung noch offen geblieben. Die von Befürwortern bzw. Gegnern der richterlichen Verwerfungskompetenz bei vorrevolutionärem Recht jeweils gefürchteten Gefahren, nämlich die Ausschaltung jedes revolutionären Antriebs einerseits bzw. die mit dem Führerprinzip unvereinbare Unabhängigkeit der Gerichte andererseits waren nach alle-

gleichwohl ganz überwiegend für die strenge Beachtung des Führerprinzips: »Die rechtspolitische Staatsleitung ist nicht Sache des Richters, sondern Sache der politischen Staatsführung, Sache des Führers. In sie einzugreifen ist nicht Sache des Richters«, verkündete das OLG Hamm am 11. April 1938[25] in einem Rechtsstreit um kommunale Zuschüsse, die als Folge von Säkularisationen des 19. Jahrhunderts begründet worden waren. Mit derselben Begründung gaben der BayVGH am 5. Juni 1936[26] und am 13. April 1938[27], das KG am 25. März 1937[28] und das OLG Rostock in zwei Entscheidungen vom 21. Dezember 1939[29] und vom 2. Mai 1941[30] den Klagen verschiedener Kirchengemeinden auf Fortgewährung kommunaler Leistungen statt.

Wie die Gerichte verschiedentlich hervorhoben, sprachen die Anzeichen in der Tat überwiegend dafür, daß die Erhaltung des vermögensrechtlichen Status quo der Kirchen mindestens derzeit politisch grundsätzlich erwünscht war. Diese Annahme gründete sich insbesondere auf die Fortgewährung der Staatsdotationen und auf die anfänglich als bedingt kirchenfreundlich verstandenen Verlautbarungen von Partei und Führung[31]. Weitere Indizien ließen sich erkennen: § 65 der Gemeindeordnung[32] bestimmte, daß es für die Nutzung des Gemeindevermögens durch Dritte beim überkommenen Rechtszustand verbleiben sollte. Hieraus folgerten der BadVGH am 4. März 1937[33], das PrOVG am 11. Mai 1937[34] und der WürttVGH am 22. Dezember 1937[35], daß den Kirchengemeinden oder Pfarrern das Bürgergenußrecht »auch heute« nicht entzogen worden sei.

Nur für Österreich und für das Sudetenland hatte der nationalsozialistische Staat im Jahre 1939 eine eindeutige gesetzliche Entscheidung getroffen[36]: Durch das

dem wohl gemildert, nicht aber beseitigt, und der Richter mochte zusehen, wie er den Grat zwischen beiden finden würde.

Zur Diskussion um das richterliche Prüfungsrecht in der nationalsozialistischen Rechtslehre vgl. den Überblick bei W. Hempfer S. 72 ff., und bei B. Rüthers S. 138 ff., jeweils mit zahlreichen Hinweisen auf die zeitgenössische Literatur. Vgl. im übrigen E. R. Huber, Verfassungsrecht, S. 281 ff. mit weiteren Nachweisen; ders., Prüfungsrecht S. 261; C. Schmitt, Staat S. 21; F. Schack, Prüfungsrecht S. 1047; ders., Prüfung S. 68; A. Lobe S. 194; K. Schmidt-Klevenow S. 337; W. Sauer S. 181; H. Göring S. 1427 (1430); vgl. ferner die Diskussion um die Verwaltungsgerichtsbarkeit im Führerstaat, s. o. S. 44 Anm. 29 und RG 6. Juli 1934, RGZ 144, 306 (310); 12. Juli 1934, RGZ 145, 1 (6); Zur Praxis des PrOVG vgl. W. Hempfer S. 104 ff.

25 Vollständiger Abdruck (mit Tatbestand und Gründen) AkKR 118 (1938), 580.
26 DJZ 1936, 1384.
27 DV 1938, 666.
28 AeKR 2 (1938), 199.
29 AeKR 4 (1940), 307.
30 AeKR 5 (1941), 375 unter Bestätigung der Ansicht, daß Teile der Weimarer Reichsverfassung »durch die tatsächliche Entwicklung überholt und deshalb nicht mehr als geltendes [Verfassungs-]Recht« anzusehen waren, a. a. O., S. 376.
31 In diesem Sinne die oben besprochenen Entscheidungen des PrOVG und des RG (s. o. Anm. 15, 20) und die oben Anm. 25–30 genannten Entscheidungen, ferner LG Gotha 12. Januar 1934, AkKR 114 (1934), 605 und AG Königsee 3. Mai 1938, AeKR 3 (1939), 152.
32 Deutsche Gemeindeordnung vom 30. Januar 1935, RGBl. I, S. 49.
33 DV 1937, 319.
34 AeKR 3 (1939), 44.
35 DV 1938, 444.
36 Vgl. dazu W. Weber, Ostmark S. 450.

Gesetz über die Erhebung von Kirchenbeiträgen im Lande Österreich[37] und durch die Reichsstatthalterverordnung über die Erhebung von Kirchenbeiträgen im Reichsgau Sudetenland[38] wurden die Staatsleistungen an die Kirchen, genauer: sämtliche Verpflichtungen des Staates, der Gemeinden, Gemeindeverbände und öffentlichen Patrone, zur Deckung des kirchlichen Sach- und Personalbedarfs beizutragen, sowie für alle Anderen die Verpflichtungen zur Entrichtung regelmäßig wiederkehrender Leistungen beseitigt. Ausgenommen waren ausdrücklich die auf privatem Patronat und sonstigen Privatrechtstiteln beruhenden Leistungen. Diese Rechtslage wurde am 1. November 1940 vom OLG Leitmeritz[39] für das Sudetenland und am 31. Oktober 1942 vom RG[40], am 22. Januar 1943 vom RVG[41] für das Land Österreich bestätigt.

Über die Verpflichtungen politischer Gemeinden zur fortdauernden Entrichtung der Zuschüsse für kirchliche Zwecke ist in einer Anzahl weiterer Entscheidungen teils ausdrücklich, teils inzident entschieden worden. Diese Rechtsprechung befaßt sich größtenteils nicht mit dem vorstehend dargestellten politischen Aspekt als vielmehr mit anderweitigen, vorwiegend Rechtswegproblemen. Es genügt festzuhalten, daß die Leistungsverpflichtungen ganz überwiegend weiter anerkannt geblieben sind[42].

In gleicher Weise hat die Rechtsprechung an den verschiedenen Verpflichtungen des Staates oder Dritter zu Leistungen für kirchliche Zwecke festgehalten.

In einem Rechtsstreit über eine Patronatsverpflichtung hatte ein privater Patron geltend gemacht, »daß das Patronatsverhältnis als unvereinbar mit den Rechtsanschauungen des nationalsozialistischen Staates inzwischen von selber erloschen sei; die Gesetze, welche die Verhältnisse der Patronate bisher geregelt und ihre Aufrechterhaltung ausgesprochen hätten, seien, da in der Zeit vor der Übernahme der Macht durch den Nationalsozialismus erlassen, unerachtet ihres förmlichen Fortbestehens sachlich durch die neueste Rechtsentwicklung überholt und außer Kraft gesetzt.« Das PrOVG belehrte den Beklagten am 16. Mai 1939[43], daß die

[37] GBl. für das Land Österreich Nr. 111 vom 28. April 1939, S. 1875.
[38] VO vom 2. Mai 1939, VOBl. für den Reichsgau Sudetenland, S. 1.
[39] AkKR 121 (1941), 97.
[40] DR 1943, 152.
[41] DV 1943, 361.
[42] BayVGH 11. April 1934, DVerwBlätter 1934, 444; 3. Dezember 1934 und 19. Dezember 1934, RVerwBl 1936, 275; PreußKonmpetenzkonfliktGH Berlin 26. Januar 1935, RVerwBl 1935, 402; BayVGH 11. Februar 1935, DVerwBlätter 1935, 583; 19. Juni 1935, RVerwBl 1936, 276; LG Bonn 25. Sept. 1935, H. Schorn, Richter S. 537; PrOVG 23. Juni 1936, AeKR 1 (1937), 404; 5. April 1940, E 105, 104; 23. Juli 1940; E 105, 112; 4. Aug. 1936, DJZ 1936, 1381; PrOVG 16. Nov. 1937, E 101, 94; LG Aachen 13. August 1936, H. Schorn, a. a. O. S. 533; OLG Köln 19. Nov. 1936, ebenda; LG Bonn 9. Sept. 1936, H. Schorn, a. a. O. S. 534; OLG Köln 26. Jan. 1937, ebenda; RG 16. Nov. 1936, RGZ 152, 345; 26. November 1940, RGZ 165, 242 = DR 1941, 790; LG Bonn 7. Juli 1937 und OLG Köln 10. Dezember 1937 (von Schorn auf den 21. Januar 1938 datiert, vgl. aber AkKR 118, 1938, S. 579 u. 561), LG Bonn 27. Juni 1938 und 17. Oktober 1939, alle H. Schorn, a. a. O. S. 538; SächsKompGH 10. Mai 1938, Fischer's Z 76 (1939), 227; LG Bonn 11. November 1938 und OLG Köln 5. April 1939, beide H. Schorn, a. a. O. S. 535 (537); LG Bonn 16. Dezember 1938, H. Schorn, a. a. O. S. 533; RG 8. November 1940, AkKR 121 (1941), 278; LG Bonn 27. Mai 1941, H. Schorn, a. a. O. S. 535; LG Bonn 27. Juni 1941, H. Schorn, a. a. O. S. 534; RG 23. Januar 1942, DR 1942, 903.
[43] E 104, 95.

Rechtseinrichtung der Patronate nach wie vor bestehe und nicht den nationalsozialistischen Rechtsanschauungen oder dem gesunden Volksempfinden widerspreche[44]. Die das Kirchenpatronat betreffenden gesetzlichen Bestimmungen seien auch weiterhin gültig: »Der Richter ist an sie gebunden, nicht wegen des – vielleicht anfechtbaren – Grundsatzes der formellen Bindung des Richters an das Gesetz, sondern weil, wie gesagt, das maßgebende Gesetz dem Willen der Führung von Volk und Staat noch entspricht.«

Am 20. Juni 1939[45] hat das PrOVG diese Rechtsprechung nochmals bestätigt. Im übrigen haben das PrOVG, das RG und auch andere Gerichte in zahlreichen Entscheidungen zu Kirchenpatronat und Baulast Stellung genommen, ohne daß die Frage ihrer revolutionären Überwindung nochmals zur Sprache gekommen wäre. Dieses Rechtsgebiet war für eine weitere Beeinflussung durch nationalsozialistisches Gedankengut wohl auch wenig anfällig[46].

Die gleiche Beobachtung gilt für die Rechtsprechung zu staatlichen Leistungsverpflichtungen etwa als Folge von Säkularisationen des 19. Jahrhunderts[47], zur Vermögensauseinandersetzung dauernd vereinigter Schul- und Kirchenämter[48] und

[44] In der nationalsozialistischen Diskussion wurde die Einrichtung des Kirchenpatronats wohl als veraltet angesehen, doch zog man hieraus keineswegs den Schluß, daß sie deshalb als kurzerhand beseitigt angesehen werden müsse. vgl. etwa NECKER S. 353 (355); DRYANDER S. 513; SCHUMANN S. 514.

[45] E 104, 116.

[46] PrOVG: 31. Januar 1933, E 90, 243; 7. Februar 1933, E 90, 237; 24. März 1933, E 91, 74; 28. März 1933, E 91, 87; 25. April 1933, RuPrVerwBl 1933, 993; 5. Dezember 1933, E 91, 99; 6. Februar 1934, E 92, 79; 20. Februar 1934, E 92, 81; 23. Februar 1934, E 92, 64; 20. März 1934, E 93, 68; 29. Mai 1934, RuPrVerwBl 1934, 818; 25. September 1934, E 95, 84; 2. Oktober 1934, E 94, 114; 23. Oktober 1934, E 94, 111; 6. November 1934, E 95, 92; 13. November 1934, RVerwBl 1935, 318; 5. Februar 1935, E 95, 100; 30. April 1935, E 96, 41; 7. Mai 1935, RVerwBl 1935, 697; 14. Juni 1935, E 96, 59; 13. August 1935, E 97, 62; 19. November 1935, AeKR 1 (1937), 275; 26. November 1935, E 97, 70; 7. Januar 1936, E 97, 77; 28. Januar 1936, AeKR 1 (1937), 62; 3. April 1936, AeKR 1 (1937), 141; 7. April 1936, E 98, 54; 17. November 1936, AeKR 2 (1938), 34; 23. März 1937, AeKR 2 (1938), 40; 26. Oktober 1937, E 101, 102; 29. Oktober 1937, RVerwBl. 1938, 251; 2. November 1937, E 102, 109; 9. November 1937, E 101, 98; 8. Februar 1938, E 102, 100; 31. Mai 1938, E 102, 115; 5. Juli 1938, E 102, 121; 19. Juli 1938, E 102, 126; 30. August 1938, E 103, 94; 1. November 1938, E 103, 101; 8. November 1938, E 103, 105; 22. November 1938, E 103, 114; 13. Dezember 1938, E 103, 123; 17. Januar 1939, RVerwBl. 1939, 457; 7. Februar 1939, E 104, 82; 9. Mai 1939, E 104, 89; 26. September 1939, E 105, 91; 13. Februar 1940, AeKR 4 (1940), 293; 27. Februar 1940, AkKR 120 (1940), 301; 23. Juli 1940, E 105, 112; 11. März 1941, AeKR 5 (1941), 375; RG 21. Januar 1937, RGZ 153, 333; 11. Februar 1937, JW 1937, 1717; 11. Oktober 1937, JW 1938, 819; 11. November 1937, JW 1938, 243; 6. Dezember 1937, JW 1938, 691; 1. Oktober 1940, DR 1940, 2114; BayOLG 17. Januar 1934, DVerwBlätter 1934, 55; KG 14. März 1935, RVerwBl. 1935, 761; LG Stade 6. Februar 1937, AeKR 1 (1937), 133; LG Stolp 24. Juli 1936, AeKR 2 (1938), 54; VGH Wien 12. Mai 1939, DV 1939, 474; vgl. auch den von H. SCHORN, Richter S. 692 mitgeteilten Rechtsstreit um die Rückzahlung zu Unrecht gezahlter Zuschüsse für eine kirchliche Privatschule (LG Koblenz 8. Juli 1937 – OLG Köln 1. März 1939 – RG 10. Februar 1940).

[47] RG 11. Januar 1934, RGZ 143, 143; 1. April 1935, RGZ 147, 233; 12. Dezember 1938, AkKR 119 (1939), 196; OLG Hamm 25. Oktober 1933, AkKR 114 (1934), 205; PrOVG 15. September 1936, E 99, 57; OLG Jena 30. August 1938, AeKR 4 (1940), 90, (unter Anerkennung von Art. 138, 173 RV, in diesem Sinne auch RG 24. April 1933, HRR 1933, Nr. 1509); BayVGH 26. November 1934, DVerwBlätter 1935, 149; PreußKompGH 29. Februar 1936, RVerwBl. 1936, 645.

[48] RG 18. Januar 1934, RGZ 143, 216 = JW 1934, 895 mit Anmerkung E. R. HUBER; 8. Februar

schließlich für die Rechtsprechung zu den verschiedenartigen Leistungspflichten privater Personen aufgrund kirchlicher Mitgliedschaft oder dinglicher Grundstückslasten[49].

1934, RGZ 143, 307; 27. August 1936, AeKR 1 (1937), 216; 21. September 1939, RGZ 161, 236; PrOVG 7. November 1933, E 92, 56; 23. Januar 1934, E 92, 69; 6. März 1934, RuPrVerwBl 1934, 544; 30. Oktober 1934, RVerwBl. 1936, 511; OLG Marienwerder 26. Oktober 1934, AkKR 115 (1935), 220; vgl. auch BayVGH 9. Mai 1934, DJZ 1934, 943; zur Rechtsprechung vor 1933 vgl. M. DIRKSEN. Einen Überblick über Einrichtung und Rechtsfragen der Vermögensauseinandersetzung dauernd vereinigter Schul- und Kirchenämter verschafft STARKE S. 1006 mit weiteren Nachweisen, dazu und zur Rechtslage nach dem die Trennung anordnenden Preußischen Gesetz vom 7. September 1938, GS. S. 93 und der VO 3. Oktober 1938, GS. S. 103 vgl. MIROW, Vermögensauseinandersetzung S. 1041.

49 RG 26. Februar 1934, HRR 1934, Nr. 1028; 17. September 1940, DR 1940, 2183; PrOVG 8. September 1936, E 99, 69 = AeKR 1 (1937), 64; vgl. dazu auch THÜMMEL S. 987; OLG München 27. September 1934, DVerwBlätter 1935, 583; BayVGH 4. Dezember 1933, DVerwBlätter 1934, 288; 19. Juni 1935, RVerwBl 1936, 276; 25. Mai 1938, DV 1939, 316; OLG Naumburg 29. Dezember 1936, AeKR 2 (1938), 51; LG Güstrow 27. Januar 1938, AeKR 4 (1940), 291; LG Schwerin 12. Juni 1940, AeKR 4 (1940), 308; LErbHG Celle 27. November 1935, JW 1936, 1071.

## 11. Kapitel: Die Freiheit der Religionsgesellschaften von staatlichen Steuern, Kosten und Gebühren

### I. Problemstellung

#### 1. Die verfassungsrechtliche Gewährleistung der kirchlichen Steuerimmunität sowie der Gebühren- und Kostenfreiheit

Zu den bis zur späteren gesetzlichen Ablösung verfassungsrechtlich garantierten Staatsleistungen im Sinne der Art. 138 Abs. 2, 173 RV[1] gehörten nach der Weimarer Auffassung sowohl die positiven (Geld-, Natural- und Arbeitsleistungen) als auch die »negativen Staatsleistungen«[2] in Gestalt der Befreiung der Kirchen von verschiedenen staatlichen Steuern, Gebühren und Kosten.

Für die Steuerimmunität der Kirchen ist dies vom RG in verschiedenen grundlegenden Entscheidungen, die die Aufhebung oder Beschränkung der kirchlichen Grundsteuerimmunitäten durch einzelne Landesgesetze für verfassungswidrig erklärten, ausgesprochen worden. Seit der Entscheidung vom 20. Juni 1925[3] zum braunschweigischen Grundsteuergesetz galten staatliche[4] Abgabenbefreiungen der Kirchen dann als Staatsleistungen, wenn sie einen organischen Bestandteil der zwischen Staat und Kirche bestehenden vermögensrechtlichen Beziehungen bildeten und ihrem Wesen nach einer Staatsleistung, die der Kirche zur Erfüllung ihrer Aufgaben gewährt wurden, gleichzustellen waren. In einer zweiten Entscheidung, ergangen am 10. Oktober 1927[5] zu den Lippischen Grundsteuergesetzen, verfestigte das RG seine Ansicht insofern, als die Gewährung der kirchlichen Steuerfreiheit seitens der Länder regelmäßig die rechtliche Bedeutung einer Staatsleistung habe; diesen Grundsatz hat es in der Entscheidung vom 13. Juli 1931[6] zum mecklenburg-strelitzschen Grundsteuergesetz weiter erhärtet.

Diese Grundsätze hat man damals[7] wie heute[8] ganz überwiegend gebilligt und sie auch auf das Gebiet der Kosten und Gebührenfreiheiten angewandt.[9]

[1] Zur Garantie des Kirchenguts nach Art. 138 Abs. 1, 173 RV vgl. oben das 10. Kapitel.

[2] Der Begriff »negative« Staatsleistungen ist mit Recht kritisiert worden, denn Gegenstand der Leistung ist nicht das Unterlassen einer Abgabenerhebung, sondern die positive Gewährung eines Abgabenprivilegs, vgl. W. Weber, Ablösung S. 51; V. Zündorf S. 48; H. J. Brauns S. 44.

[3] RGZ 111, 134, H. Lammers – W. Simons, I, 519 ff.

[4] Dies galt nicht für die Kommunalsteuerprivilegien, weil Art. 138, 173 RV nur das vermögensrechtliche Verhältnis zwischen Kirche und Staat regele, RG a. a. O. S. 146, zustimmend G. J. Ebers, Staat S. 245.

[5] H. Lammers – W. Simons I, 538 ff.; Leitsatz in JW 1928, 64.

[6] H. Lammers – W. Simons IV, 306 ff.

[7] G. J. Ebers, a. a. O. S. 245; G. Anschütz, Art. 138 Anm. 2 (S. 651). H. Liermann S. 371; H. Glade S. 44; anderer Ansicht nur A. Breitfeld S. 38 ff., 379, dazu E. R. Huber, Rezension I S. 147.

[8] W. Weber, a. a. O. S. 51 ff.; BVerfG 28. April 1965, JZ 1965, 608 mit Anmerkung A. Hollerbach S. 612 ff.; A. Erler S. 93; V. Zündorf S. 47; T. P. Wehdeking S. 114; anderer Ansicht neuerdings H. J. Brauns S. 44, dessen Kritik an der Auslegung des Art. 138 Abs. 1 RV durch die herrschende Meinung als in erster Linie Garantie des vermögensrechtlichen status quo der Kirchen schon im Hinblick auf den von ihm auch nur beiläufig erwähnten Art. 173 RV fehlgeht.

[9] W. Weber, a. a. O. S. 53; H. Glade S. 44; eingehender A. Hollerbach S. 614; F. E. Schnapp S. 361; wohl auch V. Zündorf S. 47 ff.; anderer Ansicht BVerfG a. a. O. S. 611 und T. P Wehdeking S. 114, der sich hier allerdings zu Unrecht auf A. Hollerbach beruft.

Die Frage, inwieweit die althergebrachten landesrechtlichen Steuer-, Kosten- und Gebührenprivilegien der Kirchen als garantierte Staatsleistungen die Staatsumwälzungen der Jahre 1918 und 1933 und die damit zusammenhängenden verschiedenen Steuerreformen ungeschmälert überstanden haben, kann hier nicht in Einzelheiten entwickelt[10], sondern nur kurz angeschnitten werden. Die Erzberger'sche Finanzreform der Jahre 1919/1920 und die weitere Steuerreform vom August 1925 hatten das geltende Steuersystem insofern grundlegend verändert[11], als das Reich, das seinen Finanzbedarf bisher im wesentlichen mit Zöllen, Verbrauchssteuern und ergänzenden Matrikularbeiträgen der Bundesstaaten gedeckt hatte, jetzt die wichtigsten Steuern wie Einkommensteuer, Körperschaftsteuer, Kapitalertragsteuer, Erbschaft- und Vermögensteuer, Grunderwerbsteuer und Umsatzsteuer als Reichssteuern beanspruchte. Es waren also – umgekehrt – die Länder Kostgänger des Reichs geworden insofern, als sie jetzt Finanzzuweisungen des Reichs erhielten nach dem Landessteuer-, dem späteren Finanzausgleichsgesetz. Die wichtigsten Realsteuern wie die Gewerbe- und die Grundsteuer blieben oder wurden teils Länder-, teils Gemeindesteuern, für die das Reich im Jahre 1930 vereinheitlichende Rahmengesetze erließ, zu deren Inkraftsetzung durch die Länder es vor der nationalsozialistischen Steuerreform der Jahre 1934/1936 allerdings nur vereinzelt kam.

Verschiedene Steuerprivilegien – von den einzelnen Tatbeständen wird weiter unten noch die Rede sein – hatten Eingang in die neuen Reichssteuergesetze der Weimarer Finanzreform gefunden. Zum einen Teil, nämlich insoweit, als Landessteuern durch die großen Reichssteuern endgültig abgelöst wurden, handelt es sich bei dieser Inkorporation um die Übernahme von landesrechtlichen Steuerimmunitäten durch das Reich, mit anderen Worten um eine Rechtsnachfolge des Reichs[12]

[10] Dies würde zunächst die Feststellung aller, am Stichtag der verfassungsrechtlichen Garantie (Inkrafttreten der Verfassung: 14. August 1919) bestehenden, in den verschiedenen Landesrechten verstreuten Immunitäten, die im Sinne der oben dargestellten Grundsätze als negative Staatsleistungen zu gelten hatten, voraussetzen. Alsdann wäre zu ermitteln, ob und inwieweit sie von der Erzbergerschen Finanzreform 1919/1920, der Reform vom August 1925 und schließlich der nationalsozialistischen Steuerreform 1934 berührt worden sind. Eine vollständige Bestandsaufnahme der negativen Staatsleistungen wird, soweit ersichtlich, nirgends gegeben. Einige nicht vollständige Hinweise bei F. Giese, Staat S. 249 ff. (342) und JöR 20 (1932), 116 ff. und bei K. A. Hermanns S. 209; einen Überblick über die wichtigsten Steuerprivilegien der Weimarer Zeit verschafft G. J. Ebers, a. a. O. S. 217 Anm. 1; zum kirchlichen Grundsteuerprivileg vor und nach der nationalsozialistischen Steuerreform vgl. H. Gefaeller, Realsteuerreform S. 233; zur Geschichte der Kirchlichen Steuerimmunität im Mittelalter vgl. E. Mack; zu den positiven Staatsleistungen vgl. die Denkschrift über den Umfang der Staatsleistungen der deutschen Länder an die evangelischen Kirchen bis zur Ablösung, ausgearbeitet im Deutschen Evangelischen Kirchenbundesamt, Berlin-Charlottenburg, 1928; J. Duske; F. Giese, Staatsleistungen S. 189; H. Karpfhammer; T. Lang; J. Niedner; R. Fittges; S. Tigges; zur Ablösungsfrage vgl. außerdem J. Schmitt, Ablösung; D. Berner S. 83.

[11] Überblick über die Reichsteuergesetzgebung von 1871 bis 1938 bei O. Bühler S. 1 ff.; vgl. auch W. Zorn S. 187–191.

[12] Je nach Existenz und Umfang einer früheren landesrechtlichen Steuerimmunität waren in Weimarer Zeit also – negative – Staatsleistungen des Reichs entstanden als Folge der Steuerreform. Die Existenz von Staatsleistungen des Reichs und des Bundes verneinen allerdings W. Weber, a. a. O. S. 19, 46 und A. Hollerbach S. 615; vgl. auch H. J. Brauns S. 49 Anm. 30. Zur Rechtsnachfolge der heutigen Bundesländer in die positiven Staatsleistungen der früheren Länder vgl. W. Weber, a. a. O. S. 19 ff.

in bisher von den Ländern gewährte negative Staatsleistungen, wie dies etwa für die Steuerprivilegien der Kirchen bei der Körperschaftsteuer und der Vermögen- und Erbschaftsteuer anzunehmen ist. Zum anderen Teil, nämlich insoweit, als Landessteuern nicht durch Reichssteuern abgelöst, sondern nur reichsgesetzlicher Regelung unterworfen wurden, kann eine Rechtsnachfolge des Reichs in die negativen Staatsleistungen nur angenommen werden, wenn man beim Begriff der negativen Staatsleistung entscheidend auf die Anordnung des gesetzlichen Abgabenprivilegs durch das Reich abstellt, nicht aber auf die letztliche Zuweisung des finanziellen Verlustes[13]. Für die Frage nach der verfassungsrechtlichen Garantie der negativen Staatsleistungen kann dies indessen dahinstehen; festzuhalten ist jedenfalls, daß weder eine Rechtsnachfolge des Reichs noch eine bloße Ausübung der Gesetzgebungskompetenz durch das Reich fähig gewesen wären, die Garantie der Staatsleistungen der Art. 138, 173 RV zu unterlaufen[14].
Dies ist ersichtlich auch die Auffassung des Reichsgesetzgebers gewesen, denn nach dem Grundsteuerrahmengesetz 1930[15] waren – über die allgemeine Steuerbefreiung der Religionsgesellschaften nach Nr. 2 hinaus – von der Grundsteuer befreit »Steuergegenstände einer Religionsgesellschaft, soweit sie aufgrund einer vor dem Inkrafttreten dieser Vorschriften bestehenden landesrechtlichen Vorschrift über die Vorschrift der Nr. 2 Satz 2 hinaus bisher von der Grundsteuer oder der entsprechenden Steuer befreit waren und diese Befreiung als eine Staatsleistung im Sinne des Art. 173 der Reichsverfassung anzusehen ist.«
Die nationalsozialistische Steuerreform hat am System der Reichssteuern mit Finanzzuweisungen für die Länder festgehalten und für die Realsteuern, die jetzt ausschließlich den Gemeinden zugerechnet wurden, einheitliche Reichsgesetze erlassen. Hierbei sind die Steuerprivilegien der Kirchen nur teilweise unverändert übernommen worden. Die erfolgte Verengung der gesetzlichen Steuervergünstigungstatbestände und vor allem der Wegfall des bereits zitierten althergebrachten Grundsteuerprivilegs nach § 3 Nr. 8 GrdStRG lassen erkennen, daß der grundsätzliche Fortbestand verschiedener kirchlicher Steuerimmunitäten keinesfalls auf verfassungsrechtliche oder vertragliche Rücksichten[16] der nationalsozialistischen Regierung als vielmehr ausschließlich auf die Erfordernisse der jeweiligen Kirchenpolitik zurückzuführen war. Diese kann, wie erinnerlich, für die ersten Jahre

[13] Für die Abgrenzung der Staatsleistungen von den Kommunalleistungen in diesem Sinne V. Zündorf S. 50; ferner ThürOVG 26. April 1933, RuPrVerwBl 1933, 853; vgl. aber auch Gutachten des RFH vom 25. Juni 1934, E 36, 218.

[14] Der Wortlaut des Art. 138 Abs. 1 RV geht zwar nur von Staatsleistungen der Länder aus. Dies erklärt sich schon mit dem Umstand, daß Staatsleistungen des Reichs erst später – nach den Steuerreformen – entstanden sind. Sinn und Zweck der Sperrvorschriften lassen nur eine Auslegung in dem Sinne zu, daß jede reichs- oder landesgesetzliche Verringerung der Leistungen vorerst unzulässig sein sollte; so auch RFH a. a. O.

[15] VO des ReichsPräs. zur Sicherung von Wirtschaft und Finanzen vom 1. Dezember 1930, RGBl. I, S. 517 (531), Kap. II, § 3 Nr. 8.

[16] Die Gewährleistung des Kirchenguts und die Herstellung freundschaftlichen Einvernehmens zwischen dem Heiligen Stuhl und dem Deutschen Reich bei der Ausarbeitung der Grundsätze für die Ablösung war auch Gegenstand des Reichskonkordats, vgl. Art. 17 und 18. Nach E. R. Huber, Verfassungsrecht, S. 503, sollte das Reich an diese »Vertragsgarantie«, nicht aber an eine Verfassungsgarantie, gebunden sein. Zur Ablösungsfrage in den Konkordaten und Kirchenverträgen der Länder vgl. E. R. Huber, Garantie S. 101 ff.; W. Weber, a. a. O. S. 24 ff.

der nationalsozialistischen Herrschaft in dem Grundsatz der Erhaltung des vermögensrechtlichen status quo der Kirchen zusammengefaßt werden[17].

## 2. Die politische Bedeutung des nationalsozialistischen Steuerrechts

Im Steuerrecht stehen sich die Interessen von Staat und Bürger, oder, in zeitgenössischer Formulierung, von »Führer und Gefolgsmann«[18] unmittelbar gegenüber. Im nationalsozialistisch-totalitären Staat lag es deshalb nahe, die Steuermoral zum Testfall für die positive Einstellung des Bürgers zum Staat und zur Partei zu machen. Im übrigen bot sich die totale Inpflichtnahme des Einzelnen für die politischen Ziele des Nationalsozialismus, die ein hervorragendes Merkmal des totalitären Staates ist, auf dem Gebiet der Steuern an, weil die Steuererhebung zur Finanzierung des politischen Programms stets unentbehrlich ist und ihr deshalb auch mittelbar größte politische Bedeutung zukommt. In der Formulierung der nationalsozialistischen Ideologie bedeutete dies[19], »daß an keiner Stelle des deutschen Rechtslebens so unmittelbar und so deutlich um die Durchsetzung des politischen Grundsatzes ›Gemeinnutz geht vor Eigennutz‹ gerungen wird, als in diesem Rechtsgebiet«.

In einem Aufruf des Führerstellvertreters vom 9. Januar 1935[20] an die Parteigenossen zur ehrlichen und pünktlichen Steuerzahlung hieß es: »Wer böswillig oder aus Eigennutz seinen steuerlichen Verpflichtungen nicht nachkommt, ist kein Nationalsozialist und kann nicht in den Reihen derer verbleiben, die als Parteigenossen die Ehre haben, für Deutschland und seinen Führer in der ersten Reihe kämpfen zu dürfen«, und nach Wacke[21] war die Steuerzahlung ein Akt der Gefolgschaftstreue und der Täter eines Steuerzahlungsdelikts »kein bloßer Verbrecher, sondern, da er eine Treulosigkeit gegenüber der Gemeinschaft begangen hat, ein Verräter, der außerhalb des Rechts steht und nicht mehr Rechtsgenosse ist.«

Für die Steuerbeamten und Richter bedeutete die Anwendung der Gemeinnutzideologie die Pflicht zur Auslegung der Gesetze in nationalsozialistischem Geist, die »ein wichtiges Kampfmittel zur restlosen Durchsetzung der nationalsozialistischen Revolution« ist, »denn der völkische Führerstaat kann nur dann aufgebaut werden, wenn die Anwendung der Gesetze restlos im Sinne des Führers erfolgt.«[22]

[17] In den späteren Jahren der nationalsozialistischen Herrschaft galt dieser Grundsatz nur noch mit Einschränkungen. Seit dem 15. August 1941 etwa standen den Kirchen, ihren Einrichtungen und den ihre Zwecke fördernden Körperschaften in Österreich und im Sudetenland eine Steuervergünstigung auf den Gebieten der Körperschaftsteuer, der Gewerbesteuer, der Vermögensteuer, der Aufbringungsumlage, der Grundsteuer und der Vergnügungssteuer nicht mehr zu, vgl. die 26. VO zur Einführung steuerrechtlicher Vorschriften in den Reichsgauen der Ostmark und 24. VO zur Einführung steuerrechtlicher Vorschriften im Reichsgau Sudetenland, vom 15. August 1941, RGBl. I, S. 545 = RStBl 1941, 663.

[18] G. Wacke, Steuerrecht S. 18.

[19] G. Wacke, a. a. O., S. 19; in diesem Sinne auch Ott S. 701 ff. (706), 861 ff., 957 ff., 1153 ff. und F. Reinhardt, Beurteilung S. 1041.

[20] DStZ 1935, 571.

[21] A. a. O. S. 23 unter Berufung auf R. Höhn und G. Dahm.

[22] G. Wacke, a. a. O. S. 28/29.

Als – offenbar notwendiges[23] – Mittel wurde ihnen mit § 1 des Steueranpassungsgesetzes vom 16. Oktober 1934 (StAnpG)[24] eine gesetzliche Auslegungsregel an die Hand gegeben:
»(1) Die Steuergesetze sind nach nationalsozialisticher Weltanschauung auszulegen.
(2) Dabei sind die Volksanschauung, der Zweck und die wirtschaftliche Bedeutung der Steuergesetze und die Entwicklung der Verhältnisse zu berücksichtigen.
(3) Entsprechendes gilt für die Beurteilung von Tatbeständen.«
Diese Auslegungsregel wurde von der nationalsozialistischen Rechtslehre alsbald als allgemeiner Rechtsgrundsatz des nationalsozialistischen Staates gedeutet, der – über das Steuerrecht hinaus – auch für alle anderen Gebiete des deutschen Rechtslebens als verbindlich angesehen werden müsse[25]. Trotz aller Meinungsverschiedenheiten[26] über den Sinn der unklaren Formulierung in Absatz 3 der Vorschrift war man sich darüber einig, daß der nationalsozialistischen Weltanschauung bei der Rechtsfindung der Vorrang vor dem Buchstaben des Gesetzes gebühren sollte[27].
Zweck und wirtschaftliche Bedeutung der Steuergesetze waren offenkundig fiskalisch zu verstehen: »Der Staat bedarf zur Erfüllung seiner Aufgaben Geld«[28], weshalb bei der Gewährung von Steuervergünstigungen grundsätzlich Zurückhaltung geübt werden sollte[29]. Neben den Maßnahmen zur Bekämpfung der Arbeitslosigkeit, zur Erreichung wirtschaftlicher Autarkie und zur Erfüllung des Vierjahresplans gab es seit 1935 eine ständig höhere Kosten verursachende Aufgabe des Staates: die Aufrüstung[30].

## II. Entscheidungen

Die – vorwiegend vom RFH stammende – Rechtsprechung zur Besteuerung der Religionsgesellschaften zeichnet sich aus durch die seit etwa 1938 immer stärker werdende Tendenz zur lückenlosen Besteuerung des kirchlichen Vermögens. Dies

[23] G. Wacke, a. a. O. S. 31 kritisiert die noch vielfach verbreitete Scheu der Gerichte, die nationalsozialistischen Grundsätze zum Inhalt der Begründung amtlicher Entscheidungen zu machen; die Einführung der Bestimmung wird auch von G. Uffelmann S. 16, als Reaktion des Staates auf die Zurückhaltung des RFH bei der Anwendung nationalsozialistischen Gedankenguts gedeutet.

[24] RGBl. I, S. 925 = RStBl 1934, 1149; amtliche Begründung s. RStBl 1934, 1398.

[25] G. Wacke, a. a. O. S. 28 mit weiteren Nachweisen Anm. 19–23; O. Koellreutter, Frage S. 445 und SächsOVG 18. Januar 1935, RVerwBl 1935, 117; vgl. ferner die folgende Anmerkung.

[26] Ausführliche Darstellung des Auslegungsproblems und des Stands der Diskussion bei G. Wacke, Beurteilung S. 833 mit weiteren Nachweisen; ders., Steuerrecht S. 27 ff.; F. Reinhardt, Beurteilung S. 1041.

[27] Vgl. Anm. 26, insbesondere F. Reinhardt, a. a. O., S. 1014: »Nach nationalsozialistischer Weltanschauung ist, kurz gesagt, alles richtig. was dem Volksganzen nützt, und alles falsch, was dem Volksganzen abträglich ist.« Zur Bedeutung von § 1 StAnpG als Kampfklausel in der Rechtsprechung des RFH vgl. etwa RFH 8. Juni 1937, RStBl 1937, 758 und G. Uffelmann S. 22 ff., 48 ff., 59 ff. Zurückhaltender hier E. Becker – A. Riewald S. 15 ff.

[28] F. Reinhardt, Steuerprogramm S. 104 und ders., Abschnitt S. 1229.

[29] F. Reinhardt, a. a. O., S. 106.

[30] Vgl. F. Reinhardt, Beurteilung S. 1041.

wurde bewirkt einmal durch eine deutliche Zurückhaltung bei der Gewährung der überkommenen Steuervergünstigungen, zum anderen durch die erstmalige Heranziehung der Besteuerung bisher nicht unterliegender kirchlicher Einkünfte und Vermögen. Mittel zum Zweck war hierbei die einschränkende Auslegung der Steuerbefreiungstatbestände betreffend die Verfolgung kirchlicher, gemeinnütziger oder mildtätiger Zwecke, wobei, der nationalsozialistischen Staatsauffassung entsprechend, nach der es vor- oder außerstaatliche Freiheitsräume nicht gab, der zulässige Inhalt kirchlicher Zwecke von staatlicher Seite bestimmt wurde und eine Auseinandersetzung mit den verfassungsrechtlichen Garantien der Weimarer Reichsverfassung nicht mehr stattfand. Bei der verstärkten Steuerbelastung berief man sich auf die Auslegung der Steuergesetze nach nationalsozialistischer Weltanschauung, wie diese in § 1 StAnpG auch positiv-rechtlichen Niederschlag gefunden hatte.

Mit dieser Rechtsprechung nahm der RFH erkennbar Rücksicht auf die politischen Ziele der nationalsozialistischen Staatsführung.

Die verschärfte Besteuerung der Kirchen auf allen Gebieten seit etwa 1938 spiegelt die Zuspitzung der kirchenpolitischen Lage in Deutschland deutlich wider. Auf einzelnen Gebieten wie etwa bei der Besteuerung der Orden und der kirchlichen Erziehungseinrichtungen, Heime und anderer Institutionen dürfte neben der spezifisch antikirchlichen Tendenz das sicherheitspolizeiliche Interesse des totalitären Staates eine wichtige Rolle gespielt haben. Hinzu kam das seit dieser Zeit wegen größter Rüstungsanstrengungen gesteigerte fiskalische Interesse. Die Übereinstimmung mit der politischen Lage in Deutschland läßt sich im übrigen in einzelnen Entscheidungen gesondert feststellen, wenn etwa direkte Übereinstimmungen mit Verlautbarungen aus dem Reichsfinanzministerium vorliegen oder, wie nicht selten, der Rekurs auf Weltanschauung und politische Vorstellungen des Nationalsozialismus das rechtliche Argument ersetzt haben. Vollständig politisiert war die Rechtsprechung zur Besteuerung der Synagogengemeinden: Beitrag der Gerichte zur Rechtlosstellung der jüdischen Bevölkerung und insoweit nichts weniger als die Fortsetzung der Judenverfolgung auf steuerrechtlichem und wirtschaftlichem Gebiet.

Allerdings waren die Gerichte im Steuerrecht mehr als andernorts an neue nationalsozialistische Gesetze gebunden. Indessen zeigen gerade die steuerrechtlichen Entscheidungen, daß der immerhin noch verbleibende Auslegungsspielraum nicht zur Aufrechterhaltung eines Restbestands rechtlicher Ordnung und nicht im Interesse der Kirchen, sondern zumeist im Sinne der nationalsozialistischen Politik genutzt wurde. Insofern kam insbesondere der RFH in den späteren Jahren der nationalsozialistischen Herrschaft den offiziellen Vorstellungen über die Rolle der Rechtsprechung im nationalsozialistischen Staat teilweise recht nahe.

### 1. Die Steuervergünstigungen bei Verfolgung kirchlicher, gemeinnütziger oder mildtätiger Zwecke

Die Verfolgung kirchlicher, gemeinnütziger und mildtätiger Zwecke war in den wichtigsten Steuergesetzen der Weimarer Republik durch die Gewährung von

Steuerfreiheit privilegiert und gefördert, ohne daß es sich bei den verschiedenen Abgabenprivilegien immer um negative Staatsleistungen im Sinne der Art. 138, 173 RV gehandelt hätte[31]. Die nationalsozialistische Steuerreform brachte hier zum Teil recht einschneidende Änderungen:

Das wichtige Grundsteuerprivileg wurde ohne Rücksicht auf die verfassungsrechtliche Garantie[32] eingeschränkt. Hatte das Grundsteuerrahmengesetz 1930[33] die Steuerbefreiung von Gegenständen vorgesehen, die von einer Religionsgesellschaft des öffentlichen Rechts »für ihre Zwecke« oder von Körperschaften, Stiftungen oder Anstalten für gemeinnützige oder mildtätige Zwecke ausschließlich und unmittelbar benutzt wurden und im übrigen die als Staatsleistungen geltenden landesrechtlichen Steuerprivilegien weiterhin gewährt[34], so enthielt das Grundsteuergesetz 1936[35] eine Steuerbefreiung nicht mehr für die Verfolgung kirchlicher Zwecke schlechthin, sondern nur noch für die Verfolgung einzelner, erschöpfend aufgezählter Fälle:[36] Befreit war nur noch der für den Gottesdienst, die religiöse Unterweisung oder die Verwaltungszwecke der öffentlich-rechtlichen Religionsgesellschaften bestimmte Grundbesitz; die Bestimmung über die Aufrechterhaltung der bisherigen landesrechtlichen Staatsleistungen wurde ersatzlos gestrichen und die Befreiung gemeinnütziger Betätigung überhaupt beseitigt.

Die im Grunderwerbsteuergesetz 1919[37] enthaltene Steuerbefreiung zugunsten des Grunderwerbs der »toten Hand« für kirchliche, gemeinnützige und mildtätige Zwecke war mit dem Grunderwerbsteuergesetz 1940[38] gleichfalls entfallen.

[31] Immer vorbehaltlich landesrechtlicher Besonderheiten wird man in Übereinstimmung mit den vom RG aufgestellten Grundsätzen davon ausgehen können, daß die Steuerbegünstigung »kirchlicher« Zwecke in der Regel eine negative Staatsleistung an die Kirchen war; dies dürfte insbesondere für die Grundsteuerfreiheit der Kirchen gelten. Dies wird nicht ohne weiteres zutreffen bei der Begünstigung gemeinnütziger und mildtätiger Zwecke, weil diese zum Teil erst nach dem Inkrafttreten der Weimarer Reichsverfassung Eingang in einzelne Steuergesetze gefunden hat; im übrigen ist die Frage, ob und inwieweit die Gewährung eines *allgemeinen* Abgabenprivilegs, das bei Verfolgung gemeinnütziger oder mildtätiger Zwecke den Kirchen wie jedem anderen zustand, als organischer Bestandteil der zwischen Staat und Kirche bestehenden vermögensrechtlichen Beziehungen im Sinne einer Leistung des Staates für *kirchliche* Zwecke gelten kann. Für eine solche Annahme würde sprechen, daß die karitative Betätigung nach kirchlichem Selbstverständnis stets unverzichtbarer »kirchlicher« Zweck gewesen ist; vgl. auch die Erwähnung in Art. 138 Abs. 2 RV.

[32] Zur verfassungsrechtlichen Lage vgl. H. Gefaeller, Realsteuerreform S. 233 (243): »Die früher in Rechtsprechung und Literatur häufig erörterte Rechtsfrage, ob ein die Grundsteuerfreiheit der Kirchen auch nur zum Teil ohne Ablösung beseitigendes Staatsgesetz der Reichsverfassung widerspreche, entbehrt heute in mancher Hinsicht der rechtlichen und tatsächlichen Bedeutung. Denn als politisches Grundgesetz gilt die frühere Reichsverfassung nicht mehr. Ferner ist die Reichsregierung verfassungsrechtlich jederzeit in der Lage, auch verfassungsändernde Gesetze zu erlassen.«

[33] VO zur Sicherung von Wirtschaft und Finanzen vom 1. Dezember 1930, RGBl. I, S. 517, Kap. II, vgl. E. Hinkelmann.

[34] A. a. O. 3 Nr. 2, 8.

[35] GrStG vom 1. Dezember 1936, RGBl. I, S. 986, § 4 Ziffer 3, 5, 6; vgl. F. Scholz Grundsteuergesetz und H. Gefaeller, a. a. O.

[36] F. Scholz, a. a. O. S. 144; Begründung zum GrStG, RStBl 1937, 717 (719). Dem Versuch, die Begünstigung allgemein »kirchlicher« Zwecke zu reduzieren auf einige wenige, genau bezeichnete, war das RG in den eingangs genannten Entscheidungen gerade entgegengetreten.

[37] GrEStG vom 12. September 1919, RGBl. I, S. 1617, in der Fassung vom 11. März 1927, RGBl. I, S. 72, § 21; vgl. W. Boethke – A. Bergschmitt S. 221 ff.

[38] GrEStG vom 29. März 1940, RGBl. I, S. 585; vgl. E. P. Boruttau – O. Klein.

Die Neufassung der Steuerbefreiungstatbestände des Vermögensteuergesetzes 1925[39] und des Gewerbesteuerrahmengesetzes 1930[40] für die unmittelbare und ausschließliche Verfolgung kirchlicher, gemeinnütziger oder mildtätiger Zwecke durch das Vermögenssteuergesetz 1934[41] und die Gewerbesteuergesetze 1934[42] und 1936[43] hatten demgegenüber keine Einschränkung der Steuerbefreiungen bewirkt. Das Vermögensteuergesetz brachte sogar eine Erweiterung, weil die Unterhaltung eines wirtschaftlichen Geschäftsbetriebs jetzt nur noch als beschränkt steuerschädlich galt, mit anderen Worten durch die wirtschaftliche Betätigung nicht mehr, wie vordem, das gesamte Vermögen, sondern nur noch das dem wirtschaftlichen Geschäftsbetrieb dienende Vermögen steuerpflichtig wurde[44].

Eine entsprechende Erweiterung des Steuerprivilegs bei kirchlicher, gemeinnütziger und mildtätiger Betätigung enthielt erstmals auch das Körperschaftsteuergesetz 1934[45] gegenüber dem Weimarer Rechtszustand[46], gleichzeitig aber auch eine Einschränkung durch den Wegfall der Abzugsfähigkeit von Zuwendungen durch steuerpflichtige Körperschaften an Dritte zu den genannten Zwecken[47]. Im Einkommensteuerrecht wurde die Abzugsfähigkeit von Leistungen an Religionsgemeinschaften beschränkt auf die Kirchensteuern öffentlich-rechtlicher Religionsgesellschaften, die bisher gegebene Möglichkeit einer Gleichstellung kleinerer Glaubensgemeinschaften nach altem Recht also beseitigt[48].

Das Erbschaftsteuergesetz 1925[49], das Zuwendungen an Religionsgesellschaften mit den Rechten juristischer Personen des öffentlichen oder des privaten Rechts sowie Zuwendungen an juristische Personen mit ausschließlich kirchlichen, gemeinnützigen oder mildtätigen Zwecken wie auch sonstige Zuwendungen für ausschließlich gemeinnützige oder mildtätige Zwecke von der Erbschaftsteuer freigestellt hatte, erfuhr insoweit keine Änderung durch die nationalsozialistische Gesetzgebung.

Steuervergünstigungen nur wegen Gemeinnützigkeit und Mildtätigkeit, nicht auch wegen Verfolgung kirchlicher Zwecke, gewährten schließlich das Umsatzsteuer- und das Kapitalverkehrssteuerrecht.

[39] VStG vom 10. August 1925, RGBl. I, S. 233, § 4 Ziffer 6; vgl. G. Strutz § 5 Anm. 19 ff. (S. 59 ff.).

[40] VO des ReichsPräs. zur Sicherung von Wirtschaft und Finanzen vom 1. Dezember 1930, RGBl. I, S. 517 (537), Kap. III, § 6 Ziffer 6, nur von wenigen Ländern in Kraft gesetzt, vgl. dazu E. Hinkelmann.

[41] VStG vom 16. Oktober 1934, RGBl. I, S. 1052, § 3 Ziffer 6; vgl. G. Thümen Anm. 1, 9 ff.

[42] GewStRG vom 30. Juni 1935, RGBl. I, S. 830, § 5 Ziffer 7.

[43] GewStG vom 1. Dezember 1936, RGBl. I, S. 979, § 3 Ziffer 6; vgl. R. Ringelmann – F. Freudling S. 190 ff.

[44] G. Thümen, § 3 Anm. 17.

[45] KStG vom 16. Oktober 1934, RGBl. I, S. 1031, §§ 2, 4; vgl. Zülow S. 1370; Kummer S. 301; R. Bender S. 1; zur teilweisen Rücknahme dieser Erweiterung vgl. unten Anm. 153 am Ende.

[46] KStG vom 10. August 1925, RGBl. I, S. 208, §§ 2 Abs. 1 Z. 3c, d, 9 Abs. 1 Z. 7; vgl. R. Evers § 2 Anm. 20 ff.

[47] § 14 KStG 1925; zur Bedeutung dieser Änderung für die gewerblichen Betriebe der Kirchen vgl. etwa RFH 26. März 1935, RStBl 1935, 855.

[48] EStG vom 10. August 1925, RGBl. I, S. 189, § 17 Nr. 5; EStG vom 10. Juni 1934, RGBl. I, S. 1005, § 10.

[49] ErbStG vom 22. August 1925, RGBl. I, S. 320, § 18 Nr. 18, 19; vgl. T. Kipp § 18, Anm. 95 ff.

Hatte das Umsatzsteuergesetz 1926[50] ausschließlich gemeinnützige oder mildtätige Unternehmen mit solchen Umsätzen, die diesen Zwecken unmittelbar dienten, von der Steuer befreit, so wurde dieser Befreiungstatbestand durch das Umsatzsteuergesetz 1934[51] ganz beseitigt. Dies führte nicht nur zu einer neuerlichen Steuerbelastung der gemeinnützigen und wohltätigen Arbeit der Kirchen, sondern auf einem Umweg darüber hinaus zu einer zusätzlichen Steuerbelastung allgemein kirchlicher Tätigkeit, weil nach einer Besonderheit des früheren Umsatzsteuerrechts[52] die »Förderung der Religion« als gemeinnützig galt und insofern die Förderung kirchlicher Zwecke mittelbar steuerbegünstigt war. Entsprechendes galt für das Reichsbewertungsgesetz 1931[53], das die für die ausschließlich gemeinnützige oder für Wohlfahrtszwecke bestimmten Vermögensteile dem steuerpflichtigen Vermögen nicht hinzugerechnet hatte[54]; anders das Reichsbewertungsgesetz 1934[55], durch das diese Freistellung aufgehoben wurde. Das Kapitalverkehrsteuergesetz 1934[56] stellte wie zuvor[57] Rechtsvorgänge bei Kapitalgesellschaften, die ausschließlich und unmittelbar gemeinnützigen oder mildtätigen Zwecken dienten, von der Gesellschaftssteuer frei.

Von entscheidender Bedeutung für alle diese Steuerprivilegien war daneben das Steueranpassungsgesetz vom 16. Oktober 1934[58], das in den §§ 17 bis 19 eine authentische Interpretation der Begriffe »kirchlich«, »gemeinnützig« und »mildtätig« für alle Steuerarten[59] enthielt. Durch diese Bestimmungen, die zugleich als Konkretion rechtlicher wie kirchenpolitischer Vorstellungen des Nationalsozialismus gelten dürfen[60], wurden die Möglichkeiten der Steuervergünstigung weiter eingeschränkt[61].

Als kirchliche Zwecke galten nach § 19 StAnpG nur noch solche Zwecke, durch deren Erfüllung eine *christliche* Religionsgesellschaft des *öffentlichen* Rechts ausschließlich und unmittelbar gefördert wurde[62]. Gemeinnützigkeit war nach § 17

[50] UStG vom 8. Mai 1926, RGBl. I, S. 218, § 3 Ziffer 3; vgl. J. Popitz – R. Kloss – R. Grabower § 3 Anm. VI ff. (S. 613 ff.).

[51] UStG vom 16. Oktober 1934, RGBl. I, S. 942; vgl. K. Plückebaum.

[52] UStDB, RGBl. 1926, I, S. 323, § 30 Abs. 1.

[53] RBewG vom 22. Mai 1931, RGBl. I, S. 222, § 59 Ziffer 6; E. Fabisch – O. Krekeler S. 268.

[54] § 28 Abs. 3 RBewVStDB 1925, RGBl. I, 1926, S. 227; §§ 27, 54 RBewVStDB 1928, RGBl. I, S. 165; § 25 Abs. 3 RBewStDB 1931, RGBl. I, S. 252.

[55] RBewG vom 16. Oktober 1934, RGBl. I, S. 1035, § 68; vgl. E. Dziegalowski – G. Thümen § 68 Anm. 1.

[56] KVStG vom 16. Oktober 1934, RGBl. I, S. 1058, § 7; vgl. W. Kluckhohn § 7 Anm. 2.

[57] KVStG vom 22. Mai 1931, RGBl. I, S. 265, § 4; vgl. B. Kessler § 4 Anm. 11 ff.

[58] RGBl. I, S. 925 = RStBl 1934, 1149; amtliche Begründung RStBl 1934, 1398; VO zur Durchführung der §§ 17 bis 19 des StAnpG vom 16. Dezember 1941, RMinBl. S. 299 = RStBl 1941, 937.

[59] E. Becker – A. Riewald, Vorbemerkung zum StAnpG S. 7; amtliche Begründung zum StAnpG, Vorbemerkung, RStBl 1934, 1398; RFH 31. August 1939, E 47, 226.

[60] Zur Frage, was von den Bestimmungen der §§ 17–19 StAnpG und der Rechtsprechung des RFH hierzu noch Geltung für die unmittelbare Nachkriegszeit beanspruchen durfte, vgl. K. Cerutti S. 6.

[61] Überblick bei R. Bender S. 1 ff. (20 ff.).

[62] Neu war die Beschränkung auf christliche Konfessionen und zum Teil auf öffentlich-rechtliche Eigenschaft. Eine Beschränkung auf Religionsgesellschaften und Weltanschauungsvereinigungen mit den Rechten juristischer Personen (des öffentlichen oder des privaten Rechts) enthielt vordem § 18 Nr. 18 VStG 1925, vgl. T. Kipp Anm. 98. Eine Beschränkung auf öffentlich-recht-

StAnpG bei einer Förderung der Allgemeinheit gegeben, was nur anzunehmen war, »wenn die Tätigkeit dem gemeinen Besten, das heißt dem Wohl der Deutschen Volksgemeinschaft auf materiellem, geistigem oder sittlichem Gebiet nutzt. Ob dies der Fall ist, beantwortet sich nach den Anschauungen der Volksgesamtheit.« Mildtätigkeit wurde nach § 18 StAnpG zunächst anerkannt bei Unterstützung bedürftiger, im Inland lebender Personen oder im Ausland lebender Deutscher; nach der Änderung des Gesetzes im Jahre 1936[63] galt als mildtätig nur noch die Unterstützung »Deutscher Volksgenossen«.
Die in den nationalsozialistischen Steuergesetzen allenthalben enthaltenen weiteren Bedingungen der Steuerfreiheit, nämlich die Erfordernisse ausschließlicher, unmittelbarer und tatsächlicher Verfolgung der begünstigten Zwecke, stellten in aller Regel keine weitere Verschärfung dar. Entsprechende Anforderungen wurden, soweit sie nicht bereits in den Weimarer Steuergesetzen verankert gewesen waren, zumeist auch früher von Rechtsprechung und Lehre gefordert[64].

### a) Die Rechtsprechung zur Grundsteuerfreiheit »kirchlicher« Grundstücke

Zur Frage der althergebrachten Grundsteuerfreiheit kirchlicher Grundstücke und ihres verfassungsrechtlichen Schutzes als negative Staatsleistungen ergingen bis zum Inkrafttreten des Grundsteuergesetzes 1936[65] vereinzelte Gerichtsentscheidungen, die durchaus noch in der Weimarer Tradition standen.
Am 26. April 1933 bestätigte das ThürOVG[66] die verfassungsrechtliche Sperrwirkung der Art. 138, 173 RV für die überkommene Grundsteuerfreiheit kirchlicher Grundstücke: »Es muß also bei dem damaligen Rechtszustande bewenden, d. h. das seinerzeit in Geltung gewesene Recht – bis zur Ablösung – als unverändert weitergeltend behandelt werden.« Staatsleistung sei bei Steuerbefreiungen auf Grund gesetzlicher Vorschrift nicht die im Einzelfall tatsächlich eintretende Entlastung, sondern das gesetzliche Privileg als solches, der die Befreiung gewährende Rechtssatz. Unerheblich sei deshalb, daß bei Inkrafttreten der Weimarer Verfassung nur eine Befreiung von der Gemeindegrundsteuer in Betracht gekommen sei, weil, da das staatliche Gesetz die Befreiung angeordnet habe, der Staat als Leistender anzusehen sei.
Die Grundsteuerfreiheit kirchlicher Grundstücke aufgrund eines alten Privilegs bestätigte das ThürOVG nochmals am 2. Dezember 1936[67].

liche Religionsgesellschaften wurde hingegen schon in Weimarer Zeit angenommen im Bereich der Körperschaftsteuer mit der Begründung, daß § 6 Ziffer 2 Abs. 2 KStG 1920 (»Den Kirchen stehen kirchliche und religiöse Gemeinschaften gleich«) in § 9 Abs. 1 Ziffer 7 KStG 1925 nicht wieder aufgenommen worden war, vgl. R. Evers § 9 Anm. 40.

[63] Einführungsgesetz zu den Realsteuergesetzen vom 1. Dezember 1936, RGBl. I, S. 961 (977) = RStBl 1936, 1137, § 29 Abs. 4.

[64] Eine verfassungswidrige Beschränkung des Grundsteuerprivilegs hatte das RG laut Beschluß vom 13. Juli 1931, Lammers-Simons IV, S. 306 ff., aber gerade in der gesetzlichen Einführung des Merkmals der Unmittelbarkeit erblickt.

[65] Das GrStG 1936 war erstmals auf die GrSt 1938 anzuwenden.

[66] RuPrVerwBl 1933, 853.

[67] DVerwBlätter 1937, 246.

Am 25. Juni 1934 äußerte sich der Große Senat beim RFH[68] in einem ausführlichen Gutachten zu verschiedenen Rechtsfragen im Zusammenhang mit dem kirchlichen Grundsteuerprivileg in Mecklenburg-Strelitz. Die verfassungsrechtliche Garantie der Staatsleistungen nach Art. 138, 173 RV und die Entscheidung des RG vom 13. Juli 1931[69] stünden, so beschied der RFH das anfragende dortige Finanzministerium, einer Erhebung von Gemeindegrundsteuern nicht entgegen, weil, wie ausführlich begründet wurde, die Voraussetzungen, unter denen die Befreiung von einer Gemeindesteuer als Leistung des Staates gelten könne, hier nicht vorlägen. Für unzulässig und verfassungswidrig hielt der RFH aber eine vom Finanzministerium ins Auge gefaßte gesetzliche Regelung, nach der die Grundstücke der evangelisch-lutherischen Landeskirche hauszinssteuerpflichtig werden sollten auch insoweit, als sie wegen der Inkorporation der alten landesrechtlichen Grundsteuerimmunitäten durch das Grundsteuerrahmengesetz 1930[70] grundsteuerfrei waren. Denn die mecklenburg-strelitz'sche Hauszinssteuer sei ihrer Natur nach eine staatliche Grundsteuer des Landes, die wegen der verfassungsrechtlichen Garantie der Staatsleistungen nicht auf bisher privilegierte Bereiche ausgedehnt weren dürfe. Daß die Einführung der Landessteuer auf reichsrechtlichen Rahmenvorschriften beruhe, nähme ihr nicht den Charakter einer Landesgrundsteuer und ändere nichts, »denn das Entscheidende ist, daß eine Beschränkung der Freiheit der Kirche von der staatlichen Grundsteuer durch Erhebung der Hauszinssteuer in das vermögensrechtliche Verhältnis zwischen Kirche und Staat eingreifen würde, was nach der Reichsverfassung bis zum Erlaß eines Reichsgesetzes nicht zulässig ist.«

Einige Jahre später hatte sich das Bild entschieden gewandelt. Am 15. September 1938 erklärte das LVG Schwerin[71] die auf das Jahr 1650 zurückgehende Freiheit der mecklenburgischen Landpastoren von den Gemeindeabgaben für ein Privileg, das seine Berechtigung im nationalsozialistischen Staat verloren habe. Es erblickte hierin keinen Widerspruch zu seiner früheren ständigen Rechtsprechung, nach der diese Steuerimmunität eine Staatsleistung war, denn entscheidungserheblich sei allein »die mit der nationalsozialistischen Revolution von 1933 eingetretene grundlegende Wandlung unserer völkischen Rechtsanschauungen im nationalsozialistischen Sinne.« Wenn auch der Richter nach wie vor an das Gesetz gebunden sei und es nicht seine Aufgabe sein könne, »in Fragen weittragender Bedeutung den Entschlüssen der politischen Führung vorzugreifen und von der Reichsregierung bisher aufrechterhaltene Bestimmungen entgegen dem erkennbaren oder mutmaßlichen Willen des Führers und seiner Regierung mit der Behauptung außer Kraft zu setzen, daß sie der nationalsozialistischen Weltanschauung nicht entsprächen«, so sei es gleichwohl die Aufgabe des Richters, gesetzlichen Vorschriften die weitere rechtliche Wirksamkeit dann zu versagen, wenn sie gegen das Rechtsempfinden der Allgemeinheit und die heutige Weltanschauung verstießen und wenn es dem Gesetzgeber zu ihrer Außerkraftsetzung bisher nur an der Gelegenheit gefehlt

[68] E 36, 218.
[69] Lammers-Simons IV S. 306.
[70] RGBl. I, S. 517, Kapitel II, S. 3 Nr. 2, 8.
[71] MecklZ 55 (1939), 70.

habe: »Über dem geschriebenen Gesetz steht aber die allgemeine Rechtsordnung der deutschen Volksgemeinschaft, die ihre Grundlage in der nationalsozialistischen Weltanschauung findet und aus der der Führer selbst und seine Regierung das gegenwärtige und das zukünftige Recht schöpft.« Für einen entscheidenden Grundsatz jener höheren ungeschriebenen Rechtsordnung, die auch über dem geschriebenen Reichsrecht und über dem reichsrechtlich gesicherten Landesrecht stehe, hielt das Gericht die bestehende »Tendenz, die Sonderrechte bestimmter Personen oder Berufsgruppen aufzuheben und die Abgaben und Lasten nach Möglichkeit auf alle Volksgenossen gleichmäßig nach ihrem Einkommen und Vermögen zu verteilen.«
Die Reduzierung des allgemeinen kirchlichen Grundsteuerprivilegs durch das nationalsozialistische Grundsteuergesetz auf einige wenige Anwendungsfälle ist von den Gerichten offenbar nicht zum Gegenstand verfassungsrechtlicher Erörterungen gemacht worden. Die hier vorliegenden Entscheidungen beschränken sich jedenfalls auf eine Auslegung der vom nationalsozialistischen Gesetzgeber vorgegebenen Begriffe, die nicht gerade großzügig genannt werden kann.
Seit dem Urteil vom 3. Juni 1939 beschränkte der RFH[72] den Begriff des »Gottesdienstes« streng auf den Kultus in engem Sinne und »religiöse Unterweisung« auf die Unterrichtserteilung. Evangelische Gemeindehäuser[73] und katholische Exerzitienhäuser[74] konnten danach keine Grundsteuerfreiheit erlangen, auch wenn sie religiösen Versammlungen mit Gebet und Wortverkündigung oder geistlichen Übungen dienten. Das Festhalten an dieser Auslegung begründete der RFH am 18. Juni 1942[75] mit den folgenden Erwägungen: »Was auf anderen Rechtsgebieten oder in der Kirchenlehre unter Gottesdienst verstanden wird, kann für das Grundsteuerrecht nicht maßgeblich sein. Für die Ausgestaltung der Befreiungsvorschriften im Grundsteuergesetz ist im Hinblick auf den Zweck dieses Gesetzes der Gedanke maßgebend gewesen, die Befreiungen möglichst eng zu halten (Begründung zum GrStG, zu § 4, SRtBl 1936, S. 717). Dieser Gedanke zwingt zu einer engen Auslegung der Befreiungsvorschriften.«

### b) Die Rechtsprechung zur Steuerbefreiung bei Verfolgung »kirchlicher« Zwecke

Die Rechtsprechung zu der Frage, was ein kirchlicher Zweck im Sinne der verschiedenen Steuerbefreiungstatbestände war, zeichnet sich aus durch eine teilweise schon frühzeitig einsetzende, mit den Jahren stark ansteigende Tendenz zur Einschränkung der Steuervergünstigungen. Daß der Bereich kirchlicher Zwecke nicht – wie bisher[76] – im wesentlichen von den Kirchen selbst bestimmt, sondern vom Staat abgesteckt wurde, war den Richtern dabei offenbar selbstverständlich.
In Abweichung von der bisherigen Rechtsprechung des LVG, nach der die Pfarrhäuser unmittelbar kirchlichen Zwecken dienten, weil sie dem Pfarrer eine den Zwecken der Kirche entsprechende angemessene Wohnung inmitten der Gemeinde

[72] E 47, 79.
[73] RFH 27. Juni 1940, RStBl 1940, 830; 21. Januar 1943, RStBl 1943, 296.
[74] RFH 24. Juli 1941, RStBl 1941, 868.
[75] E 52, 74.
[76] S. u. Anm. 80.

ermöglichten, beschränkte der RFH bereits am 28. Juni 1933[77] die Steuerfreiheit nach dem mecklenburg-strelitz'schen Grundsteuergesetz streng auf die Amtsräume, weil die Wohnräume nicht unmittelbar den kirchlichen Zwecken dienten. Anders das PrOVG, das am 4. Juli 1933[78] die Wohnung für das verbundene Kirchen-Schulamt der Kirchengemeinde zurechnete und hauszinssteuerfrei beließ.
Mit Urteil vom 19. Juni 1934 stellte das FG Breslau[79] das Sonntagsblatt der Erzdiözese von der Körperschaftssteuer frei, weil die Religionsgesellschaften sich ihre kirchlichen Zwecke selbst setzten[80] und selbst bestimmten, in welchem Umfang sie die Verbreitung religiöser Schriften betreiben wollten. Diese Auffassung wurde am 5. Dezember 1934 vom RFH[81] korrigiert: Die Herausgabe einer Zeitschrift könne zwar kirchlichen Zwecken dienen, wobei Anzeigenteil, Scherz- und Rätselecke wie auch Abhandlungen unterhaltenden und kulturellen Inhalts als nicht zu entbehrende Mittel für die Erreichung des kirchlichen Zwecks nicht steuerschädlich sein müßten; als unvereinbar mit kirchlichen Zwecken hätten aber politische Auslassungen zu gelten. Am 17. Mai 1939 hielt das SächsOVG[82] die Veranstaltung von Kirchenkonzerten für vergnügungssteuerfrei[83], weil durch die damit verbundene Erweckung religiöser Gesinnung kirchlichen Zwecken gedient werde; anders das PrOVG am 8. Mai 1936[84], das die Vergnügungssteuerfreiheit für das Patronatsfest eines Pfarrvereins versagte mit der Begründung, daß die Veranstalter nicht als Organ der Kirche anzusehen wären.
Waren unter kirchlichen Zwecken bisher[85] auch die Zwecke nicht öffentlich-rechtlicher und nicht christlicher Religionsgesellschaften verstanden worden, so verkündete der RFH am 31. August 1939[86], daß unter »Kirchen« nur inländische christliche Religionsgesellschaften des öffentlichen Rechts, unter »kirchlichen Zwecken« nur die Zwecke dieser Kirchen verstanden werden könnten. Diese Begriffe bestimmten sich jetzt nach § 19 StAnpG, auch wenn das Erbschaftsteuerrecht weniger strenge Anforderungen stelle und sich mit der Rechtsfähigkeit der Religionsgemeinschaft begnüge. Wie Staatssekretär Reinhardt »kurz und bündig« erläutert habe, widerspreche § 18 Abs. 1 Nummer 18 EStG dem § 19 Abs. 1 StAnpG und müsse nach den Auslegungsgrundsätzen des § 1 StAnpG als überholt angesehen werden. Andererseits mußte der RFH am 16. April 1943[87] eine Zuwendung an die katholische Kirche von der Vermögensteuer freistellen, weil sie unstreitig für solche anerkannt kirchlichen Zwecke verwendet und nicht der vom Erblasser bestimmten besonderen, vom RFH nicht für begünstigt gehaltenen Verwendung zugeführt worden war.

[77] E 33, 343.
[78] AkKR 114 (1934), 619; 28. Juni 1940, AeKR 4 (1940), 404.
[79] AkKR 114 (1934), 610.
[80] So auch R. Evers § 9 Anm. 38 (S. 353).
[81] DJZ 1935, 445 Nr. 21, anders RFH 27. November 1937, E 42, 303.
[82] DV 1940, 190.
[83] Vgl. Mahnke S. 564.
[84] RVerwBl 1936, 746.
[85] WürttVGH 1. Juli 1931, RuPrVerwBl 1933, 938. Zur Ausnahme im Körperschaftssteuerrecht vgl. oben Anm. 62 und RFH 28. Oktober 1930, RStBl 1931, 25; 15. Dezember 1931, RStBl 1932, 142.
[86] E 47, 226.
[87] E 53, 99.

Am 29. November 1938 versagte der RFH[88] einem Verein zur Förderung der katholischen Mission in Afrika die Steuerbefreiung wegen einer ihm angefallenen Schenkung: »Als steuerbegünstigt können nur solche kirchlichen Betätigungen i. S. des § 19 StAnpG angesehen werden, die sich innerhalb des Deutschen Reichs auswirken oder deutschen Volksgenossen im Ausland zugute kommen. Dies folgt aus dem Beurteilungsgrundsatz des § 1 Abs. 3 StAnpG. Nach nationalsozialistischer Weltanschauung sind nur solche Zwecke steuerbegünstigt, die das Wohl der deutschen Volksgenossen fördern. Diese Voraussetzung ist bei der Bekehrung fremdrassiger Menschen zum Christentum nicht gegeben (vgl. die Ausführungen des Führers in ›Mein Kampf‹, S. 445 und Punkt 24 des Programms der NSDAP). Es ist auch mit dem obersten Grundsatz des heutigen deutschen Steuerrechts nicht vereinbar, daß durch die Gewährung von Steuerfreiheit für Schenkungen an Missionsgesellschaften im Ergebnis Reichsmittel für einen Zweck aufgewendet werden, der die Belange des deutschen Volkstums nicht berührt«.

Der zeitgenössische Rezensent[89] bemerkte zu diesem Urteil: »Die Entscheidung bringt in ihrem ersten Teil eine beachtliche Fortentwicklung dieser gesetzlichen Grundsätze ... Das Gesetz verlangt ... nicht, anders als bei der Gemeinnützigkeit und Mildtätigkeit, daß auch durch die Erfüllung des kirchlichen Zwecks zugleich das Wohl deutscher Volksgenossen gefördert wird. Diese Lücke überwindet die Entscheidung in glücklicher Weise, indem sie sich auf den allgemeinen Beurteilungsgrundsatz des § 1 Abs. 2 StAnpG beruft ... Die Entscheidung ist auffällig und widerspricht vielleicht gewissen überkommenen landläufigen Vorstellungen; sie ist aber gerade deshalb geeignet, den eingetretenen Rechtswandel deutlich zu offenbaren«.

Daß die Tätigkeit der Missionsgesellschaften kein kirchlicher Zweck sei, weil die Bekehrung fremdrassiger Menschen der deutschen Volksgemeinschaft nicht dienlich sei, hat der RFH auch in einem Urteil vom 16. März 1940[90], in einem Gutachten des Großen Senats am 31. August 1940[91] und hinsichtlich der Judenmission bereits am 25. Oktober 1938[92] ausgesprochen. Konsequenterweise hat er auch das Spendenaufkommen der Missionsgesellschaften und das Zinsguthaben hieraus dem körperschaftsteuerpflichtigen Einkommen zugerechnet[93].

Die starke Verengung des Katalogs anerkannter kirchlicher Betätigung ist auch bei der Rechtsprechung des RFH betreffend die Steuervergünstigungen für kirchliche Privatschulen und Konvikte erkennbar[94]. Hatte das PrOVG seine Rechtsprechung zu dem übrigens recht engherzigen preußischen Grundsteuergesetz noch

[88] E 45, 257 = ZAkDR 1939, 171; vgl. dagegen RFH 10. September 1940, RStBl 1940, 905 betreffend die Steuerfreiheit einer Ingenieurschule: Der OFinPräs. hatte die Befreiung versagt, weil in erheblichem Umfang auch Ausländer unterrichtet wurden. Anders der RFH: »Für die deutsche Volksgemeinschaft bedeutet es einen wesentlichen Nutzen, daß Ausländer nach Deutschland kommen und im persönlichen Erleben das neue Deutschland und seine Arbeit kennenlernen.«

[89] G. Wacke, Urteilsanmerkung S. 171.

[90] RStBl 1940, 490.

[91] E 49, 193.

[92] E 45, 139.

[93] S. o. Anm. 91 und RFH 23. September 1941, RStBl 1941, 860.

[94] Vgl. auch oben das 5. Kapitel.

am 29. Mai 1934[95] zugunsten der Kirche geändert und entschieden, daß die katholischen Knabenkonvikte grundsteuerfrei waren, weil nicht nur die eigentliche Priestererziehung, sondern auch schon die Vorbereitung auf den Priesterberuf als eine kirchliche Aufgabe anerkannt werden müsse, so versagte der RFH mit Urteil vom 5. Juni 1940[96] die Steuervergünstigung, weil die Konvikte weder der religiösen Unterweisung noch der Ausbildung geistlichen Nachwuchses dienten. Für erbschaftsteuerpflichtig hatte der RFH bereits am 4. Oktober 1938[97] ein Vermächtnis zugunsten eines der Heranbildung des Ordensnachwuchses dienenden privaten Gymnasiums erklärt: Wenn nach der Bestimmung des Erblassers aus dem Kapital hilfsbedürftigen Schülern der Anstalt Zuwendungen insbesondere durch Ermäßigung des Pflegesatzes gemacht würden, so werde danach nicht der Erziehungszweck der Anstalt, sondern nur die wirtschaftliche Lage der Schüler unmittelbar gefördert; dies aber sei kein kirchlicher Zweck im Sinne des § 19 StAnpG.
Die in diesen Urteilen auftretende Tendenz, den Bereich kirchlicher Zwecke ohne Rücksicht auf kirchliches Selbstverständnis von Staats wegen zu bestimmen und die an sich nur beispielhafte Aufzählung kirchlicher Zwecke in § 19 StAnpG als eine abschließende zu verstehen, dürfte auch das Urteil des RFH vom 12. November 1941[98] beeinflußt haben. Die einem bischöflichen Seminar angefallene Erbschaft unterlag danach der Erbschaftsteuer, weil das Seminar nicht ausschließlich kirchlichen Zwecken diene. Als steuerschädlich wurde angesehen, daß nicht nur ein nach § 19 StAnpG unstreitig einem kirchlichen Ausbildungszweck dienendes Priesterseminar, sondern darüberhinaus auch ein nur der Vorbereitung auf den Priesterberuf dienendes Knabenseminar unterhalten wurde.
Daß der entscheidende Grund dieser Rechtsprechung in der nationalsozialistisch-totalitären Staatsauffassung und in ihrem Kampf gegen die Institutionen konfessioneller Erziehung gesucht werden muß, läßt sich mindestens seit einem Urteil des RFH vom 3. März 1943[99] nicht leugnen. Einem Verein, dessen Zweck die finanzielle Unterstützung der Seelsorge dienender Einrichtungen der katholischen Kirche und katholischer Schulen in der Diaspora war, wurde die Steuerbefreiung für eine Zuwendung versagt: »Dieser Zweck ist nicht ausschließlich kirchlich, denn die Unterstützung von Schulen durch Geldmittel ist kein kirchlicher Zweck im Sinne des § 19 StAnpG. Sie ist auch kein gemeinnütziger Zweck im Sinne von § 17 StAnpG, weil sie in den Machtbereich des Staates und der Partei übergreift. Die Erziehung und Unterrichtung der Jugend in Schulen ist nach nationalsozialistischer Weltanschauung ausschließlich Aufgabe des Staates und der Partei«.
Am 19. April 1941 verneinte der RFH[100] bei einer Stiftung zur Unterstützung von Pfarrerswitwen die ausschließliche Verfolgung kirchlicher Zwecke, weil darüberhinaus die Unterstützung älterer unverheirateter Pfarrerswaisen vorgesehen war, was nicht als Versorgung von Waisen im Sinne von § 19 Abs. 2 StAnpG gelten könne.

95 E 93, 6.
96 E 49, 58.
97 E 45, 77.
98 RStBl 1941, 892.
99 RStBl 1943, 397.
100 RStBl 1941, 317.

Nach dem Urteil des RFH vom 17. März 1943[101] sollte eine Bibelanstalt deshalb nicht kirchlichen oder gemeinnützigen Zwecken dienen, weil sie auch Übersetzungen des Alten Testaments und Bibeln in Eingeborenensprachen verbreitete, denn, wie der erkennende Senat und auch der Große Senat des RFH bereits früher ausgeführt hätten[102], würde es »mit der nach § 1 StAnpG gebotenen Auslegung der Steuergesetze und Beurteilung von Tatbeständen nach nationalsozialistischer Weltanschauung unvereinbar sein, wenn man eine vom Wohl der deutschen Volksgenossen unabhängige kirchliche Betätigung durch § 19 StAnpG steuerlich begünstigen wollte.« Gemeinnützigkeit war nach Auffassung des RFH zu verneinen, weil keinem Zweifel unterliegen könne, »daß Herstellung und Verbreitung des Alten Testaments, in dem die jüdische Rasse und ihre Geschichte verherrlicht wird, mit der nationalsozialistischen Weltanschauung nicht in Einklang zu bringen ist. Das nationalsozialistische deutsche Volk könnte es nicht verstehen, daß die Herausgabe und der Vertrieb einer Schrift, die das Judentum, mit dem es einen Kampf auf Leben und Tod führt, verherrlicht und als das auserwählte Volk Gottes darstellt, als gemeinnützig anerkannt und steuerbegünstigt werden«.

### c) Die Rechtsprechung zur Steuerbefreiung bei Verfolgung »gemeinnütziger« oder »mildtätiger« Zwecke

In der Rechtsprechung zur gemeinnützigen und mildtätigen Arbeit der Kirchen tritt die mit den Jahren immer stärker werdende Zurückhaltung bei der Gewährung von Steuervergünstigungen ebenfalls deutlich hervor.

Daß die Förderung der Religion nach dem früheren Umsatzsteuer- und Bewertungsrecht als gemeinnützig bzw. der Volkswohlfahrt dienend steuerfrei war, hat der RFH in frühen Entscheidungen vom 16. März 1933[103] und vom 19. Januar 1934[104] noch bestätigt. Eine Beschränkung der Steuervergünstigung auf die Verfolgung von Zwecken der Religionsgesellschaften des öffentlichen Rechts wurde hierbei in der früheren Entscheidung ausdrücklich, in der späteren inzident abgelehnt.

Als Förderung der Allgemeinheit und deshalb gemeinnützig war die Förderung der Religion auch noch in § 17 Abs. 3 StAnpG angeführt, was wegen der allgemeinen Geltung des StAnpG für alle Steuerarten an sich eine Ausdehnung des Steuerbefreiungstatbestandes auf alle anderen Steuerarten bedeuten mußte. Die Bestimmung enthielt allerdings eine systematische Unklarheit, die darin bestand, daß die in der Aufzählung von Beispielsfällen liegende gesetzliche Wertung im gleichen Atemzuge wieder aufgehoben wurde, weil zu gleicher Zeit wieder auf die allgemeinen Voraussetzungen einer Anerkennung der Gemeinnützigkeit zurückverwiesen wurde[105]. Von der naheliegenden Möglichkeit, eine Förderung der Religion

[101] RStBl 1943, 468.
[102] 29. November 1938, E 45, 257; 16. März 1940, E 49, 193.
[103] DJZ 1933, 1292 = RStBl 1933, 702 mit weiteren Nachweisen zur älteren Rechtsprechung.
[104] JW 1934, 926 = RStBl 1934, 335.
[105] § 17 Abs. 3 Satz 1 in Verbindung mit Abs. 2 StAnpG. Das nationalsozialistische Gesetz, das seine Verbindlichkeit selbst unter den Vorbehalt der Anschauungen der Volksgemeinschaft

wegen der ausdrücklichen Erwähnung in dem Beispielskatalog im Zweifel als steuerbegünstigt anzuerkennen, hat die Rechtsprechung keinen Gebrauch gemacht; sie zog es vor, den Nutzen solcher Förderung für die Volksgemeinschaft zu untersuchen und in der Regel zu verneinen.

Am 13. Mai 1936 versagte der WürttVGH[106] der Christlich-Wissenschaftlichen Vereinigung die Steuervergünstigung, weil ihre Betätigung von den weitesten Kreisen des deutschen Volkes abgelehnt werde. Auch die religiöse Betätigung der Heilsarmee, so stellte der VGH am 11. Juni 1937[107] fest, nütze dem Wohl der deutschen Volksgemeinschaft nichts. Ebenso wurde die Steuerbefreiung wegen Verfolgung ausschließlich ethischer Zwecke den Freimaurerlogen versagt, denn, so das ThürOVG am 19. Dezember 1934[108], »die Volksgesamtheit, repräsentiert durch die nationalsozialistische Bewegung, sieht aber die Ziele und die Betätigung der Freimaurerlogen nicht als ethisch an.«

Ebenso entschied der RFH am 24. Juni 1936[109] in rückwirkender Anwendung der nationalsozialistischen Steuergesetze.

Am 25. Oktober 1938 erklärte der RFH[110], daß unter der Förderung der Religion nur die Förderung einer von einer als Körperschaft des öffentlichen Rechts anerkannten christlichen Religionsgesellschaft vertretenen religiösen Anschauung verstanden werden könne, weil sektiererische Überzeugung und religiöse Zersplitterung der deutschen Volksgemeinschaft nicht dienlich seien.

Mit den Urteilen vom 14. Juni 1940[111] und vom 7. März 1942[112] schließlich lehnte der RFH die Grundsteuerbefreiung ab, weil das Grundsteuergesetz nur die ausschließliche Verfolgung mildtätiger Zwecke begünstige. Diese Voraussetzung sei nicht gegeben, wenn neben mildtätigen auch kirchliche Zwecke angestrebt würden. Daß die zusätzliche Verfolgung gemeinnütziger Ziele nach § 2 der 2. GrStDVO[113] steuerunschädlich war, war dem Senat nicht entgangen[114], veranlaßte ihn aber nicht zu der Überlegung, ob nicht Gemeinnützigkeit wegen Förderung der Religion vorliege.

Bei der karitativen Betätigung der Kirchen konnte der gemeinnützige oder mildtätige Charakter in der Regel nicht bestritten werden[115]. Die Anwendung der

stellt, ist hervorragendes Beispiel für die Weigerung des Nationalsozialismus, sich dauerhaften rechtlichen Bindungen zu unterwerfen.

106 RVerwBl 1938, 273.

107 RVerwBl 1938, 273.

108 DVerwBlätter 1935, 150.

109 RStBl 1936, 798.

110 E 45, 144 = ZAkDR 1939, 26 mit zustimmender Urteilsanmerkung W. Haugg ebenda; ebenso RFH 31. August 1939, E 47, 226; vgl. auch RFH 28. September 1939, RStBl 1939, 1112. Förderung der Religion entsprach danach kirchlichen Zwecken im Sinne des § 19 StAnpG.

111 E 49, 19.

112 RStBl 1942, 349.

113 RGBl. 1938, I, S. 360.

114 E 49, 19; auch RFH 18. November 1939, AeKR 4 (1940), 102.

115 Zur Anerkennung eines kath. Waisenhauses als gemeinnützig und mildtätig vgl. FG Münster 5. Januar 1939, AkKR 119 (1939), 229 und einer evangelischen Stiftung zur Unterstützung hilfsbedürftiger Frauen FG Bremen 13. Juni 1939, AeKR 4 (1940), 312; Ablehnung bei bloßer Ansammlung von Geld zwecks späterer Errichtung eines evangelischen Krankenhauses durch den RFH am 17. März 1938, RStBl 1938, 372, vgl. dazu auch RFH 9. April 1937, RStBl 1957, 542 und 22. März 1941, AkKR 121 (1941), 288.

Steuerbefreiungsvorschriften wurde von der Rechtsprechung indessen eingeschränkt durch die mit den Jahren wachsende Tendenz, immer strengere Anforderungen an die erforderliche[116] Ausschließlichkeit, Unmittelbarkeit und satzungsmäßige Sicherung der Verfolgung begünstigter Zwecke zu stellen.

Ein Heim für katholische Studenten des In- und Auslands konnte am 27. Oktober 1933 einen Teilerfolg beim RFH[117] erzielen. Das Gericht anerkannte Umsatzsteuerfreiheit insoweit, als unmittelbar gemeinnützige Ziele verfolgt würden; die durch Abgabe von Genußmitteln und Vermietung von Räumen an Nichtstudenten erzielten Einkünfte wurden zwar zur Steuer herangezogen, stellten aber die ausschließliche Gemeinnützigkeit des Heims nicht in Frage. Einem evangelischen Frauenbund, der sich die Mittel für eine Weihnachtsbescherung Bedürftiger durch eine Verlosung bei einer Weihnachtsfeier beschafft hatte, sollte die Steuerbefreiung dieser Erträge versagt werden, weil ein Teil zur Finanzierung der Feier verwendet worden war. Der RFH erkannte am 2. Februar 1934[118] auf Steuerfreiheit, weil die Veranstaltung notwendiges Mittel zur Erreichung des mildtätigen Zwecks war. Zwischen den Einkünften aus dem Verkauf von Knöpfen, die von den Zöglingen eines Diakonissenhauses angefertigt worden waren, und dem gemeinnützigen Erziehungszweck der Anstalt vermochte der RFH im Urteil vom 27. April 1934[119] jedoch keinen die Umsatzsteuerpflicht ausschließenden Zusammenhang zu erblikken. Am 21. März 1935 erklärte aber das SächsOVG[120] die der Gemeindediakonie gewidmeten Räume eines kirchlichen Gebäudes einschließlich der Aufenthalts- und Schlafräume der Gemeindeschwestern für ausschließlich einem begünstigten Zweck dienend, weil der Fürsorgezweck die jederzeitige Erreichbarkeit der Schwestern erfordere.

Kolpinghäuser waren nach einem Urteil des RFH vom 10. Dezember 1935[121] im Hinbilck auf die entgeltlich gewährte Beherbergung steuerpflichtig. Einer Stiftung, die unter Leitung barmherziger Schwestern Krankenpflege betrieb, versagte der RFH am 7. August 1937[122] die Vergünstigung, weil die Anordnung der Stifte-

Zur Grundsteuerfreiheit von Grundbesitz für Zwecke von Krankenanstalten vgl. § 4 Ziffer 8 GrStG 1936 und zu seiner Anwendung auf kirchliche Krankenhäuser RFH 5. Juni 1940, RStBl 1940, 829 (Grundsteuerfreiheit einer Krankenanstalt einer kirchl. Genossenschaft, die nur Schwestern der Genossenschaft aufnahm); 27. Juni 1940, RStBl 1940, 830 (Grundsteuerfreiheit eines an einen Dritten, hier Diakonissenhaus, überlassenen Krankenhauses); 10. Oktober 1940, RStBl 1941, 6 (Grundsteuerfreiheit auch des wirtschaftlich genutzten Krankenhausgartens und zur Frage der Steuervergünstigung von Altersheimen); 10. Oktober 1940, AkKR 121 (1941), 96 (Zur Frage, wann ein Altersheim als Krankenanstalt gelte).

116 Vgl. dazu die eine gewisse Großzügigkeit anordnenden Runderlässe des RFinMin. vom 17. Juli 1939, RStBl 1939, 857 und vom 18. Januar 1940, RStBl 1940, 64; der RFH rechtfertigte strengere Anforderungen mit dem Hinweis, daß es sich hier um Verwaltungsanordnungen handele, die der RFH wegen der ausschließlichen Bindung an das Gesetz nicht anwenden könne, RFH 31. August 1939, E 47, 226, vgl. auch RFH 12. Mai 1936, E 39, 242 und 5. Juli 1938, E 44, 234; wegen des Erfordernisses der Ausschließlichkeit, Unmittelbarkeit und satzungsmäßigen Sicherung vgl. ferner DVO zum StAnpG vom 16. Dezember 1941, RGBl. I S. 937; E. Becker – A. Riewald, § 17 StAnpG, Anm. 6, 8 (S. 169 ff.); Müller S. 33.

117 E 34, 202.

118 E 35, 141.

119 E 36, 85.

120 RVerwBl 1936, 105.

121 RStBl 1936, 206.

122 RStBl 1937, 1178.

rinnen, daß das Vermögen im Falle der Auflösung der Anstalt zur Errichtung einer Niederlassung barmherziger Schwestern römisch-katholischer Religion verwendet werden sollte, keine ausreichende Gewähr dafür biete, daß das Vermögen in diesem Fall tatsächlich für gemeinnützige oder mildtätige Zwecke verwendet werden würde. Mehr Zutrauen setzte der RFH offenbar in staatlich gelenkte Organisationen: Am 10. Dezember 1936[123] hielt er eine Satzungsbestimmung, derzufolge der Reichsinnungsverband eines Handwerks über die Verwendung des Vereinsvermögens bei Auflösung des Vereins entscheiden sollte, für ausreichend: »Bei der Stellung des Reichsinnungsverbands des Handwerks im heutigen Staat muß angenommen werden, daß er nach dieser Bestimmung verfahren wird, auch wenn diese Satzungsbestimmung keine Muß-, sondern eine Sollvorschrift ist.«

Der Versuch, ein kirchliches Krankenhaus wegen der Gewährung von Getränken an die Insassen zur Getränkesteuer heranzuziehen, wurde vom PrOVG mit Urteil vom 28. März 1939[124] zurückgewiesen. Ein Verein mit christlich-karitativen Zwecken konnte beim RFH am 27. April 1940[125] nicht durchdringen, weil die Voraussetzungen der Ausschließlichkeit nach dem Vermögenssteuerrecht auf das Grundsteuerrecht übertragen wurden.

Mit Urteil vom 30. August 1941 lehnte der RFH[126] die Grundsteuerbefreiung für ein Grundstück ab, auf dem ein Diakonissenhaus ein Erholungsheim für die Schwestern unterhielt. Die unentgeltliche Aufnahme der Schwestern sei keine Unterstützung Bedürftiger, sondern Gegenleistung für die Arbeit der Schwestern und insofern Ausfluß des bestehenden Arbeitnehmerverhältnisses. Der RFH scheute sich jedoch nicht, die vom Deutschen Roten Kreuz für seine Schwestern betriebenen Altersheime in Übereinstimmung mit der Meinung des Reichsfinanzministers freizustellen, weil die Aufgaben des DRK ohne Bereitstellung von Schwestern und Sicherung ihres Lebensunterhalts nicht richtig gelöst werden könnten[127].

Die Versorgung alter, kranker und hilfloser Menschen in einem Heim hielt der RFH laut Urteil vom 1. Oktober 1941[128] zwar für gemeinnützig, weil das Entgelt den wirtschaftlichen Verhältnissen der Pfleglinge angepaßt war, doch wurde die Ausschließlichkeit verneint, weil in der Satzung »der Wegfall der bisherigen Zwecke, der infolge einer behördlichen Anordnung denkbar ist, unberücksichtigt

[123] RStBl 1937, 166.
[124] E 104, 26.
[125] E 48, 281.
[126] RStBl 1941, 667.
[127] RFH 24. Juli 1941, RStBl 1941, 846 Nr. 856 und 857. Zu der auch andernorts zu beobachtenden Bevorzugung nationalsozialistischer Institutionen vgl. etwa RFH 29. Februar 1940, RStBl 1940, 627 (Steuerbefreiung für die vom Roten Kreuz betriebenen Altersheime, obwohl die Satzung – wie nach § 4 Ziffer 2 GrStG 1936 erforderlich – eine derartige Betätigung nicht vorsah); RFH 19. November 1936, RStBl 1936, 483 (Zur Gemeinnützigkeit des Vereins »Nothilfe des Reichsverbands Deutscher Offiziere«); RFH 22. März 1938, RStBl 1939, 1185 (Einnahmen eines Sportvereins aus verschiedenen Festveranstaltungen körperschaftsteuerfrei); RFH 17. Oktober 1942, RStBl 1942, 982 (Kinderheim der NSV steuerbegünstigt); vgl. auch 25. November 1942, RStBl 1943, 43 (Gewerbliche Beteiligung einer Krankenanstalt steuerunschädlich, s. u. S. 356); zur Bevorzugung nationalsozialistischer Einrichtungen durch den RFH auch G. Uffelmann S. 113 ff.
[128] RStBl 1941, 796.

geblieben« war[129]. Eine christliche Stiftung, die ein Asyl für hilfsbedürftige, arbeits- und obdachlose Frauen und eine Erziehungsanstalt für weibliche Fürsorgezöglinge unterhielt, wurde am 4. Juli 1942 durch den RFH[130] mit den gesamten Einkünften zur Körperschaftssteuer herangezogen, weil wegen des außerdem betriebenen Pflegeheims für »Frauen besserer Stände« die erforderliche Ausschließlichkeit der gemeinnützigen Betätigung fehle.

Hinsichtlich des Erfordernisses der Unmittelbarkeit der Erfüllung steuerbegünstigter Zwecke hatte der RFH bereits am 12. Januar 1933[131] bezweifelt, ob Zuwendungen an Kirchen als unmittelbar gemeinnützig oder mildtätig angesehen werden könnten, weil die tatsächliche Verwendung der Mittel zu steuerbegünstigten Zwecken nicht ohne weiteres erkennbar und nachprüfbar sei. Aus diesem Grunde hatte er in der Weimarer Zeit mehrfach entschieden, daß grundsätzlich nur die eigenen Zwecke, nicht also diejenigen über- oder untergeordneter Organisationen, für die Frage der Steuerbegünstigung maßgeblich sein könnten und daß die Allgemeinheit nicht unmittelbar fördere, wer einem anderen die Mittel gewähre, damit dieser sich gemeinnützig betätige[132]. In Anwendung dieser Grundsätze hat der RFH wiederholt die Steuerbefreiung für Organisationen abgelehnt, die ihre Erträge an Kirchen oder gemeinnützige Stellen abführten[133]. Am 17. März 1939 entschied er[134] für das Kranken- und Invalidenhaus einer Kirchengemeinde, daß es nicht genüge, wenn die Verfassung der Kirchengemeinde die Verwendung des Vermögens für steuerbegünstigte Zwecke gewährleiste; diese Voraussetzung müsse bei dem begünstigten Objekt, hier also der Krankenanstalt, selbst erfüllt werden. Hatte er noch am 17. Dezember 1938[35] erklärt, daß die Überlassung eines Heims an die NSV höchstens mittelbar den gemeinnützigen Zwecken der NSV diene, so machte er für die Überlassung eines Kinderheims an die NSV durch eine von der Stadt verwaltete Stiftung später eine Ausnahme, weil, so führte er am 17. Oktober 1942[136] aus, eine andere Entscheidung »eine Überspannung des Verlangens des Selbsttätigwerdens« der Stadtverwaltung bedeuten würde.

### d) Die Steuerschädlichkeit der Unterhaltung »wirtschaftlicher Geschäftsbetriebe«

Die Gewährung von Steuerfreiheit wegen der Verfolgung kirchlicher, gemeinnütziger oder mildtätiger Zwecke stand unter dem gesetzlichen Vorbehalt, daß kein über eine bloße Vermögensverwaltung hinausgehender wirtschaftlicher Geschäftsbetrieb unterhalten wurde. Bei der Unterhaltung eines wirtschaftlichen Geschäftsbetriebs war danach trotz Verfolgung an sich begünstigter Zwecke Steuerpflichtigkeit gegeben, die sich nach der nationalsozialistischen Steuerreform

129 Ebenso RFH 14. Juni 1940, RStBl 1940, 626 bei einer Schulstipendienstiftung.
130 RStBl 1942, 746.
131 E 32, 255.
132 Vgl. RFH 7. Dezember 1930, StW 1931, Nr. 611; 29. Januar 1931, RStBl 1931, 550.
133 RFH 27. Februar 1934, RStBl 1934, 667; 29. November 1938, RVerwBl 1939, 507; 1. Oktober 1941, RStBl 1941, 771; vgl. auch RFH 9. Mai 1939, RVerwBl 1940, 337.
134 RStBl 1939, 879.
135 RStBl 1939, 483.
136 RStBl 1942 982.

allerdings auf das dem wirtschaftlichen Geschäftsbetrieb dienende Vermögen oder die von dem Betrieb erzielten Einnahmen beschränkte[137]. Diese in verschiedenen Steuergesetzen enthaltene Regelung hatte besonders Bedeutung auf dem Gebiet der Körperschaftsteuer[138].

Als wirtschaftlicher Geschäftsbetrieb galt nach der ständigen Rechtsprechung des RFH jede planmäßige wirtschaftliche Betätigung zur Erzielung von Einnahmen (Erwerbszweck). Nicht notwendig war eine Gewinnerzielungsabsicht, es genügte das Streben nach irgendwelchen wirtschaftlichen Vorteilen[139].

Den Grundsatz der Steuerschädlichkeit wirtschaftlicher Geschäftsbetriebe hat der RFH seit seiner grundlegenden Entscheidung vom 11. Januar 1934[140] mehrfach dahingehend eingeschränkt, daß Einrichtungen und Maßnahmen eines gemeinnützigen Unternehmens, die *unmittelbar* die Erfüllung des gemeinnützigen Zwecks selbst darstellen, nicht geeignet waren, die Steuerfreiheit unter dem Gesichtspunkt des wirtschaftlichen Geschäftsbetriebs auszuschließen[141]. Denn in diesen Fällen sei die gemeinnützige Tätigkeit ohne einen wirtschaftlichen Geschäftsbetrieb überhaupt nicht durchführbar, und es widerspreche dem Sinn der Befreiungsvorschriften, wenn mit der einen Hand eine Steuerbefreiung gewährt werde, die mit der anderen sogleich wieder genommen werde. Vielmehr habe das Gesetz den für die Steuerpflicht entscheidenden Gedanken der Teilnahme am wirtschaftlichen Wettbewerb hier selbst ausgeschaltet.

An dieser Rechtsprechung hat der RFH in seiner – in Einzelfällen allerdings oft engherzigen – Rechtsprechung zunächst festgehalten, obwohl es bereits Stimmen in der Reichsfinanzverwaltung gegeben hat, die Erwerbszweck und Wettbewerbsgedanken ausschalten und – im Interesse einer lückenlosen Besteuerung – lediglich auf das objektive Erscheinungsbild wirtschaftlicher Betätigung abstellen wollten[142], wie dies dann Inhalt der späteren Gemeinnützigkeitsverordnung von 1941[143] wurde.

[137] Kummer S. 301; R. Bender S. 1.

[138] KStG 1934 § 4 Ziffer 6; VStG 1934 § 3 Ziffer 6; GewStRG § 7 Ziffer 7; GewStG 1936 § 3 Ziffer 6.

[139] RFH 26. Januar 1932, RStBl 1932, 400; 6. Dezember 1932, E. 32, 161; 11. Juli 1933, RStBl 1933, 1055; 11. Januar 1934, RStBl 1934, 246.

[140] RFH 11. Januar 1934, RStBl 1934, 246.

[141] RFH a. a. O. für die Veranstaltung von Pferderennen, Wetten usf. durch einen gemeinnützigen Pferdezuchtverein; 25. Juli 1935, RStBl 1935, 1493 für ein Elektrizitätswerk; 26. Februar 1937, AkKR 117 (1937), 514 für eine Land- und Siedlungsgesellschaft; 23. Oktober 1937, E 42, 226 für Altersheim, Krankenhaus u. ä. Einrichtungen; 23. Oktober 1937, RStBl 1937, 1159 für eine Lungenheilstätte. Dieser Grundsatz wurde auch schon früher beim Merkmal der Ausschließlichkeit beachtet, vgl. RFH 9. Juli 1923, E 12, 308; 2. Februar 1934, E 35, 141, aber auch 27. April 1934, E 36, 85.

[142] Ulrichs S. 1465 ff., 1609 ff. (1610). Diese Ansicht sollte die Steuerpflicht eines jeden kirchlichen Betriebs begründen. Sie berief sich dabei zu Unrecht auf die Legaldefinition des Betriebsbegriffs in § 11 der 1. KStDVO vom 6. Februar 1935, RGBl. I S. 163, und § 3 VStDB vom 1. Januar 1935, RGBl. I S. 100, die sich mit dem vom RFH entwickelten Begriff in Wirklichkeit nahezu deckte; anderer Ansicht R. Bender S. 3, und Kummer S. 302 ff.

[143] § 7 Abs. 3 der VO zur Durchführung der §§ 17 bis 19 StAnpG vom 16. Dezember 1941, RMinBl S. 299 = RStBl 1941, 937 erforderte weder einen Erwerbszweck noch eine Betätigung wirtschaftlicher Natur, sondern stellte lediglich auf den Eingang von Einnahmen ab, vgl. dazu Kratz, Zweifelsfragen S. 226 (232). Nach § 7 Abs. 1 der VO sollte die Unterhaltung eines Betriebs in diesem Sinne offenbar die Ausschließlichkeit der Verfolgung eines begünstigten

Am 19. Januar 1934 versagte der RFH[144] einem christlichen Erholungsheim die Steuervergünstigung, weil es als Kurhaus normaler Pensionsbetrieb und auch wirtschaftlicher Geschäftsbetrieb sei.
Erfolglos blieb die Rechtsbeschwerde einer Gesellschaft, die christliche Zeitschriften und Sonntagsblätter druckte, in geringerem Umfang auch Lohnaufträge annahm und ihre Einkünfte an die Innere Mission und andere kirchliche oder gemeinnützige Verbände abführte. Sie hatte geltend gemacht, daß es mit den Rechtsgedanken des nationalsozialistischen Staates, insbesondere mit dem Grundsatz »Gemeinnutz geht vor Eigennutz« unvereinbar sei, die Steuerpflicht aus rein formaljuristischen Gründen zu bejahen; vielmehr sei es Sache der Richter, gegebenenfalls im Wege freier Rechtsfindung den großen Ideen der neuen Zeit zum Durchbruch zu verhelfen. Der RFH war, wie seine Ausführungen vom 26. März 1935[45] zegien, anderer Auffassung: »Die von der Beschwerdeführerin geforderte freie Rechtsfindung kann nicht dahin führen, Gesetzesvorschriften gegen den ausdrücklichen Willen des Gesetzgebers auszulegen«, wobei es um den Willen des nationalsozialistischen Gesetzgebers ging, den der RFH wohl richtig interpretierte, wenn er meinte: »Es liegt nicht, wie die Beschwerdeführerin meint, im Zuge nationalsozialistischer Rechtsentwicklung, durch eine weitherzige Gesetzesauslegung den Steuerpflichtigen die gemeinnützige Betätigung zu Lasten der Allgemeinheit zu erleichtern; vielmehr sollen an den Opfersinn der Steuerpflichtigen stärkere Anforderungen gestellt werden«.
Am 24. Juli 1937 entschied der RFH[146] für das Krankenhaus einer Kirchengemeinde, daß Krankenanstalten gemeinnütziger Körperschaften wegen der unmittelbaren Verfolgung des steuerbegünstigten Zwecks einen steuerlich unschädlichen Geschäftsbetrieb jedenfalls dann darstellten, wenn sie in besonderem Maße der minderbemittelten Bevölkerung dienten.
Den Verlag eines Sonntagsblattes eines Vereins für innere Mission hielt der RFH am 27. November 1937[147] hingegen für steuerschädlich, weil durch die Aufnahme bezahlter Anzeigen am allgemeinen Wirtschaftsverkehr teilgenommen werde. Nicht besser erging es einer katholischen Buchgemeinschaft, der die Steuervergünstigung wegen des Vertriebs von Büchern auch nicht-religiösen Inhalts am 26. April 1938[148] versagt wurde. Sogar in dem Gesangbuchverlag einer öffentlich-rechtlichen Religionsgesellschaft erblickte der RFH am 16. Dezember 1939[149] einen wirtschaftlichen Geschäftsbetrieb, der geeignet sei, steuerpflichtige Unternehmen im Wettbewerb zu schädigen, »denn darin, daß der Beschwerdeführer unter Ausschaltung des privaten Gewerbes den Verlag selbst betreibt, tritt der Wettbewerb zutage.«

Zweckes beseitigen und insofern zum Wegfall der Steuerbegünstigung überhaupt führen, obwohl die nationalsozialistischen Steuergesetze im Unterschied zum Weimarer Rechtszustand gerade davon ausgingen, daß ein wirtschaftlicher Geschäftsbetrieb die Anerkennung der steuerbegünstigten Zwecke im übrigen nicht ausschließe. Vgl. auch unten Anm. 154.

144 RStBl 1934, 248.
145 RStBl 1935, 855.
146 E 42, 64.
147 E 42, 203 = ZAkDR 1938, 240; anders noch RFH 5. Dezember 1934, DJZ 1935, 445.
148 E 44, 3.
149 RStBl 1941, 158.

Nach einer Entscheidung des RFH vom 4. Oktober 1938[150] durften die Handwerks- und Landwirtschaftsbetriebe einer christlichen Fürsorgeerziehungsanstalt ihre Erzeugnisse im Wirtschaftsverkehr gegen Entgelt absetzen, ohne die Steuerbegünstigung zu verlieren[151].
Seit 1938 vertrat der RFH in mehreren Entscheidungen[152] die Auffassung, daß die Veranstaltung von Kirchen-, Kirchturm- und Domschatzbesichtigungen als wirtschaftliche Betätigung der Körperschaft-, der Umsatz- bzw. der Gewerbesteuer unterliege. Allerdings unterwarf er seit dieser Zeit auch die Eintrittsgelder und andere Einkünfte der staatlichen und städtischen Museen der Steuer[153].
Am 13. Juni 1940 entschied der RFH[154], daß eine Vereinigung, deren Hauptzweck die Verfolgung idealer, nämlich evangelischer karitiativer Zwecke war, trotz der Unterhaltung wirtschaftlicher Geschäftsbetriebe nicht vorwiegend der Erzielung wirtschaftlicher Vorteile diene und deshalb nicht ohne weiteres mit dem gesamten Vermögen zur Steuer herangezogen werden könne. Bei der Frage, welche Teile des Vermögens, zu dem unter anderem Kliniken, Heime und eine Zeitschrift gehörten, als Betriebsvermögen zu behandeln seien, müsse das den idealen Zwekken unmittelbar dienende Vermögen außer acht gelassen werden.
Am 27. April 1940 hielt der RFH[155] aber die Gestellung von Diakonieschwestern durch den Verband an eine politische Gemeinde für eine steuerschädliche Wirtschaftsbetätigung, weil wegen der niedrigen Entgelte ein Wettbewerb gegeben sei.
Bei der Verpachtung von Wirtschaftsgütern war der Pachtzins als Betriebseinkommen nur dann zur Körperschaftssteuer heranzuziehen, wenn Inventar oder andere Betriebsmittel mitverpachtet waren, zur Gewerbesteuer nur dann, wenn die Eigentätigkeit des Verpächters über bloßes Verpachten hinausging und deshalb als eine gewerbliche gelten mußte. In Anwendung dieser Grundsätze stellte der RFH in verschiedenen Entscheidungen[156] die Verpachtung von Kiesgruben durch Kirchengemeinden von der Steuer frei. Andererseits hielt er am 12. November 1940[157] die Überlassung eines Verlagsrechts an eine christliche Wochenzeitung für körperschaftsteuerpflichtig, weil sich der Bischof einen Einfluß auf Inhalt, Form, Ausgestaltung, Verbreitung und Zustellung der Zeitschrift vorbehalten hatte.

[150] E 45, 80.

[151] Den Handel mit Bürsten, Körben usf. durch eine Gesellschaft zur Beschäftigung Erwerbsbeschränkter hielt der RFH für steuerschädlich, RFH 7. Februar 1938, RStBl 1938, 357, anders wieder RFH 28. Januar 1939, RStBl 1939, 545 für den Handel Kriegsblinder mit selbstgefertigten Waren.

[152] RFH 25. Oktober 1938, E 45, 140; 4. April 1939, E 46, 285; 27. Juni 1939, E 47, 139; 29. Mai 1943, RStBl 1943, 644.

[153] RFH 23. April 1937, E 42, 256; FG Thüringen 29. September 1938, AeKR 3 (1939), 343. Diese Rechtsprechung deutet auf die fiskalische Tendenz hin, beseitigt gleichwohl aber nicht die zugleich kirchenfeindliche Absicht.

[154] RStBl 1940, 986; vgl. zu dieser Frage auch oben Anm. 143.

[155] RStBl 1940, 528.

[156] 26. September 1939, E 47, 306; 26. September 1939, E 47, 308; 9. April 1940, AeKR 4 (1940), 402.

[157] AeKR 5 (1941), 238.

Am 17. Oktober 1942 schließlich stellte der RFH[158] in Anerkennung des Betriebsbegriffs nach der Gemeinnützigkeitsverordnung[159] die Körperschaftsteuerpflicht einer Caritaspfarrstelle fest, weil diese durch Mitgliederwerbung, Sammlungen und Kollekten eine nachhaltige Tätigkeit zur Erzielung von Einnahmen ausübe und mithin als ein wirtschaftlicher Geschäftsbetrieb anzusehen sei. Die nicht unerhebliche Beteiligung einer nicht-kirchlichen Krankenanstalt an einer Reederei hielt es am 25. November 1942[160] dagegen für steuerlich unschädlich.

### 2. Die Steuer-, Kosten- und Gebührenfreiheit der Religionsgesellschaften bei Ausübung öffentlicher Gewalt

#### a) Die Steuerbegünstigung von »Körperschaften des öffentlichen Rechts«

Der Status einer Körperschaft des öffentlichen Rechts schloß verschiedene steuerrechtliche Vorteile ein[161]. Die Rechtsprechung des RFH ist gekennzeichnet durch die etwa 1938 einsetzende Tendenz, die Anerkennung dieses Status nach Möglichkeit zu versagen.

Der nach Art. 137 Abs. 5 RV verfassungsrechtlich garantierte Status einer Körperschaft des öffentlichen Rechts bestimmte sich in der Weimarer Republik in erster Linie nach dem Landesrecht oder nach der Verwaltungsübung der Landesbehörden[162]. Von diesem Grundsatz sind die Gerichte in den ersten Jahren der nationalsozialistischen Herrschaft nicht abgegangen.

Am 7. März 1933 gewährte das PrOVG[163] der »Bischöflichen Methodistenkirche«, der durch Beschluß des Preußischen Staatsministeriums vom 5. September 1930 die Rechte einer Körperschaft des öffentlichen Rechts verliehen worden waren, Steuerbefreiung nach dem preußischen Kommunalabgabengesetz. Die Verleihung öffentlich-rechtlicher Körperschaftsqualität stehe der Verleihung von Korporationsrechten nach altem preußischen Recht gleich. Die gleichen Grundsätze lagen den Entscheidungen des PrOVG vom 14. August 1937[164] und des RFH vom 6. September 1938[165] zugrunde, nach denen die klagenden örtlichen Baptistengemeinden die Steuerbefreiung nur deshalb nicht erlangen konnten, weil es – anders als bei dem »Bund der Baptistengemeinden« – an der ausdrücklichen Verleihung der öffentlich-rechtlichen Körperschaftsrechte fehlte.

Entsprechend der Tendenz, die Gewährung von Steuervergünstigungen einzuschränken, ließ der RFH seit etwa Ende des Jahres 1938 die Körperschaftsqualität kraft Landesrechts nicht mehr genügen.

[158] RStBl 1942, 986.

[159] S. o. Anm. 143, vgl. dazu KRATZ, Zweifelsfragen S. 226, der jede Sammlungstätigkeit für eine wirtschaftlich-geschäftsmäßige halten wollte.

[160] RStBl 1943, 43.

[161] Vgl. unten Anm. 189.

[162] RFH 8. Oktober 1929, RStBl 1929, 594; 7. Mai 1931, RStBl 1931, 392; ebenso BFH 1. März 1951, BStBl 1951, III, 120 mit weiteren Nachweisen; 5. September 1958, BStBl 1958, III, 478.

[163] E 90, 7.

[164] E 100, 1.

[165] E 45, 46.

Eine badische Stiftung zur Unterstützung bedürftiger und gebrechlicher evangelischer Frauen sollte nach dem Urteil des RFH vom 29. November 1938[166] im Sinne des Steuerrechts nicht als Körperschaft des öffentlichen Rechts gelten können, weil ein »anderes Ergebnis mit dem aus § 1 StAnpG abzuleitenden Grundsatz der Gleichmäßigkeit und Gerechtigkeit der Besteuerung nicht in Einklang stehen würde.«

Auf das Urteil des RFH vom 22. März 1941[167], mit dem den katholischen Orden die öffentlich-rechtliche Körperschaftsqualität abgesprochen wurde, ist unten noch näher einzugehen.

Am 13. Dezember 1941 verkündete der RFH[168] den Grundsatz, daß als öffentlich-rechtliche Körperschaft im Sinne der Reichsteuergesetze nur solche Körperschaften angesehen werden könnten, die diese Eigenschaft aus dem öffentlichen Recht des Reichs herleiten könnten. Vom Körperschaftsbegriff des Korporationsrechts unabhängig, sei der Begriff für das Reichssteuerrecht allein nach den steuerrechtlichen Auslegungsgrundsätzen, nämlich dem »Zweck der Steuergesetze« und der »Entwicklung der Verhältnisse«, zu bestimmen. Der klagenden Predigerkasse wurde danach die Steuerbefreiung versagt. Dieselben Grundsätze mußte eine andere Predigerkasse laut Urteil vom 3. März 1943[169] gegen sich gelten lassen. Nach dem Urteil vom gleichen Tage[170] waren auch die evangelischen Freikirchen trotz landesrechtlicher Verleihung keine Körperschaften des öffentlichen Rechts »des Reichs«, da die Reichsverfassung nach nationalsozialistischer Weltanschauung nur noch insoweit Geltung beanspruchen könne, als sie, was bei Art. 137 ohne Zweifel nicht der Fall sei, dem Volksempfinden entspreche. Steuerbefreiung wegen Verfolgung kirchlicher oder gemeinnütziger Zwecke wurde versagt, weil keine Zwekke christlicher Religionsgesellschaften des öffentlichen Rechts gefördert würden und die Zersplitterung auf religiösem Gebiet der Volksgemeinschaft auch nicht dienlich sei. Zur Vermögensteuer herangezogen wurde schließlich eine katholische Kirchengemeinde im Reichsgau Sudetenland laut Urteil vom 3. März 1943[171]. Neben dem Grundsatz der ausschließlich reichsrechtlichen Ableitung der öffentrechtlichen Körperschaftsqualität konnte der RFH hier die Verordnung zur Einführung steuerrechtlicher Vorschriften im Reichsgau Sudetenland vom 15. August 1941[172] heranziehen, nach der den Kirchen im Reichsgau Sudetenland Steuervergünstigungen nicht mehr zu gewähren waren; den Rekurs auf das Reichskonkordat erledigte der RFH mit dem Hinweis, daß dieses mangels Anerkennung des Prinzips beweglicher Vertragsgrenzen im Sudetenland nicht gelte.[172a]

166 RStBl 1939, 208.
167 E 50, 182.
168 RStBl 1942, 17.
169 RFH RStBl 1943, 267.
170 RFH E 53, 39.
171 RFH E 53, 42.
172 RGBl. I, S. 545.
172a Vgl. dazu D. ALBRECHT, Klausel S. 128–170.

## b) Die Steuerbefreiung bei Ausübung »öffentlicher Gewalt«

Zurückhaltend war der RFH auch bei der Anerkennung der Ausübung öffentlicher Gewalt durch die Kirchen[173], weil die hierauf beruhenden Einkünfte, anders als die aus wirtschaftlicher Betätigung, grundsätzlich steuerfrei waren.
Hatte das PrOVG im Jahre 1931[174] eine Privatschule von der Grundsteuer freigestellt, weil es sich um die Erteilung öffentlichen Unterrichts handele, und hierbei Einnahmen aus Schul- und Pensionsgeld nicht für steuerschädlich gehalten, so erklärte der RFH am 20. Dezember 1935[175] ein bischöfliches Studienseminar für umsatzsteuerpflichtig, denn »die Erziehung von Schülern höherer Lehranstalten in Internaten außerhalb der Familie ist für sich allein keine Erfüllung öffentlichrechtlicher Aufgaben.«
Über diese Ansicht ließ sich hinsichtlich der katholischen Knabenkonvikte, die sich auf Pensions- und Erziehungszwecke beschränkten und keinen eigenen Unterrichtsbetrieb unterhielten, auf den ersten Blick sicher streiten. Indessen durfte nicht übersehen werden, daß nach dem Schlußprotokoll zu Art. 20 des Reichskonkordats »die unter Leitung der Kirche stehenden Konvikte an Hochschulen und Gymnasien ... in steuerrechtlicher Hinsicht als wesentliche kirchliche Institutionen im eigentlichen Sinn und als Bestandteil der Diözesanorganisation anerkannt« waren. Die Frage war danach die, ob die Unterhaltung der bischöflichen Konvikte, wenn nicht bereits infolge der öffentlich-rechtlichen Stellung der Kirche, dann kraft Reichskonkordat, als Betätigung öffentlich-rechtlicher Gewalt angesehen werden mußte, oder, ob die Bestimmung nicht mindestens eine Garantie der bisherigen steuerrechtlichen Privilegierung dieses kirchlichen Erziehungszwecks enthielt, die der gesetzlichen Aufhebung der Steuervergünstigung kirchlicher Zwecke nach den neuen Umsatz- und Grundsteuergesetzen[176] wenigstens insoweit entgegenstand.
Mit diesen Fragen befaßte sich der RFH erst in einem Urteil vom 31. Oktober 1941[177], durch das die Umsatzsteuerpflicht der Erzbischöflichen Gymnasialkonvikte nochmals grundsätzlich festgestellt wurde. In Übereinstimmung mit der beim Finanzministerium eingeholten Meinungsäußerung wies der RFH die Auf-

[173] Daß die Kirchen in innerkirchlichen Angelegenheiten öffentliche Gewalt ausüben konnten, wurde aus nationalsozialistischer Sicht nicht grundsätzlich bestritten, vgl. Ullrichs S. 1486. Die Bemühungen galten aber dem Ziel, den kirchlich-öffentlichrechtlichen Bereich nach Möglichkeit einzuengen. Vgl. im übrigen ArbG Wuppertal-Barmen, o. J., DJZ 1934, 1289 Nr. 30 (Kirchen und Kirchengemeinden üben nicht staatliche Hoheitsrechte aus); KG 18. Februar 1937, AeKR 1 (1937), 350 (öffentlich-rechtliche Eintragungen zugunsten der Kirche im Grundbuch sind möglich, aber nicht erforderlich); RG 9. Januar 1939, RGZ 159, 141 (kein ordentlicher Rechtsweg für Ansprüche der Kirche gegen den Staat wegen Erstattung von geleisteten Versicherungsbeiträgen für Religionslehrer); zur Frage der Körperschaftsteuerpflicht eines von einer religiösen Genossenschaft betriebenen Elektrizitätswerkes (kein Versorgungsbetrieb der öffentlichen Hand) vgl. RFH 11. Juli 1933, JW 1933, 2300; zum öffentlich-rechtlichen Charakter des einer katholischen Kirchengemeinde zustehenden Nutzungsrechts an einem Grundstück vgl. RFH 27. November 1941, E 51, 127.

[174] 14. April 1931, AkKR 113 (1933), 241.

[175] E 39, 22.

[176] Zum Wegfall der Vergünstigung für kirchliche Erziehungsanstalten nach dem GrStG vgl. F. Scholz, Grundsteuergesetz § 4 Anm. 3a.

[177] E 51, 76; übereinstimmend Ullrichs Sp. 1482 ff. (1486).

fassung zurück, daß die katholische Kirche kraft der ihr zustehenden öffentlichen Gewalt im Rahmen der geltenden Staatsgesetze Art und Umfang der öffentlichen Religionsausübung wie auch die Wahl der Institute und Mittel selbst bestimme, denn »als der Kirche vorbehalten kann umsatzsteuerrechtlich nur das anerkannt werden, was nach staatspolitischen Grundsätzen zur Erhaltung der Kirche notwendig erscheint... Im nationalsozialistischen Deutschland ruht die Erziehung und Bildung der Jugend allein bei Partei und Staat. Ihnen sind diese Aufgaben ausschließlich vorbehalten. Werden Gymnasiasten in einem erzbischöflichen Konvikt untergebracht, ergibt sich daraus eine starke Beeinflussung der Schüler in charakterlicher und weltanschaulicher Beziehung. Ein solches Erziehungsrecht steht jedoch, wie eben ausgeführt, nur dem Staate zu.« Den Einwand, daß die Konkordatsbestimmung über die Konvikte eine Sondernorm mit Vorrang vor dem Umsatzsteuergesetz 1934 sei, wies der RFH ebenfalls zurück, denn es sei dem Wortlaut des Konkordats nicht zu entnehmen, daß sich die Reichsregierung eine derartige Beschränkung habe auferlegen wollen.

Vom Staat oder von der NSDAP betriebene Schülerheime hatte der RFH allerdings am 27. Januar 1939[178] von der Umsatzsteuer befreit, weil sie zur Erreichung des öffentlichen Unterrichtszwecks unentbehrlich waren: »Die nationalsozialistische Weltanschauung und der auf ihr beruhende Gemeinschaftsgeist ist dem Schülerheim starker Mittelpunkt; nationalsozialistisches Denken, Fühlen und Handeln den Schülern schon von Jugend auf zu erschließen strebt das Schülerheim in ganz besonderem Maße an«.

In den steuerrechtlichen Entscheidungen zum kirchlichen Bestattungswesen war streitig, welche der verschiedenen kirchlichen Tätigkeiten anläßlich der Bestattung als öffentlich-rechtliche, welche als privatwirtschaftliche und mithin steuerpflichtige Tätigkeit zu gelten hatten.

In den ersten Jahren zeigte man sich noch großzügig und anerkannte als öffentlich-rechtlich auch die mit der eigentlichen Bestattung der Toten nur zusammenhängenden Betätigungen wie das Aufhügeln der Gräber, Glockengeläute und Harmoniumspiel[179].

Seit dem Jahre 1939 sollte sich die Ausübung steuerfreier Hoheitstätigkeit nach der Rechtsprechung des RFH[180] beschränken auf die eigentliche Bestattung, nämlich auf die Abgabe der Grabstätte und die Ausführung der Bestattung selbst: »Nach der nationalsozialistischen Weltanschauung kann nicht anerkannt werden, daß alles, auch das, was nicht unmittelbar mit der Bestattung zusammenhängt, den Friedhofsverwaltungen vorbehalten oder übertragen wäre. Die vielfach von den Friedhofsverwaltungen begehrte Monopolstellung über ihre Friedhöfe, insbe-

[178] E 46, 187; vgl. den entsprechenden Runderlaß des RFinM. vom 22. Februar 1941, RStBl 1941, 161.

[179] RFH 24. April 1936, RStBl 1936, 758 (städt. Friedhof); FG Brandenburg 28. September 1936, AeKR 1 (1937), 68; FG Breslau 15. Februar 1937, AeKR 1 (1937), 146; FG Berlin 10. Dezember 1937, AeKR 3 (1939), 181; zum Weimarer Rechtszustand vgl. RFH 23. Januar 1925, E 15, 197 und zur Auflockerung dieser an sich engherzigen Auffassung RFH 29. Juni 1934, E 36, 283.

[180] RFH 10. Juni 1939, E 47, 63; 26. September 1939, RVerwBl 1940, 385; 7. Juni 1940, E 48, 345; differenzierend 14. Oktober 1941, RStBl 1942, 609; 23. Oktober 1942, E 52, 231 (städt. Friedhof).

sondere die Friedhofsgärtner, widerspricht auch der Volksanschauung über das freie gewerbliche Schaffen aller Volksgenossen. Wird aber das Volksempfinden auf einem bestimmten Gebiet beeinträchtigt, dann kann nicht anerkannt werden, daß noch eine vom Staat übertragene oder auch nur vorbehaltene Aufgabe vorliegt«.[181]

Mit der Lohnsteuerfreiheit von Dienstaufwandsentschädigungen aus öffentlichen Kassen[182] befaßte sich der RFH in einem Urteil vom 9. Februar 1939[183], dessen Hintergrund der Kampf um das rechtmäßige Kirchenregiment in der evangelischen Kirche war: Die von der Bekennenden Kirche an einen Pfarrer gezahlten Beträge wurden für lohnsteuerpflichtig erklärt, weil die auszahlende Kirchenbehörde nicht als rechtmäßiges Organ einer öffentlich-rechtlichen Religionsgesellschaft anerkannt wurde. Hingegen anerkannte der RFH am 8. September 1938[184] die Finanzabteilung als öffentliche Behörde, die danach von der Vollmachtsteuer freizustellen war.

### 3. Die Besteuerung der Orden und ordensähnlichen Gemeinschaften

Mit dem Vordringen der antikirchlichen Bewegung im nationalsozialistischen Staat richtete sich das Augenmerk aus naheliegenden Gründen alsbald auf die katholischen Orden: Bildeten schon nicht gleichgeschaltete Organisationen gleich welcher Art in den Augen des nationalsozialistischen Staates ein nicht zu duldendes Sicherheitsrisiko, so waren die katholischen Orden in besonderem Maße suspekt. Nicht ganz zu Unrecht erblickte der nationalsozialistische Staat in ihnen Ansammlungen ernstzunehmender weltanschaulicher Gegner und Keimzellen des inneren Widerstands. Daß er die Zeit für die Endlösung der Kirchenfrage noch nicht für gekommen hielt, hinderte ihn nicht daran, die Endlösung vorzubereiten, indem auf einzelnen Gebieten das politisch Mögliche veranlaßt wurde.

Seit etwa 1938/1939 wurde der Betriebsprüfungsdienst der Reichsfinanzverwaltung mit der systematischen steuerlichen Untersuchung der Orden beauftragt[185]. Seit dieser Zeit wurden im Reichsfinanzministerium Anweisungen, Pläne und steuerrechtliche Abhandlungen verfaßt, deren einziges Ziel die umfassende Besteuerung der Orden, mit anderen Worten der Angriff auf ihre wirtschaftliche Grundlage, war[186].

Noch im Jahre 1936 gingen die Autoren des Reichsfinanzministeriums davon aus, daß die Orden – je nach Landesrecht – Körperschaften des öffentlichen Rechts

[181] RFH 10. Juni 1939, E 47, 63.
[182] Vgl. auch RFH 14. Oktober 1936, AeKR 1 (1937), 115.
[183] RStBl 1939, 851.
[184] AkKR 119 (1939), 226; Zur – nicht bestrittenen – Kostenfreiheit der Kirchen im Verwaltungsstreitverfahren vgl. PrOVG 9. März 1937, AkKR 117 (1937), 518; zur Vollmacht- und Urkundensteuerfreiheit kirchlicher (öffentlicher) Behörden vgl. RFH 26. Januar 1940, AeKR 4 (1940), 89 und 4. Oktober 1941, AkKR 122 (1947), 168. Zur Anerkennung kirchlicher Urkunden als öffentliche Urkunden im Sinne des Prozeß- und Strafrechts vgl. RG 28. März 1938, JW 1938, 1538; 6. Januar 1939, HRR 1939, 597; KG 2. Oktober 1941, DR 1941, 2674.
[185] Kratz, Besteuerung S. 217.
[186] Vgl. dazu G. Uffelmann S. 78 ff.; R. Echterhölter S. 257 ff.

waren[187]. 1939 verkündeten sie die These, daß die geistlichen Genossenschaften steuerlich nicht mehr als Körperschaften des öffentlichen Rechts gelten könnten, weil nach der nationalsozialistischen Rechtsentwicklung kein Raum mehr sein könne »für überholte landesrechtliche Ausnahmen, die nur auf den früheren Partikularismus zurückzuführen sind«[188]. Auf diese Weise sollten die Orden von der steuerlichen Bevorzugung der Körperschaften des öffentlichen Rechts[189] ausgeschlossen werden.

Waren die geistlichen Orden früher ohne weiteres als gemeinnützig, mildtätig oder kirchlichen Zwecken dienend angesehen und deshalb – im Jahre 1936 noch in Übereinstimmung mit den Autoren des Finanzministeriums[190] – grundsätzlich steuerfrei geblieben[191], so sollte jetzt bei jedem Orden besonders geprüft werden, ob die Voraussetzungen für eine Steuerbefreiung »auch heute noch, das heißt nach nationalsozialistischer Weltanschauung«, als erfüllt angesehen werden könnten.[192]

Eine verschärfte Besteuerung der Orden sollte ferner die im Reichsfinanzministerium entwickelte, 1936 dort noch unbekannte sogenannte Familientheorie bewirken[193]. Sie besagte, daß der ganze Orden wegen seiner kirchenrechtlichen Besonderheiten eine einzige große Familie bilde und deshalb auch steuerlich als eine solche zu behandeln sei. Dies hatte verschiedene Konsequenzen: Die im Außendienst, das heißt in der Krankenpflege, Seelsorge usw. tätigen Ordensmitglieder galten weder als Arbeitnehmer des Ordens noch eines Dritten, und ihr Arbeitsverdienst galt wegen des Armutsgelübdes als unmittelbar dem Orden selbst zugeflossen. Die Einnahmen der Ordensmitglieder waren danach zwar lohn- und einkommensteuerfrei, unterlagen als Einkünfte des Ordens dort aber der Körperschaftsteuer. Entsprechend waren Mitgiften und persönliche Vermögen der Mitglieder für die Zwecke der Vermögensteuer dem Orden zuzurechnen. Der hauptsächliche Sinn der Familientheorie lag aber in ihrer Anwendung auf die Ausgaben der Orden, indem man den Grundsatz der Nichtabzugsfähigkeit der Lebenshaltungskosten bei der natürlichen Familie auf die Ordensfamilie erstreckte: Aufwendungen für Lebenshaltung, Ausbildung, Kranken- und Altersversorgung der

187 Ullrichs S. 1465, 1609 (1472 ff.).

188 Kratz, Genossenschaften S. 713.

189 Diese unterlagen weder der Körperschaftsteuer, ausgenommen die wirtschaftlichen Geschäftsbetriebe, noch in der Regel der Vermögensteuer; gewerbesteuerpflichtig waren nur ihre »stehenden Gewerbe«.

190 Ullrichs S. 1490 ff.

191 Kratz, Besteuerung S. 217.

192 Kratz, a. a. O., S. 217.

193 Kratz, a. a. O., S. 217; 221 ff.; ders., Zweifelsfragen S. 226 (227); anders noch Rundschreiben des RFinMin. an die Landesregierung vom 17. Januar 1933 betreffend die Heranziehung der Angehörigen sogenannter geistlicher Orden, Diakonissen (usw.) zur Bürgersteuer, RStBl 1933, 68 und Ullrichs S. 1627. Die »kirchenrechtliche Besonderheit« – das Armutsgelübde – hat das ErbhG Nürnberg noch am 8. Januar 1936, JW 1936, 2742, bürgerlich-rechtlich für unwirksam gehalten. Mit Beschluß vom 5. Juni 1943, RGZ 171, 117, hat das RG die Erwerbsunfähigkeit von Ordenspersonen nach österreichischem Recht anerkannt. Zur Frage der Unterhaltspflicht eines Ordens für ein ausgeschlossenes Mitglied vgl. LG Hildesheim 11. Januar 1937, AkKR 118 (1938), 275. Die Familientheorie ist vom BFH mit Urteil vom 9. Februar 1951, BStBl 1951, 73, grundsätzlich verworfen worden; vgl. auch BFH 19. Dezember 1951, AkKR 125 (1951), 447.

Mitglieder durften nicht als Betriebsausgaben abgesetzt werden. Eine Ausnahme ließ der Betriebsprüfungsdienst der Reichsfinanzverwaltung »aus Billigkeitsgründen« zu für die wirtschaftlich tätigen Orden; hier sollte der notwendige Aufwand für Lebenshaltung und Ausbildung bei den Einkünften aus der wirtschaftlichen Tätigkeit abgezogen werden können[194].

Obwohl die Lebensbedingungen und das Verhältnis zum Mutterhaus insbesondere bei den Diakonissen, aber auch bei den Schwestern des Roten Kreuzes ähnlich gestaltet waren, wollte man die Familientheorie hier nicht angewandt wissen[195] – eindeutiges Indiz dafür, daß ihr Sinn nicht in ihrer rechtlich konsequenten Anwendung als vielmehr im gezielt-politischen Einsatz zu sehen war. Die Familientheorie bewirke, so wurde bemerkt[196], »§ 1 Abs. 3 StAnpG gemäß eine hinreichende Würdigung der ordensrechtlichen Bindungen und herkommensmäßigen Gepflogenheiten, die selbst dann, wenn man sich nach außen einwandfreier Formen und Gestaltungsmöglichkeiten des bürgerlichen Rechts bedient, mitunter eine abweichende steuerliche Beurteilung gebieten.«

Eine weitere Steuerbelastung sollte sich daraus ergeben, daß die nicht unerheblichen Ausgaben der Orden für gemeinnützige und mildtätige Zwecke nicht als abzugsfähig anerkannt wurden, weil es sich hier um Ausgaben zur Erfüllung der satzungsmäßigen Ordenszwecke – die zu berücksichtigen man bei der Frage der Gemeinnützigkeit übrigens abgelehnt hatte –, mit anderen Worten um eine nicht abzugsfähige Gewinnverwendung handeln sollte[197].

Die Rechtsprechung des RFH zur Besteuerung der Orden und ordensähnlichen Gemeinschaften[198] ist gekennzeichnet durch das bereitwillige Eingehen auf die jeweiligen Vorstellungen der Reichsfinanzverwaltung unter Preisgabe der bisherigen Rechtsprechung, ohne daß hierbei förmliche Gesetzesänderungen auf dem Gebiet des Steuerrechts oder der Finanzgerichtsverfassung eine Rolle gespielt hätten[199]. Indem sich der RFH hier widerstandslos zum Werkzeug der politischen Führung machen ließ, entsprach er insoweit den Forderungen des nationalsozia-

[194] Kratz, a. a. O. S. 226, 229 ff.

[195] Vgl. etwa den Erlaß des RFinMin. vom 4. Mai 1943, RStBl 1943, 385; zur Kritik dieser Inkonsequenz K. Schefold S. 278 (280); dagegen Kratz, a. a. O. S. 226 (227).

[196] Kratz, Besteuerung S. 217, 222.

[197] Kratz, Beurteilung S. 105 (111).

[198] Vgl. auch die in anderem Zusammenhang bereits erwähnten Urteile des RFH: 27. April 1934, E 36, 85; 27. April 1940, RStBl 1940, 528; 5. Juni 1940, RStBl 1940, 829; 27. Juni 1940, RStBl 1940, 830; 29. November 1938, E 45, 257; 7. März 1942, RStBl 1942, 349. Zu der – komplizierten – Frage, wer bei Orden und Kongregationen als Steuerschuldner anzusehen war, vgl. Ullrichs S. 1619 ff.; Kratz, Besteuerung S. 217, 219. Hinsichtlich der Hilfsgesellschaften der Orden – von nicht rechtsfähigen Orden gegründete juristische Personen zur Erleiterung des Rechtsverkehrs – schloß sich der RFH unter Aufgabe seiner früheren Rechtsprechung (vgl. RFH 2. September 1939, RStBl 1939, 1007) der von Kratz, a. a. O. vertretenen Auffassung an, nach der die Hilfsgesellschaften nur als Treuhänder anzusehen seien, die Besteuerung also beim Orden selbst zu erfolgen habe, RFH 17. Juli 1941, AkKR 122 (1947), 179; 27. Februar 1941, E 50, 113; 28. November 1942, RStBl 1943, 579.

[199] Die Beseitigung der FG als unabhängige Gerichte durch den Führererlaß vom 28. September 1939, RGBl. I, S. 1535, berührte den RFH nur insofern, als die Oberfinanzpräsidenten es fortan in der Hand hatten, welche Angelegenheiten mit Rücksicht auf grundsätzliche Bedeutung noch zum RFH gelangen sollten. Die Unabhängigkeit des RFH wurde allerdings in Frage gestellt innerhalb der allgemeinen Diskussion um die Rolle der Gerichte im Führerstaat, vgl. dazu oben S. 44 Anm. 29, S. 133 Anm. 24. Vgl. auch die folgende Anmerkung.

listischen Führerstaates, nach denen »im nationalsozialistischen Staat der RFH der Gehilfe des Reichsfinanzministers bei der Auslegung der Steuergesetze und bei der Entwicklung des Steuerrechts nach den Grundsätzen der nationalsozialistischen Weltanschauung zu sein hat. Eine der elementarsten Voraussetzungen für das Wirken eines jeden Richters am RFH hat deshalb zu sein, daß er sich mit den Grundsätzen der nationalsozialistischen Weltanschauung vertraut macht und selbst von dem Geist der nationalsozialistischen Weltanschauung durchdrungen ist.«[200]

Mit Urteil vom 22. März 1941 entschied der RFH[201], daß rechtsfähige Orden, die die Selbstheiligung ihrer Mitglieder als Hauptzweck verfolgten, keine Körperschaften des öffentlichen Rechts im Sinne des Reichssteuerrechts wären. Zur Begründung dieser Ansicht berief sich das Gericht zunächst auf ein früheres Urteil vom 6. Juni 1928[202], demzufolge öffentlich-rechtliche Eigenschaften nur anzunehmen war, wenn die Körperschaften öffentliche Aufgaben erfüllten, wenn der Staat an ihnen ein besonderes Interesse nehme und wenn sie in einem obrigkeitsähnlichen Verhältnis zu ihren Mitgliedern und zur Allgemeinheit ständen. Indem der RFH diese Rechtsgrundsätze auf den Orden anwandte und feststellte, daß dessen Zweck mit der Erfüllung staatlicher[203] Aufgaben nichts zu tun habe und nicht im besonderen Interesse des Staates liege, übersah er, daß diese Grundsätze wegen der öffentlich-rechtlichen Sonderstellung der Kirchen und ihrer Institutionen gerade nicht ohne weiteres auf die Kirche übertragen werden durften. Daß der Orden kraft bayerischen Landesrechts anerkannte Körperschaft des öffentlichen Rechts war, hielt der RFH für das Gebiet des Reichssteuerrechts für ebenso unerheblich[204] wie die Garantie des erlangten öffentlich-rechtlichen Status durch Art. 13 des Reichskonkordats, denn »keinesfalls sieht die heute allein maßgebende nationalsozialistische Weltanschauung in der Förderung der Selbstheiligung eine staatliche Aufgabe.«

In Anwendung der »Selbstheiligungstheorie« der Reichsfinanzverwaltung[205] ver-

[200] F. Reinhardt Rede S. 641 (648). In dieser Rede forderte F. Reinhardt die unbedingte Bindung des RFH an die Ministerialerlasse und -anweisungen; vgl. zu dieser Frage W. Friedrich S. 636. Zur Frage der Unabhängigkeit des RFH vgl. ferner G. Uffelmann S. 22 ff.; F. Henkelmann.

[201] E 50, 182.

[202] E 23, 301; vgl. aber auch die nicht steuerrechtliche Entscheidung des KG vom 17. November 1932, HRR 1933, Nr. 1521 (Der Allgemeine Hannover'sche Klosterfonds ist nach Entstehungsgeschichte, Verfassung und Zweck eine milde Stiftung des öffentlichen Rechts).

[203] Daß die Kirchen nicht staatliche Aufgaben erfüllten und gleichwohl einen öffentlich-rechtlichen (Sonder-)Status innehatten, war niemals streitig, vgl. etwa G. J. Ebers, a. a. O. S. 185 ff. (199 ff.); G. Anschütz, Art. 137 Anm. 8 (S. 644 ff.); W. Weber, Die Körperschaften S. 10; E. R. Huber, Verfassungsrecht S. 501.

[204] Der RFH folgt hier der Argumentation des Finanzministeriums, vgl. Kratz, Genossenschaften S. 713, 722 ff., gegen seine frühere Rechtsprechung, vgl. RFH 6. Juni 1928, E 23, 301; 25. Juli 1933, E 34, 79.

[205] Vgl. Kratz, Besteuerung S. 217 und Zweifelsfragen S. 226. Allerdings hatte der RFH gegenüber einer Freimaurerloge bereits früher ähnlich argumentiert, was im Hinblick auf die dort fehlende karitative Betätigung noch angehen mochte, vgl. RFH 27. September 1927, E 22, 89. Ganz entscheidend hatte der RFH in dieser Entscheidung aber auf die strengen Aufnahmebestimmungen der Loge und die daraus resultierende, eine Förderung der Allgemeinheit ausschließende Exklusivität abgestellt.

neinte der RFH erstmals am 29. November 1938[206] grundsätzlich die Gemeinnützigkeit katholischer Orden. In der Entscheidung ging es um die Frage, ob der Orden Befreiung von der Schenkungsteuer beanspruchen konnte im Hinblick auf verschiedene Zuwendungen eines Ordensmitglieds, die nach und nach auf eine Gesamtsumme von etwa 250 000,– RM angewachsen waren. Der RFH verneinte die Frage, weil der Orden nicht ausschließlich gemeinnützig sei: »Nach ihrer Satzung hat sie [die Ordensgesellschaft] neben den Unterrichts- und Erziehungszwekken auch für die Wahrung der Ordensregeln einzutreten. Dieser Zweck ist aber nicht gemeinnützig, denn er fördert nur den Orden und seine Mitglieder, nicht aber das Wohl der deutschen Volksgemeinschaft.«

In Anwendung dieser Grundsätze versagte der RFH auch am 14. Juni 1940[207] einem auf dem Gebiet der Krankenpflege, der Erziehung und des Unterrichts tätigen Orden die Anerkennung der Gemeinnützigkeit.

In seinem Bestreben, die kirchlich-karitative Tätigkeit der Orden als einen untergeordneten Nebenzweck, als bloßes Mittel zur Erreichung eines angeblich vorrangigen eigennützigen »Selbstheiligungszwecks« zu diskriminieren, bemühte der RFH in der bereits genannten Entscheidung vom 22. März 1941[208] sogar das Lexikon für Theologie und Kirche über das Streben der Orden nach christlicher Vollendung. Geradezu grotesk aber mutet es an, wenn der RFH in dieser Entscheidung zu dem Schluß kam, daß die Orden der katholischen Kirche auch nicht kirchlichen Zwecken dienten: »Kirchlich sind nach dieser Bestimmung solche Zwecke, durch deren Erfüllung eine christliche Religionsgesellschaft des öffentlichen Rechts ausschließlich und unmittelbar gefördert wird. Was nach dieser Vorschrift als steuerbegünstigter kirchlicher Zweck zu gelten hat, ist nicht im Sinn des innerkirchlichen sogenannten kanonischen Rechts auf der Grundlage des corpus iuris canonici, sondern nach den im Steueranpassungsgesetz zum Ausdruck gebrachten steuerrechtlichen Rechtsbegriffen zu entscheiden ... Es soll nicht verkannt werden, daß auch die katholischen Ordensgenossenschaften durch Werke der Nächstenliebe in weitem Umfang solche Aufgaben erfüllen und damit auch die katholische Kirche fördern. Ihre Erfüllung ist aber, wie oben ausgeführt, nur *ein Mittel* zur Erreichung des eigentlichen Zwecks, der Förderung des Strebens ihrer Mitglieder nach der christlichen Volkommenheit. Mit den anderen diesem Hauptzweck der katholischen Ordensgenossenschaften dienenden Mitteln, mit der Bindung der Mitglieder an die Befolgung der Ordensregeln und an die Einhaltung klösterlicher Lebensformen, werden jedoch keine kirchlichen Zwecke *im Sinne von* § 19 Abs. 2 StAnpG verfolgt, denn sie sollen unmittelbar weder die Kirche noch eine ihrer Gemeinden und ihre kirchlichen Diener, sondern nur den angeführten vorgeschriebenen Sonderzweck der Ordensgenossenschaft fördern.«

Aus welchen Gründen das Streben der Orden nach christlicher Vollkommenheit durch tätige Nächstenliebe keine steuerrechtliche Förderung verdiente, verriet das Gericht mit seinen weiteren Ausführungen, die den entscheidenden Unter-

[206] E 45, 278; zur damit aufgegebenen früheren Rechtsprechung vgl. etwa RFH 29. November 1934, RStBl 1935, 626.

[207] RStBl 1941, 231.

[208] E 50, 182.

schied zur anerkannten Tätigkeit der evangelischen Diakonie herausstellen sollten: »Da diese Mittel und dieser Zweck im Vordergrund ihrer Tätigkeit stehen und der Lebensform der Ordensgenossenschaften das innere und äußere Gepräge geben, müssen sie für die Gesamtbeurteilung entscheidend sein. Mit ihnen unterscheiden sich die Ordensgenossenschaften von der evangelischen Diakonie und gehen Wege, die bewußt zu einer inneren und äußeren Absonderung führen. Eine solche nationalsozialistischer Weltanschauung widersprechende Haltung steuerlich zu begünstigen besteht keine Veranlassung«. Die hier aufgestellten Grundsätze hat der RFH am 19. April 1941[209] nochmals bestätigt.

Hatte der RFH die Einkünfte der im Außendienst tätigen Ordensmitglieder bisher den Ordensmitgliedern selbst zugerechnet und dort für lohn- bzw. einkommensteuerpflichtig erklärt, den Erwerbsbeschränkungen nach der Ordensregel mithin bürgerlich-rechtliche wie steuerrechtliche Wirkung nicht zuerkannt[210], so änderte er diese Auffassung erstmals mit Urteil vom 24. August 1938[211]. In Anwendung der sogenannten Familientheorie rechnete er die Einnahmen eines Ordenspriesters aus Meßstipendien der Ordensgemeinschaft zu. Unter ausdrücklicher Preisgabe der früheren Rechtsprechung entschied der RFH in gleicher Weise in zwei Urteilen vom 23. Dezember 1940[212] im Hinblick auf die Vergütung für die Außentätigkeit von Ordensmitgliedern, die konsequenterweise von der Lohnsteuer freigestellt wurden.

Vor Aufkommen der Familientheorie hatte der RFH bei Diakonissen[213] und Rote-Kreuz-Schwestern[214] ein lohnsteuerpflichtes Arbeitsverhältnis angenommen. An dieser Auffassung hat er auch im Jahre 1941 noch festgehalten[215] in Übereinstimmung mit dem Reichsfinanzminister, der die Familientheorie hier nicht angewandt wissen wollte[216].

Eine Anerkennung der Familientheorie ist auch die bereits erwähnte Entscheidung des RFH vom 29. November 1938[217], mit der das dem Orden zur Nutznießung und Verwaltung übertragene Vermögen eines Ordensmitgliedes wegen des abge-

209 RStBl 1941, 378.

210 RFH 4. März 1931, E 28, 270; 26. März 1932, RStBl 1932, 497; vgl. auch 1. Februar 1933, RStBl 1933, 530; 15. Mai 1935, RStBl 1935, 1241 (Annahme lohnsteuerpflichtiger Arbeitsverhältnisse bei katholischen Pfarrern).

211 E 44, 328. Keine frühe Anwendung der Familientheorie, sondern Berücksichtigung besonderer Rechtsverhältnisse liegt den Urteilen vom 22. März 1933, E 33, 30 (Keine Vermögenssteuerpflicht einer Konventualin eines adligen Damenklosters wegen der kapitalisierten Präbende) und vom 1. August 1934, RStBl 1935, 21 (Versorgungsbezüge, die von einer Stiftung an die Stiftsdamen gezahlt wurden, nicht lohnsteuerpflichtig) zugrunde. Eine Art Familientheorie wandte der RFH aber schon am 15. Mai 1935, StW 1935, 1267, an, wenn er bei der Einkommensteuer eines katholischen Pfarrers die Pfarrhaushältern nicht als Hausangestellte anerkannte, sondern Hausfrauen gleichstellte mit der Folge der Nichtabzugsfähigkeit der Aufwendungen. Zur steuerlichen Behandlung von Pfarrerdienstwohnungen, Einkünften aus Pfründe usw. vgl. RFH 19. Juli 1932, AkKR 113 (1933), 237; 28. Juni 1934, RStBl 1934, 1058; BayVGH 9. Oktober 1935, RVerwBl 1936, 276; RFH 15. September 1938, E 45, 68; 29. Februar 1940, RStBl 1940, 657.

212 StW 1941, Nr. 84 und 85 (= E 49, 334), dazu K. Schefold S. 280.

213 31. Juli 1935, RStBl 1935, 1339; 18. März 1936, E 39, 182 = StW 1935, Nr. 534 S. 1317.

214 17. Februar 1932, RStBl 1932, 467; 11. April 1934, RStBl 1934, 615.

215 RFH 30. August 1941, RStBl 1941, 667.

216 Stellungnahme des RFinMin., zitiert in RFH 23. Dezember 1940, StW 1941, Nr. 84, 85.

217 E 45, 278.

legten Armutsgelübdes dem Orden als geschenkt zugerechnet und der Schenkungsteuer unterworfen wurde.
Diese Auffassung schloß konsequenterweise die Erhebung von Erbschaftsteuer aus, wenn das Ordensmitglied den Orden durch letztwillige Verfügung endgültig bedacht hatte. In diesem Sinne entschied der RFH am 4. Juli 1940[218].
Am 11. Juli 1940[219] erklärte er die Mitgift einer Ordensschwester für schenkungsteuerpflichtig. In dem bereits erwähnten Urteil vom 22. März 1941 hielt es der RFH[220] indessen für angezeigt, bei dem Grundsatz, daß wegen der Ablegung des Armutsgelübdes das Vermögen, das Ordensschwestern ihrem Orden zur Verwaltung und Nutznießung überlassen hatten, stets dem Orden als dessen Vermögen zugerechnet werden müsse, weiter zu differenzieren. Eigenbesitz des Ordens sei nur anzunehmen, wenn zur Überlassung der Verwaltung und Nutznießung noch weitere Umstände hinzuträten, die erkennen ließen, daß eine Nachfolge in den Vermögensstamm gewollt sei. Dies sei etwa nicht der Fall, wenn eine Schwester nicht den Orden, sondern einen Dritten als Erben eingesetzt habe.
Die Abzugsfähigkeit von Aufwendungen für Ordensangehörige in wirtschaftlichen Betrieben wurde, wie erinnerlich, durch die Familientheorie ausnahmsweise nicht berührt. Den Abzug der für den wirtschaftlichen Betrieb tatsächlich erbrachten Bar- und Sachaufwendungen ließ der RFH deshalb, wie früher[221], noch am 31. Mai 1938[222] zu; am 3. März 1942[223] anerkannte er die Ausgaben eines Krankenpflegeordens für die Ausbildung von Krankenschwestern als abzugsfähige Betriebsausgabe.
Mit einem – unveröffentlichten – Urteil vom 17. Oktober 1942[224] ist der RFH mit der Anwendung der Familientheorie auch auf diese Fälle sogar weiter gegangen als die Reichsfinanzverwaltung[225]: Unterhalts-, Erziehungs- und Ausbildungskosten sollten danach auch bei wirtschaftlich tätigen Orden zu den grundsätzlich nicht abzugsfähigen »Haushaltsausgaben« der Ordensfamilie zählen.
In Anwendung der Familientheorie lehnte der RFH am 23. Oktober 1943[226] die Gewährung von Freibeträgen bei der Vermögensteuer für die einzelnen Ordensmitglieder ab, weil er steuerlich von einem Gesamtvermögen beim Orden ausging; die Verpflichtungen des Ordens, den Mitgliedern lebenslänglich Unterhalt zu gewähren, zählte er hierbei nicht zu den abzugsfähigen Schulden, weil der Orden insoweit nur seine satzungsmäßigen Zwecke erfülle.
Die Nichtabzugsfähigkeit der für die karitative Tätigkeit aufgewandten Kosten hatte der RFH bereits in dem oben zitierten Urteil vom 16. März 1940[227] mit gleicher Begründung angenommen: »Da der Beschwerdeführer die öffentliche

[218] E 49, 112.
[219] E 49, 90.
[220] E 50, 182.
[221] 25. Juli 1933, E 34, 79; 12. September 1933, E 34, 84.
[222] E 44, 87.
[223] RStBl 1942, 1091.
[224] Az: VIa 95/41, zitiert bei KRATZ, Zweifelsfragen S. 226 (229).
[225] Nach KRATZ, a. a. O., hat sich die Reichsfinanzverwaltung dieser Anwendung der Familientheorie nicht angeschlossen.
[226] RStBl 1943, 838.
[227] RStBl 1940, 490.

Krankenpflege in Ausübung freier Liebestätigkeit, die Leistung aller Liebesdienste der Evangelischen Diakonie und die Einrichtung von Gebäuden, die diesen Zwekken dienen, zum satzungsmäßigen Zweck hat, kann er diesen Zwecken dienende Aufwendungen § 12 Ziffer 1 KStG gemäß nicht abziehen.«
Innerhalb der Betriebsprüfungsdienste war schließlich der Gedanke aufgekommen, die katholischen Orden steuerlich überhaupt als Gewerbebetriebe zu betrachten mit der Folge, daß das gesamte Ordensvermögen als Betriebsvermögen aufbringungsumlagepflichtig und das gesamte Ordenseinkommen als Gewerbeertrag gewerbesteuerpflichtig geworden wäre[228]. Diese Auffasung gründete sich auf ein Urteil des RFH vom 2. April 1936[229], in dem für ein adliges Damenkloster mit offenbar großem Grundbesitz bemerkt worden war, daß die Meinung, daß das Kloster in seiner Gesamtheit einen wirtschaftlichen Geschäftsbetrieb darstelle, nicht schlechthin von der Hand zu weisen sei. Von dieser Auffassung kamen Betriebsprüfungsdienst wie RFH wieder ab; man war sich darüber einig, daß der Zweck der katholischen Orden nicht in erster Linie die gewerbliche Gewinnerzielung sei als vielmehr das Streben nach christlicher Vollkommenheit[230].

### 4. Die steuerliche Behandlung freiwilliger Zuwendungen

Im Jahre 1935 ging die Rechtsprechung in Abweichung von der bisherigen Praxis dazu über, auch alle unentgeltlichen Zuwendungen an die Kirchen, wie Spenden, Almosen, Opfer, Meßstipendien usw. zum steuerpflichtigen Einkommen zu zählen.
Obwohl die Meßstipendien nach einem Erlaß des Jahres 1928[231] als Schenkungen im Sinne des Einkommensteuerrechts zu behandeln waren, ergriff der RFH am 15. Mai 1935[232] die Initiative zur lückenlosen steuerlichen Erfassung aller kirchlichen Einkünfte, indem er die Manualstipendien eines katholischen Priesters zu den steuerpflichtigen Bezügen aus unselbständiger Arbeit rechnete. Zwar sei anzuerkennen, daß die Meßstipendien nicht als Entgelt für die geistliche Amtshandlung gelten dürften, doch handele es sich auch nicht um einen einmaligen schenkweisen Vermögensanfall. Vielmehr werde, im wirtschaftlichen Ergebnis einer wiederkehrenden Gebühr vergleichbar, ein Beitrag zum Lebensunterhalt des Priesters geleistet, durch den dieser zur Vornahme einer geistlichen Amtshandlung verpflichtet werde.
Das Reichsfinanzministerium griff dieses Urteil auf und verfügte, daß die Besteuerung der Meßstipendien vom 1. Januar 1935 an diesem Urteil entsprechend durchzuführen sei[233]. Die Autoren der Finanzverwaltung bemühten sich in der Folgezeit um die weitere rechtliche Begründung dieser Auffassung[234], die im we-

[228] Vgl. Kratz, a. a. O. S. 226, 233.
[229] RStBl 1936, 408.
[230] RFH 13. Juni 1940, RStBl 1940, 986; 17. Juli 1941, AkKR 122 (1947), 179; 28. November 1942, RStBl 1943, 275; 23. Oktober 1943, RStBl 1943, 839; ferner Kratz, a. a. O. S. 226, 233.
[231] Erlaß des RFinMin vom 12. Juli 1928, RStBl 1928, 263.
[232] RStBl 1935, 1241.
[233] 4. LStSaErl. vom 3. Dezember 1935, RStBl 1935, 1473; zustimmend Kaemmel, S. 485.
[234] Ullrichs.

sentlichen in der verfehlten Konstruktion eines wirtschaftlichen Leistungsaustauschverhältnisses bestand, und erstreckten sie auf alle unentgeltlichen Zuwendungen an die Kirchen[235]: Auch bei Spenden, Almosen und Opfern sollte es sich nicht um milde Schenkungen handeln, sondern um »ein in besonderer Erhebungsform dargebrachtes Entgelt für soziale und kirchliche Leistungen«, und zwar auch dann, wenn keine unmittelbare Teilnahme der Spender an den Leistungen der Kirche festzustellen war, weil nicht sein konnte, was nicht sein durfte: »Das deutsche Volk ist ein arbeitsames Volk. Es hat kein Verständnis dafür, wenn Leute ohne jede Tätigkeit und Leistung ein beschauliches Leben führen. In Deutschland gibt deshalb kein Mensch einem Nichtstuer einen Almosen«.[236]
Einen umsatzsteuerpflichtigen Leistungsaustausch nahm der RFH mit Urteil vom 19. Juli 1935[237] an bei freiwilligen Beiträgen, die für unentgeltliche Beratung durch einen »Practitioner of the Christian Science« hingegeben wurden. Auf der wirtschaftlichen Betrachtungsweise beruhte auch das Urteil des RFH vom 13. März 1936[238], nach dem die mit der Schenkung eines Grundstücks an eine katholische Kirchengemeinde verknüpfte Verpflichtung zur Abhaltung von Messen die Steuerfreiheit der Schenkung beeinträchtigen sollte.
Demgegenüber stellte das FG Düsseldorf die Einnahmen der Franziskaner aus Meßstipendien, Exerzitien und Volksmissionen noch am 12. November 1936[239] von der Umsatzsteuer frei, weil hier die Ausübung öffentlich-rechtlicher Kirchengewalt vorliege. Ergänzend begründete das FG die Steuerfreiheit mit nationalsozialistischen Rechtsgrundsätzen: »Diese Auffassung entspricht auch der Volksanschauung (§ 1 Abs. 2 StAnpG). Der Mann aus dem Volke würde es schwerlich verstehen, wenn man kultische Handlungen wie die Zelebrierung des Meßopfers – gleichviel, ob sie von einem Diözesangeistlichen oder von priesterlichen Angehörigen eines Ordens vorgenommen werden – als eine Beteiligung am Wirtschaftsverkehr ansprechen und demgemäß bei Hingabe von Beiträgen hierfür von einem Austausch wirtschaftlicher Güter, mithin von einem der Umsatzsteuer unterliegenden Verkehrsakt sprechen wollte.«
Der RFH hat indessen an der Steuerpflicht der Meßstipendien – Umsatzsteuerpflicht und Körperschaftsteuerpflicht bei Ordensgeistlichen[240], Lohnsteuerpflicht bei Weltgeistlichen[241] – mit der genannten Begründung weiter festgehalten.
In einem Gutachten des Großen Senats vom 31. August 1940 stellte der RFH[242] die Steuerpflichtigkeit freiwilliger Spenden an eine Missionsgesellschaft fest. Er begründete dies mit der moralischen Verpflichtung der Gesellschaft, die Spenden zu einem bestimmten Zweck zu verwenden. Mitgliederbeiträge eines religiösen Vereins, die in Form freiwilliger Spenden eingesammelt wurden, ließ der RFH

235 Kratz, Beurteilung S. 105.
236 A. a. O., S. 106.
237 E 38, 147; vgl. auch RFH 1. Juli 1936, RStBl 1936, 889.
238 RStBl 1936, 544.
239 AkKR 117 (1937), 236.
240 24. August 1938, E 44, 328; 23. Oktober 1943, RStBl 1944, 18.
241 28. September 1944, RStBl 1945, 20.
242 E 49, 193; ebenso für die Steuerpflicht der Zinsen aus dem Spendenaufkommen, RFH 23. September 1941, RStBl 1941, 860.

am 24. März 1942[243] hingegen steuerfrei; einen Leistungsaustausch hatte er auch abgelehnt bei Zuschüssen, die von einer Kirchengemeinde und von der NSV geleistet wurden für die Zwecke einer evangelischen Kindergarten- und Fortbildungstiftung[244].

## 5. Die steuerliche Behandlung der israelitischen Kultusgemeinden und ihrer Institutionen

Die Rechtsprechung zur steuerlichen Behandlung der Synagogengemeinden ist ein eindeutiger Beitrag der Gerichte – vorwiegend des RFH – zur Rechtlosstellung der jüdischen Bevölkerung, nichts weniger als die Fortsetzung der Judenverfolgung auf steuerrechtlichem Gebiet[245].

Die hier untersuchte Rechtsprechung ist überwiegend zur Frage der Steuervergünstigung gemeinnütziger oder mildtätiger, von Synagogengemeinden betriebener Einrichtungen ergangen; von zwei Ausnahmen abgesehen wurde Steuerbefreiung im Ergebnis stets abgelehnt. Diese Rechtsprechung beruht nur teilweise auf der durch das Steueranpassungsgesetz und die Judengesetzgebung geschaffenen Rechtslage. Der eigene Beitrag der Gerichte zum nationalsozialistischen Antisemitismus beruht unter anderem auf der mit der Weimarer Tradition nicht zu vereinbarenden rückwirkenden Anwendung nationalsozialistischen Steuerrechts.

Mit Urteil vom 17. Juni 1936 entschied das ThürOVG[246], daß eine als Körperschaft des öffentlichen Rechts anerkannte Synagogengemeinde die Befreiung von der Aufwertungssteuer für die von ihr zu kultischen Zwecken benutzten Räume »auch zur Zeit noch« beanspruchen könne. Wenn, wie insbesondere einem Erlaß des Reichsfinanzministers[247] zu entnehmen sei, die Synagogengemeinde den öffentlich-rechtlichen Charakter durch den nationalen Umbruch nicht verloren habe[248], müsse auch anerkannt werden, daß die von ihnen verfolgten Zwecke im Zweifel »öffentliche Zwecke« seien.

Zu einer Zeit, als die Rechtsprechung des RFH bereits durch eine deutliche antisemitische Tendenz ausgezeichnet war, hielt auch der BayVGH laut Urteil vom 10. März 1937[249] an der Haussteuerfreiheit der Synagogen fest: In dem Gesetz zur Änderung des Bayerischen Haussteuergesetzes vom 8. April 1935[250] war das Staatsministerium der Finanzen ermächtigt worden, den Wortlaut des Gesetzes neu bekanntzumachen und hierbei überholte Vorschriften wegzulassen und Änderungen des Wortlauts vorzunehmen; das Finanzministerium hatte hierauf ge-

[243] StW 1942, 214.

[244] RFH 29. März 1940, AeKR 5 (1941), 235.

[245] Entsprechende Feststellungen sind auch für andere Gerichte und Rechtsgebiete gemacht worden, vgl. G. Uffelmann S. 99 ff.; H. Schorn, Richter S. 129 ff.; R. Echterhölter S. 219 ff.

[246] DVerwBlätter 1937, 246.

[247] Erlaß des RFinMin. vom 3. Dezember 1935, RStBl 1935, 1437 ff. (1478).

[248] Der öffentl.-rechtl. Status wurde ihnen genommen durch Gesetz vom 28. März 1938, RGBl. I, S. 338; vgl. dazu G. Baumann S. 659; KG 4. Mai 1939, DR 1939, 971; SächsOVG 9. Juni 1938, RVerwBl 1939, 666; zum früheren Rechtszustand in Preußen vgl. etwa RG 7. Juli 1931, RGZ 133, 192.

[249] DVerwBlätter 1937, 241.

[250] GVBl S. 275, Art. 5.

stützt die Befreiung für Synagogen gestrichen. Hierzu bemerkte der VGH, daß dies keine Befugnis zur Änderung des Gesetzes bedeuten könne, so daß nur noch fraglich war, ob die Steuerfreiheit der Synagogen aus anderem Grunde, nämlich durch »die allgemeine Rechtsentwicklung des Dritten Reiches«, aufgehoben worden war. Als Ausdruck der allgemeinen Rechtsentwicklung bot sich insbesondere die Auslegungsvorschrift des § 1 StAnpG an, die in anderen Fällen schon zur Einführung der nationalsozialistischen Weltanschauung als Rechtsquelle contra legem dienlich gewesen war. Indessen umging das Gericht dieses Hindernis mit einer geradezu kühn anmutenden Feststellung: »Wenn in § 2 Abs. 1 Ziffer 2 des Bayer. HStG mit dürren Worten gesagt ist: Hausteuerfrei sind Synagogen, so ist für eine Auslegung im Sinne des § 1 des StAnpG kein Raum«, die im Zusammenhang mit den weiteren Ausführungen des Urteils die Vermutung aufkommen läßt, hier sei die nationalsozialistische Weltanschauung zur Begründung einer ihr widersprechenden Entscheidung bewußt eingesetzt worden[251]. Nach einem politischen Glaubensbekenntnis zur nationalsozialistischen Weltanschauung und dem von ihr vertretenen Antisemitismus berief sich das Gericht auf den fortdauernd öffentlichrechtlichen Status der Synagogengemeinden, auf die Prärogative der politischen Führung und insbesondere auf zahlreiche offizielle Äußerungen zur Judenfrage, die mit der politischen Wirklichkeit aber keineswegs in Einklang zu bringen waren, kurz, deren ausschließlich propagandistischer Sinn nicht zu übersehen war: »Die bisherige Judengesetzgebung, insbesondere das Reichsbürger- und das Blutschutzgesetz sowie die dazu erlassenen Ausführungsverordnungen, verfolgen aber nicht den Zweck, die Angehörigen der jüdischen Rasse nur um ihrer Rassezugehörigkeit willen schlechter zu stellen, sondern bezwecken ausschließlich den Schutz und die Erhaltung des eigenen Volkes; sie sind keine Haßgesetze, sondern rassepolitische Schutzgesetze für das deutsche Volk. Sie richten sich auch »in keiner Weise gegen die jüdische Religionsgemeinschaft, die Ausübung der jüdischen Religion oder die Freiheit des jüdischen Glaubens« (siehe Rede des Reichsministers Dr. Frick ...). Aus der Judengesetzgebung des Dritten Reiches, welche der nationalsozialistischen Weltanschauung bisher erflossen ist, ergibt sich kein Anhaltspunkt dafür, daß die bisherige Haussteuerfreiheit der Synagogen heute rechtlich nicht mehr möglich und daher als aufgehoben zu betrachten wäre«.

Im Unterschied hierzu führte die Anwendung nationalsozialistischer Weltanschauung in der Rechtsprechung des RFH im Ergebnis stets zur Versagung von Steuerbefreiungen für die Synagogengemeinden und ihre Einrichtungen.

Den Auftakt machte das Urteil des RFH vom 7. April 1936[252]. Streitig war die Körperschaftsteuerpflicht einer Synagogengemeinde für die Jahre 1930 bis 1933 hinsichtlich der Einkünfte des Vermögens, die dazu bestimmt waren, die Unterrichtshonorare unbemittelter jüdischer Zöglinge an gewerblichen Lehrinstituten und höheren Lehranstalten zu bestreiten. Der RFH stellte zunächst fest, daß der

[251] Vgl. auch FG Düsseldorf 12. November 1936, AkKR 117 (1937), 236. Dies ist im übrigen nicht stets dort zu vermuten, wo eine im Ergebnis kirchenfreundliche Entscheidung nationalsozialistisch begründet wird, wie dies insbesondere die oben Kapitel 12 besprochene Rechtsprechung zeigt, die sich durchaus auf der Linie der offiziellen Kirchenpolitik befand.

[252] E 39, 202.

fragliche Steuerabschnitt nach altem, vornationalsozialistischem Steuerrecht zu beurteilen sei, um dann fortzufahren: »Für die Auslegung dieser Vorschriften ist jedoch der § 1 StAnpG heranzuziehen. Auslegungsgrundsätze, gleichgültig, ob sie durch die Rechtsprechung oder durch Gesetz aufgestellt werden, müssen bei der Beurteilung aller Rechtsfragen angewendet werden, die vom Zeitpunkt der Aufstellung der Grundsätze an zur Entscheidung gelangen. Darauf, welchem Zeitpunkt der zur Beurteilung stehende Tatbestand angehört, kommt es nicht an.«
Diesen Rechtssatz mochte man hinnehmen, wenn sich seine Bedeutung in einem Beitrag zum Verfahrensrecht oder zur juristischen Methodenlehre erschöpft hätte. Dies war indessen nicht der Fall, weil der RFH mit seiner Hilfe die nationalsozialistischen Grundsätze des materiellen Steuerrechts in das alte Recht einführte, Grundsätze, die er im Wortlaut dem § 17 StAnpG entnahm, dessen Maßgeblichkeit für den vorliegenden Zeitraum er zuvor gerade verneint hatte. Der angebliche Auslegungsgrundsatz war danach in Wirklichkeit nur der methodologische Vorwand für eine Entscheidung contra legem, ein juristischer Trick, hinter dem sich die Anwendung der allgemeinen Kampfklausel zur Überwindung vorrevolutionären Rechts verbarg[253]: »Gemeinnützig sind nach § 6 KStDVO 1925 nur Zwecke, deren Erfüllung unmittelbar die Allgemeinheit fördert, und eine Förderung der Allgemeinheit kann nach § 17 a. a. O. nur angenommen werden, wenn eine Tätigkeit dem gemeinen Besten auf materiellem, geistigen oder sittlichen Gebiet nützt. Unter dem ›gemeinen Besten‹ ist aber im Sinn des Nationalsozialistischen Gedankenguts das *Wohl der deutschen Volksgemeinschaft* zu verstehen. Die Förderung der höheren Schulbildung von jüdischen, also fremdrassigen Staatsangehörigen, worin in erster Linie der satzungsmäßige Zweck des beschwerdeführenden Fonds besteht, dient jedoch nicht dem Wohl der deutschen Volksgemeinschaft«.
Bei der Prüfung der Mildtätigkeit des Zwecks war nicht zu übersehen, daß – anders als bei Gemeinnützigkeit – bis zur Änderung des Gesetzes am 1. Dezember 1936 nach § 18 StAnpG nicht die Unterstützung deutscher Volksgenossen erforderlich war. Der RFH konnte deshalb feststellen, daß die Mildtätigkeit eines Zwecks nicht ausgeschlossen werde, weil die unterstützten Personen einer fremden Rasse angehörten. Er fand indessen einen anderen Ausweg: Die Übernahme des Schulgeldes für Unbemittelte sei nicht unmittelbar darauf gerichtet, die wirtschaftliche Not der Unterstützten zu mindern, sondern diene dem Zweck, dem Mangel höherer Schulbildung bei dem unterstützten Personenkreis abzuhelfen. Insoweit handele es sich aber nicht um die in der Befreiungsvorschrift vorausgesetzte wirtschaftliche Bedürftigkeit.
In ähnlicher Weise haben der RFH nochmals am 12. Mai 1936[254] und das SächsOVG am 14. Mai 1936[255] entschieden.
Die Änderung des § 18 StAnpG vom 1. Dezember 1936[256] bewirkte, daß die An-

[253] Vgl. auch unten Anm. 261–264.
[254] E 39, 242 (Keine Steuervergünstigung für eine jüdische Gebrechlichenstiftung).
[255] RVerwBl 1936, 964 (Keine Steuervergünstigung für jüdische Schule).
[256] § 29 Abs. 4 EinfGRealStG vom 1. Dezember 1936, RGBl. I, S. 961. Zum gesetzlichen Ausschluß der Juden aus der Volks- und Rechtsgemeinschaft vgl. etwa § 2 Reichsbürgergesetz vom 15. September 1935, RGBl. I, S. 1146 und seine zahlreichen Durchführungsverordnungen; auch Punkt 4 Parteiprogramm der NSDAP, abgedruckt bei W. Hofer S. 28.

erkennung der Mildtätigkeit eines Zwecks nunmehr die Unterstützung *deutscher* Volksgenossen voraussetzte. Ziel dieser Gesetzesänderung war der Ausschluß der jüdischen Personen zugutekommenden Einrichtungen von der Steuerbefreiung. In der Folgzeit wurden jüdische Einrichtungen, die, da nicht den Zwecken christlicher Religionsgesellschaften des öffentlichen Rechts dienend, auch nicht als kirchliche Einrichtungen begünstigt waren, mit stets gleichbleibender Begründung von den Steuervergünstigungen ausgeschlossen[257]: »Juden gehören weder zur Deutschen Volksgemeinschaft noch zu den Deutschen Volksgenossen. Daher ist eine Befreiung wegen Gemeinnützigkeit oder Mildtätigkeit für Unternehmungen ausgeschlossen, die Juden zugutekommen.«[258]

Die Frage, inwieweit diese Rechtsprechung eine für die Gerichte unabweisbare Konsequenz aus der nationalsozialistischen Rasse- und Steuergesetzgebung war, soll hier nicht abschließend beantwortet werden. Fest steht – dies dürfte für die Verneinung der Frage sprechen –, daß der RFH nicht einmal den Versuch unternommen hat, die Rechtlosstellung der Juden innerhalb des nach den nationalsozialistischen Gesetzen immerhin noch verbliebenen Auslegungsspielraums zu beschränken.

Hatte der RFH bereits in der erwähnten Entscheidung vom 7. April 1936[259] die Grundsätze nationalsozialistischer Juden- und Steuerpolitik mit Hilfe der Auslegung nach § 1 StAnpG angewandt und damit – ohne gesetzlichen Zwang – eine mit der in Weimarer Zeit herrschenden Lehre unvereinbare Rückwirkung[260] der neuen nationalsozialistischen Steuergesetze auf zurückliegende abgeschlossene Tatbestände bewirkt, so setzte er diese Rechtsprechung seit der Änderung des Steueranpassungsgesetzes vom 1. Dezember 1936 konsequent fort[261]. In dem Urteil vom 10. Dezember 1936[262] begründete er die rückwirkende Geltung des geänderten

[257] RFH 10. Dezember 1936, RStBl 1937, 21 (Vermögenssteuerpflicht jüd. Kinderheilstätte); 18. März 1937, RStBl 1937, 476 (Vermögenssteuerpflicht einer Anstalt zur Erhaltung, Fortbildung und Verbreitung der Wissenschaft vom Judentum; daß ihr gesamtes Vermögen nicht als Betriebsvermögen gelten müsse, sprach der RFH am 18. März 1937 aus, RStBl 1937, 793; Erbschaftsteuerpflicht derselben oder gleichartiger Anstalt nach RFH 18. März 1937, RStBl 1938, 476); RFH 17. März 1938, E 43, 276 (Körperschaftsteuerpflicht jüd. Kinderheime); RFH 17. März 1938, E 43, 288 (Vermögensteuerpflicht jüdischen Sportvereins); SächsOVG 30. Juni 1938, DV 1938, 697 (jüd. Kultus- und Unterstützungsverein nicht steuerbegünstigt); 9. Juni 1938, RVerwBl 1939, 666 (jüd. Kultus- und Unterstützungsverein aufwertungssteuerpflichtig).

[258] RFH 7. April 1936, E 39, 202.

[259] S. o. Anm. 258.

[260] Rückwirkende Steuergesetze galten in Weimarer Zeit als grundsätzlich zulässig. Die Rückwirkung auf vergangene, abgeschlossene Tatbestände wurde aber nur zugelassen, wenn sie vom Gesetz ausdrücklich angeordnet war, vgl. O. Bühler I, S. 58 ff. (59) mit weiteren Nachweisen. Das nationalsozialistische StAnpG und das Änderungsgesetz enthielten keine die Rückwirkung anordnende Bestimmung, Rückwirkung war danach unzulässig. Nach BVerfG 19. Dezember 1961, E 13, 261 (mit weiteren Nachweisen) ist die Rückwirkung von Steuergesetzen auf abgeschlossene Tatbestände im Rechtsstaat grundsätzlich ausgeschlossen. Ein bekannter Fall rückwirkender Anwendung von § 1 StAnpG zur Überwindung alten Rechts ist das Gutachten des RFH vom 11. Juli 1936, E 39, 342 betreffend den sog. »Celler Gottespfennig«, eine auf das Jahr 1694 zurückgehende Grundwechselabgabe zugunsten des Celler Waisenhauses unter der Bezeichnung »Gottespfennig, so ohnedem vor die Armen gegeben wird.« Der RFH versagte die weitere rechtliche Anerkennung, weil es sich um ein »nicht mehr zeitgemäßes Gebilde« handele.

[261] RFH 17. März 1938, E 43, 276 und die unten Anm. 262–264 genannten Entscheidungen; vgl. dazu auch G. Uffelmann S. 59 ff.

[262] S. o. Anm. 257.

§ 18 StAnpG: »Sie [die Änderung des Gesetzes] folgt der Rechtsentwicklung und enthält lediglich eine Klarstellung dahin, daß eine Steuerbefreiung wegen Unterstützung von Juden der nationalsozialistischen Weltanschauung nicht entspricht.«
In den späteren Jahren bekannte er sich, anders als zu Anfang, auch offen zu der Tatsache, daß es sich hier um eine nationalsozialistisch motivierte echte Rückwirkung handelte[263], die sich sogar auf rechtskräftig erledigte Veranlagungen entstrekken sollte[264]. Eine nicht näher begründete Ausnahme machte nur das SächsOVG in der Entscheidung vom 9. Juni 1938[265].
Daß sich der RFH – mindestens teilweise ohne Not – zum Vollstrecker nationalsozialistischer Judenpolitik machte, ist auch anderen Entscheidungen zu anderweitigen Steuerfragen zu entnehmen: Am 4. April 1933[266] lehnte er die Abzugsfähigkeit des jüdischen Zehnten von der Einkommensteuer ab; mit Urteil vom 7. Oktober 1937[267] wurden bei der Bewertung einer Stiftung, die unbemittelten jüdischen Personen gegen einen um etwa die Hälfte geminderten Mietzins Wohnung gewährte, Mieten nach dem – nicht erzielten – Marktwert zugrundegelegt, weil der Nachlaß lediglich auf persönlichen Beziehungen beruhe, welche der RFH bereits in der gemeinsamen Zugehörigkeit zu einer Synagogengemeinde erblickte. Bei der Annahme eines steuerschädlichen Betriebs sonst nicht zurückhaltend, lehnte der RFH am 20. September 1938[268] die abzugsweise Berücksichtigung des Verlustes aus einem mildtätigen jüdischen Hospital ab, weil mangels Gewinnerzielungsabsicht kein Gewerbebetrieb und mithin keine Abzugsmöglichkeit von Betriebsverlusten gegeben sei. Als es um die Frage der Steuervergünstigungen ging, nahm er am 30. Juni 1942[269] aber Betriebseigenschaft bei einem jüdischen Lehrlingsheim mit Anlernwerkstatt an. Die von einer evangelischen Stiftung betriebene Judenmission hielt er am 25. Oktober 1938[270] für weder kirchlichen Zwecken dienend noch für gemeinnützig, denn »das deutsche Volk sieht im Übertritt von Juden zum christlichen Glauben keine Förderung seines Wohls.« Mit Urteil vom 26. Juni 1941[271] erklärte er jüdische Bestattungsplätze trotz Fehlens eines Verkehrswerts für vermögenssteuerpflichtig, und laut Urteil vom 23. Juli 1941[272] war eine jüdische Krankenanstalt entgegen § 4 Ziffer 8 GrStG nicht grundsteuerfrei, denn »es würde dem gesunden deutschen Volksempfinden widersprechen, wenn der Beschwerdeführerin, einer rein jüdischen Einrichtung, Steuerbefreiung gewährt würde.«

263 RFH 18. März 1937, RStBl 1937, 476.
264 Zur Rechtsprechung des RFH zur Frage der Rechtskraft vgl. G. Uffelmann S. 22 ff.
265 RVerwBl. 1939, 666.
266 RStBl 1933, 590.
267 RStBl 1937, 1270.
268 RStBl 1938, 1134.
269 RStBl 1942, 731.
270 E 45, 139 = ZAkDR 1939, 135.
271 RStBl 1941, 806.
272 E 50, 273. Vgl. auch RFH 20. November 1941, E 51, 112: »Es würde der gesunden deutschen Volksanschauung widersprechen, wenn einem Juden der ermäßigte Steuersatz [§ 34 Abs. 2 Ziff. 4 EStG] zugebilligt würde.«

# 6. TEIL

# DIE RECHTSPRECHUNG ZUM KIRCHLICHEN BESTEUERUNGSRECHT

## 12. KAPITEL: DIE BESTEUERUNG VON KIRCHENMITGLIEDERN UND NICHTMITGLIEDERN

### I. Die Besteuerung der Kirchenmitglieder

Das Recht der öffentlich-rechtlichen Religionsgesellschaften zur Erhebung von Kirchensteuern (Art. 137 Abs. 6 RV) ist im nationalsozialistischen Staat nicht grundsätzlich bestritten worden. Das kirchliche Besteuerungsrecht fand teils stillschweigende, teils ausdrückliche Anerkennung in allgemeinen Steuergesetzen[1] oder in staatlichen Kirchensteuergesetzen[2]. Durch das Festhalten am System der Kirchensteuer wie durch die Fortgewährung der Dotationen brachte der nationalsozialistische Staat zum Ausdruck, daß er das finanzielle Fundament der Kirchen nicht – jedenfalls nicht zur Zeit – zu erschüttern trachtete.

Gegen diese Annahme spricht nicht, daß es zu einer Zeit, als sich der antikirchliche Kurs der Partei im Staat weitgehend durchgesetzt hatte, in den besetzten Ostgebieten zur fundamentalen Erschütterung des öffentlichen Status der Kirchen und damit auch zur Beseitigung des Kirchensteuerrechts kam. Denn hier handelte es sich noch immer um Einzeleingriffe regionaler Bedeutung, die man politisch für eben möglich hielt. Sie mochten Anzeichen sein für einen grundsätzlichen Wandel der kirchenpolitischen Vorstellungen in Partei und Staat, ihnen mochte zwangsläufig Modellcharakter zukommen für eine spätere Kirchenpolitik für das ganze Reich – solange der Staat den überkommenen Status der Kirchen und ihr finanzielles Fundament im Reichsgebiet nicht antastete[3], mußte davon ausgegangen werden, daß man die Zeit für grundsätzliche kirchenpolitische Umwälzungen noch nicht für reif hielt.

Die Rechtsprechung zur Besteuerung der Kirchenmitglieder ist im wesentlichen von nationalsozialistischer Beeinflussung frei geblieben, was zum einen mit der Duldung des status quo durch den Staat, zum anderen mit der vergleichsweise geringen Anfälligkeit dieses Rechtsgebietes für eine nationalsozialistische Ideologisierung zu erklären ist. Die Rechtsprechung zu den verschiedenen Rechtsfragen aus dem Kirchensteuerrecht[4] braucht deshalb, weil ohne Befund, in Einzelheiten hier nicht besprochen zu werden.

[1] Vgl. etwa § 18 RAO in der Fassung vom 1. Dezember 1936 (EinfGRealStG, RGBl. I, S. 961).

[2] Vgl. etwa Bay.KiStG vom 20. Mai 1935, GVBl. S. 429, dazu F. FREUDLING; Kirchensteuerverordnung für das Saarland vom 20. Dezember 1935, RGBl. I, S. 1527 mit 1. DVO des Reichskirchenministers vom 21. Dezember 1935, RGBl. I, S. 1529, vgl. dazu H. GEFAELLER, Kirchensteuer S. 352.

[3] Den jüdischen Kultusgemeinden wurde der öffentlich-rechtliche Status durch Gesetz vom 28. März 1938, RGBl. I, S. 338, genommen.

[4] Vgl. WürttVGH 1. März 1933, RVerwBl 1935, 242 (Abzug bei der Kirchensteuer); PrOVG

Hervorzuheben ist lediglich, daß die Rechtsprechung bei der Frage der Kirchenmitgliedschaft[5] als Anknüpfung für die Kirchensteuerpflicht stets an dem Grundsatz festgehalten hat, daß der Kirchenaustritt nur durch den von den staatlichen Kirchenaustrittsgesetzen[6] vorgesehenen förmlichen Akt vollzogen werden konnte. Die Verhängung des Kirchenbanns etwa und der damit verbundene Ausschluß von den geistlichen Werken der Kirche vermochten danach weder Mitgliedschaft noch Steuerpflicht zu beseitigen[7].

Hieran konnte auch die Berufung auf die einer förmlichen Anwendung der Kirchenaustrittsgesetze angeblich entgegenstehende nationalsozialistische Weltanschauung nichts ändern. Zwar seien, so meinte das PrOVG am 4. Februar 1936[8], auch die Kirchensteuergesetze nach nationalsozialistischer Weltanschauung auszulegen, aber »die Kirchensteuergesetze sind vom nationalsozialistischen Gesetzgeber unverändert gelassen worden. Auch der Begriff »Katholik« (Zugehörigkeit zur katholischen Kirche) hat keine irgendwie geartete Wandlung erfahren.«

Den Versuchen einer Befreiung von der Kirchensteuerpflicht nach erfolgtem Kirchenaustritt, aber vor Ablauf der gesetzlichen Frist, und von Mitgliedschaft und

14. März 1933, E 90, 253 (Treu und Glauben im Kirchensteuerrecht); RFH 24. Januar 1934, RStBl 1934, 217 (Zuständigkeit des RFH für Rechtsbeschwerden in Kirchensteuersachen); RFH 14. Mai 1934, E 36, 138 (Aufrechnung eines Einkommensteuerguthabens gegen Kirchensteuerschuld); PrOVG 9. Oktober 1934, E 94, 105 (Zulässigkeit von Kirchensteuernachveranlagungen); OLG Kiel 12. Oktober 1934, RVerwBl 1935, 502 (Rechtsweg bei Rückforderung zu Unrecht erhobener Kirchensteuer, Amtshaftung); SächsOVG 11. Oktober 1934, DVerwBlätter 1935, 148 (Bekenntnisstand durch Konfirmation); PrOVG 16. Oktober 1934, RVerwBl 1935, 98 (Heranziehung zur jüdischen Kultussteuer); SächsOVG 7. Februar 1935, DVerwBlätter 1935, 582 (Kapitalertragsteuer kein Maßstab für Kirchensteuer); SächsOVG 4. April 1935, RStBl 1935, 1024 (Unterbrechung der Verjährung bei Kirchensteueranspruch); LG München 13. August 1935, AeKR 1 (1937), 137 (Kirchenumlage als öffentliche Last); RFH 13. Mai 1936, RStBl 1936, 616 (Rechtsmittelverzicht in Kirchensteuersachen); PrOVG 7. Juli 1936, AeKR 1 (1937), 147 (Kirchenlohnsteuer); PrOVG 23. Okt. 1936, E 99, 65 (Verjährung bei Nachveranlagung); RFH 11. Febr. 1937, E 41, 67 (Steuerliche Berücksichtigung von Patronatslasten); PrOVG 13. Aug. 1937, AeKR 2 (1938), 273 (Zulässigkeit einer Nachtragsumlage); PrOVG 1. März 1938, E 102, 133 (Einkommensteuer als Maßstab); RFH 28. Mai 1938, E 44, 77 (Kirchensteuer nicht streitwerterhöhend in Einkommensteuersache); AG Kuckerneese 30. September 1938, AeKR 4 (1940), 106 (Kirchensteuer als öffentliche Last); PrOVG 11. Oktober 1938, E 103, 130 (Bekanntmachung der Prozentsätze erst nach Ablauf der Veranlagungsperiode); PrOVG 10. Januar 1939, AeKR 4 (1940), 108 (Unzulässigkeit erneuter Veranlagung); PrOVG 21. März 1939, E 104, 124 (Verjährung von Kirchensteuernachforderungen); PrOVG 18. April 1939, E 104, 129 (Verjährung von Kirchensteuernachforderungen); OLG Königsberg 4. Mai 1939, HRR 1939, 1371 (Kirchensteuer nicht öffentliche Last); RFH 22. Februar 1939, RStBl 1939, 644 (Keine Gewinnminderung durch Ablösung einer Patronatslast); SächsOVG 2. August 1940, RVerwBl 1941, 342 (Beschränkungen des Rechtsmittelverfahrens auch für Kirchensteuerverfahren, vgl. auch ThürOVG 3. September 1940, AeKR 4 (1940), 320); PrOVG 18. März 1941, AeKR 5 (1941), 240 (Frist bei Nachforderung von Kirchensteuern); RG 17. September 1940, DR 1940, 2183 (Abgrenzung dinglicher Lasten von öffentlichen Abgaben); SächsOVG 16. November 1940, RVerwBl 1941, 341 (Kirchensteuerpflicht bei Geschäften des Konkursverwalters).

[5] BayVGH 10. Okt. 1935, DJZ 1936, 399; PrOVG 9. Juni 1936, E 98, 59; 16. Juni 1936, E 98, 69; 19. Jan. 1937, E 100, 120; 27. Nov. 1936, AeKR 2 (1938), 77; 13. Juli 1937, AeKR 1 (1937), 350; SächsOVG 30. Juni 1938, DV 1938, 697; PrOVG 1. November 1938, RVerwBl 1939, 105; 28. November 1939, E 105, 122.

[6] Zum Recht der Kirchenmitgliedschaft vgl. R. Oeschey S. 1 ff.; K. Kihn S. 113, 132; F. Mess, Kirche S. 1 ff.; ders., Kirchenmitglieder S. 417; P. Schoen S. 113; A. B. Schmidt.

[7] PrOVG 4. Februar 1936, E 97, 88; 12. Oktober 1937, E 101, 107.

[8] S. o. Anm. 7.

Steuerpflicht allein aufgrund des »heutigen Rechtsempfindens« versagten der RFH am 27. Januar 1938[9] und das ThürOVG am 8. März 1941[10] den Erfolg.
Mit Urteil vom 8. Juli 1938 befaßte sich der WürttVGH[11] mit dem – erfolglosen – Bemühen der »Volkskirchenbewegung Deutsche Christen«, die Kirchensteuerpflicht in der unversehrt gebliebenen Landeskirche Württembergs allein mit Hilfe der nationalsozialistischen Weltanschauung bei fortdauernder Mitgliedschaft zu umgehen. Sie hatte zunächst geltend gemacht, es könne den Deutschen Christen nicht zugemutet werden, durch Entrichtung von Kirchensteuern zu den Kosten kirchlicher Einrichtungen beizutragen, wenn ihnen die Benützung dadurch unmöglich gemacht werde, daß ihnen die kirchlichen Räume verweigert und ihre Pfarrer vom kirchlichen Dienst ausgeschlossen würden; andererseits könne ihnen ebensowenig zugemutet werden, den ihnen schon nahegelegten Austritt zu erklären und dadurch kirchlich heimatlos zu werden, solange nicht die Klärung der kirchlichen Verhältnisse eingetreten sei. Diese Einwände ließ der VGH nicht gelten, weil Kirchensteuerpflicht und Teilnahme an den kirchlichen Einrichtungen nicht im Verhältnis von Leistung und Gegenleistung stünden[12]; im übrigen sehe er sich nicht in der Lage, zu den theologisch-bekenntnismäßigen Auseinandersetzungen Stellung zu nehmen[13].
Vor allen Dingen lehnten die Deutschen Christen die Kirchensteuerzahlung »aus nationalsozialistischer Grundhaltung« ab: »Unter Berufung auf § 1 des Steueranpassungsgesetzes vom 16. Oktober 1934, wonach die Steuergesetze nach nationalsozialistischer Weltanschauung unter Berücksichtigung des Volksempfindens auszulegen sind, beantrage ich eine Entscheidung nach Treu und Glauben.« Der VGH räumte ein, daß alle Gesetze einschließlich der vornationalsozialistischen Kirchensteuergesetze nach nationalsozialistischer Weltanschauung auszulegen seien, vermochte aber bei der Anwendung dieses Grundsatzes einen Widerspruch zwischen Kirchensteuerpflicht und nationalsozialistischer Weltanschauung nicht zu erkennen; bei dieser Annahme verwies er insbesondere auf den Umstand, daß der nationalsozialistische Gesetzgeber noch Ende des Jahres 1935 eine Kirchensteuerregelung für das Saarland gutgeheißen habe, die mit dem hier beanstandeten Württembergischen Gesetz über die Kirchen vom 3. März 1924 nahezu identisch war, sowie auf verschiedene Äußerungen des Kirchenministers: »Damit ist klar zum Ausdruck gebracht, daß auch bei der als Ziel aufgestellten künftigen Ordnung der kirchlichen Verhältnisse die Volksgenossen, die zu einer Landeskirche gehören wollen, für diese Kirche zu sorgen haben, d.h. die von der Landeskirche mit Genehmigung des Staates festgesetzten Kirchensteuern zu zahlen haben. Das ist die von § 27 KStG getroffene Regelung. Es steht somit zweifelsfrei fest, daß die Bestimmung des § 27 KStG der nationalsozialistischen Weltanschauung nicht widerspricht.«
Man wird das grundsätzliche Bekenntnis des VGH zur Anwendung der national-

[9] JW 1938, 1067.
[10] DV 1941, 243.
[11] AeKR 2 (1938), 337.
[12] Ebenso ThürOVG 13. April 1938, DV 1938, 378.
[13] S. o. S. 117.

sozialistischen Kampfklausel zur Überwindung vornationalsozialistischern Rechts und seinen Rekurs auf die Grundsätze der – derzeitigen – offiziellen Kirchenpolitik als Entscheidungsgrundlage nicht aus dem Auge verlieren dürfen, will man die Verweigerung der beantragten Entscheidung nach Billigkeit gegen den Wortlaut des Gesetzes nicht mißdeuten: »Jedes deutsche Gericht wird sich bei der Auslegung der Gesetze bemühen, der Billigkeit zum Siege zu verhelfen. Aber kein deutsches Gericht kann klare und unzweideutige Bestimmungen eines von der nationalsozialistischen Staatsführung übernommenen Gesetzes aus vermeintlichen Billigkeitsgründen unbeachtet lassen und an die Stelle der vom Gesetz vorgeschriebenen Regelung eine nach der Ansicht des Gerichts billige Regelung setzen. Ein solches Verfahren der Gerichte müßte zu einer unerträglichen Rechtsunsicherheit führen. Deutschland soll nach dem Willen des Führers ein Rechtsstaat sein und in einem solchen Rechtsstaat ist ein solches Verfahren der Gerichte unmöglich.«

## II. Die Besteuerung von Nichtmitgliedern

### 1. Problemstellung

Die Diskussion über die Frage der Zulässigkeit der Erhebung von Kirchensteuern bei Nichtmitgliedern[14] entzündete sich in der Rechtsprechung der nationalsozialistischen Zeit an drei verschiedenen Anwendungsfällen: bei der Besteuerung juristischer Personen, bei der Erhebung dinglicher Kirchensteuern und bei der Veranlagung glaubens- und konfessionsverschiedener Ehegatten[15].

Die verfassungsrechtliche Unbedenklichkeit der Kirchensteuerpflicht juristischer Personen war in der Weimarer Zeit herrschende, wenn auch nicht unbezweifelte Rechtsansicht; sie war darauf gegründet, daß der Wortlaut des ursprünglichen Entwurfs des Art. 137 Abs. 6 RV den Religionsgesellschaften lediglich die Besteuerung »ihrer Mitglieder« gestatten wollte und daß durch die Streichung dieser Worte im endgültigen Text die Heranziehung juristischer Personen zur Kirchensteuer nach Landesrecht hatte ermöglicht werden sollen[16].

Zweifelhafter und unterschiedlich beantwortet war die Frage der Verfassungsmäßigkeit der dinglichen Kirchensteuern, weil die zunächst vorgesehene Beschränkung des Besteuerungsrechts auf die Kirchenmitglieder lediglich im Hinblick auf die zu schaffende Möglichkeit der Besteuerung juristischer Personen zu Fall gebracht worden war[17].

[14] Vgl. G. Wach S. 37 ff.; für den früheren Rechtszustand vgl. die grundlegende Darstellung des Kirchensteuerrechts von F. Giese, Kirchensteuerrecht, für den heutigen Rechtszustand H. Engelhardt S. 98 ff.

[15] Glaubensverschiedenheit meint, daß nur ein Ehegatte einer steuerberechtigten Religionsgesellschaft, Konfessionsverschiedenheit, daß die Ehegatten jeweils verschiedenen steuerberechtigten Religionsgesellschaften angehören, vgl. H. Engelhardt S. 121 im Anschluß an BVerfG 14. Dezember 1965, E 19, 226 (235).

[16] G. Anschütz, Art. 137 Anm. 11 (S. 648); H. Engelhardt S. 115 ff. mit weiteren Hinweisen auf die Entstehungsgeschichte und die vorwiegend durch die Länderverfassungen begründeten Zweifel; vgl. auch F. Giese, a. a. O., der als Voraussetzung der Steuerpflicht die kirchliche Mitgliedschaft erkennt (S. 537) und von hier aus den Versuch unternimmt, die Heranziehung juristischer Personen auf das Prinzip der Mitgliederbesteuerung zurückzuführen, S. 542 ff.

[17] Über die Bestrebungen zur Aufhebung der zum Teil für verfassungswidrig gehaltenen dinglichen Kirchensteuern in Weimarer Zeit vgl. H. Engelhardt S. 112; vgl. dagegen C. H. Ule,

Das zur Weimarer Zeit geltende System der Kirchensteuer in glaubens- und konfessionsverschiedenen Ehen bei Getrennt- oder Zusammenveranlagung der Ehegatten braucht in Einzelheiten hier nicht dargestellt zu werden; festzuhalten ist lediglich, daß die Mischehenbesteuerung aus historischen und steuertechnischen Gründen in der Regel nach Haushaltsbesteuerung und Halbteilung vorgenommen wurde, was sich in vielen Fällen, wo nicht als Kirchensteuerverpflichtung gegenüber einer fremden Religionsgesellschaft, mindestens als Haftung für die Kirchensteuerschuld des anderen Ehegatten auswirken mußte. Die Haftung des Ehegatten für die Kirchensteuerschuld des anderen ergab sich über die einzelnen Kirchensteuergesetze der Länder hinaus[18] auch aus den bis 1953 geltenden Bestimmungen des Bürgerlichen Gesetzbuches über den gesetzlichen Güterstand: Danach haftete der Ehemann als Gesamtschuldner für die der Ehefrau obliegenden öffentlichen Lasten, also auch für ihre Kirchensteuerschuld.

In der nationalsozialistischen Zeit gewann die Frage der Zulässigkeit der Besteuerung Andersgläubiger an Aktualität. Mit Rücksicht auf die antikirchlichen Tendenzen in Partei und Staat war es naheliegend, jetzt die Verfassungswidrigkeit[19] bzw. die Unvereinbarkeit mit der nationalsozialistischen Weltanschauung[20] geltend zu machen. Hierbei beschränkte man sich bemerkenswerterweise nicht auf rein weltanschaulich-politische Argumente: Soweit in der Heranziehung von Nichtzugehörigen ein »Zwang zu Leistungen, die allgemein als bürgerliche Äußerungen eines Bekenntnisstandes gelten«[21], erkannt und die Verknüpfung der Nichtzugehörigkeit zu einer Kirche mit vermögensrechtlichen Nachteilen als religionsfreiheitliche Beeinträchtigung beanstandet wurde[22], berief man sich auf ein – nach nationalsozialistischer Staatsauffassung allerdings systemwidriges – Verständnis von Religionsfreiheit, welchem erst später die Rechtsprechung des BVerfG Geltung verschaffen sollte[23].

Allerdings haben sich Rechtslehre und Gesetzgeber in nationalsozialistischer Zeit in dieser durch einige kontroverse Urteile schleswig-holsteinischer AG[24] veranlaß-

Kirchensteuern S. 241 (244), der die Vereinbarkeit mit der Reichsverfassung in Übereinstimmung mit der Weimarer Judikatur mit dem angeführten historisch-subjektiven Argument begründet.

[18] Überblick bei H. Engelhardt S. 125 ff.; G. Wach S. 68 ff.; grundlegend F. Giese, a. a. O.

[19] G. Wach S. 79.

[20] C. H. Ule, Kirchensteuern S. 245 (vgl. dazu die politische Polemik von H. D. Köhler S. 204); anders F. Scholz, Kirchensteuern S. 909.

[21] G. Wach S. 79.

[22] C. H. Ule, a. a. O. S. 245.

[23] Ausgehend von der Erwägung, »daß die Kirchensteuerpflicht die wirtschaftliche Entsprechung und Folge der Kirchenzugehörigkeit bildet«, hat das BVerfG den Grundsatz, daß der Staat einer Religionsgemeinschaft Hoheitsrechte nicht gegenüber Personen verleihen darf, die ihr nicht angehören, auf juristische Personen und auf die Ehegattenbesteuerung angewandt und damit »auf dem Gebiet des Kirchensteuerwesens dem Grundrecht der individuellen Bekenntnisfreiheit im Sinne der ›negativen religiösen Finanzierungsfreiheit‹ mit letzter Konsequenz Geltung verschafft« (J. Listl S. 217); vgl. BVerfG 14. Dezember 1965, 1 BvR 413, 416/60, E 19, 206; BVerfG 14. Dezember 1965, 1 BvL 31, 32/62, E 19, 226; dazu A. Hollerbach, Staatskirchenrecht S. 99 ff. (112 ff.); J. Listl S. 217 ff. (227 ff., 231 ff., 238 ff.); H. Engelhardt S. 119 ff., 155 ff.; S. Grundmann S. 193; W. Löhr; H. G. Seltmann S. 2156.

[24] Hinweise auf unveröffentlichte Urteile bei C. H. Ule, a. a. O. S. 243 Anm. 14 und bei F. Scholz, a. a. O. S. 910.

ten Diskussion nicht sonderlich engagiert und die Frage wohl wegen des grundsätzlich ungelösten Kirchenproblems im wesentlichen der Rechtsprechung überlassen. Zur gesetzlichen Beseitigung der Kirchensteuerpflicht juristischer Personen kam es deshalb erst seit etwa 1940 in einzelnen Landesteilen; bei der Ehegattenbesteuerung wurde im Prinzip nichts geändert[25]; dingliche Kirchensteuern wurden nicht aufgehoben.

## 2. Entscheidungen

Von einigen nicht veröffentlichten Urteilen schleswig-holsteinischer AG abgesehen[26], hat die Rechtsprechung an der Kirchensteuerpflicht von Nichtmitgliedern grundsätzlich festgehalten und damit den Versuchen juristischer Personen, anders- oder nichtgläubiger Grundstückseigentümer und aus der Kirche ausgetretener Ehegatten, sich unter Berufung auf die angeblich entgegenstehende nationalsozialistische Weltanschauung von der Kirchensteuerpflicht oder Haftung zu befreien, den Erfolg versagt.

Diese Rechtsprechung allein wegen des den Kirchen günstigen Ergebnisses als eine »mutige« zu bezeichnen[27] dürfte bei näherer Betrachtung unhaltbar sein, weil zu Unrecht unterstellt wird, daß sich die Gerichte mit ihr in einen Gegensatz zur Staatsführung und ihrer Kirchenpolitik gestellt hätten. Das Gegenteil war der Fall: Zunächst haben die Gerichte, was die Methode anbelangt, den nationalsozialistischen Grundsatz, daß die Geltung vornationalsozialistischen Rechts, hier der zumeist älteren Kirchensteuerordnungen, unter dem Vorbehalt der nationalsozialistischen Weltanschauung stehe, mit Selbstverständlichkeit angewandt und damit nationalsozialistische Weltanschauung und Politik als eigentliche Rechtsquelle mit Vorrang vor überkommenen Gesetzen anerkannt. Was das den Kirchen zugegebenermaßen günstige Ergebnis dieser Rechtsprechung angeht, so ist auch insoweit Übereinstimmung mit der offiziellen Kirchenpolitik der nationalsozialistischen Staatsführung festzustellen, deren mutmaßlicher Inhalt – keine radikale Erschütterung des kirchlichen Finanzwesens vor der Endlösung – von den Gerichten aufgrund verschiedener Indizien in zutreffender Weise ermittelt wurde. Daß es weitergehende politische Vorstellungen einzelner örtlicher Behörden und Stellen gab, hinter denen die Gerichte verschiedentlich zurückgeblieben sind, ist auf die eigentümliche Programm- und Strukturlosigkeit des nationalsozialistischen Staates zurückzuführen und kann an der Beurteilung nichts Entscheidendes verändern[28]. Man mag immerhin feststellen, daß die Gerichte eigenen politischen

[25] Vgl. H. Engelhardt S. 112, 118, 122.

[26] S. o. Anm. 24.

[27] H. Engelhardt, a. a. O. S. 118.

[28] Wie problematisch es ist, die Bewertung der Rechtsprechung als »mutig« nur auf das kirchenfreundliche Ergebnis zu stützen – mit der unausgesprochenen Konsequenz, daß die Anerkennung nationalsozialistischer Grundsätze in diesen Urteilen nur als Tarnung zu gelten hätte – erhellt die Frage nach den Möglichkeiten einer weiterhin kirchenfreundlichen Rechtsprechung bei extrem kirchenfeindlicher Politik auf der Grundlage der einmal anerkannten nationalsozialistischen Rechtsvorstellung. Wie wäre im übrigen eine Rechtsprechung zu bewerten, die den Verfassungsverstoß der Besteuerung Andersgläubiger nach Weimarer Rechtsgrundsätzen gerügt hätte? Vgl. dazu auch BayVGH 13. Oktober 1937, RVerwBl 1938, 211.

Ehrgeiz hier nicht entwickelt, sich also nicht als politisch Übereifrige hervorgetan haben, und einräumen, daß dies bereits die Kritik der extrem kirchenfeindlichen Richtung hervorzurufen geeignet war.
Die Rechtsprechung zur fortdauernden Kirchensteuerpflicht juristischer Personen ist in Begründung und Ergebnis im wesentlichen gleichartig[29]. Gemeinsam ist ihr zunächst die mehr oder weniger ausdrückliche Anerkennung des nationalsozialistischen Grundsatzes von der Rezeption vorrevolutionären Rechts nur unter dem Vorbehalt seiner Vereinbarkeit mit der nationalsozialistischen Weltanschauung. Eingehendere Ausführungen widmete dieser Frage das ThürOVG in einem Urteil vom 13. April 1938[30]: »Der Umstand, daß die Staatsführung einen Rechtszustand, der mit nationalsozialistischen Anschauungen nicht vereinbar ist, noch nicht förmlich geändert hat, schließt in der Tat nicht aus, daß der Richter bei der Entscheidung des Einzelfalles diesem Zustand die Anerkennung versagt und ggfs. versagen muß, weil seine Auswirkungen überhaupt oder im gegebenen Falle als sittenwidrig erscheinen ... Die Erneuerung des Rechts nach nationalsozialistischen Grundsätzen ist nicht mit einem Schlage zu verwirklichen, sondern kann nur allmählich und schrittweise vor sich gehen. Infolgedessen wird die Staatsführung die Lösung mancher Fragen, besonders weniger wichtiger, noch hinausschieben müssen, und werden daher viele nicht mehr zeitgemäße Regelungen noch für eine längere Übergangszeit bestehen bleiben, ohne daß deswegen angenommen werden kann, daß die Staatsführung den bestehenden Zustand billige und – auch nur für die Übergangszeit – als fortdauernd verbindlich anerkennen wolle. Deshalb kann es soweit allerdings ggfs. Aufgabe des Richters sein, der neuen Rechtsauffassung auch entgegen noch nicht förmlich aufgehobenen oder geänderten Vorschriften Geltung zu verschaffen. Voraussetzung hierfür ist aber nicht nur, daß die völlige Unvereinbarkeit der anzuwendenden Vorschrift an sich oder ihrer Anwendung im gegebenen Falle mit der nationalsozialistischen Weltanschauung oder Rechtsauffassung außer Frage steht, sondern es muß in solchen Fällen, wenn es, wie es oft der Fall sein wird, nicht bei der Feststellung, daß die alte Vorschrift überholt sei, bewenden kann, auch möglich sein, die Fallentscheidung sicher und eindeutig aus der nationalsozialistischen Weltanschauung und Rechtsauffassung heraus zu gewinnen, und es darf ferner auch nicht etwa ersichtlich sein, daß die Staatsführung aus staatspolitischen oder sonstigen Gründen die an sich notwendige oder erwünschte Neuregelung absichtlich als noch nicht spruchreif zurückstellt und Unzuträglichkeiten, die sich aus der weiteren Geltung und Anwendung der alten Vorschrift ergeben, bewußt in Kauf nimmt.«
Die Gerichte stimmten ferner darin überein, daß diese Voraussetzungen bei der Kirchensteuer nicht gegeben waren, daß vielmehr verschiedene Anzeichen deutlich dafür sprachen, daß die Staatsführung eine an sich wohl erwünschte Neuregelung aus politischen Gründen zurückgestellt hatte. Wie andere Gerichte, so stellte auch das ThürOVG entscheidend auf diesen Grundzug der derzeitigen nationalsozialistischen Kirchenpolitik ab: »Daraus ergibt sich aber, daß im gegenwärtigen Zeitpunkt die Gerichte nicht ohne weiteres die Weitererhebung von Kirchensteuer,

[29] Vgl. Anm. 30 ff.
[30] ZAkDR 1938, 603.

die nach gesetzlicher Vorschrift zur Deckung von Baukosten erhoben werden, wegen grundsätzlicher Unvereinbarkeit mit der nationalsozialistischen Weltanschauung für unzulässig erklären können. Denn es handelt sich bei diesen Regelungen, wie übrigens auch bei den sog. dinglichen Kirchensteuern und -abgaben, eben nicht ... um abgesonderte, in sich geschlossene Probleme behandelnde »Einzelbestimmungen«, sondern um Fragen, deren Lösung ggfs. mit der Ordnung des gesamten Fragenbereichs und finanzwirtschaftlichen Beziehungen zwischen Staat und Kirche und schließlich des Verhältnisses des Staates zur Kirche überhaupt eng verknüpft ist. Die Neuordnung dieses Fragenbereichs kann aber, wie der zuständige Reichsminister für die kirchlichen Angelegenheiten in seinen bekannten Reden in Fulda und Hagen deutlich herausgestellt hat, nur vorsichtig und schrittweise durchgeführt werden ... Sie ist also offensichtlich von der Reichsregierung vorderhand bewußt und in voller Absicht zurückgestellt, weil die zu lösenden Fragen noch nicht zur Entscheidung reif sind oder ihre Lösung aus anderen Gründen zur Zeit nicht durchführbar oder untunlich ist«.

Hinzu kam, daß die Kirchensteuerpflicht juristischer Personen zum Teil Eingang in staatliche Kirchensteuergesetze des nationalsozialistischen Gesetzgebers gefunden hatte wie etwa im Saarland und in Bayern. Während dieser Umstand für die Gerichte anderer Länder ein Indiz für die nationalsozialistisch-richtige Auffassung abgab[31] – ein Argument, das übrigens auch kirchlicherseits vorgebracht wurde –,[32] stellte er für die Gerichte in den betroffenen Ländern ein unüberwindliches Hindernis für eine abweichende Rechtsprechung dar. In seinem Urteil vom 7. September 1938 erklärte der BayVGH[33], daß er sich über das Bayerische Kirchensteuergesetz von 1935 nicht hinwegsetzen könne: »Eine Rechtsnorm, wonach einem *nach* dem Umbruch ordnungsmäßig erlassenen Gesetz vom Richter die Geltung deswegen aberkannt werden könnte, weil es der nationalsozialistischen Weltanschauung widerspreche, besteht nicht. Jedes Gesetz, das ordnungsmäßig zustandegekommen ist, ist ein Akt der politischen Führung. Der Richter ist an dieses Gesetz, das heißt an den in ihm ausgesprochenen Willen der obersten Führung, gebunden. Er darf von dem klar und deutlich ausgesprochenen Willen des Gesetzgebers nicht abweichen und sich nicht über diesen Willen der obersten Führung stellen, und zwar auch dann nicht, wenn er der Auffassung sein sollte, das Gesetz widerspreche nationalsozialistischer Weltanschauung.«

In vergleichbarer Weise wurde das Festhalten an dem Institut der dinglichen Kirchensteuer[34] mit den kirchenpolitischen Vorstellungen der Staatsführung begründet[35]. Im Urteil vom 29. März 1938 bemerkte das OLG Kiel[36]: »Wenn geltend gemacht wird, daß die Besteuerung von Nichtmitgliedern der Kirche mit den

[31] OVG Oldenburg 18. November 1937, AeKR 2 (1938), 206; BadVGH 20. Dezember 1938, RVerwBl 1940, 685.

[32] Vgl. dazu OVG Oldenburg 3. November 1936, AeKR 1 (1937), 150 (151).

[33] RVerwBl 1938, 879; ähnlich BayVGH 29. Juni 1938, zitiert AeKR 2 (1938), 350 (351).

[34] Zur Vereinbarkeit der dinglichen Kirchensteuern mit der Weimarer Verfassung vgl. OLG Celle 3. April 1933, JW 2933, 1417; RG 23. November 1933, RGZ 142, 279; vgl. auch RG 3. Februar 1936, RGZ 150, 205.

[35] Ohne Begründung nimmt dies an OLG Celle 13. August 1936, DJ 1936, 1582; vgl. dazu die Anmerkungen von C. H. Ule und H. D. Köhler a. a. O.

[36] JW 1838, 1908.

Grundsätzen nationalsozialistischer Rechtsauffassung nicht in Einklang zu bringen sei, so folgt hieraus noch nicht das Erlöschen der bisherigen, dieser Rechtsauffassung entgegenstehenden Rechte der Kirche. Das Reichsgericht hat in seiner bekannten Entscheidung[37] ... ausgeführt, daß der vom Nationalsozialismus vertretene Grundsatz der Freiheit aller religiösen Bekenntnisse zur Zeit nicht dazu führen könne, jede Belastung Andersgläubiger auszuschließen ... Wie das Reichsgericht mit Recht hervorhebt, sind überstürzte Änderungen auf dem Gebiete des kirchlichen Besteuerungswesens, die schwere Erschütterungen zahlreicher Kirchengemeinden und zugleich eine Beunruhigung des Kirchenvolkes mit sich bringen müßten, mit der Haltung der neuen Staatsleitung, die allgemein um die Aufrechterhaltung der Ordnung bemüht gewesen ist, unvereinbar. Dem Bestreben der Staatsführung, solche Erschütterungen des kirchlichen Lebens zu vermeiden ... muß sich der Einzelne, der nicht mehr der Kirche angehört, unterordnen.«

Daß überstürzte Änderungen auf dem Gebiet des kirchlichen Finanzwesens derzeit nicht im Sinne der Staatsführung waren, bestimmte auch die Rechtsprechung zur fortdauernden Haftung des bekenntnislosen Ehegatten für die vom anderen Ehegatten geschuldete Kirchensteuer. Eine Ausnahme von dieser Rechtsprechung stellt nur ein Beschluß des BayVGH vom 13. Oktober 1937[38] dar. Das Gericht hatte über die – im Ergebnis verneinte – Frage zu entscheiden, ob der aus der Kirche ausgetretene Ehemann, dessen nicht berufstätige und folglich nicht auch selbst lohnsteuerpflichtige Ehefrau weiter der katholischen Kirche angehörte, mit seinem Arbeitslohn zur katholischen Kirchenlohnsteuer herangezogen werden durfte. Nun stand nach Art. 15 des bayerischen Kirchensteuergesetzes vom 20. Mai 1935[39] das Recht, Umlagen zur Lohnsteuer zu erheben, »der Religionsgesellschaft zu, der der Arbeitnehmer, oder, falls dieser bekenntnislos ist, sein Ehegatte angehört«, so daß allenfalls zweifelhaft sein konnte, ob hier wegen der Religionszugehörigkeit des Ehegatten eine selbständige Steuerpflicht oder nur eine Haftung des bekenntnislosen Ehegatten und Arbeitnehmers begründet werden sollte[40].

Die Frage nach der Haftung des alleinverdienenden bekenntnislosen Ehemannes für eine etwaige Kirchensteuerschuld der Ehefrau scheint das Gericht bereits mit dem Hinweis auf das Fehlen einer eigenen Kirchensteuerschuld der Ehefrau verneint zu haben: einerseits sei die Ehefrau mangels Arbeitslohns nicht lohnsteuer- und folglich auch nicht kirchenlohnsteuerpflichtig, andererseits könne aus der Lohnsteuerpflicht eines Arbeitnehmers (des Ehemannes) stets nur dessen eigene Kirchenlohnsteuerpflicht, nie aber die eines Dritten (der Ehefrau) hergeleitet werden.

Damit war das Problem auf die Frage beschränkt, ob ein Bekenntnisloser wegen der Kirchenzugehörigkeit der Ehefrau persönlich kirchenlohnsteuerpflichtig war. Das Gericht verneinte auch diese Frage, obwohl der einzig mögliche Sinn des bayerischen Kirchensteuergesetzes doch der war, den bekenntnislosen Arbeitnehmer zur Kirchensteuer für die Ehefrau, ob immer Schuld oder Haftung gemeint

[37] 9. September 1937, JW 1937, 3026.
[38] RVerwBl 1938, 211.
[39] GVBl. S. 429.
[40] Vgl. H. Engelhardt S. 126, der zur Annahme persönlicher Steuerpflicht neigt.

war, heranzuziehen. Dieses Gesetz habe, so behauptete das Gericht entgegen Sinn und Wortlaut der Bestimmung, an dem Grundsatz festgehalten, daß erste Voraussetzung für die persönliche Kirchensteuerpflicht natürlicher Personen die Bekenntniszugehörigkeit sei, wie dies auch dem Grundsatz der Bekenntnisfreiheit entspreche: »Der Grundsatz der Bekenntniszugehörigkeit als Voraussetzung der Kirchensteuerpflicht steht in Übereinstimmung mit dem Grundsatz der Gewissensfreiheit; er ist die notwendige Folge des Grundsatzes der Gewissensfreiheit. Dieser aber war ein Grundsatz schon des liberalen Verfassungsrechts. Nach Art. 135 der Weimarer Verfassung genießen alle Bewohner des Reichs volle Glaubens- und Gewissensfreiheit. In gleicher Weise bestimmt § 17 der bayerischen Verfassungsurkunde vom 14. August 1919: ›Jedermann ist volle Glaubens- und Gewissensfreiheit gewährleistet.‹ Die Gewissensfreiheit in religiösen Dingen ist ein Grundrecht erst recht des *nationalsozialistischen Verfassungsrechts*«, wie dies aus Punkt 24 des Parteiprogramms der NSDAP und der Verfügung des Führerstellvertreters vom 10. Oktober 1937[41] folge.

Richtig ist, daß das Verständnis des Gerichts von Religionsfreiheit nicht unmodern – für Weimarer Verhältnisse ungewöhnlich modern – erscheint. Hierbei darf aber nicht übersehen werden, daß die im nationalsozialistischen Staat ebenso ungewöhnliche wie systemwidrige Berufung auf ein »Grundrecht« der Herstellung negativer Religionsfreiheit im Sinne der erwähnten Anordnung des Führerstellvertreters diente und ein letztlich der Kirche ungünstiges Ergebnis begründete. Ob die hinter einer petitio principii nur notdürftig versteckte Nichtanwendung einer – kirchenfreundlichen – Gesetzesbestimmung gelobt werden sollte nur deshalb weil das Gesetz vom nationalsozialistischen Gesetzgeber herrührte, ist zweifelhaft. Mehr als zweifelhaft ist dies dann, wenn nicht auszuschließen ist, das Gericht habe einen Irrtum des Gesetzgebers vermutet, weil die Bestimmung, so der VGH, »im Gegensatz zu der Richtung, in die die Entwicklung weist (§ 1 Abs. 2 StAnpG)«, stehen würde.

Anders die übrige Rechtsprechung[42]. Unter Berufung auf das höchstrichterliche Präjudiz des RG[43] wies das LVG Schwerin am 6. Oktober 1938[44] die Klage eines aus der Kirche ausgetretenen Ehemannes zurück, der seine Haftung für die Kirchensteuerschuld der Ehefrau unter Berufung auf Billigkeit und allgemeines Volksempfinden bestritten hatte; mit gleichen Gründen hielt das AG Köln-Mülheim am 11. Juli 1939[45] an der Zahlungsverpflichtung des ausgetretenen Ehemannes für die von der Ehefrau geschuldete Kirchensteuer fest.

In der sich aus dem gesetzlichen Güterstand damaligen Rechtszustands[46] ergebenden Haftung des (aus der Kirche ausgetretenen) Ehemannes für die Kirchensteuer

[41] Betr. die grundsätzliche Neutralität in konfessionellen Angelegenheiten: Völkischer Beobachter vom 17. Oktober 1933; abgedruckt auch JK 1933, 251 und bei F. ZIPFEL S. 270.

[42] Zur Kirchensteuerveranlagung in gemischten Ehen vgl. im übrigen PrOVG 17. März 1936, E 99, 58 = AeKR 1 (1937), 147, 218; ThürOVG 24. November 1937, AeKR 1 (1937), 414; PrOVG 19. September 1939, E 104, 133; RVG 22. Juli 1943, RStBl 1944, 178.

[43] RG 9. September 1937, JW 1937, 3026.

[44] MecklZ 55 (1939), 75.

[45] AeKR 4 (1940), 112.

[46] Güterstand der Verwaltung und Nutznießung, BGB §§ 1363 ff. (§ 1385 Ziffer 1, § 1388) a. F.

der Ehefrau vermochte das AG Solingen-Ohligs im Urteil vom 21. Juli 1939[47] eine Sittenwidrigkeit nicht zu erkennen: »Jeder anständig Denkende wird die Zugehörigkeit seines Ehegatten zu einem der religiösen Bekenntnisse, von denen es in Adolf Hitlers ›Mein Kampf‹ Band 1 S. 379 Ziffer 10 heißt: ›Sie (die Bewegung) sieht in beiden religiösen Bekenntnissen gleich wertvolle Stützen für den Bestand unseres Volkes‹, achten, wenn er auch selbst anderer Überzeugung ist und wird aus dieser Achtung heraus es dem Gatten ermöglichen, seinen Pflichten gegenüber der Religionsgemeinschaft nachzukommen«.

Das HambOVG hielt in einem gleichgelagerten Fall die Einwände des Eingriffs in die Religionsfreiheit des Ehemannes und des Verstoßes gegen die nationalsozialistische Weltanschauung laut Urteil vom 18. Mai 1940[48] zwar nicht für unbegründet, mochte ihnen aber keine rechtliche Folge geben, weil der nationalsozialistische Gesetzgeber selbst eine gleichartige Regelung für das Saarland erlassen hatte.

Aus diesem Grund verneinte auch das PrOVG am 5. November 1940[49] einen Widerspruch zwischen der entsprechenden Bestimmung des preußischen Kirchensteuergesetzes vom 26. Mai 1905[50] mit der nationalsozialistischen Weltanschauung. Eine Prüfung der Frage, ob die güterrechtlichen Vorschriften des Bürgerlichen Gesetzbuches über die Haftung des Ehemanns für öffentliche Abgabenschulden der Ehefrau dann, wenn es sich um Kirchensteuerschulden handelte, als mit den Grundsätzen der nationalsozialistischen Weltanschauung und des Parteiprogramms der NSDAP nicht mehr in Einklang stehend befunden werden könnten, lehnte das OVG aber ab, weil über diese rein güterrechtliche Haftungsfrage im steuerrechtlichen Verwaltungsstreitverfahren nicht entschieden werden könne[51].

Weil die Erhebung von Kirchensteuern in religionsverschiedenen Ehen auch seit 1933 mit Wissen und Duldung der nationalsozialistischen Staatsführung und sogar unter Mitwirkung staatlicher Stellen nach der überkommenen Praxis geübt worden war, hielt auch das OLG Köln am 6. Mai 1941[52] unter Bezugnahme auf das bekannte Reichsgerichtsurteil dafür, daß es nicht Sache der Rechtsprechung sei, auf diesem Gebiet Änderungen herbeizuführen.

[47] AeKR 3 (1939), 402.
[48] RVerwBl. 1940, 513.
[49] AeKR 5 (1941), 100.
[50] KGuVOBl S. 31.
[51] In diesem Sinne bereits die frühere Rechtsprechung des PrOVG, vgl. 14. Mai 1912, E. 61, 110; 3. Dezember 1935, E 97, 81 (86); 4. Februar 1936, E 97, 88; dazu H. ENGELHARDT S. 127 ff. mit weiteren Nachweisen.
[52] AkKR 121 (1941), 290.

# 7. TEIL

# STAATLICHER SCHUTZ UND STAATLICHE FÖRDERUNG DER RELIGIONSGESELLSCHAFTEN IN DER RECHTSPRECHUNG

## 13. Kapitel: Der strafrechtliche Schutz der Kirchen

### I. Strafrechtlicher Schutz durch Religionsdelikte und andere Tatbestände

Trotz Trennungsprinzip und Neutralitätsgrundsatz gewährte die Weimarer Reichsverfassung den Religionsgesellschaften je nach ihrer Bedeutung für das öffentliche Leben besonderen Schutz und besondere Förderung[1]. Dies wirkte sich unter anderem als strafrechtlicher Schutz in Gestalt der Religionsdelikte aus[2].
Strafrechtlicher Schutz wurde gewährt gegen Gotteslästerung als Ärgerniserregung in beschimpfenden Ausdrücken, gegen die Kränkung der religiösen Überzeugung durch öffentliche Beschimpfung einer der christlichen Kirchen oder mit Korporationsrechten ausgestatteten Religionsgesellschaften oder ihrer Einrichtungen und Gebräuche oder durch beschimpfenden Unfug in einer Kirche oder an einem anderen zu religiösen Versammlungen bestimmten Ort (§ 166 StGB). Die Religionsgesellschaften waren ferner geschützt gegen Störungen ihres Gottesdienstes oder ihrer gottesdienstlichen Verrichtungen (§ 167 StGB) oder gegen Beleidigung ihrer Religionsdiener (§ 196 StGB), gegen Störungen des Gräberfriedens (§ 168 StGB), gegen Diebstahl von gottesdienstlichen Gegenständen aus einem dem Gottesdienst gewidmeten Gebäude, gegen Beschädigung oder Zerstörung von Gegenständen der Verehrung einer Religionsgesellschaft oder von für den Gottesdienst bestimmten Gegenständen und gegen Brandstiftung an gottesdienstlichen Gebäuden (§§ 243, 304, 306 StGB), endlich gegen Störungen der Sonn- und Feiertagsordnung (§ 366 StGB).
Bei diesem Rechtszustand ist es in nationalsozialistischer Zeit verblieben. Die nicht verwirklichten Reformbestrebungen[3] haben den strafrechtlichen Schutz insbesondere der religiösen Überzeugung gegen Kränkung und Beschimpfung auch grundsätzlich nicht in Frage gestellt; ihre Bemühungen galten jedoch dem Ziel, den gesetzlichen Bestimmungen zukünftig ein der nationalsozialistischen Weltanschauung entsprechendes Religions- und Kirchenverständnis[4] zugrundezulegen.

[1] Vgl. Art. 135 Satz 2, 139 RV. Zu Schutz und Förderung der Religionsgesellschaften vgl. insbesondere G. J. Ebers, Staat S. 210 ff.; G. Anschütz, Art. 135 Anm. 5 (S. 621). Im Unterschied zum staatskirchenhoheitlichen Verständnis (vgl. W. Kahl, Lehrsystem S. 380 ff.) war mit der modernen Auffassung anzunehmen, daß sich das ius advocatiae zu einer *allgemeinen* Schutzpflicht des Staates verflüchtigt hatte (G. J. Ebers, a. a. O. S. 211), vgl. auch G. Anschütz Art. 139 Anm. 1 (S. 655).

[2] Zu den Religionsdelikten vgl. außer den bekannten strafrechtlichen Kommentaren insbesondere W. Kahl, Strafrechtsreform S. 287 ff.; H. Henkel S. 916 mit weiteren Nachweisen S. 957; G. V. Bruns.

[3] Nationalsozialistisches Strafrecht, Denkschrift des Preußischen Justizministers, Berlin 1933; F. Gürtner; F. Gürtner – R. Freisler. Zur beabsichtigten Reform der Religionsdelikte vgl. Überblick und Kritik bei E. Wolf, Neuordnung S. 13.

Schutzobjekt sollte anstelle der individuellen religiösen Überzeugung zukünftig das »religiöse Volksempfinden«[5] sein mit der Folge des Ausschlusses vor allem des jüdischen, aber auch jedes anderen, vom nationalsozialistischen Staat nicht als Teil des »deutschen religiösen Empfindens« anerkannten Glaubens vom strafrechtlichen Schutz[6].

Veröffentlichte Entscheidungen zu den Religionsdelikten waren nur ganz vereinzelt feststellbar. Dies dürfte nicht, wie ein Blick in die Kriminalstatistik[7] zeigt, auf einen Abbau des strafrechtlichen Schutzes der Religionsgesellschaften in der Strafverfolgungspraxis des nationalsozialistischen Staates zurückzuführen sein als vielmehr auf den Umstand, daß das rechtswissenschaftliche Interesse an den Religionsdelikten offenbar gering gewesen ist[8]. Die wenigen veröffentlichten Entscheidungen, die im übrigen eine Berücksichtigung der nationalsozialistischen Reformbestrebungen nicht erkennen lassen, haben, abgesehen von dem in anderem Zusammenhang zitierten Freispruch des LG Potsdam vom 30. Juli 1937[9], Verurteilungen zum Gegenstand.

Mit Urteil vom 10. November 1933 erklärte das RG[10], daß die Taufe nach dem Selbstverständnis der christlichen Kirchen eine Einrichtung besonderer Verehrung sei, die strafrechtlichen Schutz gegen Beschimpfungen genieße. Wer sich in öffentlicher Gerichtsverhandlung als »vorbestraft durch die Taufe« bezeichne, verstoße gegen § 166 StGB. Eine Verurteilung wegen beschimpfenden Unfugs, begangen in einer Sakristei, sprach das RG ferner aus am 25. Oktober 1934[11]. Mit Urteil vom 13. September 1937 schließlich erkannte das RG[12] auf Strafe nach § 168 StGB wegen beschimpfenden Unfugs an einer Leiche. Weil die Vorfälle sich weder an einem Grabe noch in einem zum Gottesdienst bestimmten Gebäude, sondern in

[4] Vgl. etwa A. Jäger S. 7 ff., der, ausgehend von der Volksgemeinschaft und ihrer Einheit als dem obersten Wert, in der Religion eine der zahlreichen Funktionen der Volksgemeinschaft und in der Kirche einen »Sachwalter der Volksgemeinschaft in der religiösen Funktion« (S. 12) erblickt. Das Bestreiten des originären Charakters von Religion und Kirche und der Verweis auf eine sekundäre Funktion der Volksgemeinschaft führen zu der dem totalitären Staatsverständnis entsprechenden Annahme, »daß die Ausübung der religiösen Funktion in der Volksgemeinschaft den Ordnungen dieser Volksgemeinschaft entsprechen müsse«, S. 14.

[5] Vgl. oben Anm. 3; K. Klee, Religion S. 145 ff.; ders., Gotteslästerung S. 378.

[6] In diesem Sinne die DJ 1935, 121 und insbesondere die in DJ 1936, 736 zitierten Presseäußerungen: »Der Schutz des neuen Gesetzes kann nur solchen Religionsgesellschaften, solchen religiösen Überzeugungen gewährt werden, deren Anhänger kraft oder gerade wegen ihres Glaubens wertvolle Mitglieder dieser Volksgemeinschaft sind und aus ihrem Glauben heraus dem nationalsozialistischen Staat positiv gegenüberstehen«, Schwarzes Korps, zitiert DJ 1936, 736.

[7] Die Kriminalstatistik weist z. B. für das Jahr 1933 (1929) aus: § 166 StGB: 142 (140) Verfahren, hiervon 123 (111) Verurteilungen; § 167 StGB: 45 (73) Verfahren, hiervon 38 (68) Verurteilungen; § 168 StGB: 57 (57) Verfahren, hiervon 43 (43) Verurteilungen; für das Jahr 1934: § 166 StGB: 98 Verfahren, hiervon 81 Verurteilungen; § 167 StGB: 37 Verfahren, hiervon 24 Verurteilungen; § 168 StGB: 45 Verfahren, hiervon 42 Verurteilungen. Ein Rückgang ist feststellbar, indessen waren Schwankungen vergleichbaren Ausmaßes auch in weiter zurückliegender Zeit nichts Ungewöhnliches, wie überhaupt die Tendenz seit 1925 stetig rückläufig war.

[8] Vgl. E. Wolf, a. a. O. S. 23.

[9] Unveröffentlicht; Az. 2 D 687/37.

[10] RGSt 67, 373 = JW 1934, 424.

[11] HRR 1935, Nr. 396.

[12] RGSt 71, 323 = DJ 1938, 589 = ZAkDR 1938, 60.

einer Leichenhalle abgespielt hatten, konnte das RG die Bestrafung nur mit einer analogen Anwendung (§ 2 StGB) des Gesetzes begründen: »Der Gesetzgeber würde einen solchen Vorgang, der nach dem Grundgedanken des § 168 StGB und nach gesundem Volksempfinden unbedingt Strafe verdient, in § 168 StGB mit Strafe bedroht haben, wenn er an diesen Fall gedacht hätte.«

Am 10. Dezember 1934 befaßte sich das BayObLG[13] mit dem unbefugten Tragen geistlicher Ordenskleidung: § 380 Nr. 8 StGB gelte auch für diesen Fall, weil nach Art 10 des Reichskonkordats der Mißbrauch geistlicher Kleidung staatlicherseits den gleichen Strafen unterliegen sollte wie der Mißbrauch der militärischen Uniformen. Die Geltung des Reichskonkordats als innerstaatliches Recht, geeignet, eine strafrechtliche Blankettnorm auszufüllen, wurde vom Gericht ausdrücklich anerkannt und begründet. Mit Urteil vom 17. Januar 1935 äußerte sich das BayObLG[14] zu Fragen des Feiertagsschutzes nach § 366 Nr. 1 StGB.

Über den Schutz der Religionsgesellschaften und ihrer Diener nach den allgemeinen strafrechtlichen Tatbeständen ist bereits in anderem Zusammenhang berichtet worden[15]. Ergänzend ist noch ein Urteil des RG vom 22. Mai 1933[16] zu erwähnen, mit dem die Gewährung des besonderen Ehrenschutzes für Personen des öffentlichen Lebens[17] für einen Kirchenbeamten abgelehnt wurde: Der Generalvikar stehe, so das RG, nicht im öffentlichen Leben. Zur Frage, wer bei einer Beleidigung der katholischen Kirche den Antrag auf Einleitung des Klageerzwingungsverfahrens zu stellen berechtigt sei, äußerte sich das OLG Frankfurt im Beschluß vom 7. Juni 1935[18]: Nach katholischem Kirchenrecht stehe diese Befugnis dem bischöflichen Ordinariat, nicht aber dem Stadtpfarrer zu.

## II. Anhang: Die strafrechtliche Verfolgung der Kirchen

Die strafrechtliche Verfolgung der Kirchen im Nationalsozialismus[19] war bereits wiederholt Gegenstand dieser Untersuchung: die strafrechtliche Verfolgung verbotener Sekten[20], die mit strafrechtlichen Sanktionen versehenen Beschränkungen der Meinungsäußerungs- und Lehrfreiheit[21], das Vorgehen mit den Mitteln des Strafrechts gegen unerwünschte Sammlungen[22].

Hinzuweisen ist ferner auf die Rolle der Devisen[23]- und Sittlichkeitsprozesse[24] als Mittel des Kirchenkampfs, auf die wegen des Fehlens veröffentlichter Entscheidungen hier nicht näher eingegangen werden konnte.

[13] JW 1935, 960.
[14] DVerwBlätter 1934, 148.
[15] Zum Ehrenschutz in den Auseinandersetzungen zwischen der Bekennenden Kirche mit den Deutschen Christen s. o. S. 69 ff.
[16] JW 1933, 1727.
[17] 4. VO des RPräs. zur Sicherung von Wirtschaft und Finanzen und zum Schutze des inneren Friedens vom 8. Dezember 1931, RGBl. I, S. 699 (743), Teil III, Kap. 8, § 1.
[18] JW 1935, 3404.
[19] Weitere Hinweise und Zahlen bei F. Zipfel S. 124 und J. S. Conway S. 193.
[20] S. o. Kapitel 3.
[21] S. o. Kapitel 4.
[22] S. o. Kapitel 6.
[23] K. Gotto, S. 487 ff.; F. Zipfel S. 78 ff.; J. S. Conway S. 144 ff.
[24] H. G. Hockerts.

Aus dem Bereich des Sexualstrafrechts ist auf ein Urteil des RG vom 28. August 1936[25] hinzuweisen, durch das – in Abweichung von der bisherigen Rechtsprechung[26] – eine Erweiterung des auf »Medizinalpersonen« beschränkten Täterkreises in § 174 Abs. 1 Nr. 3 StGB auf alle unmittelbar oder auch nur mittelbar in der Krankenpflege beschäftigten Personen vorgenommen wurde. Dies bewirkte im konkreten Fall die Bestrafung verschiedener Mitglieder einer in der Krankenpflege tätigen klösterlichen Genossenschaft. Mit Urteil vom 25. Juni 1937 erklärte das RG[27], daß es für den Begriff der unzüchtigen Handlung allein auf das Sittlichkeitsgefühl der Allgemeinheit ankommen müsse. Eine Handlung, die danach nicht unzüchtig sei, könne nicht deshalb als solche gelten, weil sie nur das Keuschheitsgelübde des zum Zölibat verpflichteten Geistlichen verletze.

Unter den übrigen, erkennbar Kirchenangehörige betreffenden vorliegenden Entscheidungen[28] befaßten sich zwei Urteile des RG[29] mit der Frage, ob den Geistlichen im Kommunions- bzw. Konfirmandenunterricht ein Züchtigungsrecht zustehe. Die Frage wurde in Übereinstimmung und Fortsetzung mit der früheren Rechtsprechung[30] verneint.

Eine letzte Gruppe von Entscheidungen befaßt sich mit der Frage, ob und unter welchen Voraussetzungen Kirchenbeamte als Beamte im strafrechtlichen Sinne anzusehen waren mit der Folge der Anwendbarkeit des strengeren Sonderstrafrechts für Beamte.

Nach der in der Weimarer Zeit herrschenden Auffassung waren Kirchenbeamte, da nicht in einem öffentlich-rechtlichen Dienstverhältnis zum Staat stehend, grundsätzlich nicht Beamte im Sinne des Strafrechts[31]. Anderes galt jedoch dann und insoweit, als den Kirchenbeamten die Ausübung von Verrichtungen oblag, die als staatliche oder aus der Staatsgewalt abgeleitete Funktionen angesehen wurden[32]. Staatskirchenhoheitlicher Tradition entsprechend wurde – trotz Art. 137 RV – eine Ausübung staatlicher Funktionen und mithin strafrechtliche Beamteneigenschaft angenommen für den Bereich der kirchlichen Vermögensverwaltung, was mit den z. T. recht weitgehenden staatlichen Aufsichts- und Mitwirkungsbefugnissen aufgrund der einzelnen Landesgesetze über die Vermögensverwaltung der Kirchen begründet wurde[33].

[25] RGSt 70, 297.

[26] RG 24. August 1898, RGSt 31, 246; einschränkender RG 11. Mai 1942, RGSt 76, 149.

[27] JW 1937, 2385.

[28] Vgl. auch LG München 5. April 1934, AkKR 116 (1936), 216 zur Frage des Umfangs der seelsorgerischen Schweigepflicht.

[29] RG 5. Oktober 1933, RGSt 67, 324 und RG 13. Mai 1941, RGSt 76, 3.

[30] RG 1. Februar 1890, RGSt 20, 371; 15. Januar 1900, RGSt 33, 71; zur Frage des Züchtigungsrechts vgl. R. Frank, Strafgesetzbuch S. 476 ff.; J. v. Olshausen, § 223 Anm. 10, 12. Auflage Anm. 12; L. Ebermayer – A. Lobe – W. Rosenberg, § 225 Anm. 11.

[31] RG 20. Februar 1913, RGSt 47, 49.

[32] RG 19. März 1926, RGSt 60, 139; RG 2. Februar 1928 und 11. Juni 1928, RGSt 62, 26 u. 188; J. v. Olshausen, § 359 Anm. 12; R. Frank, a. a. O. § 359 Anm. II; L. Ebermayer – A. Lobe – W. Rosenberg, § 359 Anm. 1.

[33] RG 20. Januar 1881, RGSt 3, 258 (Preußen); 16. März 1886, RGSt 13, 432 (Preußen); 6. Mai 1886, RGSt 14, 130 (Preußen); 10. März 1923, RGSt 57, 23 (Sachsen); 1. November 1928, RGSt 62, 308; 12. April 1929, RGSt 63, 116 (Baden); 14. September 1929, JW 1929, 3386 (Preußen).

An dieser Rechtsprechung hat das RG in der nationalsozialistischen Zeit ziemlich unverändert festgehalten. In mehreren Entscheidungen aus den Jahren 1933 bis 1937 wurde die Beamteneigenschaft von Pfarrern, Rendanten und sonstigen mit der kirchlichen Vermögensverwaltung in Preußen betreuten Personen ausgesprochen[34], wobei das RG, wie früher, zur Begründung auf die weitgehenden staatlichen Aufsichtsrechte nach den preußischen Gesetzen über die Vermögensverwaltung der Kirchen von 1924[35] zurückgriff. Mit der staatlichen Kirchenaufsicht nach bayerischem Landesrecht wurde auch die Beamteneigenschaft eines Rechners des Kirchenstiftungsvermögens am 9. November 1934 vom RG begründet[36].

Dagegen wurde die Beamteneigenschaft des Kirchenkassierers einer evangelisch-lutherischen Kirchengemeinde in Sachsen vom RG am 13. Februar 1934[37] verneint. Das Gericht begründete das Urteil mit der Änderung des sächsischen Landesrechts im Jahre 1926[38], mit dem die bis dahin aus kirchlichen und staatlichen Vertretern bestehenden Kircheninspektionen aufgelöst und Vermögensverwaltung wie Aufsicht ganz den kirchlichen Behörden überlassen worden waren: von staatlicher Kirchenaufsicht über die Vermögensverwaltung konnte nach Ansicht des RG nicht mehr die Rede sein.

Die vermögensrechtliche Freiheit der Kirche vom Staat sollte indessen nicht lange andauern. Mit der Einrichtung der Finanzabteilungen auch in Sachsen[39] sei, so entschied das RG mit Urteil vom 26. Januar 1937[40], erneut eine staatliche Aufsicht über die Vermögensverwaltung der sächsischen Landeskirche angeordnet worden, so daß die mit der Vermögensverwaltung Beauftragten wieder als Beamte im strafrechtlichen Sinne angesehen werden müßten. Daß es sich hierbei um nichts weniger als um die Übernahme der kirchlichen Finanzhoheit durch staatliche Beauftragte handelte, war dem Gericht ebenso klar wir unproblematisch: »Aus dem Gesamtinhalte dieser Vorschriften ergibt sich, daß damit die Leitung der Vermögensverwaltung der sächsischen evangelisch-lutherischen Landeskirche einer von der Kirchenleitung unabhängigen, durch den zuständigen Minister für kirchliche Angelegenheiten eingesetzten Stelle, nämlich der Finanzabteilung, übertragen worden ist, die ihre Befugnisse nur aus der Staatsgewalt herleitet, also kraft staatlichen Rechtes die Vermögensverwaltung führt, für diese Verwaltung dem Staate verantwortlich und bei ihrer Führung teilweise an die Zustimmung des Staates gebunden

Zu den einzelnen Landesgesetzen über die kirchliche Vermögensverwaltung vgl. G. J. Ebers, Staat S. 359 ff.; auch oben S. 120.

[34] RG 15. Juni 1933, JW 1933, 1727; 14. Juni 1934, JW 1934, 2070; 3. September 1935, JW 1935, 3391; 5. Februar 1936, JW 1936, 1052; 4. Mai 1937, JW 1937, 1811.

[35] G. v. 8. April 1924, GS S. 221; G. v. 24. Juli 1924, GS S. 585.

[36] JW 1935, 1248.

[37] RGSt 68, 85; anders noch RG 10. März 1923, RGSt 57, 23.

[38] Gesetz vom 17. Juni 1926, GBl. S. 153; Verfassung der evangelisch-lutherischen Landeskirche des Freistaats Sachsen vom 29. Mai 1922, GBl. S. 509; Kirchengesetz vom 18. September 1926, GBl. S. 339.

[39] § 4 der 3. DVO zum Gesetz zur Sicherung der DEK vom 21. November 1935, RGBl. I, S. 1350 in Verbindung mit § 4 der 1. DVO vom 3. Oktober 1935, RGBl. I, S. 1221 in Verbindung mit dem preußischen Gesetz über die Vermögensverwaltung in den evangelischen Landeskirchen vom 1. November 1935, GS S. 39 und der 1. DVO hierzu vom 11. April 1935, GS S. 57; vgl. H. Brunotte S. 29 ff.

[40] RGSt 71, 149.

ist. Es findet also derzeit wieder eine staatliche Aufsicht über die Finanzverwaltung der sächsischen Landeskirche statt. Hieran kann es nichts ändern, daß die dritte VO zur Durchführung des Gesetzes zur Sicherung der deutschen evangelischen Kirche bis zum 30. September 1937 befristet ist. Ebensowenig läßt sich aus dem Vorspruch zu dem Gesetze Gegenteiliges entnehmen; vielmehr geht dieser ausdrücklich davon aus, daß der Staat der deutschen evangelischen Kirche zur Zeit nicht die selbständige Regelung ihrer Angelegenheiten überlassen kann.«

# ZUSAMMENFASSUNG UND ERGEBNIS

## I

Die veröffentlichte Rechtsprechung der staatlichen Gerichte in Kirchensachen der Jahre 1933 bis 1945 läßt überwiegend eine deutliche Beeinflussung durch die nationalsozialistische Weltanschauung erkennen. Diese allgemeine Feststellung ist trotz der Mannigfaltigkeit und des Umfangs der hier untersuchten, zu den verschiedensten Rechts- und Lebensbereichen ergangenen Entscheidungen möglich.

Bei dieser Feststellung, daß die Rechtsprechung in Kirchensachen im Dritten Reich insgesamt nicht unbeeinflußt geblieben ist, müssen Einzelheiten notwendigerweise außer Betracht bleiben. Differenzierung erscheint notwendig aber in mindestens zweierlei Hinsicht: Die nationalsozialistische Beeinflussung ist in den verschiedenen Rechts- und Lebensbereichen von unterschiedlicher Intensität. Auf vereinzelten Rechtsgebieten ist die Rechtsprechung verhältnismäßig neutral oder auch unbeeinflußt geblieben, auf anderen zeigt sich eine teilweise extreme Politisierung. Schließlich gab es zumeist Ausnahmen.

## II

Der Einfluß nationalsozialistischer Weltanschauung in der Rechtsprechung in Kirchensachen besteht in allererster Linie in der richterlichen Anerkennung des nationalsozialistisch-totalitären Staatsverständnisses in seinen verschiedenen Ausprägungen.

1. Das nationalsozialistische Staatsverständnis als die Auffassung, daß der Staat den einzelnen Menschen und die Gesellschaft in ihrer Ganzheit – total – zu erfassen das Recht und die Pflicht habe und daß deshalb alle personalen und sozialen Lebensbereiche staatlicher Regelung und staatlicher Kontrolle unterworfen sind und im Dienste des Staates zu stehen haben, war unvereinbar mit der Anerkennung eines durch Grundrechte garantierten außerstaatlichen Freiheitsraumes.

   In Übereinstimmung hiermit spiegelt die Rechtsprechung zur Religionsfreiheit als Individual- und Verbandsgrundrecht den Vorrang des staatlichen Herrschaftsanspruchs und die damit zwangsläufig verbundene Aufhebung der Weimarer Grundrechte wider.

   Wie insbesondere die Rechtsprechung zur Glaubens- und Gewissensfreiheit, zur Bestandsgarantie und Betätigungsfreiheit von Religionsgesellschaften, aber auch die Rechtsprechung zum Schutz des kirchlichen Vermögens und zum kirchlichen Besteuerungsrecht zeigt, wurde Religionsfreiheit nur in ganz wenigen Ausnahmefällen noch als verbindliche Grenze staatlichen Handelns aufgefaßt. Ganz überwiegend wurde das Grundrecht schon von Anfang an unter einen allgemeinen Vorbehalt staatlicher Interessen gestellt: anfänglich unter den Vorbehalt der Ordnung des Staatswesens, häufiger unter den Vorbehalt des Parteiprogramms der NSDAP oder schlicht unter den Vorbehalt der Vereinbarkeit mit der nationalsozialistischen Weltanschauung. Religionsfreiheitliche Betätigung gegenüber dem Staat war danach nicht mehr möglich.

2. Nach dem Prinzip der totalen Erfassung und Inpflichtnahme aller Lebensbereiche durch den Staat mußte der Raum tatsächlich noch verbleibender staatsfreier Betätigungsmöglichkeiten auf ein Minimum zurückgehen, eine Konsequenz, die durch die Spruchpraxis der Gerichte ersichtlich bestätigt wird: Der staatliche Zugriff macht, wie die Rechtsprechung zur Verfolgung der Bibelforscher zeigt, vor Eingriffen in das Privat- und Familienleben, ja sogar vor Eingriffen in den Bereich des forum internum, des persönlichen Gewissens, nicht halt.
   In diesen Zusammenhang gehören auch die Ausdehnung des Bereichs der »staatlichen Angelegenheiten« im Sinne des neue Bedeutung erlangenden Kanzelparagraphen und der fehlende Widerspruch gegen die Errichtung einer evangelischen Staatskirche, die Anerkennung schrankenloser Vereinshoheit des Staates und das die Schließung konfessioneller Institute rechtfertigende Zuständnis an das staatliche Erziehungsmonopol, schließlich die – teilweise – Rücksichtnahme der Gerichte auf die totalitären Staaten eigentümliche Empfindlichkeit gegenüber kritischen oder herabsetzenden Meinungsäußerungen.
3. Mit der Anerkennung des umfassenden staatlichen Herrschaftsanspruchs und des Führerprinzips war die Tendenz zur Verkürzung des gerichtlichen Rechtsschutzes gegenüber staatlichen Maßnahmen verbunden. Häufig lehnten die Gerichte eine sachlich-rechtliche Überprüfung staatlicher Maßnahmen überhaupt ab. Mittel zum Zweck war hier zumeist die Umdeutung von Rechtsbegriffen in Ermessensbegriffe.
   Abgesehen davon, daß dieser Kompetenzverlust der den Gerichten im Führerstaat noch zugedachten bescheidenen Rolle entsprach, ist der Vorgang bezeichnend für die Auflösung der rationaler Kontrolle zugänglichen rechtlichen Bindungen des Staates, kurz für die Zersetzung der Rechtsordnung. Recht, Verfassung und Gesetz wurden verdrängt durch die unklaren Grundsätze nationalsozialistischer Weltanschauung, vorzugsweise der Einheits- und Gemeinschafts- bzw. Gemeinwohlideologie, und durch die jeweiligen Erfordernisse der staatlichen Politik und Kirchenpolitik.

## III

Die Rechtsprechung in Kirchensachen zeigt – folgerichtig – eine weitgehende Übereinstimmung mit den allgemein-politischen Zielen und den kirchenpolitischen Konzeptionen der nationalsozialistischen Staatsführung.

1. Die auf den verschiedensten Lebens- und Rechtsgebieten stattfindende Verfolgung angeblich staatsfeindlicher und staatsgefährlicher Minderheiten wie insbesondere der Zeugen Jehova's wurde von den Gerichten grundsätzlich gebilligt und unterstützt; beim Ausschluß der Juden aus der »deutschen Volksgemein-

schaft« übernahm insbesondere der RFH schon frühzeitig und offenbar ohne zwingende Not eine teilweise führende Rolle.

2. Die Auffassung der Gerichte vom Verhältnis zwischen Staat und großen christlichen Konfessionen zeichnet sich aus durch die nationalsozialistischem Verständnis entsprechende grundsätzliche Trennung der kirchlichen von den staatlichen Zuständigkeiten. Bei der erwähnten Ausweitung des stets vorrangigen staatlichen Herrschaftsanspruchs im totalitären Staat wirkte sich dies aus als fortschreitende Verdrängung der Kirchen aus dem öffentlichen Leben. Entkonfessionalisierung des öffentlichen Lebens und Entpolitisierung der Kirche äußern sich in dem erwähnten Abbau von Glaubens-, Gewissens- und religiöser Vereinigungsfreiheit, in der Beschränkung kirchlicher Meinungsäußerungsfreiheit wie überhaupt der Zurückdrängung kirchlicher Betätigungsmöglichkeiten auf Gebieten, für die der nationalsozialistische Staat die Kompetenz beanspruchte.

3. Von nationalsozialistischer Weltanschauung und staatlicher Kirchenpolitik unberührt blieb dagegen die (unveröffentlichte) Rechtsprechung zu den Auseinandersetzungen zwischen der Bekennenden Kirche und den amtlichen Kirchenleitungen bzw. den Deutschen Christen. Die konsequente Abwehr dieser von der nationalsozialistisch geprägten Richtung in der evangelischen Kirche unternommenen Gleichschaltungsbemühungen ist in den anderen untersuchten Bereichen ohne Beispiel, und sie ist bemerkenswert, weil die Versuche einer Einführung nationalsozialistischer Vorstellungen, kurz einer nationalsozialistischen Machtübernahme in der evangelischen Kirche, ebenso hartnäckig wie zahllos waren.

   Die einzigartige Ausnahme einer konsequent widerstandsfähigen Rechtsprechung mit dem Fehlen des unmittelbaren staatlichen Engagements zu erklären liegt nahe, weil die widerstandsfähige Rechtsprechung endete, wo der Staat selbst zur Partei im Kirchenkampf wurde: Die Maulkorbverfügungen der staatlichen Verwaltungsbehörden, die Kompetenzen und Maßnahmen von Beschlußstelle, Finanzabteilungen und Kirchenministerium sind in ihrer Rechtsgültigkeit von den Richtern nicht in Zweifel gezogen worden. Nicht einheitlich war allerdings die Rechtsprechung zur Frage der Strafbarkeit von Sammlungen der Bekennenden Kirche. Anfangs wohlwollend, zeichnete sich aber auch hier eine Verschärfung ab, nachdem die Auffassung des Kirchenministers bekannt geworden war. Ein Teil der Rechtsprechung lehnte es aber auch weiterhin ab, das Sammlungsrecht im Kampf gegen die Bekennende Kirche ohne Vorbehalt einzusetzen.

4. Der von der NSDAP vertretenen radikal-antikirchlichen Linie ist die Rechtsprechung nicht gefolgt. Sie hielt es statt dessen – immerhin – grundsätzlich mit der offiziellen Kirchenpolitik der Staatsführung, die, durch die bisherigen Erfahrungen gewarnt und später durch Kriegsziele in Anspruch genommen, keine vermeidbaren Erschütterungen des kirchlichen Lebens wünschte. Die Kirchenpolitik der Nichtänderung des finanziellen status quo wirkte sich hier günstig für die Kirchen aus.

   Eine deutliche Ausnahme machte hier indessen wieder der RFH, der teils selbständig, teils in Übereinstimmung mit dem Reichsfinanzministerium, bei der

Besteuerung der Kirchen, insbesondere der Orden, einen streng fiskalischen wie antikirchlichen Kurs steuerte.

## IV

Die den Kirchen überwiegend nachteilige Rechtsprechung wird an erster Stelle durch die von den Richtern rezipierte nationalsozialistisch-totalitäre Staatsauffassung erklärt. Diese, nicht etwa eine primär antikirchliche Tendenz innerhalb der Justiz, prägten vorwiegend das Verhältnis der Rechtsprechung zu den Kirchen.
Gegen diese Annahme spricht keineswegs die Übereinstimmung der Rechtsprechung mit der offiziellen Kirchenpolitik des nationalsozialistischen Staates. Denn für die ersten Jahre fehlte hier jedes klare, konsequent angewandte kirchenpolitische Konzept, und wenn sich in den letzten Jahren ein solches als extreme Trennungspolitik herausgestellt haben mag, so kam es wegen der Vertagung des Kirchenproblems nicht zu seiner allgemeinen Anwendung.
Deshalb spiegelt die hier vorliegende, den Kirchen überwiegend nachteilige Rechtsprechung auch vorwiegend die allgemein-politisch motivierte und vorwiegend sicherheitspolizeiliche und nur insofern von allem Anfang an konstante Reaktion des totalitären Staates auf die Inanspruchnahme persönlicher Grundfreiheiten wider, freilich in ihren verschiedenartigsten Auswirkungen auf das vielfältige religiöse und kirchliche Leben.
Andernfalls wären die der Bekennenden Kirche günstigen Urteile in den innerkirchlichen Kämpfen ebenso unerklärlich wie die Zurückhaltung vieler Gerichte beim Einsatz des Sammlungsgesetzes als eines zweckentfremdeten Mittels der Kirchenverfolgung, unerklärlich der Umstand, daß die grundsätzliche und keineswegs vorgetäuscht wirkende Anerkennung der nationalsozialistischen Rechts- und Verwaltungsakte die Richter nicht hinderte, gleichwohl eine Anzahl kirchenfreundlicher Urteile zu verkünden.
Nur vereinzelt scheinen sonderpolitische Vorstellungen die Oberhand gewonnen zu haben: Bei der Verfolgung der Juden und der Bibelforscher, die offensichtlich keine Sympathien genossen, und auch – wiewohl hier starke fiskalische Erwägungen mitwirkten – bei der späten Rechtsprechung des Reichsfinanzhofs zur Besteuerung der Kirchen und Orden.

## V

Nach der hier zur Verfügung stehenden Rechtsprechung läßt sich das Verhältnis der Gerichte zu den Kirchen danach zusammenfassen:
Mindestens teilweise ausgehend von autoritären, antiliberalen, antidemokratischen und auch staatskirchenhoheitlichen Vorstellungen haben die Richter das totalitäre Staatsverständnis des Nationalsozialismus alsbald rezipiert. Diese totalitäre Staatsauffassung bestimmte wesentlich ihre überwiegend ablehnende Haltung gegenüber individueller oder korporativer religionsfreiheitlicher Betätigung im nationalsozialistischen Staat.

# ENTSCHEIDUNGSREGISTER

*Übersicht*



Anmerkung

Aufgenommen wurden lediglich Gerichtsentscheidungen aus der Zeit von 1933–1945.
Die Abkürzung E bedeutet die amtliche Entscheidungssammlung des jeweiligen Gerichts. Ein * weist auf eine Anmerkung oder Kommentierung der Entscheidung hin. Die Abkürzung LS bedeutet, daß am angegebenen Ort lediglich der Leitsatz der Entscheidung abgedruckt ist.

Echtenhölter = Rudolf Echterhölter, Das öffentliche Recht im nationalsozialistischen Staat, Stuttgart 1970
Frege = Ludwig Frege, Der Status des Preuß. Oberverwaltungsgerichts und die Standhaftigkeit seiner Rechtsprechung auf politischem Gebiet, in: Band 1 der Jubiläumsschrift Staatsbürger und Staatsgewalt, hrsg. v. H. R. Külz und R. Naumann, Karlsruhe 1963
Niemöller = Wilhelm Niemöller, Die evangelische Kirche im Dritten Reich, Bielefeld 1956
Schorn = Hubert Schorn, Der Richter im 3. Reich, Ffm. 1959

## ORDENTLICHE GERICHTE

### *Reichsgericht – Zivilsachen*

| Datum<br>Aktenzeichen | Fundstellen | zitiert Seite |
|---|---|---|
| 10. 1. 1933<br>III 253/32 | RGZ 139, 305 = HRR 1933, 1223 | 109 |
| 24. 4. 1933<br>IV 38/33 | HRR 1933, Nr. 1509 | 136 |
| 23. 11. 1933<br>IV 152/33 | RGZ 142, 279 = RStBl 1934, 164 = JW 1934, 211 = DVerwBl 1934, 292 = HRR 1934, Nr. 1141 | 186 |
| 4. 1. 1934<br>IV 360/33 | RGZ 143, 106 = JW 1934, 760 = DJZ 1934, 939 = HRR 1934, Nr. 602 | 69, 74 |
| 11. 1. 1934<br>IV 185/33 | RGZ 143, 143 = AkKR 114, 214 | 136 |
| 18. 1. 1934<br>IV 120/33 | RGZ 143, 216 = JW 1934, 895* = HRR 1934, 1142 | 122, 136 |
| 8. 2. 1934<br>IV 231/33 | RGZ 143, 307 = JW 1934, 1286 = DJZ 1934, 938 = HRR 1934, Nr. 1145 | 136 |
| 26. 2. 1934<br>IV 295/33 | HRR 1934, Nr. 1028 | 137 |
| 30. 4. 1934<br>IV 372/33 | RGZ 144, 285 = HRR 1934, Nr. 1226 | 93 |
| 6. 7. 1934<br>VII 78/34 | RGZ 144, 306 | 134 |
| 12. 7. 1934<br>IV 94/34 | RGZ 145, 1 | 134 |
| 23. 10. 1934<br>III 10/34 | RVerwBl 1935, 282 | 71 |
| 1. 4. 1935<br>IV 179/34 | RGZ 147, 233 = JW 1935, 2362 | 136 |
| 10. 10. 1935<br>IV 127/35 | RGZ 148, 383 | 128 |
| 5. 4. 1935<br>III 284/34 | JW 1935, 3376 | 109 |
| 1935/1936 | Schorn 525 | 116 |
| 20. 1. 1936<br>VI 370/35 | RGZ 150, 81 | 92 |
| 3. 2. 1936<br>IV 240/35 | RGZ 150, 205 = RStBl 1936, 613 = RVerwBl 1936, 880 = JW 1936, 1841 = AeKR 1, 69 = DJZ 1936, 1381 | 186 |
| 13. 3. 1936<br>V 184/35 | RGZ 150, 1 | 35 |
| 16. 7. 1936<br>IV 73/36 | JW 1936, 2914 | 127 |
| 27. 8. 1936<br>IV 125/36 | AeKR 1, 216 | 137 |

| | | |
|---|---|---|
| 29. 10. 1936<br>IV 146/36 | RVerwBl 1937, 286 = HRR 1937, Nr. 122<br>= AeKR 1, 403 | 93 |
| 2. 11. 1936<br>IV B 55/36 | DJ 1937, 125 | 28 |
| 5. 11. 1936<br>IV 116/35 | JW 1937, 227 | 93 |
| 16. 11. 1936<br>IV 149/36 | RGZ 152, 345 | 135 |
| 19. 11. 1936<br>IV 207/36 | RGZ 152, 369 = JW 1937, 398<br>= HRR 1937, Nr. 398 = AeKR 1, 135<br>= AkKR 117, 230 | 122 |
| 30. 11. 1936<br>IV 222/36 | AeKR 1, 116 | 109 |
| 21. 1. 1937<br>IV 237/36 | RGZ 153, 333 = JW 1937, 1663<br>= HRR 1937, Nr. 638 | 136 |
| 11. 2. 1937<br>IV 253/36 | JW 1937, 1717 = HRR 1937, Nr. 744 | 136 |
| 9. 9. 1937<br>IV 112/37 | ZAkDR 1938, 25* = JW 1937, 3026<br>= HRR 1937, Nr. 1635 = AeKR 1, 401<br>= AkKR 117, 557 | 132, 134,<br>187, 188 |
| 11. 10. 1937<br>IV 77/37 | JW 1938, 819 = AeKR 2, 192 | 136 |
| 11. 11. 1937<br>IV 106/37 | JW 1938, 243 | 136 |
| 6. 12. 1937<br>IV 162/37 | JW 1938, 691 = HRR 1938, Nr. 408 | 136 |
| 4. 2. 1938<br>III 105/37 | AkKR 119, 238 | 90 |
| 28. 3. 1938<br>IV 220/37 | JW 1938, 1538 | 165 |
| 25. 4. 1938<br>IV 7/38 | RGZ 157, 246 = JW 1938, 1889<br>= HRR 1938, Nr. 961 = AeKR 2, 331<br>= AkKR 119, 210 | 93 |
| 3. 10. 1938<br>IV 57/38 | RGZ 158, 185 | 92 |
| 12. 12. 1938<br>IV 166/38 | AkKR 119, 196 | 136 |
| 9. 1. 1939<br>IV 132/38 | RGZ 159, 141 | 163 |
| 21. 9. 1939<br>IV 69/39 | RGZ 161, 236 = DR 1940, 129<br>= AeKR 4, 411 | 137 |
| 10. 2. 1940<br>IV 95/1939 | Schorn 692 | 136 |
| 15. 2. 1940<br>IV 111/39 | RGZ 163, 57 =<br>AeKR 5, 230 = AkKR 121, 92 | 35 |
| 29. 2. 1940<br>III 1/40 | RGZ 165, 343 = DR 1941, 1319<br>= AeKR 5, 74 | 109, 119 |
| 4. 3. 1940<br>IV 625/39 | RGZ 163, 73 = DR 1940, 1144 | 127 |

| | | |
|---|---|---|
| 14. 6. 1934<br>3 D 439/34 | JW 1934, 2070 = RVerwBl 1935, 40 | 194 |
| 25. 10. 1934<br>3 D 848/34 | HRR 1935, Nr. 396 | 191 |
| 9. 11. 1934<br>1 D 1083/34 | JW 1935, 1248 = RVerwBl 1935, 780 | 194 |
| 1. 8. 1935<br>5 D 505/35 | JW 1935, 3383 | 62 |
| 3. 9. 1935<br>1 D 1305/34 | JW 1935, 3391 = RVerwBl 1936, 577<br>= AkKR 116, 233 | 194 |
| 24. 9. 1935<br>1 D 235/35 | RGSt 69, 341 = JW 1935, 3377<br>= AeKR 1, 77 | 37, 41, 47, 48,<br>49, 132 |
| 4. 10. 1935<br>4 D 805/35 | JW 1935, 3379 | 45 |
| 12. 12. 1935<br>3 D 706/35 | Schorn 559 | 61 |
| 5. 2. 1936<br>6 D 8/36 | JW 1936, 1052<br>= RVerwBl 1936, 390 | 194 |
| 3. 3. 1936<br>4 D 58/36 | DJ 1936, 689 | 44, 45, 50 |
| 1. 4. 1936<br>5/6 D 20/36 | JW 1936, 1975 | 46 |
| 18. 6. 1936<br>3 D 200/36 | Schorn 560 | 62 |
| 28. 8. 1936<br>1 D 467/36 | RGSt 70, 297 | 193 |
| 2. 9. 1936<br>3 D 445/36 | RGSt 70, 301 = JW 1936, 3052<br>= DJZ 1936, 1512 | 125 |
| 20. 10. 1936<br>1 D 350/36 | JW 1937, 699 = HRR 1937, Nr. 607 | 62 |
| 26. 1. 1937<br>4 D 991/36 | RGSt 71, 149 = JW 1937, 2397<br>= HRR 1937, Nr. 983<br>= RVerwBl 1937, 743 | 194 |
| 16. 3. 1937<br>1 D 1051/36 | DJ 1937, 1004 | 24, 100 |
| 4. 5. 1937<br>4 D 877/36 | JW 1937, 1811 =RVerwBl 1937, 744<br>= HRR 1937, Nr. 1564 | 194 |
| 1. 6. 1937<br>1 D 174/36 | RGSt 71, 248 = JW 1937, 2380<br>= DR 1937, Nr. 6528 = AeKR 1, 355<br>= AkKR 118, 277 | 64 |
| 25. 6. 1937<br>1 D 714/36 | JW 1937, 2385 | 193 |
| 13. 9. 1937<br>5 D 578/37 | RGSt 71, 323 = DJ 1937, 1781 =<br>DJ 1938, 589* = ZAkDR 1938, 60*<br>= JW 1937, 2901 u. 1938, 1560<br>= HRR 1938, Nr. 338 | 191 |
| 30. 11. 1937<br>1 D 658/37 | JW 1938, 501<br>= HRR 1938, Nr. 488 | 63 |
| 16. 12. 1937<br>2 D 687/37 | unveröffentlicht | 114 |

*Jena*

| | | |
|---|---|---|
| 19. 5. 1933<br>II S 70/33 | DRiZ 1933, 490 | 56 |
| 2. 10. 1934<br>1 N 529/34 | JW 1935, 872 | 34 |
| 30. 8. 1938<br>1 U 199/38 | AeKR 4, 90 | 136 |

*Kammergericht*

| | | |
|---|---|---|
| 12. 5. 1933<br>1a X 553/33 | DRiZ 1933, 671 | 26 |
| 9. 10. 1933<br>17 Y 27/33 | JW 1933, 2710<br>= RuPrVerwBl 1934, 781 | 122 |
| 14. 3. 1935<br>1 Wx 33/35 | RVerwBl 1935, 761 | 136 |
| 3. 5. 1935<br>1 Ss 16/35 | DJ 1935, 1831 | 68 |
| 31. 5. 1935<br>1 Ss 172/35 | DRiZ 1935, 638 | 66, 96 |
| 12. 7. 1935<br>Ss 259/35 | RVerwBl 1961, 61<br>= AkKR 115, 605 | 66, 96 |
| 20. 11. 1936<br>1 Ss 263/36 | RVerwBl 1937, 565 | 93 |
| 11. 12. 1936<br>1a Wx 1971/36 | DJ 1937, 250 ** | 32, 33 |
| 12. 2. 1937<br>I Ws 29/37 | AeKR 1, 269 | 116 |
| 18. 2. 1937<br>I Wx 8/37 | AeKR 1, 350 | 163 |
| 25. 3. 1937<br>I Aw III 22/36 | AeKR 2, 199 | 134 |
| 1. 6. 1937<br>13 W 2571/37 | JW 1937, 2522 | 127 |
| 25. 6. 1937<br>1 Ss 155/37 | JW 1937, 2419 | 25 |
| 11. 9. 1937<br>2 WS 308/37<br>(2 Js 592/37) | DJ 1937, 1618 *<br>= AeKR 1, 419 | 83, 86 |
| 1. 11. 1937<br>13 U 3927/37 | JW 1938, 1253<br>= AkKR 119, 231 | 122 |
| 5. 11. 1937<br>1a Wx 1177/37 | JW 1938, 389 = HRR 1938, Nr. 223<br>= AeKR 2, 355 | 127 |
| 19. 11. 1937<br>1 Ss 256/37<br>(3 Ms 83/37) | AeKR 2, 218 | 77, 83 |
| 26. 11. 1937<br>1 Ss 306/37 | JW 1938, 173 | 25 |
| 1. 2. 1938<br>1 Ss 324/37 | AeKR 3, 67 | 65, 97 |

| | | |
|---|---|---|
| 22. 3. 1938<br>JFG Erg. 18, 301 | RegerE 59, 355 | 25 |
| 4. 5. 1939<br>1 Wx 270/39 | DJ 1939, 971 = HRR 1939, Nr. 893 | 174 |
| 4. 1. 1940<br>1 Wx 879/39 | AkKR 121, 89 | 122 |
| 16. 1. 1941<br>31 U 4460/40 | DR 1941, 1552*,<br>2167* | 126 |
| 2. 10. 1941<br>1 Wx 221/41 | DR 1941, 2674<br>= AkKR 122, 468 | 165 |
| 2. 4. 1942<br>1 Wx 95/42 | DR 1942, 937, 1078*<br>= AkKR 122, 169 | 36, 123 |
| 3. 7. 1942<br>– | AkKR 122, 478 | 123 |
| 31. 8. 1944<br>– | AkKR 123, 192 | 92 |

*Karlsruhe*

| | | |
|---|---|---|
| 10. 2. 1937<br>2(3) U 56/36<br>(10.17/36) | AkKR 117, 540 | 132 |

*Kiel*

| | | |
|---|---|---|
| 8. 10. 1934<br>1 U 186/34 | JW 1935, 873 = DJZ 1935, 580 | 93 |
| 12. 10. 1934<br>2 U 78, 79/34 | RVerwBl 1935, 502 | 180 |
| 29. 3. 1938<br>2 U 82/38 | JW 1938, 1908 | 186 |

*Köln*

| | | |
|---|---|---|
| 22. 3. 1935<br>StA Bonn: 2 Js 46/35 | Schorn 584 | 61 |
| 11. 10. 1935<br>1 U 14/35 | AkKR 116, 241 | 121 |
| 15. 11. 1935<br>Ss 163/35 | DJ 1936, 147<br>= AkKR 116, 591 | 80 |
| 19. 11. 1936<br>6 U 171/36 | Schorn 533 | 135 |
| 26. 1. 1937<br>4 U 223/35 | Schorn 534 | 135 |
| 10. 12. 1937<br>7 U 247/37 | AkKR 118, 561<br>= Schorn 538 | 135 |
| 7. 1. 1938<br>8 U 86/37 | AkKR 118, 555 | 122 |
| 19. 5. 1938<br>Js 103/38 | DJ 1938, 1797<br>= AeKR 4, 59 (LS) = AkKR 118, 597 | 80 |
| 31. 1. 1939<br>2 U 74/38 | AeKR 5, 230 | 35 |
| 1. 3. 1939<br>1 U 165/37 | Schorn 692 | 136 |

| | | |
|---|---|---|
| 5. 4. 1939<br>4 U 16/39 | Schorn 355 | 135 |
| 6. 5. 1941<br>7 U 1/41 | AkKR 121, 290 | 189 |

*Königsberg*

| | | |
|---|---|---|
| 11. 10. 1937<br>8 Ws 313/37 | Echterhölter 167 = Niemöller 252 | 87 |
| 23. 11. 1937<br>8 Ws 356/37 | Echterhölter 167 | 87 |
| 29. 11. 1937<br>8 Ws 368, 369/37 | Echterhölter 167<br>= Niemöller 253 | 87 |
| 4. 5. 1939<br>3 U 56/39 | HRR 1939, 1371 | 180 |

*Leitmeritz*

| | | |
|---|---|---|
| 1. 11. 1940<br>1 U 171/40 | AkKR 121, 97 | 135 |

*Marienwerder*

| | | |
|---|---|---|
| 26. 10. 1934<br>II U 167/37 | AkKR 115, 220 | 137 |
| 3. 11. 1938<br>Ss 44/38 | HRR 1939, 991 | 24 |

*München*

| | | |
|---|---|---|
| 27. 9. 1934<br>L 538/34 VI | DVerwBlätter 1935, 583 | 137 |
| 26. 6. 1937<br>2 Ss 78/37 | JW 1937, 2705<br>= RegerE 59, 88 | 70 |
| 4. 11. 1937<br>2 Ss 126/37 | RegerE 58, 106 | 65, 97 |
| 2. 12. 1937<br>2 Ss 142/37 | RegerE 58, 102 | 70 |
| 3. 12. 1937<br>Wx 478/37 | JW 1938, 1044<br>= DJ 1938, 954 | 33 |
| 3. 8. 1939<br>2 Ss 62/39 | RegerE 59, 358 = AkKR 121, 93 | 81 |
| 27. 3. 1942<br>8 Wx 149/42 | DJ 1942, 428 * | 92 |

*Naumburg*

| | | |
|---|---|---|
| 29. 12. 1936<br>2 U 18/36 | AeKR 2, 51 | 137 |
| 30. 8. 1937<br>3 Ws 288/37 | Schorn 603 | 87 |
| 31. 8. 1937<br>3 Ws 288/37 | Echterhölter 167 | 86 |
| 28. 9. 1937<br>3 Ws 333/37 | Schorn 574 | 83, 86 |

| | | |
|---|---|---|
| 29. 9. 1937<br>3 Ws 343/37 | AeKR 2, 215 = Niemöller 252 | 83, 86 |
| 4. 10. 1937<br>8 Ws 337/37 | Schorn 587 (s. AG Lyck 13. 11. 1937) | 86 |
| 10. 11. 1937<br>3 Ws 423/37 | AeKR 2, 216<br>= Schorn 556 | 62, 83, 86 |
| 12. 11. 1937<br>– | Niemöller 253 | 62, 83, 86 |
| 22. 11. 1937<br>– | Niemöller 253 | 62, 83, 86 |
| *Rostock* | | |
| 3. 10. 1935<br>1 W 303/35 | Echterhölter 268 | 116 |
| 21. 12. 1939<br>2 U 106/39 | AeKR 4, 307 | 134 |
| 2. 5. 1941<br>IV 1244/41 | AeKR 5, 375 | 134 |

## *Landgerichte*

| | | |
|---|---|---|
| *Aachen* | | |
| 13. 8. 1936<br>1 O 98/36 | Schorn 533 | 135 |
| 7. 5. 1940<br>2 Ms 15/39 | AkKR 120, 297 | 81, 135 |
| *Bautzen* | | |
| 16. 9. 1940<br>2 Ns 23/40 | AeKR 5, 95 | 82 |
| *Berlin* | | |
| 1. 11. 1933<br>267 O 10088/33 | DJ 1934, 63 | 45, 70 |
| 27. 3. 1934<br>236 O 140/34 (?) | JK 1934, 33 | 109 |
| 5. 7. 1934<br>36 O 250/34 | Schorn 519 = Niemöller 245<br>= Echterhölter 266 | 110, 115 |
| 12. 7. 1934<br>– | Echterhölter 266 | 115 |
| 12. 7. 1934<br>236 O 255/34 | Echterhölter 266 | 115 |
| 4. 12. 1934<br>236 O 283/34 | Echterhölter 266 | 115 |
| 11. 3. 1935<br>207 Q 12/35 | Echterhölter 267 | 115 |
| 10. 9. 1935<br>– | Niemöller 250 | 115 |
| 16. 5. 1938<br>1 PKMs 2/38<br>(51/38) | unveröffentlicht | 115 |

*Braunsberg*

| | | |
|---|---|---|
| 22. 8. 1940<br>2 Ns 43/40 | Schorn 603 = Niemöller 255 | 83 |

*Braunschweig*

| | | |
|---|---|---|
| 11. 3. 1934<br>– | JK 1934, 250 =<br>Niemöller 245 | 112 |

*Bremen*

| | | |
|---|---|---|
| 8. 5. 1934<br>R II 69/34 | JW 1934, 2353 | 127 |

*Breslau*

| | | |
|---|---|---|
| 16. 8. 1934<br>11 O 93/34 | DJZ 1935, 183 | 44 |
| 13. 1. 1938<br>37 Qs 477/37 | Echterhölter 272 | 86 |
| 1. 9. 1939<br>6 T 36/39 | AeKR 4, 103 | 122 |

*Darmstadt*

| | | |
|---|---|---|
| 14. 5. 1934<br>I O 19/35 | Schorn 514<br>= Echterhölter 266 | 113 |
| 28. 3. 1935<br>1 O 164/34 | Schorn 515<br>= Echterhölter 266 | 113 |
| 28. 5. 1935<br>– | Niemöller 250 | 70 |

*Düsseldorf*

| | | |
|---|---|---|
| 5. 5. 1936<br>16 KMs 11/36 | Schorn 627 | 57 |

*Dresden*

| | | |
|---|---|---|
| 28. 5. 1934<br>3 A 40/34 | unveröffentlicht | 50 |
| 18. 3. 1935<br>(29) 16 StA 4666/34 | JW 1935, 1949 * | 50 |

*Essen*

| | | |
|---|---|---|
| 8. 2. 1938<br>23 Qs 220/37 | Echterhölter 271 | 86 |

*Frankfurt am Main*

| | | |
|---|---|---|
| 30. 4. 1935<br>2/4 O 31, 35/35 | Schorn 514 = Niemöller 249<br>= Echterhölter 266 | 113 |
| 1. 8. 1941<br>– | Niemöller 256 | 82 |

*Frankfurt/Oder*

| | | |
|---|---|---|
| 28. 8. 1937<br>4 Qs 110/37 | Echterhölter 167 | 87 |

*Köln*

| | | |
|---|---|---|
| 11. 3. 1935<br>1 SMs 115 | DJ 1935, 435<br>= Schorn 608<br>vgl. auch E. Wolf, Anwendbarkeit S. 90 | 57 |
| 20. 1. 1936<br>1b KMs 2/36 | Schorn 609 | 57, 62 |
| 18. 8. 1939<br>30 SMs 24/39<br>39–56/39 | Schorn 680<br>= Niemöller 259, 255 | 59, 97 |
| Dezember 1940<br>– | Schorn 612 | 59 |

*München I*

| | | |
|---|---|---|
| 25. 4. 1934<br>– | Schorn 588 | 60 |

*Schwerin*

| | | |
|---|---|---|
| 15. 6. 1934<br>– | JK 1934, 542 =<br>Niemöller 245 | 56 |
| 13. 5. 1935<br>KMs 31/35 | JW 1935, 2082 | 50 |

*Stettin*

| | | |
|---|---|---|
| 26. 6. 1939<br>6 Sg. 54/39 | Niemöller 258 | 62 |

*Weimar*

| | | |
|---|---|---|
| 24. 1. 1936<br>4/36 | Zipfel 352 | 50 |

## *Amtsgerichte*

*Altenburg*

| | | |
|---|---|---|
| 2. 3. 1939<br>5 G 2/39 | Schorn 516 = Echterhölter 268 | 116 |

*Arnsberg*

| | | |
|---|---|---|
| 9. 2. 1943<br>Cs 39/42 | Echterhölter 252 | 82 |

*Bad Oeynhausen*

| | | |
|---|---|---|
| 24. 1. 1938<br>3 Gs 9/38 | Echterhölter 272 | 86 |

*Berlin*

| | | |
|---|---|---|
| 13. 4. 1935<br>803/303 Bs 31/35 | Schorn 604 | 70 |
| 2. 7. 1937<br>– | Niemöller 250 | 67 |

*Bielefeld*

| | | |
|---|---|---|
| 31. 1. 1940<br>– | Niemöller 255 | 82 |

| | | |
|---|---|---|
| *Breslau* | | |
| 8. 12. 1937<br>– | Niemöller 253 | 87 |
| *Bünde* | | |
| 31. 3. 1938<br>Gs 11/38 | Schorn 598 = Echterhölter 273 | 86 |
| *Burgsteinfurt* | | |
| August 1937<br>– | Niemöller 251 | 67 |
| *Crossen* | | |
| 4. 9. 1937<br>– | Niemöller 251 | 87 |
| *Flatow* | | |
| 23. 6. 1936<br>3 Ds 41/36 | AeKR 1, 279* | 81 |
| *Frankfurt am Main* | | |
| 24. 2. 1941<br>– | Niemöller 256 | 76 |
| *Giers* | | |
| 1940<br>Ds 28/40 | Schorn 571 | 69 |
| *Guben* | | |
| 4. 9. 1937<br>5 Qs 102/37<br>(5 Js 232/37) | Schorn 605 | 83, 86 |
| *Köln* | | |
| 29. 5. 1940<br>24 VR 47 | Schorn 538 | 102 |
| *Köln-Mülheim* | | |
| 11. 7. 1939<br>54 C 665/39 | AeKR 4, 112 | 188 |
| *Königsee/Thür.* | | |
| 3. 5. 1938<br>C 204/37 | AeKR 3, 152 | 134 |
| *Königswusterhausen* | | |
| 15. 10. 1937<br>4 Ds 81/37 | Echterhölter 272<br>= Niemöller 252 | 86 |
| *Kuckerneese* | | |
| 30. 9. 1938<br>2 Cs 138/38 | AeKR 4, 106 | 180 |

| | | |
|---|---|---|
| *Limburg* | | |
| 28. 1. 1944<br>5 Ds 103/43 | Schorn 607 | 81 |
| *Liebstedt* | | |
| 28. 6. 1940<br>Cs 2/40 | Schorn 602<br>= Niemöller 255 | 83 |
| *Lingen* | | |
| 16. 10. 1934<br>3 C 320/34 | DJ 1935, 232 | 94 |
| *Lübeck* | | |
| 9. 8. 1935<br>2 I Nr. 911/34 | Schorn 577 = Niemöller 250 | 115 |
| *Marburg* | | |
| 8. 4. 1935<br>3 Ms 4/35 | Schorn 582 = Niemöller 249 | 82 |
| *Mayen* | | |
| 3. 11. 1943<br>3 Ds 39/43 | Schorn 681 | 82 |
| *Nauen* | | |
| 17. 11. 1937<br>Ds 26/37 | Echterhölter 272<br>= Niemöller 253 | 86 |
| *Neuruppin* | | |
| 18. 4. 1935<br>3 Bs 8/35 | Schorn 565 = Zipfel 98<br>= Gollert | 69 |
| *Neuwied* | | |
| August 1934 | Schorn 617, 618 | 68 |
| *Nürnberg* | | |
| 27. 10. 1934<br>IV C 3830/34 | Schorn 512 = Niemöller 249<br>= Echterhölter 267 | 111, 112 |
| *Potsdam* | | |
| 16. 5. 1935<br>Gs 168/35 | Schorn 610 | 83 |
| *Radeburg* | | |
| 15. 6. 1935<br>– | Niemöller 250 | 70 |
| 23. 10. 1940<br>Cs 50/40 | Schorn 602 =<br>Echterhölter 252 | 82 |
| *Remscheid* | | |
| 8. 1. 1938<br>3 C 1493/35 | AeKR 1, 142 | 116 |

| | | |
|---|---|---|
| *Schkeudnitz* | | |
| 3. 4. 1935 | Niemöller 249 | 115 |
| *Schweidnitz* | | |
| 1. 11. 1935<br>(7. 11. 1935?)<br>5/2 Ms 80/35–105 | Schorn 612 =<br>Niemöller 250 | 70 |
| *Seelow* | | |
| 4. 10. 1937<br>– | Niemöller 252 | 87 |
| *Siegen* | | |
| –<br>7 Ds 158/39 | Echterhölter 273 | 83 |
| 20. 6. 1941<br>7 Ds 208/40 | Echterhölter 252 | 82 |
| *Solingen-Ohligs* | | |
| 21. 7. 1939<br>IV C 945/39 | AeKR 3, 402 | 189 |
| *Stolp* | | |
| 13. 8. 1940<br>4 Gs 163/46 | Schorn 579<br>= Niemöller 255 | 67 |
| *Waldenburg* | | |
| 2. 9. 1937<br>VIII–195 | DJ 1937, 1857 =<br>AeKR 2, 79 | 33 |
| *Wetzlar* | | |
| 13. 7. 1939<br>2 Ms II 39/39<br>(4 Cs 1/39) | Niemöller 259 | 67 |
| *Wilster* | | |
| 26. 2. 1938<br>VIII B 229/38 | JW 1938, 1264 | 33 |
| *Zinten* | | |
| 12. 1. 1938 | Niemöller 253 | 97 |
| *Zwickau* | | |
| 13. 7. 1935<br>8 S 6/35 | Schorn 515 = Niemöller 250 | 115 |

## ARBEITSGERICHTE

| | | |
|---|---|---|
| *Reichsarbeitsgericht* | | |
| 25. 2. 1933<br>RAG 2/33 | JW 1933, 1968 | 109 |
| 25. 7. 1936<br>299/35 | DJ 1936, 1767 | 100 |

*Badischer Verwaltungsgerichtshof*

| | | |
|---|---|---|
| 4. 3. 1937<br>143/36 | DV 1937, 319 = AeKR 1, 349 | 134 |
| 24. 11. 1937<br>101/37 | RVerwBl 1938, 648 =<br>BadVerwZ 1938, 39 | 89 |
| 11. 1. 1938<br>157/37 | RVerwBl 1938, 1047 | 45, 101 |
| 1. 3. 1938<br>95/37 | DV 1938, 572 | 89 |
| 16. 3. 1938<br>115/37 | RVerwBl 1939, 645<br>= DV 1938, 765 | 100, 101 |
| 20. 12. 1938<br>93/38 | RVerwBl 1940, 685 = DV 1940, 94<br>= AeKR 4, 315 | 186 |

*Bayerischer Verwaltungsgerichtshof*

| | | |
|---|---|---|
| 17. 11. 1933<br>Nr. 143 II 32 | RuPrVerwBl 1934, 657 | 93 |
| 4. 12. 1933<br>Nr. 31 I 32 | DVerwBlätter 1934, 288 | 137 |
| 5. 2. 1934<br>Nr. 2 I 34 | DJZ 1934, 943 = RVerwBl 1935, 81<br>= DVerwBlätter 1934, 287 | 98 |
| 11. 4. 1934<br>Nr. 26 I 29 | DVerwBlätter 1934, 444 | 135 |
| 9. 5. 1934<br>28 I 31 | DJZ 1934, 943 = DVerwBlätter 1934, 444 | 109, 137 |
| 26. 11. 1934<br>Nr. 49 I 32 | DVerwBlätter 1935, 149 | 136 |
| 3. 12. 1934<br>Nr. 45 I 33 | E 56, 12 =<br>RVerwBl 1936, 275 | 135 |
| 19. 12. 1934<br>Nr. 20 I 34 | E 56, 24 =<br>RVerwBl 1936, 275 =<br>DVerwBlätter 1935, 149 | 135 |
| 11. 2. 1935<br>53 I 32 | DVerwBlätter 1935, 583 | 135 |
| 19. 6. 1935<br>Nr. 29 I 34 | E 56, 153 =<br>RVerwBl 1936, 276<br>= DVerwBlätter 1935, 583 | 135, 137 |
| 9. 10. 1935<br>Nr. 26 I 35 | E 56, 150 = DJZ 1936, 399 =<br>RVerwBl 1936, 276 | 170 |
| 10. 10. 1935<br>Nr. 26 I 34 | E 56, 160 = DJZ 1936, 399 =<br>RVerwBl 1936, 276 = DVerwBlätter<br>1935, 579 | 180 |
| 17. 4. 1936<br>Nr. 71 II 35 | RVerwBl 1937, 43 | 29 |
| 8. 5. 1936<br>12 II 36 | E 57, 208 = DJZ 1936, 911 | 30 |
| 5. 6. 1936<br>Nr. 9 I 35 | E 57, 136 = DJZ 1936, 1384<br>= RVerwBl 1938, 17 | 134 |
| 20. 6. 1936<br>Nr. 15 II 36 | RVerwBl 1937, 43 | 29 |

| | | |
|---|---|---|
| 10. 3. 1937<br>Nr. 37 I 36 | E 58, 77 = DVerwBlätter 1937, 241<br>= RVerwBl 1937, 187 | 174 |
| 13. 10. 1937<br>Nr. 23 I 36 | E 58, 169 = RVerwBl 1938, 211 | 184, 187 |
| 13. 4. 1938<br>Nr. 1 I 37 | DV 1938, 666 | 134 |
| 25. 5. 1938<br>Nr. 2 I 37 | DV 1938, 316 | 137 |
| 29. 6. 1938<br>4 I 37 | zitiert AeKR 2, 350 | 186 |
| 7. 9. 1938<br>Nr. 4 I 38 | RVerwBl 1938, 879 =<br>AeKR 3, 54 | 186 |
| 12. 6. 1940<br>Nr. 5 I 39 | RVerwBl 1940, 513 = RegerE 61, 128 =<br>AeKR 4, 274 (LS) | 109 |

*Oberverwaltungsgericht Bremen*

| | | |
|---|---|---|
| 31. 12. 1937<br>74/37 | DJ 1938, 204 = JW 1938, 416<br>= ZAkDR 1938, 174* = RVerwBl<br>1938, 125 = AeKR 2, 135 | 118 |
| 28. 4. 1938<br>73/37 | AeKR 3, 22 | 118 |

*Oberverwaltungsgericht Hamburg*

| | | |
|---|---|---|
| 6. 10. 1939<br>22/39 | DV 1940, 362 | 126 |
| 18. 5. 1940<br>41/39 | RVerwBl 1940, 513 =<br>AeKR 4, 317 | 189 |

*Oberverwaltungsgericht Oldenburg*

| | | |
|---|---|---|
| 3. 11. 1936<br>68/36 | AeKR 1, 150 | 186 |
| 18. 11. 1937<br>83/37 | AeKR 2, 206 | 186 |

*Preußisches Oberverwaltungsgericht*

| | | |
|---|---|---|
| 31. 1. 1933<br>VIII B 25/31 | E 90, 243 = RuPrVerwBl 1933, 837 | 136 |
| 7. 2. 1933<br>VIII B 3/31 | E 90, 237 = DJZ 1933, 1439<br>= RuPrVerwBl 1933, 838 | 136 |
| 7. 3. 1933<br>VI D 173/32 | E 90, 7 = JW 1933, 1975 =<br>RuPrVerwBl 1934, 1040 | 161 |
| 14. 3. 1933<br>VIII A 59/30 | E 90, 253 = RuPrVerwBl 1933, 1035 | 180 |
| 24. 3. 1933<br>VIII B 13/31 | E 91, 74 = RuPrVerwBl 1933, 1014 | 136 |
| 28. 3. 1933<br>VIII B 10/31 | E 91, 87 = RuPrVerwBl 1933, 1017 | 136 |
| 25. 4. 1933<br>VIII C 48/31 | RuPrVerwBl 1933, 993 | 136 |
| 4. 7. 1933<br>VI D 82/30 | AkKR 114, 619 | 150 |

| | | |
|---|---|---|
| 26. 9. 1933<br>VIII A 25/32 | E 91, 103 = DJZ 1934, 939 = RuPrVerwBl 1934, 365 = AkKR 114, 196 | 122 |
| 7. 11. 1933<br>VIII C 62/32 | E 92, 56 = RuPrVerwBl 1934, 305 | 137 |
| 5. 12. 1933<br>VIII C 47/31 | E 91, 99 = RuPrVerwBl 1934, 366 | 135 |
| 23. 1. 1934<br>VIII C 27/28 | E 92, 69 = DJZ 1934, 938 = RuPrVerwBl 1934, 544 | 137 |
| 6. 2. 1934<br>VIII C 57/30 | E 92, 79 = DJZ 1934, 939 = RuPrVerwBl 1934, 367 | 136 |
| 20. 2. 1934<br>VIII C 46/30 | E 92, 81 = DJZ 1934, 939, 1420 = RuPrVerwBl 1934, 367 | 136 |
| 23. 2. 1934<br>VIII C 37/31 | E 92, 64 = JW 1934, 2190 = DJZ 1934, 938 = RuPrVerwBl 1934, 547 | 136 |
| 6. 3. 1934<br>VIII C 15/32 | RuPrVerwBl 1934, 544 | 137 |
| 20. 3. 1934<br>VIII C 49/30 | E 93, 68 = JW 1934, 2815 = DJZ 1934, 939 = RuPrVerwBl 1934, 693 = DVerwBlätter 1935, 149 | 136 |
| 10. 4. 1934<br>VIII A 43/31 | E 92, 97 = JW 1934, 1880 = RuPrVerwBl 1934, 548 | 93 |
| 29. 5. 1934<br>VIII C 44/31 | RuPrVerwBl 1934, 818 = DJZ 1934, 1420 | 136 |
| 29. 5. 1934<br>VI D 149/30 | E 93, 6 = JW 1934, 2096 = AkKR 114, 606 | 152 |
| 25. 9. 1934<br>VIII C 79/32 | E 95, 84 = JW 1935, 1266 = DJZ 1935, 380 = RVerwBl 1935, 317 | 136 |
| 2. 10. 1934<br>VIII C 16/33 | E 94, 114 = JW 1935, 2099 = RVerwBl 1935, 320 | 136 |
| 9. 10. 1934<br>VIII C 8/34 | E 94, 105 = JW 1935, 735 = RVerwBl 1935, 97 = AkKR 115, 599 | 180 |
| 16. 10. 1934<br>VIII C 19/32 | RVerwBl 1935, 98 | 180 |
| 23. 10. 1934<br>VIII C 31/33 | E 94, 111 = JW 1935, 1268 = DJZ 1935, 380 = RVerwBl 1935, 321 | 136 |
| 25. 10. 1934<br>III C 87/34 | E 94, 134 = JW 1935, 1272 | 66, 70, 96, 97 |
| 30. 10. 1934<br>VIII C 6/33 | RVerwBl 1936, 511 | 137 |
| 6. 11. 1934<br>VIII C 48/30 | E 95, 92 = JW 1935, 2399 = DJZ 1935, 900 = RVerwBl 1935, 463 | 136 |
| 13. 11. 1934<br>VIII C 35/33 | RVerwBl 1935, 318 = AeKR 1, 404 | 136 |
| 24. 1. 1935<br>III C 94/34 | E 96, 99 = JW 1935, 2097 | 70 |
| 5. 2. 1935<br>VIII C 78/32 | E 95, 100 = JW 1935, 2458 = DJZ 1935, 901 = RVerwBl 1935, 517 | 136 |
| 9. 4. 1935<br>VIII A 12/32 | DJZ 1935, 901 = RVerwBl 1935, 519 | 122 |

| | | |
|---|---|---|
| 16. 6. 1936<br>VIII C 27/34 | E 98, 63 = JW 1936, 3416 = DJZ 1936, 1381 = RVerwBl 1936, 857 = AkKR 117, 233 | 180 |
| 23. 6. 1936<br>VIII C 9/34 | AeKR 1, 404 | 135 |
| 7. 7. 1936<br>VIII C 10/34 | AeKR 1, 147 | 180 |
| 9. 7. 1936<br>III C 169/36 | E 99, 185 = DV 1936, 319 = RVerwBl 1936, 1100 | 29 |
| 30. 7. 1936<br>III C 62/36 | E 99, 85 = DV 1936, 318 | 97 |
| 4. 8. 1936<br>VIII C 30/34 | DJZ 1936, 1381 = RVerwBl 1936, 924 | 135 |
| 13. 8. 1936<br>III C 99/36 | Schorn 161 = Frege 151 | 30 |
| 8. 9. 1936<br>VIII A 27/33 | E 99, 69 = JW 1937, 430 = RVerwBl 1936, 943 = AeKR 1, 64 | 137 |
| 15. 9. 1936<br>VIII C 52/30 | E 99, 57 = RVerwBl 1937, 381 = AeKR 2, 187 | 136 |
| 22. 9. 1936<br>VIII C 13/35 | E 99, 74 = JW 1937, 430 = RVerwBl 1936, 1144 = AeKR 1, 181 | 116 |
| 23. 10. 1936<br>VIII C 42/34 | E 99, 65 = RVerwBl 1937, 63 = AeKR 1, 149 = AkKR 117, 232 | 180 |
| 3. 11. 1936<br>I D 45/36 | E 99, 253 = DV 1937, 126 | 34, 45 |
| 17. 11. 1936<br>VIII C 21/34 | AeKR 2, 34 | 136 |
| 17. 11. 1936<br>IV D 81/36 | DJ 1937, 245 = RVerwBl 1937, 245 | 27, 31 |
| 26. 11. 1936<br>III C 83/36 | ZAkDR 1937, 315 | 68 |
| 27. 11. 1936<br>VIII C 29/35 | AeKR 2, 77 | 180 |
| 19. 1. 1937<br>VIII C 37/34 | E 100, 120 = RVerwBl 1937, 420 = AeKR 1, 213 | 180 |
| 9. 3. 1937<br>VIII C 41/33 | AkKR 117, 518 | 165 |
| 23. 3. 1937<br>VIII C 44/34 | AeKR 2, 40 | 136 |
| 1. 4. 1937<br>III C 207/36 | Schorn 163 = Frege 151 | 30 |
| 15. 11. 1937<br>II C 105/36 | AeKR 3, 44 | 134 |
| 13. 7. 1937<br>VIII C 25/35 | AeKR 1, 350 | 180 |
| 13. 8. 1937<br>VIII C 15/35 | AeKR 2, 273 | 180 |
| 14. 8. 1937<br>VII D 146/34 | E 100, 1 = RVerwBl 1938, 602 | 161 |

| | | |
|---|---|---|
| 12. 10. 1937<br>VIII C 8/36 | E 101, 107 = RVerwBl 1938, 104<br>= AkKR 118, 259 und 125, 429 | 180 |
| 26. 10. 1937<br>VIII C 17/35 | E 101, 102 = RVerwBl 1938, 231<br>= AeKR 2, 198 | 136 |
| 29. 10. 1937<br>VIII C 8/35 | RVerwBl 1938, 251 | 136 |
| 2. 11. 1937<br>VIII C 2/36 | E 102, 109 = RVerwBl 1938, 252<br>= AeKR 2, 195 und 3, 46 | 136 |
| 9. 11. 1937<br>VIII C 32/35 | E 101, 98 = RVerwBl 1938, 81<br>= AeKR 2, 39 | 136 |
| 16. 11. 1937<br>VIII C 20/35 | E 101, 94 = DV 1938, 376<br>= RVerwBl 1938, 448 = AeKR 3, 51 | 135 |
| 25. 11. 1937<br>III C 269/37 | E 103, 139 | 90 |
| 9. 12. 1937<br>III C 146/37 | E 101, 151 = RVerwBl 1938, 513 | 101 |
| 8. 2. 1938<br>VIII C 19/34 | E 102, 100 = RVerwBl 1938, 644 | 136 |
| 1. 3. 1938<br>VIII C 11/37 | E 102, 133 = RStBl 1938, 727<br>= RVerwBl 1938, 646 | 180 |
| 21. 4. 1938<br>– | Schorn 166 = Frege 151 | 30 |
| 31. 5. 1938<br>VIII C 27/36 | E 102, 115 = RVerwBl 1938, 811 | 136 |
| 5. 7. 1938<br>VIII C 21/36 | E 102, 121 = RVerwBl 1938, 813<br>= AeKR 3, 319 | 136 |
| 19. 7. 1938<br>VIII C 12/36 | E 102, 126 = RVerwBl 1938, 966<br>= AeKR 3, 167 | 136 |
| 30. 8. 1938<br>VIII C 24/34 | E 103, 94 = DV 1939, 442 =<br>RVerwBl 1938, 333 = AeKR 3, 174,<br>179* | 136 |
| 6. 10. 1938<br>III C 83/38 | Schorn 152 | 90 |
| 11. 10. 1938<br>VIII C 19/36 | E 103, 130 = RVerwBl 1939, 192<br>= AeKR 3, 325 | 180 |
| 1. 11. 1938<br>VIII C 20/36 | RVerwBl 1939, 105 =<br>AeKR 3, 123 = AkKR 119, 227 | 180 |
| 1. 11. 1938<br>VIII C 25/36 | E 103, 101 = RVerwBl 1939, 192<br>= AeKR 3, 402 (LS) = AkKR 120, 96 | 136 |
| 8. 11. 1938<br>VIII C 9/36 | RVerwBl 1939, 191<br>= AeKR 3, 402 (LS) | 136 |
| 8. 11. 1938<br>VIIII C 36/36 | E 103, 105 = RVerwBl 1939, 295<br>= ZAkDR 1939, 314* = AeKR 3, 238<br>und 4, 89 (LS) | 119 |
| 22. 11. 1938<br>VIII C 23/35 | E 103, 114 = RVerwBl 1939, 334 | 136 |
| 13. 12. 1938<br>VIII C 28/36 | E 103, 213 = RVerwBl 1939, 335<br>= AeKR 4, 89 (LS) | 136 |
| 10. 1. 1939<br>VIII C 9/37 | AeKR 4, 108 | 180 |

| | | |
|---|---|---|
| 17. 1. 1939<br>VIII C 1/36 | RVerwBl 1939, 457 | 136 |
| 7. 2. 1939<br>VIII C 24/37 | E 104, 82 = RVerwBl 1939, 458 | 136 |
| 7. 3. 1939<br>VIII C 17/38 | RVerwBl 1939, 456 = AeKR 4, 103 | 122 |
| 21. 3. 1939<br>VIII C 21/38 | E 104, 124 = RVerwBl 1939, 684<br>= AeKR 3, 402 | 180 |
| 28. 3. 1939<br>II C 94/38 | E 104, 26 | 156 |
| 18. 4. 1939<br>VIII C 14/38 | E 104, 129 = DV 1940, 188<br>= RVerwBl 1939, 684 | 180 |
| 9. 5. 1939<br>VIII C 12/38 | E 104, 89 = RVerwBl 1939, 685<br>= AeKR 4, 89 (LS) | 136 |
| 16. 5. 1939<br>VIII C 29/37 | E 104, 95 = RVerwBl 1939, 804<br>= AeKR 4, 113 = AkKR 120, 305 (LS) | 135 |
| 20. 6. 1939<br>VIII C 31/37 | E 104, 116 = RVerwBl 1939, 775<br>= AeKR 4, 122 = AkKR 121, 292 | 136 |
| 19. 9. 1939<br>VIII C 6/36 | E 104, 133 = RVerwBl 1940, 10<br>= AeKR 4, 110 = AkKR 120, 95 | 188 |
| 26. 9. 1939<br>VIII C 34/37 | E 105, 91 = RVerwBl 1940, 216<br>= AeKR 4, 202 | 136 |
| 28. 11. 1939<br>VIII C 1/38 | E 105, 122 = RVerwBl 1940, 156<br>= AeKR 4, 309 | 180 |
| 13. 2. 1940<br>VIII C 32/37 | AeKR 4, 293 | 136 |
| 27. 2. 1940<br>VIII C 17/40 | AkKR 120, 301 | 136 |
| 5. 4. 1940<br>VIII C 20/39 | E 105, 104 = RVerwBl 1940, 283<br>= AkKR 121, 99 | 135 |
| 28. 6. 1940<br>VII D 11/39 | AeKR 4, 404 | 150 |
| 23. 7. 1940<br>VIII C 13/38 | E 105, 112 = RVerwBl 1940, 494<br>= AeKR 4, 289 | 135, 136 |
| 3. 10. 1940<br>III C 80/39 | Schorn 155 | 91 |
| 3. 10. 1940<br>III C 100/39 | Schorn 153 | 91 |
| 5. 11. 1940<br>– | AeKR 5, 101 | 189 |
| 11. 3. 1941<br>VIII C 30/40 | AeKR 5, 375 | 136 |
| 18. 3. 1941<br>VIII C 1/41 | AeKR 5, 240 | 180 |

*Sächsisches Oberverwaltungsgericht*

| | | |
|---|---|---|
| 11. 10. 1934<br>112 II 33 | DVerwBlätter 35, 148 | 180 |
| 18. 1. 1935<br>119 T 1934 | RVerwBl 1935, 117, 445 * | 142 |

| | | |
|---|---|---|
| 7. 2. 1935<br>80 II 34 | DVerwBlätter 1935, 582 | 180 |
| 21. 3. 1935<br>145 II 34 | E 39, 211 =<br>RVerwBl 1936, 105 | 155 |
| 4. 4. 1935<br>103 II 34 | E 39, 232 =<br>RStBl 1935, 1024 = RVerwBl 1935, 105 | 180 |
| 14. 5. 1936<br>153 II 35 | RVerwBl 1936, 946 | 176 |
| 23. 10. 1936<br>114 I 36 | RVerwBl 1937, 181 | 30 |
| 4. 12. 1936<br>101 I 35 | JW 1937, 1368 =<br>DVerwBlätter 1937, 115 | 31 |
| 9. 10. 1937<br>171 I 37 | ZAkDR 1938, 64* | 45, 98 |
| 28. 2. 1938<br>172 II 37 | RegerE 58, 470 | 30 |
| 9. 6. 1938<br>54 II 37 | E 41, 168 = RVerwBl 1939, 666 | 174, 177, 178 |
| 30. 6. 1938<br>89 II 1937 | DV 1938, 697, 730<br>= RVerwBl 1938, 1091 | 124, 177, 180 |
| 17. 5. 1939<br>77 II 38 | DV 1940, 190 = RVerwBl 1940, 254<br>= AeKR 4, 212 | 150 |
| 9. 1. 1940<br>103 I 1939 | DV 1940, 321 | 44 |
| 2. 8. 1940<br>6 II 1940 | DV 1941, 90 = RVerwBl 1941, 342<br>= AeKR 5, 243 | 180 |
| 16. 11. 1940<br>23 II 1940 | DR 1941, 672 = DV 1941, 262 =<br>RVerwBl 1941, 341 = AeKR 5, 244 | 180 |

*Oberverwaltungsgericht Thüringen*

| | | |
|---|---|---|
| 26. 4. 1933<br>C 5/33 | RuPrVerwBl 1933, 853 | 140, 147 |
| 19. 12. 1934<br>C 58/34 | DVerwBlätter 1935, 150<br>= RStBl 1935, 517 | 154 |
| 16. 1. 1935<br>A 19/34 | RVerwBl 1935, 219 =<br>DVerwBlätter 1935, 148 | 74 |
| 17. 6. 1936<br>C 13/36 | DVerwBlätter 1937, 246 =<br>RVerwBl 1936, 877 | 174 |
| 2. 12. 1936<br>C 21, 27/36 | DVerwBlätter 1937, 246<br>= RVerwBl 1937, 126 | 147 |
| 24. 11. 1937<br>C 6/37 | AeKR 1, 414 | 188 |
| 13. 4. 1938<br>C 1/38 | ZAkDR 1938, 603* =<br>DV 1938, 411 = RVerwBl 1938, 729 | 185 |
| 13. 4. 1938<br>C 3/38 | DV 1938, 378 =<br>AeKR 3, 187 | 181 |
| 3. 9. 1940<br>C 1, 4/40 | AeKR 4, 320 | 180 |
| 8. 3. 1941<br>C 3/41 | DV 1941, 243<br>= AeKR 5, 245 | 181 |

| | | |
|---|---|---|
| 7. 2. 1939<br>V D 55/38 | E 2, 36 = DV 1940, 77 =<br>AeKR 4, 188 | 29 |
| 9. 7. 1940<br>III D 64/39 | E 2, 150 = DV 1941, 184 | 29 |

## KOMPETENZKONFLIKTGERICHTE

*Preußischer Kompetenzkonfliktgerichtshof*

| | | |
|---|---|---|
| 26. 1. 1935<br>Pr. L. 2985 | RVerwBl 1935, 402 | 135 |
| 29. 2. 1936<br>Pr. L. 3041 | RVerwBl 1936, 645 | 136 |

*Sächsischer Kompetenzkonfliktgerichtshof*

| | | |
|---|---|---|
| 10. 5. 1938<br>Nr. 70 | Fischer's Z 1939, Bd. 76, 227 | 135 |

## ERBGESUNDHEITSGERICHTE

*Erbgesundheitsobergericht Berlin*

| | | |
|---|---|---|
| 24. 2. 1937<br>2 Wg 16/37 | AkKR 117, 519 | 25 |

*Erbgesundheitsobergericht Hildesheim*

| | | |
|---|---|---|
| 4. 10. 1934<br>– | AkKR 115, 603 | 25 |

*Erbgesundheitsobergericht Köln*

| | | |
|---|---|---|
| 26. 9. 1938<br>9 Wg 344/38 | DR 1939, 1405 | 26 |

*Erbgesundheitsobergericht München*

| | | |
|---|---|---|
| 22. 10. 1935<br>Wg Rg. 601/35 II | JW 1936, 1980 | 25 |

## FINANZGERICHTE

*Reichsfinanzhof*

| | | |
|---|---|---|
| 12. 1. 1933<br>III A 399/32 | E 32, 255 = RStBl 1933, 193 | 157 |
| 1. 2. 1933<br>VI A 1581/32 | RStBl 1933, 530 | 170 |
| 16. 3. 1933<br>III A 58/33 | DJZ 1933, 1292 = RStBl 1933, 702 | 153 |
| 23. 3. 1933<br>III A 26/33 | E 33, 30 = RStBl 1933, 848 =<br>StW 1933 Nr. 536 | 170 |
| 4. 4. 1933<br>VI A 296/33 | RStBl 1933, 590 | 178 |

| | | |
|---|---|---|
| 19. 7. 1935<br>V A 500/34 S. | E 38, 147 = RStBl 1935, 1152 =<br>JW 1935, 3329 | 173 |
| 25. 7. 1935<br>III A 378/34 | RStBl 1935, 1493 = StW 1935,<br>Nr. 571 = AkKR 116, 230 | 158 |
| 31. 7. 1935<br>VI A 295/34 | RStBl 1935, 1339 = StW 1935,<br>Nr. 534 * Becker StW 1935, 1317 | 170 |
| 10. 12. 1935<br>V A 549/35 | RStBl 1936, 206 = DJZ 1934, 975 | 155 |
| 20. 12. 1935<br>V A 369/35 | E 39, 22 = RStBl 1936, 190 | 163 |
| 13. 3. 1936<br>II A 20/36 | RStBl 1936, 544 = DJZ 1936, 970 =<br>AkKR 116, 584 (589) =<br>JW 1936, 2270 | 173 |
| 18. 3. 1936<br>IV A 193/35 | E 39, 182 = RStBl 1936, 699 | 170 |
| 2. 4. 1936<br>III A 167/35 | RStBl 1936, 408 | 172 |
| 7. 4. 1936<br>I A 227/35 | E 39, 202 = RStBl 1936, 442 =<br>DV 1936, 291 | 175, 177 |
| 24. 4. 1936<br>V A 605/35 | RStBl 1936, 758 = AkKR 116, 596 | 164 |
| 12. 5. 1936<br>I A 78/36 | E 39, 242 = RStBl 1936, 626 =<br>JW 1936, 2268 | 155, 176 |
| 13. 5. 1936<br>VI A 930/35 | RStBl 1936, 616 | 180 |
| 24. 6. 1936<br>IV A 52/36 | RStBl 1936, 798 = DJZ 1936, 1446 | 154 |
| 1. 7. 1936<br>IV A 356/36 | RStBl 1936, 889 = JW 1936, 2885 =<br>DJZ 1936, 1441 | 173 |
| 11. 7. 1936<br>GrS. D 5/36 S. | E 39, 342 = RStBl 1936, 903 =<br>DJZ 1936, 1311, 1442 = AeKR 2, 274 | 177 |
| 14. 10. 1936<br>VI a 532/36 | AeKR 1, 115 (= DV 1937, Nr. 1 ?) | 165 |
| 19. 11. 1936<br>III A 101/36 | E 41, 59 = RStBl 1936, 483 | 156 |
| 10. 12. 1936<br>III A 164/36 | RStBl 1937, 166 | 156 |
| 10. 12. 1936<br>III A 194/36 | RStBl 1937, 21 | 177 |
| 11. 2. 1937<br>III A 199/36 | E 41, 67 | 180 |
| 26. 2. 1937<br>II A 125/36 | AkKR 117, 514 | 158 |
| 18. 3. 1937<br>III e A 22/36 | RStBl 1938, 476 = StW 1938, Nr. 226 | 177 |
| 18. 3. 1937<br>III a 59/37 | RStBl 1937, 793 | 177 |
| 18. 3. 1937<br>III A 60/37 | RStBl 1937, 476 | 177, 178 |

| | | |
|---|---|---|
| 10. 9. 1940<br>III 286/39 | RStBl 1940, 905 | 151 |
| 10. 10. 1940<br>– | AkKR 121, 96 | 155 |
| 10. 10. 1940<br>III 125/40 | RStBl 1941, 6 = AkKR 121, 94 | 155 |
| 12. 11. 1940<br>I 58/39 | AeKR 5, 238 | 160 |
| 23. 12. 1940<br>IV 35/39 | E 49, 334 = RStBl 1941, 324 =<br>StW 1941, Nr. 85 = AkKR 121, 284 | 170 |
| 23. 12. 1940<br>IV 267/39 | StW 1941, Nr. 84 | 170 |
| 27. 2. 1941<br>III 148/40 | E 50, 113 = RStBl 1941, 243 =<br>AkKR 121, 286 | 167 |
| 23. 3. 1941<br>VI a 22/41 | E 50, 182 = RStBl 1941, 371 =<br>AeKR 5, 232 | 162, 167, 169,<br>171 |
| 22. 3. 1941<br>– | AkKR 121, 288 | 154 |
| 19. 4. 1941<br>VI a 29/41 | RStBl 1941, 317 | 152 |
| 19. 4. 1941<br>VI a 31/41 | RStBl 1941, 378 | 170 |
| 26. 6. 1941<br>III 158/40 | RStBl 1941, 806 | 178 |
| 17. 7. 1941<br>– | AkKR 122, 179 | 167, 172 |
| 23. 7. 1941<br>VI a 34/41 | E 50, 273 = RStBl 1941, 553 | 178 |
| 24. 7. 1941<br>III 21/40 | RStBl 1941, 868 | 149 |
| 24. 7. 1941<br>III 37/40 | RStBl 1941, 846 Nr. 856 | 156 |
| 24. 7. 1941<br>III 38/40 | RStBl 1941, 846 Nr. 857 | 156 |
| 30. 8. 1941<br>VI a 59/41 | RStBl 1941, 667 = AeKR 5, 235 | 156, 170 |
| 23. 9. 1941<br>I 203/41 | RStBl 1941, 860 | 151, 173 |
| 1. 10. 1941<br>VI a 47/41 | RStBl 1941, 796 | 156 |
| 1. 10. 1941<br>VI a 63/41 | RStBl 1941, 771 = AeKR 5, 236 | 157 |
| 4. 10. 1941<br>– | AkKR 122, 168 | 165 |
| 14. 10. 1941<br>I 21/41 | RStBl 1942, 609 | 164 |
| 31. 10. 1941<br>V 223/38 | E 51, 76 = RStBl 1941, 966 | 163 |

| | | |
|---|---|---|
| 12. 11. 1941<br>VI a 83/41 | RStBl 1941, 892 = AkKR 122, 176 | 152 |
| 20. 11. 1941<br>IV 47/41 | E 51, 112 | 178 |
| 27. 11. 1941<br>III 97/40 | E 51, 127 = RStBl 1942, 380 =<br>AkKR 122, 181 | 163 |
| 13. 12. 1941<br>VI a 16/41 | RStBl 1942, 17 = AeKR 5, 378<br>AkKR 122, 172 | 162 |
| 3. 3. 1942<br>I 247/41 | RStBl 1942, 1091 | 171 |
| 7. 3. 1942<br>VI a 92/41 | RStBl 1942, 349 = AeKR 5, 380 | 154, 167 |
| 24. 3. 1942<br>I 259/41 | StW 1942, 214 = AkKR 122, 174 | 174 |
| 18. 6. 1942<br>III 64/42 | E 52, 74 = RStBl 1942, 1084 | 149 |
| 30. 6. 1942<br>I 237/41 | RStBl 1942, 731 | 178 |
| 4. 7. 1942<br>VI a 88/41 | RStBl 1942, 746 | 157 |
| 17. 10. 1942<br>VI a 14/42 | RStBl 1942, 986 = AkKR 122, 177 | 161 |
| 17. 10 1942<br>VI a 21/42 | RStBl 1942, 982 | 156, 157 |
| 17. 10. 1942<br>VI a 95/41 | Kratz DStZ 1943, 226 (229) | 171 |
| 23. 10. 1942<br>V 202/41 | E 52, 231 | 164 |
| 25. 11. 1942<br>VI 226/42 | RStBl 1943, 43 | 156, 161 |
| 28. 11. 1942<br>VI a 27/42 | RStBl 1943, 579 | 167 |
| 28. 11. 1942<br>VI a 30/42 | RStBl 1943, 275 | 172 |
| 21. 1. 1943<br>III 159/42 | RStBl 1943, 296 | 149 |
| 3. 3. 1943<br>VI a 3/43 | E 53, 42 = RStBl 1943, 269 | 162 |
| 3. 3. 1943<br>VI a 12/41 | RStBl 1943, 397 | 152 |
| 3. 3. 1943<br>VI a 37/42 | RStBl 1943, 267 | 162 |
| 3. 3. 1943<br>VI a 41/42 | E 53, 39 = RStBl 1943, 259 | 162 |
| 17. 3. 1943<br>VI a 4/43 | RStBl 1943, 468 | 153 |
| 16. 4. 1943<br>III 84/42 | E 53, 99 = RStBl 1943, 658 | 150 |

| | | |
|---|---|---|
| 29. 5. 1943<br>VI a 1/43 | RStBl 1943, 644 = AkKR 122, 464 | 160 |
| 23. 10. 1943<br>VI a 19/43 | RStBl 1944, 18 = AkKR 122, 464 | 173 |
| 23. 10. 1943<br>VI a 33/42 | RStBl 1943, 838 = AkKR 122, 474 | 171, 172 |
| 28. 9. 1944<br>V 91/43 | RStBl 1945, 20 = AkKR 123, 191 | 173 |

*Finanzgerichte*

*Berlin*

| | | |
|---|---|---|
| 10. 12. 1937<br>Fg VU Nr. 176/37 | AeKR 3, 181 | 164 |

*Brandenburg*

| | | |
|---|---|---|
| 28. 9. 1936<br>– | AeKR 1, 68 | 164 |

*Bremen*

| | | |
|---|---|---|
| 13. 6. 1939<br>2/39 | AeKR 4, 312 | 154 |

*Breslau*

| | | |
|---|---|---|
| 19. 6. 1934<br>FG I 124/33 | AkKR 114, 610 | 150 |
| 15. (17.?) 2. 1937<br>343/1936<br>(FG I K 343/36) | AeKR 1, 146 = AkKR 117, 516 | 165 |

*Düsseldorf*

| | | |
|---|---|---|
| 12. 11. 1936<br>IV 226/36 | AkKR 117, 236 | 173, 175 |

*Münster*

| | | |
|---|---|---|
| 5. 1. 1939<br>Ber.L. FG VIII 10/38 | AkKR 119, 229 | 154 |

*Thüringen*

| | | |
|---|---|---|
| 29. 9. 1938<br>FG II 646, 647/37(?) | AeKR 3, 343 | 160 |

# Veröffentlichungen der Kommission für Zeitgeschichte

In Verbindung mit Dieter Albrecht, Andreas Kraus, Konrad Repgen
herausgegeben von Rudolf Morsey

Reihe A: Quellen

Band 1: Dieter Albrecht, Der Notenwechsel zwischen dem Heiligen Stuhl und der deutschen Reichsregierung, I: Von der Ratifizierung des Reichskonkordats bis zur Enzyklika »Mit brennender Sorge«, Mainz 1965.

Band 2: Alfons Kupfer, Staatliche Akten über die Reichskonkordatsverhandlungen 1933, Mainz 1969.

Band 3: Helmut Witetschek, Die kirchliche Lage in Bayern nach den Regierungspräsidentenberichten 1933–1943, I: Regierungsbezirk Oberbayern, Mainz 1966.

Band 4: Burkhart Schneider in Zusammenarbeit mit Pierre Blet und Angelo Martini, Die Briefe Pius' XII. an die deutschen Bischöfe 1939–1944, Mainz 1966.

Band 5: Bernhard Stasiewski, Akten deutscher Bischöfe über die Lage der Kirche 1933 bis 1945, I: 1933–1934, Mainz 1968.

Band 6: Heinz Hürten, Deutsche Briefe 1934–1938. Ein Blatt der katholischen Emigration, I: 1934–1935, Mainz 1969.

Band 7: Heinz Hürten, Deutsche Briefe 1934–1938. Ein Blatt der katholischen Emigration, II: 1936–1938, Mainz 1969.

Band 8: Helmut Witetschek, Die kirchliche Lage in Bayern nach den Regierungspräsidentenberichten 1933–1943, II: Regierungsbezirk Ober- und Mittelfranken, Mainz 1967.

Band 9: Rudolf Morsey, Die Protokolle der Reichstagsfraktion und des Fraktionsvorstands der Deutschen Zentrumspartei 1926–1933, Mainz 1969.

Band 10: Dieter Albrecht, Der Notenwechsel zwischen dem Heiligen Stuhl und der deutschen Reichsregierung, II: 1937–1945, Mainz 1969.

Band 11: Ludwig Volk, Kirchliche Akten über die Reichskonkordatsverhandlungen 1933, Mainz 1969.

Band 12: Heinz Boberach, Berichte des SD und der Gestapo über Kirchen und Kirchenvolk in Deutschland 1934–1944, Mainz 1971.

Band 13: Paul Kopf / Max Miller, Die Vertreibung von Bischof Joannes Baptista Sproll von Rottenburg 1938–1945. Dokumente zur Geschichte des kirchlichen Widerstands, Mainz 1971.

Band 14: Helmut Witetschek, Die kirchliche Lage in Bayern nach den Regierungspräsidentenberichten 1933–1943, III: Regierungsbezirk Schwaben, Mainz 1971.

Band 15: Friedrich Muckermann, Im Kampf zwischen zwei Epochen. Lebenserinnerungen, bearbeitet und eingeleitet von Nikolaus Junk, Mainz 1973.

Band 16: Walter Ziegler, Die kirchliche Lage in Bayern nach den Regierungspräsidentenberichten 1933–1943, IV: Regierungsbezirk Niederbayern und Oberpfalz 1933–1945, Mainz 1973.

Band 17: Ludwig Volk, Akten Kardinal Michael von Faulhabers 1917–1945, I: 1917 bis 1934, Mainz 1975.

Band 18: Johannes Schauff, Das Wahlverhalten der deutschen Katholiken im Kaiserreich und in der Weimarer Republik, Mainz 1975.

Band 19: Hubert Mockenhaupt, Grundlinien katholischer Sozialpolitik im 20. Jahrhundert. Ausgewählte Aufsätze und Reden von Heinrich Brauns, Mainz 1976.

Band 20: Bernhard Stasiewski, Akten deutscher Bischöfe über die Lage der Kirche 1933 bis 1945, II: 1934–1935, Mainz 1976.

Band 21: Erwin Gatz, Akten zur preußischen Kirchenpolitik in den Bistümern Gnesen-Posen, Kulm und Ermland aus dem Politischen Archiv des Auswärtigen Amtes Bonn (1885–1914), Mainz 1977.

Band 22: Erwin Gatz, Akten der Fuldaer Bischofskonferenz, I: 1871–1887, Mainz 1977.

Band 23: Josef Hofmann, Journalist in Republik, Diktatur und Besatzungszeit. Erinnerungen 1916–1947, bearbeitet und eingeleitet von Rudolf Morsey, Mainz 1977.

Band 24: Helmut Prantl, Die kirchliche Lage in Bayern nach den Regierungspräsidentenberichten 1933–1943, V: Regierungsbezirk Pfalz, 1933–1940, Mainz 1978.

Band 25: Bernhard Stasiewski, Akten deutscher Bischöfe über die Lage der Kirche 1933 bis 1945, III: 1935–1936, Mainz.

Band 26: Ludwig Volk, Akten Kardinal Michael von Faulhabers 1917–1945, II: 1935 bis 1945, Mainz.

Band 27: Erwin Gatz, Akten der Fuldaer Bischofskonferenz, II: 1888–1899, Mainz.

Reihe B: Forschungen

Band 1: Ludwig Volk, Der Bayerische Episkopat und der Nationalsozialismus 1930 bis 1934, Mainz 1965, ²1966.

Band 2: Rudolf Pesch, Die kirchlich-politische Presse der Katholiken in der Rheinprovinz vor 1848, Mainz 1966.

Band 3: Manfred Stadelhofer, Der Abbau der Kulturkampfgesetzgebung im Großherzogtum Baden 1878–1918, Mainz 1969.

Band 4: Dieter Golombek, Die politische Vorgeschichte des Preußenkonkordats (1929), Mainz 1970.

Band 5: Ludwig Volk, Das Reichskonkordat vom 20. Juli 1933. Von den Ansätzen in der Weimarer Republik bis zur Ratifizierung am 10. September 1933, Mainz 1972.

Band 6: Hans Günter Hockerts, Die Sittlichkeitsprozesse gegen katholische Ordensangehörige und Priester 1936/1937. Eine Studie zur nationalsozialistischen Herrschaftstechnik und zum Kirchenkampf, Mainz 1971.

Band 7: Christoph Weber, Kirchliche Politik zwischen Rom, Berlin und Trier 1876 bis 1888. Die Beilegung des preußischen Kulturkampfes, Mainz 1970.

Band 8: KLAUS GOTTO, Die Wochenzeitung Junge Front/Michael. Eine Studie zum katholischen Selbstverständnis und zum Verhalten der jungen Kirche gegenüber dem Nationalsozialismus, Mainz 1970.

Band 9: ADOLF M. BIRKE, Bischof Ketteler und der deutsche Liberalismus. Eine Untersuchung über das Verhältnis des liberalen Katholizismus zum bürgerlichen Liberalismus in der Reichsgründungszeit, Mainz 1971.

Band 10: ADENAUER-STUDIEN. Herausgegeben von RUDOLF MORSEY und KONRAD REPGEN, I: Mit Beiträgen von HANS MAIER, RUDOLF MORSEY, EBERHARD PIKART und HANS-PETER SCHWARZ, Mainz 1971.

Band 11: HEINZ HÜRTEN, Waldemar Gurian. Ein Zeuge der Krise unserer Welt in der ersten Hälfte des 20. Jahrhunderts, Mainz 1972.

Band 12: KLAUS STEUBER, Militärseelsorge in der Bundesrepublik Deutschland. Eine Untersuchung zum Verhältnis von Staat und Kirche, Mainz 1972.

Band 13: ADENAUER-STUDIEN. Herausgegeben von RUDOLF MORSEY und KONRAD REPGEN, II: WOLFGANG WAGNER, Die Bundespräsidentenwahl 1959, Mainz 1972.

Band 14: JOSEF BECKER, Liberaler Staat und Kirche in der Ära von Reichsgründung und Kulturkampf. Geschichte und Strukturen ihres Verhältnisses in Baden 1860 bis 1876, Mainz 1973.

Band 15: ADENAUER-STUDIEN. Herausgegeben von RUDOLF MORSEY und KONRAD REPGEN, III: Untersuchungen und Dokumente zur Ostpolitik und Biographie. Mit Beiträgen von KLAUS GOTTO, HEINRICH KRONE, HANS GEORG LEHMANN, RUDOLF MORSEY, JÜRGEN SCHWARZ, WOLFGANG STUMP und WERNER WEIDENFELD, Mainz 1974.

Band 16: OSWALD WACHTLING, Joseph Joos – Journalist, Arbeiterführer, Zentrumspolitiker. Politische Biographie 1878–1933, Mainz 1974.

Band 17: BARBARA SCHELLENBERGER, Katholische Jugend und Drittes Reich. Eine Geschichte des Katholischen Jungmännerverbandes 1933–1939 unter besonderer Berücksichtigung der Rheinprovinz, Mainz 1975.

Band 18: HEINRICH KÜPPERS, Der Katholische Lehrerverband in der Übergangszeit von der Weimarer Republik zur Hitlerdiktatur. Zugleich ein Beitrag zur Geschichte des Volksschullehrerstandes, Mainz 1975.

Band 19: RUDOLF EBNETH, Die österreichische Wochenschrift »Der christliche Ständestaat«. Deutsche Emigration in Österreich 1933–1938, Mainz 1976.

Band 20: MICHAEL KÖRNER, Staat und Kirche in Bayern 1886–1918, Mainz 1977.

Band 21: ADENAUER-STUDIEN. Herausgegeben von RUDOLF MORSEY und KONRAD REPGEN, IV: HUGO STEHKÄMPER, Konrad Adenauer als Katholikentagspräsident 1922. Form und Grenze politischer Entscheidungsfreiheit im katholischen Raum, Mainz 1977.

Band 22: RAIMUND BAUMGÄRTNER, Weltanschauungskampf im Dritten Reich. Die Auseinandersetzung der Kirchen mit Alfred Rosenberg, Mainz 1977.

Band 23: ULRICH VON HEHL, Katholische Kirche und Nationalsozialismus im Erzbistum Köln 1933–1945, Mainz 1977.

Band 24: Klaus J. Volkmann, Die Rechtsprechung staatlicher Gerichte in Kirchensachen 1933–1945, Mainz 1978.

Band 25: Jürgen Aretz, Katholische Arbeiterbewegung und Nationalsozialismus. Der Verband katholischer Arbeiter- und Knappenvereine Westdeutschlands 1923 bis 1945, Mainz.